高等院校经济、管理类专业
"十三五"规划教材

U0747806

Finance

财政学

主编 潘彬 何平均 温桂荣

副主编 周红梅 龚旻

中南大学出版社
www.csupress.com.cn
·长沙·

图书在版编目(CIP)数据

财政学 / 潘彬,何平均,温桂荣主编. —长沙:
中南大学出版社, 2019.8(2021.8 重印)
高等教育"十三五"规划教材. 经济管理类专业
ISBN 978-7-5487-3719-3

Ⅰ.①财… Ⅱ.①潘… ②何… ③温… Ⅲ.①财政学
—高等学校—教材 Ⅳ.①F810

中国版本图书馆 CIP 数据核字(2019)第 178138 号

财政学
CAIZHENGXUE

主　编　潘　彬　何平均　温桂荣
副主编　周红梅　龚　旻

□**责任编辑**　陈雪萍
□**责任印制**　唐　曦
□**出版发行**　中南大学出版社
　　　　　　社址:长沙市麓山南路　　　　邮编:410083
　　　　　　发行科电话:0731-88876770　　传真:0731-88710482
□**印　　装**　长沙市宏发印刷有限公司

□**开　　本**　787 mm×1092 mm　1/16　□**印张** 19.25　□**字数** 493 千字
□**互联网+图书** 二维码内容　字数 153 千字
□**版　　次**　2019 年 8 月第 1 版　　　□**印次** 2021 年 8 月第 3 次印刷
□**书　　号**　ISBN 978-7-5487-3719-3
□**定　　价**　55.00 元

财政学是研究政府进行资源配置、提供公共物品以及从事社会经济管理等经济行为的学科，即研究生产和提供公共物品的机构或非营利组织（公共部门）经济活动的学科。经济学是财政学的理论基础，财政学是经济学的一个重要分支，属于应用经济学科。

党的十八届三中全会提出，财政是国家治理的基础和重要支柱，科学的财税体制是优化资源配置、维护市场统一、促进社会公平、实现国家长治久安的制度保障。党的十九大报告提出，要加快建立现代财政制度，建立权责清晰、财力协调、区域均衡的中央和地方财政关系。概括地说，财政要适应我国社会主要矛盾新变化，贯彻新时代中国特色社会主义发展的战略安排，发挥其在优化资源配置、提供公共服务、调节收入分配、保护生态环境、维护国家安全等方面的职能，支持打好防范和化解重大风险、精准脱贫、污染防治的攻坚战，深化供给侧结构性改革，助力转变经济发展方式、维护市场统一、促进社会公平正义。这大大提高了财政的地位，同时也赋予财政更多的职能，体现了现代财政学与经济学、政治学、社会学、管理学等学科有着密切的联系，是比较典型的交叉学科。现代财政框架性的思路可概括为"一体两翼"：以财政体制的改革，即中央与地方财政关系的改革作为一体，以预算制度和税收制度的改革作为两翼，构成一个有机的整体，相互协调、相互配合、整体推进。

在此背景下，中国财政学者再次展开了财政学体系大讨论，积极探索具有中国特色的社会主义财政学。比较具有代表性的是2018年中国财政学会在河北廊坊召开"新时代中国特色社会主义财政基础理论"研讨会，刘尚希、李俊生、马骁等多位国内资深财政学者系统讨论了中国社会主义财政学的许多基本问题，包括财政学的基本理论、知识逻辑，财政学科是否可以上升为一级学科等。其中，中央财经大学李俊生提出新市场财政理论，对财政学的基本概念、职能以及财政学专业应培养什么样的人才等均做了系统探讨，提出了诸多创新的、有益的探索。如：将财政学职能界定为社会综合系统中枢，应该是政治体系、经济体系、社会体系三者之间的枢纽；财政的职能不仅包括筹集资金、配置资金、运营资金三大基本职能，还包括政治职能、经济职能和社会职能三大外延职能；财政政策包括财政政治政策、财政经济政策以及财政社会政策等。

本书遵循主流传统，将财政学置于经济学框架内，作为经济学的一个分支，研究政府财政收支活动及其影响。本书的编写既力求规范、准确、简洁，注重财政基本知识和理论的阐述，同时也注重理论与实际的联系，并及时吸收我国当代财政改革和研究的最新成果。为了更好地帮助读者系统学习财政学知识，拓展学习相关理论，深入掌握各章节重点内容，本书每章均设有教学目标、本章小结、本章关键词、本章思考题及拓展阅读。拓展阅读主要对财政最新前沿动态和名师观点进行介绍，以开阔学生视野，为进一步深入学习和思考打下基础。同时利用先进的"互联网＋"技术将拓展材料转换为动态二维码，即扫即学习，方便快捷。

全书分四大部分共十一章，系统介绍和分析财政学的基本理论、基本知识、基本制度和体制机制。具体结构安排如下：

第一部分主要介绍财政基本概念，由第一章财政概论构成，重点介绍财政概念和财政职能，分析总结了市场失灵的原因和表现，并以此为基础展开讨论现代财政的收入分配职能、资源配置职能、经济稳定与发展职能以及保障社会和谐稳定、维护国家长治久安职能四大职能。同时探讨了财政学的形成与发展历程。第二部分主要提供财政支出理论框架和基本内容，包括第二章财政支出理论、第三章财政购买性支出和第四章财政转移性支出等内容。其中，第二章介绍了财政支出一般性支出理论，第三章和第四章按照财政支出是否获得等价补偿为依据分为购买性和转移性支出两大部分主要内容。第三部分重点介绍财政收入基本理论框架和基本内容，涉及第五章财政收入理论、第六章税收原理、第七章税收制度和第八章公债的内容。其中第六章重点考察了税收基本原理、税收效应分析和最优税收理论，第七章结合我国税制的具体内容，重点介绍了增值税、消费税、关税、企业所得税、个人所得税等主体税种的制度和实务操作。第四部分综合考察财政经济活动效应，包括第九章政府预算、第十章政府间财政关系和第十一章财政政策。其中，第十章政府间财政关系主要讨论多级政府和多级财政制度框架下，政府间事权划分、支出责任分配、税收分享、转移支付制度等问题的合理性和有效性，并分析了中国的财政管理体制。第十一章财政政策重点介绍了财政政策作用原理、作用机制、作用工具，并对近年来财政政策实践做了基本评述。

本书适用于经济、管理类各专业本科生教学，也适用于政治学类、法学类、社会学类等专业本科生、研究生教学。

本书大纲由潘彬、何平均、温桂荣等讨论设计，并经过全体参编老师多次集体讨论后确定。参与编写的老师：潘彬（第一章），袁艳霞（第二章、第四章），龚旻（第三章、第十章），冯彬（第五章），温桂荣、周宏斌（第六章），温桂荣（第七章），何平均（第八章、第九章），周红梅（第十一章）。最后由潘彬、何平均、温桂荣对全书进行修改、补充和定稿。本书虽经各位参编老师反复修改后定稿出版，但由于水平有限，各种疏漏在所难免，恳请广大同仁和读者批评指正，我们将根据反馈意见认真修改完善。

本书编写得到了各方支持，尤其是中南大学出版社为本书出版付出了大量辛苦劳动，在此表示衷心的感谢。

编 者

2019 年 7 月

目录
CONTENTS

第一章

财政概论

1. 掌握财政的基本概念、基本特征。
2. 掌握市场失灵的基本表现及市场失灵的基本原因。
3. 掌握公共物品理论的主要内容。
4. 掌握外部性基本理论。
5. 掌握政府失灵的原因和表现。
6. 掌握财政四大职能及其实现途径。

第一节　财政概念

一、什么是财政

清代段玉裁在《说文解字注》中描述："财者，人所宝也。……政者，正也。""财政"即运用强制力量将宝贝用作施行的正义。"财政"这个词是日本明治维新后舶入中国，英文译作"government finance"，由严复首先翻译为"财政"。20 世纪中叶，詹姆斯·布坎南发展了公共选择理论后，"government finance"演化为"public finance"，成为财政的主流含义。"财政"的"政"主要是指政府，财政是政府的经济行为，即"理财之政"，一般认为是狭义的财政；与"public finance"对应的公共经济行为，一般认为是广义的财政。

"财政"一词，一般包括两层含义：一是从实际意义来讲，是指国家（或政府）的一个经济部门，通过收支活动筹集和供给经费及资金，保证实现国家（或政府）的职能。二是从经济学的意义来理解，财政是一个经济范畴，是一种以国家为主体的经济行为，是政府集中一部分国民收入用于满足公共需要的收支活动，以达到优化资源配置、公平分配及经济稳定和发展的目标。

财政的主体是国家或政府。可以说财政是一种国家或政府的经济行为。从起源上考察，财政是伴随国家的产生而产生的。人类社会随着生产力的不断提高出现私有财产，社会分裂为阶级才产生了国家，国家一旦产生就必须从社会分配中占有一部分国民收入来维持国家机构的存在并保证实现其职能，于是就产生财政这种特殊的经济行为或经济现象。

财政的目标是满足社会公共需要、优化资源配置、公平分配及稳定和发展经济。为实现财政目标，政府从事或参与的活动主要有：行政管理、国防、外交、治安、立法、司法、监察等国家安全事项和政权建设；教育、科技、农业、文化、体育、公共卫生、社会保障、救灾救济、扶贫等公共事业发展；水利、交通、能源、市政建设、环保、生态等公益性基础设施建设；对经济运行进行必要的宏观调控等。

财政的本质是指国家为实现其职能，凭借政治权力参与部分社会产品和国民收入的分配和再分配所形成的一种特殊分配关系，是以国家（或政府）为主体的分配活动。这里的分配应理解为广义的分配，既包括生产要素分配，也包括生产成果分配，即收入分配。财政作为一个经济过程，主要包括财政收入、财政支出和财政管理三个部分。收入主要来源于税收、非税收入和国债，支出主要有购买性支出和转移性支出两大部分，财政管理主要指预算管理内容。

二、财政的形成

财政是一个古老的范畴，是人类社会发展到一定历史阶段的产物。它是社会生产力发展到一定程度，出现了剩余产品，产生了私有制和阶级，继而伴随国家的产生而产生的。

在原始社会，生产力水平十分低下，社会产品只能维持最低限度的生活需要。在原始氏族公社范围内，氏族成员共同劳动、共同占有并平均分配生活品。由于当时生产力水平极不发达，没有剩余产品，没有阶级，没有国家，因而财政不可能作为一个独立的经济范畴而产生。

到了原始社会末期，生产力有了一定的发展，此时人们劳动所获得的产品，除了满足最低限度的生活需要外，或多或少有了剩余。随着手工业从农业中的分离，以交换为目的的生产开始发展起来，并逐步导致私有制的产生和阶级的出现。社会逐步分裂为两个根本利益对立的阶级：奴隶主阶级和奴隶阶级。于是奴隶占有制的生产方式形成了。

私有制的产生和社会分裂为阶级，客观上需要国家权力的产生，因为奴隶主阶级要保持占有生产资料与劳动者——奴隶的权力，强迫奴隶服从自己的统治，镇压奴隶的反抗，就必须组织起一种暴力机关，建立监狱、法庭、警察、军队及其他强制机构。于是，国家产生了。"国家是社会在一定发展阶段上的产物；国家是表示：这个社会陷入了不可解决的自我矛盾，分裂为不可调和的对立面而又无力摆脱这些对立面。而为了使这些对立面、这些经济利益互相冲突的阶级不致在无谓的斗争中把自己和社会消灭，就需要有一种表面上凌驾于社会之上的力量，这种力量应当缓和冲突，把冲突保持在'秩序'的范围以内；这种从社会中产生但又自居于社会之上并且日益同社会脱离的力量，就是国家。"[1]

国家要实现其职能，必然要消耗一定的物质资料。但它作为一种凌驾于社会之上的力量，本身并不从事物质资料的生产，无法通过自身的生产为自己提供这部分物质资料。不过，国家拥有公共权力，"这种公共权力在每一个国家里都存在。构成这一权力的，不仅有武装的人，而且还有物质的附属物，如监狱和各种强制机关，这些东西都是以前的氏族社会所没有的"[2]。这样，国家就依靠其所拥有的公共权力，采取捐税等形式，强制、无偿地在物质生产领域以外再分配一部分社会产品，以满足其履行职能的需要，从而从整个社会产品的分配中，独立出一种由国家凭借其公共权力直接参与的社会产品的分配。这时，财政作为一个独立的经济范畴产生了。

随着生产力的不断发展，人类社会经历了几种不同的社会形态和与之相适应的国家形态，从而产生了几种不同类型的财政。在人类社会发展史上，存在奴隶制国家、封建制国家、资本主义国家和社会主义国家，从而也相应存在着奴隶制财政、封建制财政、资本主义财政和社会主义财政。

奴隶制生产关系的基本特征是奴隶主占有生产资料和直接占有劳动者——奴隶。奴隶制国家的国王既是掌握公共权力的统治者，也是最大的奴隶主，占有大量的土地和奴隶。奴隶制财政的主要收入有：国王强制奴隶为他从事各种生产劳动而取得的王室土地收入，向被征服的部族或国家进行掠夺和收受强派的贡物收入，以及向农民和手工业者等自由民征收的捐税。这些收入主要被国家用于军事开支、维护政权机构的支出以及王室的享用、宗教和祭祀等方面的支出。可见，奴隶制财政是奴隶制国家为了实现其职能，剥削、压迫奴隶劳动者的一种手段，它反映着奴隶制国家与奴隶、其他劳动者之间的对抗性分配关系。

由于奴隶社会的生产力水平仍然很低，自然经济占据统治地位，整个社会产品的分配基本上采用实物形式，这就决定了奴隶制财政的分配也主要采用了实物形式。

封建制生产关系的基本特征是封建主占有生产资料和不完全占有生产劳动者——农奴，同时还存在农民和手工业者等小私有经济。封建制财政收入的来源包括：官产收入、诸侯贡赋、捐税田赋、专卖收入和特权收入等。其财政支出主要用于维护其统治的战争支出、行政支出、皇室的享乐支出（建造宫殿、坟墓、游乐、赏赐等）以及封建文化、宗教活动等方面的支出。可见，封建制财政是封建主阶级维持其统治，压迫和剥削农奴及其他劳动人民的一种手段，反映着封建制国家与农奴及其他劳动人民之间的对抗性的分配关系。

在封建社会时期，自然经济仍占统治地位。但随着生产力的发展，商品经济日渐发达，尤其到了封建社会后期，商品经济已占了相当比重。因此，封建制国家的财政分配在采取实物形式的同时，越来越多地采取了价值形式，如当时的土地税、矿产税、渔业税等都采用了货币形式。

此外，封建社会中还出现了一些在现代社会具有重要作用的财政范畴。比如封建社会后期，国家由于对内统治事务的发展与对外战争频繁等原因，各项支出迅速增长，已有的财政收入无法满足日益扩大的财政支出的需要。国家除了继续加重捐税以外，还被迫向当时在政治上缺乏权力却拥有强大经济力量的新兴资产阶级大量借债，从而导致了公债这一财政范畴

---

① 马克思恩格斯选集：第4卷[M]. 北京：人民出版社，1994：166.

② 同上

的产生。再如，新兴资产阶级凭借自己的经济实力，以向封建国家提供财政资助为手段，与封建主积极作斗争，力求获得与自己的经济实力相适应的政治权利和政治地位。他们通过是否同意纳税、借债获得审查和监督财政的新权力，即对国家预算的审查批准权，从而导致了国家预算这一新的财政范畴的出现。

资本主义生产关系的基本特征是资产阶级占有生产资料，劳动者靠出卖自己的劳动力为生。资本主义财政收入的主要形式是税收，此外也通过公债和通货膨胀等手段获得一部分收入。而财政支出主要用于提供公共物品和服务，满足国防、行政、社会保障、公共设施等方面的经费支出需要。不同的历史时期，财政作用的侧重点也有所不同。在自由资本主义时期，国家奉行"最小限度政府"原则。除了设立必要的国家机器以维护社会经济的正常秩序、进行对外扩张或抵御外来侵略之外，国家一般不介入经济生活，对社会经济的运行主要采取自由放任的态度。因此，这一时期的财政主要用于国防支出和行政支出。尽管也有一部分财政支出用于诸如道路、桥梁和下水道等公共工程项目，但毕竟十分有限。

随着资本主义社会逐步由自由资本主义过渡到垄断资本主义并步入现代资本主义阶段，经济剧烈波动所造成的严重后果、社会成员贫富差距的逐步拉大以及人们对于各种公共物品与服务的逐步增长的需求，客观上要求国家更加主动地介入社会经济中，维护社会经济的正常运行并促进经济发展和社会进步。在这一阶段，财政不仅在收支规模上有了很大的扩展，而且其内容也发生了重大变化。国家预算、税收、公债、财政政策等财政范畴的内容不断更新和丰富，表现形式逐步趋于多样化。财政不仅用于保证政府机构的经费开支需要，而且作为政府干预社会经济的主要手段，为资本主义的经济发展和资产阶级的经济利益服务。从本质上说，资本主义财政是资产阶级维持其统治、剥削无产阶级和其他劳动人民的一种手段，它主要反映着资产阶级与无产阶级之间的对抗性分配关系。现代资本主义由于具有高度发达的市场经济，因此财政主要采用价值形式。随着市场经济的发展、政府干预经济理论的创新、政府干预经济手段和方法的变化，财政的内容和形式也在不断发展变化。20 世纪 40 年代萨缪尔森等人提出了公共物品理论，政府干预市场涉及公共需求、公共决策、公共物品供给、资源配置效率和机制等一系列问题，这就形成了现代公共财政。"公共财政"是为市场提供公共服务的财政，是社会公众的财政，是与市场经济相适应的财政制度。社会主义经济是以生产资料公有制为主体的经济。这一基本的经济制度决定了社会主义财政发挥着与资本主义财政在形式上基本相同、实质上却迥然不同的国家职能。在社会主义初级阶段，财政是巩固人民政权、发展与调控经济、满足公共需要及发展国有资本需要的有效手段之一；在中国改革开放的进程中，社会主义财政经历一系列重大的变革，但基本的经济制度决定社会主义财政将主要体现社会主义国家与广大劳动人民之间根本利益一致的分配关系。随着社会主义市场经济的发展，政府干预经济的手段和模式也在不断创新，从而形成了社会主义市场经济下的公共财政。

三、财政的基本特征

（一）阶级性与公共性

由财政与政府的关系产生了财政并存的两个鲜明特征，即阶级性和公共性。

国家历来是统治阶级的国家，政府则是执行统治阶级意志的权力机构，既然财政是政府的经济行为，那么财政具有鲜明的阶级性是不言而喻的。

同时，财政具有鲜明的公共性。首先，公共财政是一种着眼于满足社会公共需要的经济活动或分配活动。这里的分配指广义的分配，包括资源配置、收入分配、最优满足社会公共需要构成公共财政的出发点和归宿。社会公共需要决定公共财政的存在，同时决定公共财政的活动范围和活动效果。公共财政则着眼于满足社会成员的公共需要，公共财政不应该成为超越市场的力量去满足社会成员的私人需要。其次，公共财政活动的对象是提供公共物品。有需要就要有供给。满足社会公共需要的供给途径构成了公共财政活动的对象，即要提供公共物品。再次，公共财政的核心是优化资源配置效率。效率是经济活动的核心，财政作为政府为市场提供公共物品以满足社会公共需要的经济活动，其核心也是要解决效率问题。资源配置效率指的是资源根据最终产品消费者的偏好和预算约束线配置，从而使私人和公共物品的资源配置都达到帕累托效率状态；财政采用最优的方法和最有效的技术以最低成本提供公共物品。最后，财政是为政府执行其职能提供财力的，自然具有公共性。财政的公共性不是市场经济条件下存在的，政府执行某种社会职能是公共事物，甚至阶级统治是历史发展的必然结果，也属于公共事物。在我国过去的计划经济条件下，尽管国家包揽的事物过多过宽，但也并没有包揽私人的全部事物，也有"公办"、"公事"和"私办"、"私事"之分。例如，财政没有包揽家庭理财，没有包揽企业财务，甚至国有企业财务也不是完全属于财政范围。因此，财政的公共性，不是因为冠以"公共财政"的名称而存在，而是因为财政本身的属性天然具有公共性。

财政的"公共性"与国家财政的"阶级性"不是完全对立的，而是对立统一的。而强调财政的"公共性"并不等于否认财政的"阶级性"。

（二）强制性与无直接偿还性

财政的强制性是指财政这种经济行为及其运行是凭借国家政治权力，通过政府颁布法令来实施的。当国家产生以后，对社会产品占有的过程中存在两种不同的权力：所有者权力和国家政治权力。前者依据对生产资料和劳动力的所有权占有，后者凭借政治权力占有。例如，政府对公民征税，就意味着政治权力凌驾于所有权之上，依法强行征收，任何形式的抗税都是一种违法行为。恩格斯在谈到征税时曾指出："纳税原则本质上是纯共产主义的原则，因为一切国家的征税的权利都是从所谓国家所有制来的。的确，或者是私有制神圣不可侵犯，这样就没有什么国家所有制，而国家也就无权征税；或者是国家有这种权利，这样私有制就不是神圣不可侵犯的，国家所有制就高于私有制，而国家也就成了真正的主人。"同样，财政支出也具有强制性特征。在财政支出规模和用途的安排中，众多的公民可能有这样和那样的不同意见，有的要求建一条公路，有的则可能要求建一个公园，但公共支出不能按某一公民的意见作出决策，在民主政治下，必须通过一定的政治程序做出决策并依法强制实施。

财政的无直接偿还性是与它的强制性相一致的。例如，政府征税之后，税款即归政府所有，对纳税人不需要付出任何代价，也不需要偿还。当然，从财政收支的整体过程来看，我国的税收是"取之于民，用之于民"。就这个意义上说，税收具有间接的偿还性，但是，每一个纳税人都无权要求从公共支出中享受与其纳税额等值的福利。也就是说，对每一个纳税人来说，其付出和所得是不对称的。这是财政运行的一个重要特点，即无直接偿还性。

(三)收入与支出的对称性(或平衡性)

财政的运行过程是有收有支,即通过"收入—支出、支出—收入"过程运行的,因而收入与支出的对称性构成财政运行的一个重要特征。关于财政收入与支出的关系,我国历来就有"以收定支"和"以支定收"的争论,不管是收入决定支出还是支出决定收入,均说明收入与支出是财政运行过程中相互制约的两方,收支是否对称或平衡构成财政运行的主要矛盾。收支是否平衡,表面上反映的是一种收支关系,而背后是反映政府和企业、居民之间的关系,反映各阶级、各阶层之间的利益关系,反映中央与地方、各地区以及政府各部门之间的利益关系,因而收支平衡也成为制定财政政策的轴心。综观古今中外收支的绝对平衡几乎是不存在的,有时收大于支,有时支大于收。收大于支意味着有结余,财政运行似乎稳妥,但常年形成大量结余则说明政府集中的资源没有充分运用,会抑制社会经济的发展。支大于收意味着出现赤字,如果出于政策需要,运用得当,会有利于社会经济的发展,但连年不断形成大量赤字,则说明财政运行失控,影响市场经济效率,甚至最终导致通货膨胀。为此,有的国家政府规定赤字和公债发行的上限,或通过立法来制约国债的发行。因此,围绕收支平衡这个轴心,合理安排支出规模和结构并提高使用效益,制定合理的税收和收费制度并保证收入的及时、足额入库,在发挥国债的积极作用的同时防止赤字和国债发行的失控,制定财政管理体制合理调节中央与地方关系,依据政治经济形势的发展及时调整财政政策等,就构成财政学的主线。

第二节 财政职能

一、政府与市场

政府是指为了行使对生活在同一个社会中个人活动的管理职权,提供公共服务并为此筹集资金而建立的各种组织。在以市场为资源配置主体的经济社会中,政府干预经济活动的必要性主要表现在弥补市场在资源配置中的不足,即当市场不能有效率地配置资源的时候,需要政府干预以提高资源配置效率;当市场资源配置的过程没能实现收入公平分配的时候,需要政府干预以实现收入和财产的公平分配,提高整个社会的福利水平。

(一)市场失灵

市场失灵是相对于市场有效来说的,市场有效是指市场能合理配置资源。资源配置是否合理有两个评判标准:"效率"和"公平",所以,市场失灵也相应表现在两个方面:效率的背离和分配的不公。

财政学中经常被引用来解释效率的是"帕累托效率"准则,主要是指如果社会资源的配置已经达到这样一个状态,即任何重新调整都不可能在不使其他任何人境况变坏的情况下,而使任何一人的境况变好,那么,这种资源配置的状况就是最佳的,也就是具有效率的。这就是著名的"帕累托效率"准则,也称为帕累托最优状态。与此相关的另一个概念是帕累托改进,它是指一种使某个人的境况变好而不使其他任何人境况变坏的资源重新配置。

经济分析认为，完全竞争的市场机制能够使资源配置达到有效率的状态，即帕累托最优状态，但完全竞争是经济分析的一种理想状态，在现实经济中很难实现。具体来说，完全竞争需要同时具备五个条件：第一，所有的生产资源都为私人所有；第二，所有的交易都在市场上发生，并且每一市场都有众多的购买者和销售者；第三，没有任何购买者或销售者能够单独操纵价格，他们都是价格的接受者；第四，购买者和销售者都可享有充分的信息；第五，资源可充分流动。这五个条件如果缺少任何一个，市场机制在实现资源配置的效率方面就有可能出现失灵。现实市场中，这五个方面的条件很难同时或充分存在，因此，市场失灵经常发生。

（二）市场失灵的原因

上面提到，市场失灵表现在两个方面：效率的背离和分配的不公。与此相应，市场失灵的原因也可从这两方面去寻找。

1. 市场机制不能实现资源配置效率的原因

完全竞争市场能够实现资源配置效率，但完全竞争需要同时具备五个条件，在现实经济生活中，这五个必要条件不可能同时完全具备，市场机制在实现资源配置的效率方面存在失灵是难以避免的。当市场不是完全竞争的或市场不存在时，效率的背离就会发生。

（1）市场不是完全竞争的，存在市场势力或信息不完全。只有当消费者和生产者都成为价格接受者的时候，"帕累托效率"才有可能实现。如果某些消费者或厂商能影响价格甚至成为价格制定者，那么资源配置一般是低效的。从市场供应一方来说，拥有市场势力的厂商可能会通过减少产量提高价格来获取利益，造成社会损失。如垄断，市场上只有一个厂商，厂商对市场价格有很大影响力；寡头市场，只有几个大的卖者，厂商对市场价格有一定影响力；垄断竞争厂商生产的产品存在产品差别，所以也有一定市场势力。

充分的信息是完全竞争的必要条件之一，信息不充分和信息不对称是影响公平竞争的重要因素，进而影响资源配置效率。

（2）市场不存在。我们分析市场配置资源有一个暗含的假定，即每一种商品都存在市场。如果市场不存在，那就不会有"市场有效配置资源"。现实经济中，由于市场不存在而出现低效率的情况包括外部效应和公共物品。外部效应不存在市场，正的外部效应和负的外部效应都不能反映在市场价格中，这会导致：具有正的外部效应的商品销售价格过低，厂商不能获得相应报酬，生产太少；具有负的外部效应的商品成本费用估价过低，厂商没有承担应有的成本费用，生产太多。由此可见，无论是具有正的外部效应还是具有负的外部效应的商品，通过市场机制都难以达到最佳的资源配置状态。公共物品与外部效应密切相关，由于这类物品所提供的效应不能分割为若干单位，从而不能向个人或企业出售，也不能为其定价，市场供给往往成为无效的方式。

2. 市场不能实现公平分配的原因

在市场机制的作用下，收入的分配状况是由每个人提供的生产要素的数量以及这些生产要素在市场上所能获得的价格决定的。由于人们占有或继承财产情况的不同、拥有要素的数量和质量的差别以及市场对各专业劳动需求的不同，由市场所决定的收入分配状况肯定高低悬殊。社会成员之间由于先天禀赋和后天的教育、培训等方面的原因，难免在劳动能力和生产技术方面存在差异；加上劳动强度、努力程度、职业状况等方面的影响，直接导致了社会成员之间在劳动收入方面的差异。不仅如此，财产继承、机遇等因素的存在，使社会成员在包括资本、土地及其他自然资源在内的各种资产的占有量上，也存在客观区别。因劳动收入和资产占有量的不同而直接带来的财富差异，借助市场经济所固有的要素投入回报机制，必然加大社会成员之间在收入分配上的差距。实践表明，在市场经济中，如果缺乏外来力量的介入和干预，社会成员之间在收入分配方面的差距，将随时间的推移和环境的变迁而呈现不断扩大的趋势，并最终出现两极分化、贫富悬殊的局面。这不仅有违社会公平的要求，而且会导致诸如贫困、富裕阶层中财富的浪费、社会冲突、低收入阶层得不到发展与改善自己处境的机会等一系列不好的社会后果。所以，政府有责任弥补市场机制的这一缺陷。

(三)市场失灵的表现

市场失灵主要表现为效率的背离和分配的不公两个方面。其中效率的背离(或效率的低效及无效)主要包括市场无法有效提供公共物品，无法避免外部性、垄断、经济波动以及信息不对称等；分配的不公主要表现为市场难以完全实现收入公平分配。

1.公共物品

1)公共物品的含义

公共物品，也称为公共商品(下同)，是指社会成员共同享有的物品或商品，是与私人物品相对而言的。公共物品具有非竞争性和非排他性两个核心特征。非竞争性是指某人对公共物品的消费并不会影响别人同时消费该产品及其从中获得效用，即在给定的生产水平下，为另一个消费者提供这一物品所带来的边际成本为零。非排他性是指某人在消费一种公共物品时，不能排除其他人消费这一物品(不论他们是否付费)，或者排除的成本很高。

私人物品(例如一件衣服或一双鞋)的消费具有排他性和竞争性。一个人消费了这一产品，别人就无法同时消费它。而公共物品的消费则相反，具有非竞争性和非排他性。增加一个人消费某种公共物品并不会减少其他人对该产品的消费数量和质量，而要排除某个人的消费在技术上不可能或成本太高。比如国防，社会的每个成员都能同等地享受国家防务体系的保护，排斥别人的消费不可能，也是不必要的。海上的灯塔也是一个经常被引用的公共物品的例子，它也具有消费的非竞争性，但它的非排他性并不体现在他人的免费受益完全不可阻止，而在于阻止别人受益的成本过于昂贵。

2)公共物品的特征

公共物品或劳务的特性是在同私人物品或劳务的特性比较中得出的。相对于私人物品或劳务的特性来说，公共物品或劳务的特性可归纳为如下三种：

第一，效用的不可分割性。即公共物品或劳务是向整个社会共同提供的，具有共同受益或联合消费的特点。其效用为整个社会的成员所共享，而不能将其分割为若干部分，分别归属于某些个人或厂商享用；或者，不能按照谁付款谁受益的原则，限定为由付款的个人或厂商享用。例如，国防提供的国家安全保障即是对一国国内的所有人而不是在个人的基础上提供的。事实上，只要生活在该国境内，任何人都无法拒绝这种服务，也不可能创造一种市场将为之付款的人同拒绝为之付款的人区别开来。所以，国防被作为公共物品或劳务的一个典型事例。相比之下，私人物品或劳务的效用则是可分割的(divisibility)。私人物品或劳务的一个重要特性就是它可以被分割为许多能够买卖的单位，而且，其效用只对为其付款的人提供，或说是谁付款谁受益。例如，日常生活中的电冰箱就与国防显著不同。它可以按台出售，出售后，其效用也归购买者自己或其家庭独享。这样的物品或劳务显然属于私人物品或劳务。

第二，消费的非竞争性。即某一个人或厂商对公共物品或劳务的享用，不排斥、妨碍其他人或厂商同时享用，也不会因此而减少其他人或厂商享用该种公共物品或劳务的数量或质量。这就是说，增加一个消费者不会减少任何一个人对公共物品或劳务的消费量，或者，增加一个消费者，其边际成本等于零。仍以一国的国防为例，尽管人口往往处于与年俱增的状态，但没有任何人会因此而减少其所享受的国防所提供的国家安全保障。私人物品或劳务的情况就不是这样。它在消费上具有竞争性（rivalness）。即某一个人或厂商对某种一定数量的私人物品或劳务的享用，实际上就排除了其他人或厂商同时享用。例如，前述的可按台出售的电冰箱，当某一消费者将一台电冰箱购入家中后，这台电冰箱显然就只能归这个消费者及其家庭享用了，其他人或家庭不可能同时享用这台电冰箱所提供的效用。其他人或家庭要享用电冰箱的效用，只能另行购入。而这时，其边际成本显然不为零。

第三，受益的非排他性。即在技术上没有办法将拒绝为之付款的个人或厂商排除在公共物品或劳务的受益范围之外。或者说，公共物品或劳务不能由拒绝付款的个人或厂商加以阻止。任何人都不能用拒绝付款的办法，将其所不喜欢的公共物品或劳务排除在其享用品范围之外。比如国防，如果在一国的范围内提供了国防服务，那么要排除任何一个生活在该国的人享受国防保护，是极端困难的。就是那些在政治上反对发展核武器而拒绝为国防费用纳税的人们，即使被投进监狱，也仍然处在核武器所提供的国家安全保障的范围之内。在私人物品或劳务上，这种情况就不会发生。私人物品或劳务在受益上是必须具有排他性（excludability）的。因为只有在受益上具有排他性的物品或劳务，人们才愿意为之付款，生产者也才会通过市场来提供。例如，如果一个人喜欢某种电冰箱，其他的人不喜欢，那么这个人就可付款得到它，其他的人则无须这样。如果某个人既拒绝付款，又想得到该电冰箱，那么也很简单，卖者拒绝卖给他，这个人肯定会被排除在电冰箱的受益范围之外。

3）公共物品的类型

公共物品的类型多样，按不同的分类标准可分为不同的公共物品类型。以下重点介绍按公共物品的性质、按受益的范围和层次所划分的类型。

按照公共物品的性质，公共物品可以分为两种类型：第一类是纯公共物品，即同时具有非排他性和非竞争性，如国防、治安、司法等，通常采用公共部门尤其是政府部门免费提供的方式。第二类是"准公共物品"，准公共物品一般具有"拥挤性"的特点，即当消费者的数目增加到某一个值后，就会出现边际成本为正的情况，而不是像纯公共物品那样，增加一个人的消费，边际成本为零。准公共物品到达"拥挤点"后，每增加一个人，将减少原有消费者的效用。准公共物品具体包括两类：其一是公益物品。如义务教育、公共图书馆、博物馆、公园等，往往是价值型物品，这类物品消费上具有非竞争性，但是却可以较轻易地做到技术排他，国际上也称为俱乐部物品（club goods）；其二是公共事业物品，也称自然垄断产品。如电信、电力、自来水、管道、煤气等，这类物品与俱乐部物品刚好相反，即在消费上具有竞争性，但是却无法有效地排他。准公共物品通常采用政府和市场共同提供的方式。公共物品的性质分类以及准公共物品"拥挤性"的特点为我们探讨公共物品的多重性提供了理论依据。公共物品性质具体分类见表1-1。

表1-1　简单的物品分类

	竞争性	非竞争性
排他性	私人物品（衣服、鞋子等）	准公共物品（教育、有线电视等）
非排他性	准公共物品（马路、公共图书馆等）	纯公共物品（国防、治安、司法等）

按照受益的范围和层次，公共物品可以分为国际公共物品、国家公共物品和地方公共物品。不同公共物品的受益范围是大不相同的，其中有些是受益范围及于全国的所谓国家公共物品，如国防；有些是受益范围及于特定辖区的地方公共物品，如公路和桥梁。在考虑政府间配置职责的分配时，区别这两类公共物品显得非常重要。一般来说，国家公共产品是中央政府的支出责任，而大多数地方公共产品的支出供应宜放在地方一级。另外，有些公共物品的受益范围涉及多个国家，典型的例子是区域性防卫（如北大西洋公约组织），全球灾害信息共享计划也是典型的国际公共物品。这是国际财政领域中涉及的问题。对于国际公共物品的有效供应而言，唯一可行的办法是借助国家间的合作来解决。

4）公共物品的提供方式

萨缪尔森在《公共支出的纯理论》(1954)和《公共支出理论的图解》(1955)两篇经典论文中推导出公共产品（物品）有效率提供的条件，即每个人对公共物品和私人物品的边际替代率之和等于生产的边际转换率，这也被称为萨缪尔森条件。萨缪尔森条件要求最优时，每个人对公共物品的支付意愿之和等于生产公共物品的边际成本。但是竞争性市场机制很难实现这个最优条件。因为，在竞争性市场上，每个人都为同一种商品支付同样的价格，然而对于给定数量的公共物品，每个人都有不同的边际评价，从而公共物品的存在将导致竞争性市场的均衡市场是无效率的。林达尔(Lindal)在《公平税收：一个积极的解决方案》(1919)提出，如果每一个社会成员都按照其所获得的公共物品或服务的边际效益的大小，来捐献自己应当分担的公共物品或服务的资金费用（纳税份额，即林达尔价格），则公共物品或服务的供给量可以达到具有效率的最佳水平。这被称为林达尔均衡。但是在现实中仍然很难实现，因为林达尔模型的一个重要前提是所有人都是诚实的，但是公共物品的免费搭车现象却普遍存在。因此，私人提供公共物品将会导致公共物品提供数量不足。因此，公共物品是一种典型的市场失灵。在现实经济中，根据公共物品的类型，其提供方式一般包括：

（1）纯公共物品提供方式。公共物品的提供方式是确定政府提供公共物品规模和财政支出规模的基本依据。由于纯公共物品具有严格的非竞争性和非排他性的特点，一般而言，只能由政府来提供而不能由市场来提供。这是由市场运行机制和政府运行机制的不同决定的。市场是通过买卖提供产品和服务的，在市场上谁有钱谁就可以购买商品或享用服务，即钱多多买、钱少少买、无钱不买，因而市场买卖要求利益边界的精确性。由于公共物品的需要或消费是公共的或集合的，如果由市场提供，每个消费者都不会自愿掏钱去购买，而会等着他人去购买而自己顺便享用它所带来的利益，因而竞争性的市场机制不适于提供纯公共物品。

政府的运行机制和市场的运行机制是迥然不同的。政府主要是通过无偿征税来提供公共物品。但征税是可以精确计量的，如按率征收或定额征收，而公共物品的享用一般是不可以分割的，无法个性化。也就是说，每个人的应纳税额与其对公共物品的享用量是不对称的，不能说多纳税就多享用、少纳税就少享用、不纳税就不享用。尽管财政学界对税收合理负担问题有能力说和利益说等不同观点，但不可否认的事实是，相对于市场买卖中利益边界的精确性，纳税人的负担与公共物品享用之间的关系缺乏精确的经济依据，带有模糊数学的性质。

由上述分析可知，市场只适用于提供私人物品和服务，对提供公共物品是失效的，而提供公共物品恰恰是政府活动的领域，是政府的首要职责。传统上是政府直接负责公共物品的生产和提供，存在着过度提供公共物品、财政赤字负担过重和无法迅速回应公众多元化需求等诸多问题，使政府承担了越来越多的对经济活动的规制、干预和生产功能，政府机构越来越庞大，财政支出规模也与日俱增。而现代财政学则关注政府提供公共物品与市场提供私人物品之间的恰当组合及政府提供公共物品所花费的成本和代价，以便合理地确定政府提供公共物品和财政支出的规模。为此，需要加强财政管理，提高财政支出效率，规范公共物品提供的政治决策程序，尽可能减少由此带来的效率损失。

（2）准公共物品的提供方式。准公共物品，即混合公共物品，介于纯公共物品和私人物品之间，兼具公共物品和私人物品的性质，可以分为两种类型，即具有非竞争性但同时具有排他性的公共物品以及由外部效应引起的公共物品。根据不同的类型可以采取公共提供或市场提供方式，也可采取混合提供方式。

①具有非竞争性和排他性的准公共物品的提供。准公共物品的成本可以通过两种方式来弥补：一是由政府税收弥补而免费使用，这是公共提供方式；二是通过收费来弥补，这是市场提供方式，以路桥的提供为例，谁过桥谁交费购买使用权，以弥补路桥成本。政府要考虑的问题是从社会角度比较两种方式何者为优，比较的依据是效益和成本。一般而言，不论采取哪种提供方式，该路桥提供的社会效益和建筑成本是相同的，但无论是征税还是收费都会产生其成本并可能带来一定的效率损失，而这却是可以比较的。其中征税成本是指征管成本和缴纳成本，税收的效率损失是指因征税而带来的社会福利损失，也称税收超额负担。收费要设置管理设施和管理人员，也要花费成本，由于收费会在一定程度上限制过桥的车流量，在不过分拥挤的情况下，对社会产生一部分消费损失，这是收费的效率损失。最终选取哪种提供方式，取决于税收成本和税收效率损失同收费成本和收费效率损失的对比。

②具有外部效应的准公共物品的提供。具有外部效应的准公共物品的提供方式应根据其外部效应的大小来选择，一般有公共提供方式、混合提供方式等。当外部效应很大时，可视为纯公共物品而采取公共提供方式。如基础科研成果是一种典型的外部效应产品，而且政府政策是鼓励付诸应用，一般采取公共提供方式。其实多数公共物品都具有较大的外部效应，但为提高公共物品的使用效率并适当减轻政府负担，对多数准公共物品采取混合提供方式是一种较佳的选择。如对卫生保健可采取由政府提供一部分和由医疗者付费一部分的混合提供，这种方式既可以保障职工和居民的医疗需要，又可以避免病床过分拥挤和药品的浪费。当采用收费方式时，政府所要关心的问题是如何合理制定收费标准，以避免利用垄断地位滥收费或提高收费标准加重居民负担，甚至造成严重的社会问题。所以，混合提供的关键是制定政府与市场的合理的经费分摊比例。

从各国的实践来看，政府对准公共物品的有效提供（即政府公共提供）主要有如下几种方式：其一，政府授权经营。对于具有规模经济效益的自然垄断行业，政府部门通过公开招标的形式选择民间企业，通过签订合同的方式委托中标的民间企业去经营，但由政府部门对这一领域实行政府规制，一方面禁止其他企业自由进入，另一方面又禁止中标企业制定垄断价格。其二,政府控股、参股经营。对于那些初始投资量较大的基础设施项目,如道路、桥梁、高速公路、铁路、港口、机场等,由政府通过控股参与建设。其三,政府补助。对于那些提供教育服务、卫生服务的民间机构及从事高新技术产品开发的民间企业,政府给予一定数量的补助。这是因为教育服务、卫生服务、高新技术的开发都具有正外部效应。补助的方式包括补贴、贷款贴息、减免税等。

5)公共生产

(1)公共生产的内涵。公共物品的提供方式涉及公共物品的生产方式问题,因为公共物品可以由政府直接组织生产,即所谓公共生产,也可以由私人生产,政府来购买。所谓公共生产是指由政府出资(即由预算拨款)兴办的所有权归政府所有的工商企业和单位组织的生产活动。按广义的生产概念,既包括生产有形产品和提供服务的工商企业,也包括提供无形产品和服务的学校、医院、文艺团体以及政府机关、公安、司法、国防和准国家机关的事业单位等部门。按狭义生产概念理解的公共生产,在我国就是国有工商企业,包括垄断性国有企业。公共物品由国家机关和公共部门来提供并不表明这些公共物品必须由国家机关和公共部门来生产,即公共提供不等于公共生产。公共提供无非是强调这种产品要通过预算程序来供给,消费者通常可以免费获得。但是产品的生产可由公共部门来承担,也可由私人部门来承担。同理,私人提供也不等于私人生产,私人在市场上提供的产品也可以由公共部门来生产。

值得注意的是,公共物品的生产方式和提供方式并不是一回事,两者可以形成多种相互交错的组合:有些公共物品是公共提供、公共生产,如政府机关、国防等部门提供的服务以及这些部门从国有企业购置的办公用品和设备,还有垄断性国有企业提供的物品;有些公共物品是公共提供、私人生产,如政府部门从私人企业采购设备和购置办公用品,私人企业承包政府工程等;至于公共生产部分收费或私人生产由政府给予补贴的混合物品,则属于公共生产、混合提供,或私人生产、混合提供,等等。

(2)公共生产的选择。随着政府垄断公共物品生产的地位被打破,公共物品的生产就呈现了政府与市场双重机制并存的局面。那么,公共物品到底是选择公共生产还是私人生产,即如何选择公共物品的生产者,最终还是要根据公共物品的非排他性和非竞争性程度来决定。

①纯公共物品的生产。纯公共物品一般来说都具有广泛的正外部性、完全的非竞争性和非排他性,公民个人不能也无从选择消费其他质量的同类产品。或者说,无论该产品的质量如何,公民都必须选择,必须消费。通常认为,这类产品是市场力量不愿介入的,只能由政府利用其所掌握的公共资源来生产。对这类纯公共物品我们可以再细分为政策性公共物品和一般性公共物品,前者如政府的各类公共政策,包括福利政策、就业政策、分配政策以及各种调控经济的政策等,这些产品实际上就是政府对社会价值的一种权威性分配,因而它只能由政府通过公共权力的强制性来生产。但对后一种纯公共物品,即一般性纯公共物品比如国防、法律秩序、环境保护等,虽然原则上也主要由政府来生产,但在某些环节比如国防中的军购、法律秩序中的监狱管理等在某些西方国家却是由市场来完成的。

实际上,纯公共物品中有些产品的部分生产环节也是可以引入市场机制的,即私有化提供。另外,在环境保护中,排污权交易也是一个在很多国家都被广泛运用的市场机制。所谓排污权交易就是指政府先根据环境质量的要求和环境能够吸纳的排污量,在一定年度内为某一污染物设置一个总的排放标准，然后根据企业的生产规模为每个企业核准一个排污量，企业花钱从政府手中购买这一定量的排污权后，就可以在此范围内排放污染物了。当一个企业的排污量已经用完而它还需要继续排污的情况下，就只能高价从那些排污权没有用完的企业手中购买，否则就不能继续排污，也就不能继续生产。而随着时间的推移，环境能够容纳的排污量会越来越小，政府核准的企业的排污权也会越来越小，从而迫使企业必须采取措施减少污染，以最终实现保护环境的目的。这样，排污权交易就把一个本来具有负外部效应的排污行为内部化了，而一旦内部化完成，也就可以通过市场机制来安排。由此我们可以看出，即使是我们通常所谓的纯公共物品的生产领域，在有些环节上也可以由市场来完成。

　　②准公共物品的生产。由于准公共物品不具有完全的非排他性和非竞争性，即在许多环节都可以实行收费或排他，一般来说政府的主要角色就应该是提供者或安排者而不应该是生产者了。对这类产品我们仍可细分为自然垄断性产品和价值性产品，前者如交通、电力、通信、水电油气的供应等，后者如教育、医疗和社会保障等。

　　对自然垄断性产品来说，其特点是初始投入很大、规模效应明显、边际成本远远低于平均成本、先进入者很容易形成垄断。对于这类产品，一般来说应该由政府来安排，由市场来生产。而且不仅仅要由市场来生产，还要使市场在竞争环境中来生产，否则，必然出现因垄断而导致的质量低下和价格高昂的结果，而这对普通公民这些公共资源的所有者来说就是不公正的。

　　对这类自然垄断性准公共物品的生产，特许经营应该是比较好的制度安排。所谓的特许经营就是指由政府授予企业（无论是国有企业还是私人企业，重要的是通过公平竞争获取特许经营权）在一定时间和范围内，生产并经营某种公共物品的权利，并准许其向消费其产品的消费者收取一定的费用，以实现投资回报并获取利润的一种制度安排。在这种制度安排中，企业要做的就是通过公平竞争获取对某一产品的特许经营权，并利用自己的经营能力尽可能为消费者提供质优价廉的产品，以赢得更多的消费者，实现规模效应。而政府则至少要做好两件事，一是要在特许经营的各个环节中尽可能引入竞争因素，防止垄断局面的形成。这也是各国政府采取特许经营而不再自我经营的一个重要原因，因为这些物品在原有的政府直接经营的前提下效率不佳、服务不好并不是因为经营者是政府，而是因为经营者是垄断者。所以，政府必须尽可能在各个环节都引入竞争因素，否则，就失去了选择特许经营这种方式的意义。二是政府必须利用自己的强制力对这类物品的价格进行管制。因为：一方面，生产这类产品所使用的资源属于公共资源，这些公共资源属于全体公民而不是从事经营的企业，企业获取的只是经营权而不是所有权；另一方面，由于这些物品所具有的天然垄断性，因此，尽管政府尽可能在各个环节中，包括在经营者的数量上，引入了竞争因素，但相对于其他生产领域来说其竞争还是很不充分的，如果任由生产企业定价，那么这些有限的生产者很可能会组成一个利益联盟，并根据收益最大化原则进行定价，而这个定价就很可能要大大高于生产该产品的边际成本甚至平均成本，这样，企业虽然获取了丰厚的利润，但却严重侵犯了普通消费者的合法权益。而如果政府在特许某些企业从事这类物品生产的同时，也对价格进行有效的管制，就可以实现企业和消费者的双赢，即一方面企业通过政府的特许进入了这些具有天然垄断性质的准公共物品的生产领域，可以获取相对稳定而丰厚的利润，同时，消费者也可以在相对合理的价格下享受到由竞争而带来的更为廉价优质的服务。

　　对另一类准公共物品即价值性物品来说，比较有效的生产方式则是政府与市场合作生产。因为所谓的价值性物品就是指那些对所有人都是有价值的，所有人对其都有消费需求的物品，因而一般来说仅仅依靠政府或市场很难完全满足所有公民的消费需求，如基础教育、医疗保健、社会保障等；而如果政府与市场合作生产，可以以市场力量打破原有的政府垄断地位，以市场力量弥补政府供给的不足，由政府负责为那些购买力有限的中低收入者提供免费或廉价的公共物品，如廉租房或基础的公立教育和医疗，以维持基本的生存需要，由市场根据某些购买力较高的消费者的消费偏好为他们提供符合他们偏好的公共物品，如质量更高、服务更好的私立教育或医疗等。

总的来说，虽然由于公共物品都具有一定的非排他性和非竞争性，主要由政府来生产，但这并不意味着市场力量就没有发挥作用的空间。即使在那些具有完全的非排他性和非竞争性的纯公共物品生产的某些环节，市场机制照样可以发挥作用；而在那些具有一定排他性和竞争性的准公共物品的生产环节，政府就更没有垄断生产的必要。市场力量的介入不仅丰富了公共物品的数量，为不同的消费群体提供了更多可供选择的公共物品，而且更重要的是市场可以利用市场机制本身所具有的活力来改变政府的官僚习气，全面提高公共物品供给的质量和效率，以满足公民日益增加的公共物品质量和数量需求。公共提供和公共生产的区别如表 1−2 所示。

表 1−2　公共提供和公共生产的不同类型

	公共生产	私人生产
公共提供	国防、司法等	城市道路、上下水道等
私人提供	水、电、燃气等	衣服、鞋子等

6）公共定价

（1）公共定价的内涵。公共定价是指政府相关管理部门通过一定程序和规则制定提供公共物品的价格和收费标准，即公共物品价格和收费标准的确定。

公共定价是政府保证公共物品提供和实施公共物品管理的一项重要职责。公共定价的对象不仅包括公共部门提供的公共物品，而且包括私人部门提供的公共物品。从定价政策来看，公共定价实际上包括两个方面：一是纯公共定价，即政府直接制定自然垄断行业（如能源、通信和交通等公用事业和煤、石油、原子能等基础产业）的价格；二是管制定价或价格管制，即政府规定涉及国计民生而又带有竞争性的行业（如金融、农业、高等教育和医药等行业）的价格。政府实施公共定价的目的和原则，不仅在于提高整个社会资源的配置效率，使公共物品得到最有效的使用，提高政府支出的效益，而且是保证居民的生活水平和生活安定的重要措施。各级政府往往规定较为广泛的公共定价的对象和范围，比如国家专营的烟叶、食盐，部分重要药品，燃气，热力，水，电力，军品，重要专业和特殊行业服务（金融结算和交易服务、公共设施维护和重要建设项目服务、卫生防疫服务），重要公益性服务（医疗服务、园林景点）等。

（2）公共定价的一般方法。无论是纯公共定价还是管制定价，都涉及两个方面，即定价水平和定价体系。定价水平指提供每一单位的物品和服务的定价（收费）是多少。在管制行业，定价水平依据正常成本加合理报酬得到的总成本计算。因此，研究定价水平实质上是研究如何确定总成本。定价体系是指把费用结构(固定费用和可变费用的比率)和需求结构(家庭享用或企业使用、少量需求或大量需求等不同种类的需求,高峰负荷和非高峰负荷等不同负荷的需求)考虑进来的各种定价组合。

公共定价方法一般包括平均成本定价法、二部定价法和负荷定价法。

平均成本定价法是指在保持提供公共物品的企业和事业单位对外收支平衡的情况下,采取尽可能使经济福利最大化的定价方式。从理论角度来看,按公共物品的边际成本定价是最理想的定价方式,但这种定价方法会使企业处于长期亏损状态,必须依靠财政补贴维持运行,长此以往,很难保证按质按量地提供公共物品。因此,在成本递减行业,为了使企业基本保持收支平衡,公共定价或价格管制一般采取按高于边际成本的平均成本定价。

二部定价法是由两种要素构成的定价体系:一是与使用量无关的按月或按年支付的"基本费";二是按使用量支付的"从量费"。因此,二部定价是定额定价和从量定价二者合一的定价体系,也是反映成本结构的定价体系。由于二部定价法中的"基本费"是不管使用量的多少而收取的固定费,所以有助于企业财务的稳定;由于二部定价法具有"以收支平衡为条件实现经济福利最大化"性质,所以现在几乎所有受价格管制的行业(特别是电力、城市煤气、自来水、电话等自然垄断行业)都普遍采用这种定价方法。

负荷定价法是指按不同时间段或时期的需求制定不同的价格。在电力、煤气、自来水、电话等行业,按需求的季节、月份、时区的高峰和非高峰的不同,有系统地制定不同的价格,以平衡需求状况。在需求处于最高峰时,收费最高;而需求处于最低谷时,收费最低。

7)免费搭车问题

显然,出于自身利益的考虑,人人都希望由别人提供公共物品供自己免费使用。由于公共物品的非排他性,这是完全可行的。另一方面,由于具有非竞争性,这类产品应免费提供。如果不能回收成本赚取利润,市场经济中的追求利润最大化的生产者是不会提供这类产品的。市场本身无力解决公共物品有效提供的问题,而这些公共物品对消费者往往又是不可缺少的,因此;政府部门的干预就非常必要。

2.外部性

1)外部性的含义

外部性(也称外部效应)是没有反映在价格中的市场交易成本或收益。外部性会导致市场配置资源的低效率。在现实生活中,许多产品和劳务的成本或收益有着显著的外部性特征,这往往使得第三方将受到该商品的生产或消费的影响。这类产品的生产或消费,可以绕过价格机制直接影响他人的经济环境和经济利益,对他人产生额外的收益或成本,但生产者或消费者并未因此得到报酬或进行补偿,这些成本或收益在企业或个人进行经济核算时往往不予考虑,故这种现象被称为外溢性现象,也称为外部性。有外溢性特征的产品,其私人成本(收益)与社会成本(收益)是不一致的,其差额就是外部成本(收益)。外部性包括正外部性和负外部性。正外部性是某个经济行为个体的活动使他人或社会受益,而受益者无须花费代价,即买卖双方之外的第三方获得的收益。负外部性是某个经济行为个体的活动使他人或社会受损,而造成外部不经济的人却没有为此承担成本,即买卖双方之外的第三方承担的成本。当从事某项经济活动的私人成本小于社会成本时,该项活动具有负的外部性;当其私人收益小于社会收益时,则被认为具有正的外部性。如上游水库下游可以受益,是正的外部性;造纸厂对河流造成污染,是负的外部性。

2）外部性的效率损失

当存在外部性时，市场价格就不能准确地反映交易产品的所有边际社会收益或边际社会成本。成本收益不对称，必然影响市场配置资源的效率。因为企业或个人进行决策的时候，只可能将其实际承担的成本与得到的收益进行比较，在无需对外溢成本进行补偿的情况下，经济主体实际承担的成本会小于其活动的总成本，因而会过量从事将产生外溢成本的活动；相反，在外溢收益得不到报酬的情况下，他们就会选择较少地从事该类活动。因此，必须有政府部门的介入和干预。当出现外部效应时，政府可以采取行政法律手段，例如，可以命令排污工厂停产或限期治理；可以给予上游水库修建以适当的财政补贴。

3）外部性的私人对策

首先，解决外部性的常用私人对策是科斯定理。如果外部性得不到及时解决，资源配置结果将是无效的。在某些情况下，私人部门可以采取行动解决问题。常用的方法是著名的科斯定理。科斯在其经典论文《社会成本问题》（1960）提出，在某些条件下，经济的外部性或者说非效率可以通过当事人的谈判（或讨价还价）得到纠正，从而达到社会效益最大化。即在一个零交易费用的世界里，只要初始产权是明确界定的，则各方之间的谈判最终会形成一个有效的帕累托最优配置。因此，明晰产权是解决问题的关键。科斯认为，市场存在外部性主要是因为市场机制的作用未能得到充分的发挥，或者是因为没有明确界定产权，或者是由于政府人为的干预，使资源定价太低或存在补贴。因此，问题的解决要依靠完善市场、充分发挥市场机制的功能，也就是说，要明确产权，产权所有人可以通过私人谈判或法律诉讼来解决外部性问题，而无需政府的人为干预。经济活动外部性的产生也是由众多经济个体行为造成的，因此，减少该外部性，首先要减少个体的外部性，明确各种"商品"的所有权。不过，科斯定理只有在一定前提下才有效。比如交易费用为零。如果现实中交易费用太大，市场就很难解决外部性问题。另外，现实中一切私有产权都不是完全和绝对有效的，从而都在产权的边界处留下了一块公共区域。

其次，通过合并来解决外部性，即将有关各方合成一体而使外部效应"内部化"。另外，也可以通过社会习俗来解决外部性问题。社会习俗往往被看作为了让人们对其产生的外部性负责，尤其是一些传统美德和习俗，可以大大减少外部性问题，比如不在公共场合大声讲话，不在马路上随地吐痰等。

4）外部性的公共对策

首先是庇古税。英国经济学家庇古最先提出，根据污染所造成的危害程度对排污者征税，用税收来弥补排污者生产的私人成本和社会成本之间的差距，使两者相等，这种税被称为"庇古税"。按照庇古的观点，导致市场配置资源失效的原因是经济当事人的私人成本与社会成本不相一致，从而私人的最优导致社会的非最优。因此，纠正外部性的方案是政府通过征税或者补贴来矫正经济当事人的私人成本。只要政府采取措施使私人成本和私人利益与相应的社会成本和社会利益相等，则资源配置就可以达到帕累托最优状态。这种纠正外在性的方法也称为"庇古税"方案。这也是环境保护税的最早渊源。

其次是排污费。由于环境污染这种负外部性的存在，造成了环境资源配置上的低效率与不公平的本质，促使人们去设计一种制度规则来校正这种外部性，使外部效应内部化。庇古税在实际应用时既可以是税收，也可以是收费，如环境污染税，排污收费等，这是污染者支付原则的具体化。随着世界经济的发展，人类排放污染物的种类、数量及浓度都大规模增加，洁净的水和空气已成为短缺资源，而净化被污染的水和空气需要付出一定的代价。经济学家认为，这笔费用应由污染者支付，因为污染者损害环境质量，同消耗原材料一样，需要支付一定的费用，不应将这笔费用转嫁给社会。这是排污费主要的理论基础。具体则指根据一国排污收费法律法规的规定，污染者应按其排放污染物的种类、数量和浓度应向国家缴纳的一定的金钱。最早由德国于1904年在污染严重的鲁尔工业区实行，此后，欧洲其他国家、日本、中国、澳大利亚、新西兰相继仿效并不断将收费范围由排放废水扩大到废气、废渣和其他公害物质。我国《排污费征收使用管理条例》自2003年7月1日起施行。但从2018年1月1日起，在全国范围内统一停征排污费和海洋工程污水排污费，改征环境保护税。

另外，也有部分国家采用规制、排污许可证、补贴、总量控制与交易制度、命令控制性管制等方式来解决外部性问题。比如对污染企业直接颁布排污标准，否则就处以高额罚金；或者颁发可转让排污许可证。排污许可证是排污单位向环境保护行政主管部门提出申请后，环境保护行政主管部门经审查发放的允许排污单位排放一定数量污染物的凭证。排污许可证属于环境保护许可证中的重要组成部分，而且被广泛使用。任何企业排放没有排污许可证允许的污染时都将受到重罚。许可证可以无偿分配给各个企业，但总的许可证数目控制在使排放达到理想的最优水平。还有对正外部效应采用财政补贴等方式进行矫正等。

3. 信息不对称

1）信息不对称的含义

完全竞争市场关于信息的假定可以说是最理想化的了。所谓完全的信息或知识，是指生产者及消费者不仅充分掌握市场当前正出现的情况，而且了解明天、后天会出现的事情。但是，随着市场规模的不断扩大，信息越来越分散、复杂，加工、处理信息的成本也可能会升高到为决策者所无法接受，从而不可避免地出现很多非理性的决策。比如，生活在大都市里的人，是不太可能为了买一件衬衫而跑遍所有的商店的，这样，他最后的选择很可能并不是真正物美价廉的一种。

2）信息不对称的特征

信息不完全的一个典型表现是信息不对称，就是消费者和供给者之间对商品的信息是不对称的。可能供给者掌握信息更多，可能消费者掌握信息更多，所以一方就可以利用信息的垄断导致资源配置失效。例如，疫苗的生产经营商比买者更了解疫苗的效用及生产成本，劳动力市场的劳动力提供者比需求方更了解其劳动能力。而保险市场及信用市场等市场中买者所掌握的信息往往多于卖者。在不对称信息的情况下，处于信息优势的一方将利用自己的信息优势来侵害另一方的利益，即会导致不利选择和道德风险，从而影响资源配置效率。

此外，信息也具有公共物品的特征，增加一个人的消费不会减少其他人的消费量，因此，私人市场所提供的信息往往很不足。信息的不充分会影响到竞争的充分性，由此也会影响市场机制的运转效率。针对这些由信息不完全引起的市场失灵，政府亦需进行干预。例如，美国许多州的汽车保险是强制性的，从而可以避免因保费太高低风险的人不愿投保进而保费进一步向出车祸概率高的人群倾斜的恶性循环。

政府还经常承担起向消费者免费提供信息的职责，如发布气象预报等。政府还可以通过提供信息来保护消费者权益，如设立技术监督部门，经常对食品、化妆品、药品等产品的质量进行抽查或检验，并将结果予以公布。

总之，这里政府所要做的事情，就是向社会提供有关商品供求状况、价格趋势以及宏观经济运行和前景预测资料。政府提供信息，是弥补市场的缺陷，是一种社会性服务，属于公共服务的范围。

4. 经济波动

自由市场存在经济波动的风险。从宏观经济学来看，一个冲击会导致总需求小于总供给，社会出现失业或者通货膨胀。价格刚性使经济回到正常水平的过程时间比较长。但正如凯恩斯所说的，在长期中我们都会死掉。社会不能承受长期的失业或者通胀，所以需要政府利用财政政策进行适当的干预。政府采用财政政策来努力稳定经济、纠正市场失灵，以确保充分就业。这是对市场有效运作的一种重要补充。

5. 垄断

市场效率是以完全自由竞争为前提的，然而现实的市场并不具备这种充分条件。首先，产品之间的差别是相当普遍的，存在着不同程度的不可替代性。其次，交易成本阻碍着资源的自由转移，造成个别厂商垄断某一地区的市场。最后，政府行为也往往促成垄断。如烟酒、金融、保险等行业只有较少的企业能够获得许可从事经营，许多国家实行进口许可证制度；又如保护专利权的法规允许专利持有者在一段时间内对自己的发明等拥有垄断权。这些措施都在一定程度上减少了某些企业的竞争压力而增加了垄断的特点。除此之外，规模经济也被认为是一种典型的非人为的进入壁垒。当某一行业在产量达到相对较高水平之后，就会出现规模收益递增和成本递减的趋势，这时就会形成垄断。

在垄断（不论是自然垄断还是其他原因引起的垄断）的情况下，垄断者可通过限制产量、抬高价格等手段，使价格高于其边际成本，获得额外利润，从而丧失市场效率。为了对付垄断，政府可以实行公共管制，即由政府规定价格或收益率，政府也可以在垄断部门建立公共生产，并从效率或社会福利角度规定价格。

6. 收入再分配

上面我们分析了市场失灵的表现之一：效率损失。要强调的是，即使市场能实现资源配置效率，它仍然有可能"失灵"，因为效率和公平往往不会同时发生，而"公平"分配有时候比"效率"更能满足人们需要，相应增加社会福利。在评判资源配置是否合理、配置状况好不好的时候，公平和效率一样都是重要的评判标准，分配不公是市场失灵的另一表现。

分配不公包括起点不公平、过程不公平、结果不公平。一是起点不公平。人一生下来可能就存在不公平。例如出生在资源丰富的地方的百姓要比出生在资源贫瘠的地区的百姓更易获得生存所需的资源。二是过程不公平。收入分配的规则存在不公平。自由市场的收入分配是按贡献来进行的，贡献大，收入就多。这是过程公平的。但也存在一些过程不公平的例子，比如腐败的官员通过权钱交易谋取利益。三是结果不公平。

收入分配的最终结果可能是不公平的。自由市场的分配肯定是结果不公平。所以，结果不公平基本是可以接受的。但如果结果不公平超过了临界点（基尼系数超过 0.4），就可能会引起社会动荡。无疑，有关"什么是公平"的争议仍将一如既往地进行下去，但市场经济本身无法自动实现经济平等的事实是毋庸置疑的，这为政府干预提供了合适的理由。在公共政策实践中，救济穷人、帮助失业者和老年人等社会保障支出方案及相应的供款机制——工薪税或社会保险税方案，以及累进个人所得税等，就是为了匡正经济中的不平等。

总之，市场机制在实现资源配置方面的失灵，不仅表现在微观经济领域，宏观经济领域也同样存在着市场失灵现象。宏观经济领域经济效率的评判需要借助就业、物价水平和经济增长等指标，自发的市场机制并不能自行趋于充分就业、物价稳定和适度的经济增长。这一点早已为创立现代宏观经济理论与政策体系的凯恩斯学派所证明。在他们看来，市场机制在宏观经济方面的失灵，一方面是由于价格信号在某些重要的市场上并不具有伸缩自如、灵活反应的调节能力；另一方面，从总供给的角度看，不同经济主体在实现其经济利益上所具有的竞争性和排他性，会使市场的自发力量不能经常保证总供求在充分利用资源的水平上相一致。为此，唯有政府担负起对宏观经济的调控职能，经济才有可能获得稳定的增长。

（四）政府干预及干预失效

1.政府干预的手段

（1）行政、法律手段。政府干预的行政法律手段主要是指制定市场法规、规范市场行为、制定发展战略和中长期规划、制定经济政策、实行公共管制、规定垄断产品和公共物品价格等。与其他干预手段相比，行政、法律手段的作用更为直接。如为了减少垄断的社会损失，政府通过行政手段规定垄断产品价格或规定垄断厂商收益率，使垄断厂商降低价格、增加产量；为了解决外部效应造成的严重环境污染问题，政府采取管制措施，制定和执行汽车尾气排放标准、汽油含铅标准、饮用水安全标准，命令造成污染的厂商停产或限期治理等，使环境污染得到有效控制，为经济社会的可持续发展创造了条件。

（2）经济手段。政府干预的经济手段主要有以下三种：

①组织公共生产。公共生产可以在国有工商企业进行，也可以在垄断部门建立公共生产，并从效率或社会福利角度规定价格。政府组织公共生产，不仅是出于提供公共物品的目的，而且也是为了对宏观经济进行引导和调节、实现经济的稳定发展。

②财政手段。财政手段是一种调控手段，通过征税和收费为政府各部门组织公共生产和提供公共物品筹集经费和资金，通过政策来激励、引导或限制经济主体的行为从而对经济产生影响。与行政、法律手段相比，财政手段干预经济时赋予当事人更多的选择自由。例如，要鼓励企业发展高新技术，政府往往对高新技术企业或企业的高新技术研发投资实施减免税政策；要对企业污染环境和高能耗的生产行为加以限制，政府通常对这类企业征收高税率的环境保护类税收，这类税收政策在市场经济国家极为常见。财政支出是政府干预经济实施调控的另一项重要工具，通过对要发展的行业给予直接的补贴，或者通过政府投资为其做好必要的基础工作（如改善其交通、供水、供电等基础设施状况），达到促进其发展的目的。另外，从宏观调控角度看，财政手段经常用于调节经济运行、稳定经济。当经济过热时，政府通过增加税收、减少政府支出的方式来为经济降温；在经济萧条状态时，政府通过减税、增支的方法来刺激经济复苏。

③金融手段。金融手段是指中央银行通过金融系统和金融市场调节国民经济中的货币供应量，影响投资等经济活动，进而实现一定的政策目标的手段。金融的调节工具有：存款准备金率、中央银行再贴现率和公开市场业务。与财政政策相比，金融手段对短期政策目标的实现具有较强作用。如针对目前经济运行中存在的流动性过剩、物价上涨的问题，中央银行可通过提高存款准备金率、或提高中央银行再贴现率、或在证券市场卖出政府债券来减少货币量，同时可实行区别对待、有保有压的信贷政策，引导商业银行严把信贷闸门，把握贷款进度和节奏，优化信贷结构，如对于家庭购买第二、第三套房的贷款进行限制，有利于减少住房需求，降低住房价格；针对国际收支不平衡问题，可采取综合措施，继续深化外汇管理

改革，完善有管理的浮动汇率制度，增强人民币汇率弹性，保持人民币汇率在合理均衡水平上的基本稳定。在经济衰退时期，中央银行可通过以上三个工具增加货币量、降低利率，以此增加投资需求和消费需求，使经济摆脱衰退状态，实现复苏和增长。

2. 政府的干预失效

市场经济需要政府干预，但政府干预并非总是有效的，市场存在失灵和缺陷问题，政府机制同样存在缺陷和干预失效问题。政府的干预失效也叫做"政府失灵"。"政府失灵"是相对于"市场失灵"而提出的概念，它是指政府对经济的干预未能克服市场失灵，却阻碍和限制了市场功能的正常发挥，从而导致社会资源最优配置难以实现，损失了市场效率。政府干预失效具体表现为：①政府干预经济的活动未达到预期目标；②政府干预虽达到了预期目标但成本高昂；③政府干预经济的活动过度引发了负面效应。导致政府干预失效的原因是多方面的，主要有以下几个方面：

（1）有限信息。信息不足是"市场失灵"的表现之一，然而现实经济生活相当复杂，许多行为的结果是难以预料的，私人经济部门难以掌握完全的信息，事实上政府也难做到这一点。因此，政府也难免出现决策失误。

（2）对私人市场反应的控制能力有限。政府采取某种政策后，它对私人市场可能的反应和对策往往无能为力。例如，政府采取医疗保险或公费医疗政策，却很难有效控制医疗费用的飞速上升；一些国家为了吸引外资或鼓励投资，对外来资本或国内某些领域实行税收优惠政策，却难以阻止许多不应享受优惠的投资者钻空子；一些国家为了使收入分配更公平，对高收入者征收高额累进税，却把这些人赶到税率低的国家定居，随之失去了他们的资本和智慧。

（3）官僚主义。政府与官僚主义历来是密切联系在一起的，这首先体现在政府做出一项决策要比私人部门决策慢得多，因为当中要经过几个时滞阶段。

其一，认识时滞。这是从问题产生到被纳入政府考虑日程的一段时间。如果是中央政府决策，那么还要加上地方政府反映、报告问题的时间。

其二，决策时滞。这是从政府认识某一问题到政府最后得出解决方案的那一段时间，当中可能要经过反复的讨论、争论，因政府做出决策绝非易事。

其三，执行与生效时滞。这是从政府公布某项决策到付诸实施以致引起私人市场反应的时间。

任何公共决策都不能避免上述时滞。有时，针对某一问题的政策真正起作用的时候，情况已发生了变化，该问题已不是什么重要的问题了，而解决新问题的对策又要经过上述时滞。除时滞问题以外，官僚主义还体现在政策实施情况和最初政策意图的不一致。因为政策制定者和执行者一般不是同一个政府机构。可能纯粹由于政策意图本身的模棱两可，执行机构对政策的解释和理解不一定符合政策制定者的初衷，虽然这不一定是前者有意所为。在更多的时候，由于政策的执行结果在很大程度上取决于执行人员的效率和公正廉明，而政府官员自己的利益或偏好与社会的利益往往并不完全一致，这会使政策的执行结果大打折扣。在市场经济特征下，几乎不可避免地会产生由于滥用权力而导致的寻租行为，也就是公务员特别是某些领导人员，凭借人民赋予他的政治权力，牟取私利，受贿索贿，为"小集体"谋福利，纵容亲属从事非法商业活动等。

（4）政治决策程序的局限性。政治决策程序本身的局限性也是政府不可克服的缺陷之一。如前所述，现代民主制度并不能很好地解决偏好显示和偏好加总的问题，从而不能实现有效的决策结果。政府的决策会影响到许多人，但真正做出决策的只是少数人，不管这少数人是由选举产生的还是其他方式指定的，他们在决策时总会自觉或不自觉地倾向自己所代表的阶层或集团的偏好和利益，而一旦既得利益集团形成，这种格局就很难打破。所以民选政府的决策很难保证符合大多数人的利益。此外，阿罗不可能定理证明，政府行为和决策的前后不一致也是民主决策过程不可避免的现象。

基于上述原因，我们必须客观看待政府干预的作用和有效性，不能过分夸大政府对于纠正"市场失灵"的作用。另外，政府干预本身也是有成本的。税收是政府筹资的主要方式，在征税过程中会产生征收成本，由于税收干扰了私人经济部门的选择往往还会带来额外的效率损失，即税收的超额负担。只有在市场失灵导致的效率损失大于这些税收成本的情况下才需要政府干预。

总之，单纯的市场机制或单纯的政府机制都是不可取的，两者虽然都有优越性，但也都有其自身不可克服的缺陷。只有两种机制相互配合，才有助于实现理想目标。

3.社会主义市场经济条件下政府的经济职能

当今世界已经形成市场经济体制的大趋势，但是，由于各国的社会经济制度和意识形态的不同，市场经济体制自然有所不同，甚至存在根本性的差异；即使社会经济制度和意识形态相同，由于历史和文化传统的不同，世界各国的市场经济体制也会形成不同的模式。例如，类似英国的多数欧洲国家实行"新自由主义"的市场模式，但其中有些国家政府仍支配钢铁、煤炭、铁路、空运以及公用事业，政府集中的国内生产总值（以下简称 GDP）达 50% 以上；美国虽属于"新自由主义"市场模式，但政府的集中度相对较小 经济运行的自由度较大，政府集中的 GDP 大体为 30% 以上。北欧国家号称为"高福利国家"，政府承担大量的社会服务和社会福利负担，政府集中的 GDP 达 60% 以上。德国实行所谓的"社会市场经济"，主要是将自由竞争机制和一套完整的社会政策相结合。以日本为代表的市场经济被称为"东方模式"或"亚洲模式"，一方面主张充分自由竞争，另一方面又通过政府计划、发展战略、产业政策引导和控制市场的运行，东南亚的新兴国家大体都仿效这种模式。总之，各国实行市场经济体制，都必须重视协调政府与市场的关系，根据本国的国情来选择适合自己特点的市场经济模式。

我国当前仍处于社会主义初级阶段，实行社会主义市场经济体制，在国家宏观调控下使市场在资源配置中起基础性作用，这里明确而科学地表述了政府和市场的关系。所谓"市场在资源配置中起基础性作用"，既肯定了市场的作用，同时也说明市场在资源配置中的失灵，这就要求政府发挥应有的配置资源的作用，主要是生产或提供具有外部效应的公共物品。所谓"在国家宏观调控下"则是指明市场机制本身存在缺陷，需要政府干预，通过宏观调控使国民经济健康、稳定地运行。如前所述，政府干预是为了弥补市场失灵和克服市场的缺陷，政府干预失效，是指政府干预非但没有弥补市场失灵和克服市场的缺陷，而且干预了正常的市场规则，损失了市场效率。这个道理同样适用于社会主义的财政，例如，财政职能"缺位"，该由财政办的事情财政没有办，或财政"越位"，代替了市场职能，都是政府干预失效或财政失职的表现。当然，政府职能和财政职能的规范和转变，要靠政治经济体制整体改革的逐步完善来实现，需要一个相当长的过程。但可以说，规范政府经济行为，转变政府职能和财政职能，是建设社会主义市场经济体制的一个基本理论和实践问题；政府的经济行为缺乏规范，政府职能和财政职能没有真正转变，就不能说已经建成了社会主义市场经济体制。

二、财政的职能

"财政乃庶政之母"，这是1776年亚当·斯密在《国民财富的性质与原因的研究》（又称《国富论》）中给财政的职能定位。在中国，财政是国家治理的基础和重要支柱。研究财政职能的任务，是从理论上概括财政在国民经济中的地位和作用，因而财政职能的界定对构建财政学的理论体系，对确定财政学研究的内容、方向和目标有至关重要的意义。政府与市场的关系是实行社会主义市场经济的基本问题，所以政府与市场关系是概括财政职能的基本立足点。另外，总体来说，政府（或财政）与市场的某些经济职能是共同的，如配置资源和收入分配是两者共同的基本职能，只是由于两者的运行机制不同，在实现同一职能中的适用领域、作用方式、经济效应方面有所不同。财政学关心的问题，是如何界定政府和市场各自的最适领域和最佳的结合方式，最终实现公平与效率的最优结合。社会主义市场经济条件下的财政职能可以概括为四个方面：资源配置，收入分配，稳定与发展经济，保障社会和谐稳定、维护国家长治久安。

（一）收入分配职能

收入分配职能是指政府财政收支活动对各个社会成员收入在社会财富中所占份额施加影响，以公平收入分配。在市场经济体制下，GDP分配的起始阶段是由市场价格形成的要素分配，即各种收入首先是以要素投入为依据，由市场价格决定，要素收入与要素投入相对称。我国明确实行按劳分配与要素分配相结合的分配原则。各阶层居民的收入分为劳动收入与非劳动收入。劳动收入包括工资、薪金、奖金、津贴等；非劳动收入包括财产收入、租金、利息、红利和企业留利等。我国依法保护法人和居民的一切合法收入和财产，鼓励城乡居民储蓄和投资，允许属于个人的资本等生产要素参与收入分配。

收入分配的目标是实现公平分配，而公平分配包括经济公平和社会公平两个层次。经济公平是市场经济的内在要求，强调的是要素投入和要素收入相对称，它是在平等竞争的环境下由等价交换来实现的。在个人消费品的分配上，实行按劳分配，个人通过诚实劳动和合法经营取得收入，个人的劳动投入与劳动报酬相对称，这既体现效率原则，又体现公平原则。但在市场经济条件下，由于各经济主体或个人所提供的生产要素不同、资源的稀缺程度不同以及各种非竞争因素的干扰，各经济主体或个人获得的收入会出现较大的差距，甚至同要素及劳动投入不相对称，而过分的悬殊将涉及社会公平问题。社会公平是指将收入差距维持在现阶段社会各阶层居民所能接受的合理范围内。

财政实现收入分配职能的机制和手段主要有：①划清市场分配与财政分配的界限和范围，原则上属于市场分配的范围不能越俎代庖，凡属于财政分配的范围财政应尽其职。如应由市场形成的企业职工工资、企业利润、租金收入、财产收入、股息收入等，财政的职能是通过再分配进行调节。而医疗保健、社会福利、社会保障等，则应改变目前"企业办社会"的状况，由财政集中分配，实行社会化。②规范工资制度。这里是指由国家预算拨款的公务员的工资制度以及相似的事业单位职工的工资制度。凡应纳入工资范围的收入都应纳入工资总额，取消各种明补和暗补，提高工资的透明度；实现个人消费品的商品化，取消变相的实物工资；适当提高工资水平，建立以工资收入为主、工资外收入为辅的收入制度。③加强税收调节。税收是调节收入分配的主要手段：通过间接调节各类商品的相对价格，从而调节各经济主体的要素分配；通过企业所得税调节公司的利润水平；通过个人所得税调节个人的劳动收入和非劳动收入，使之维持在一个合理的差距范围内；通过资源税调节由于资源条件和地理条件而形成的级差收入；通过遗产税、赠与税调节个人财产分布；等等。④通过转移性支出，如社会保障支出、救济支出、补贴等，使每个社会成员得以维持起码的生活水平和福利水平。

（二）资源配置职能

资源配置，广义地理解是指社会总产品的配置，狭义地理解是指生产要素的配置。不论作何种理解，资源配置就是运用有限的资源形成一定的资产结构、产业结构以及技术结构和地区结构，达到优化资源结构的目标。世界上所有国家都将高效地配置资源作为头等重要的经济问题，经济学的核心也是研究资源配置以及与此有关的问题。

资源配置是资源的使用方式和使用结构问题。市场在资源配置中起基础性作用，在没有政府干预的条件下，市场会通过价格与产量的均衡自发地形成一种资源配置状态，但由于存在市场失灵和缺陷，市场自发形成的配置状态，不可能实现最优的效率结构。财政的配置职能是由政府介入或干预所产生的，它的特点和作用是通过本身的收支活动为政府提供公共物品提供财力，引导资源的流向，弥补市场的失灵和缺陷，最终实现全社会资源配置的最优效率状态。因此，财政的资源配置职能是指财政将一部分社会资源集中起来，形成财政收入，然后通过财政支出活动，由政府提供公共物品或服务，引导社会资金流向，弥补市场缺陷，从而优化全社会的资源配置。市场经济中，财政不仅是一部分社会资源的直接分配者，也是全社会资源配置的调节者，这就决定财政的资源配置职能既包括对用于满足社会公共需要资源的直接分配，也包括对全社会资源的间接调节。

财政配置的机制和手段主要有：①根据市场经济条件下的政府职能确定社会公共需要的基本范围，确定财政收支占 GDP 的合理比例。②优化财政支出结构。支出结构也就是财政资源内部的配置比例，如生产性支出与非生产性支出比例，购买性支出与转移性支出比例。前一个比例表明资本品和消费品的配置结构，而购买性支出的比例则表明财政配置功能的大小，它对社会资源的配置状态起着重要作用。③合理安排政府投资的规模、结构，保证国家的重点建设。政府投资规模主要指政府投资在社会总投资中所占的比重，表明政府对社会总投资的调节力度。而政府投资结构和保证重点建设，在产业结构调整中起着重要作用。④通过政府投资、税收和补贴，调节社会投资方向，提高社会投资整体效率。⑤提高财政配置本身的效率。例如，对每项生产性投资的确定和考核都要进行成本－效益分析；如一项国防工程，属于不能回收的投资项目，而财政拨款应视为这项工程的成本，应求得以最少的耗费完成高质量的国防品的目标；甚至税收作为财政收入的主要形式，也存在税收收入与税收成本的对比问题。

（三）稳定与发展经济职能

经济稳定包含充分就业、物价稳定和国际收支平衡多重含义。充分就业并非指可就业人口的百分之百的就业。由于经济结构不断调整，就业结构也在不断变化，在任一时点上，总会有一部分人暂时脱离工作岗位处于待业状态，经过一段时间培训后重新走上工作岗位，因而充分就业是指可就业人口的就业率达到了由该国当时社会经济状况所能承受的最大比率。物价稳定也不意味着物价冻结，上涨率为零，即使在经济运行正常时期，物价的轻度上升也是一个必须接受的事实，所以物价稳定是指物价上涨幅度维持在不至于影响社会经济正常运行的范围内。国际收支平衡指的是一国在国际经济往来中维持经常性项目收支(进出口收支、劳务收支和无偿转移收支)的大体平衡，因为国际收支与国内收支是密切联系的，国际收支不平衡同时意味着国内收支不平衡。

财政实现稳定和发展职能的机制和手段主要有：①当总需求超过总供给时，财政可以实行紧缩政策，减少支出和增加税收或两者并举，一旦出现总需求小于总供给的情况，财政可以实行适度放松政策，增加支出和减少税收或两者并举，由此扩大总需求。在这个过程中，财政收支发生不平衡是可能的而且是允许的。针对不断变化的经济形势而灵活地变动支出和税收，被称为"相机抉择"的财政政策。②通过制度性安排，发挥某种"自动"稳定作用，例如累进税制度、失业救济金制度等。③通过投资、补贴和税收等多方面安排，加快农业、能源、交通运输、邮电通信等公共设施的发展，消除经济增长中的"瓶颈"，并支持第三产业的兴起，加快产业结构的转换，保证国民经济稳定与高速的最优结合。④保证社会公共需要，为经济和社会发展提供和平的和安定的环境。提高治理污染、保护生态环境以及文教、卫生支出的增长速度，同时完善社会福利和社会保障制度，使增长与发展相互促进，相互协调，避免出现某些发展中国家曾经出现的"有增长而无发展"或"没有发展的增长"的现象。

(四)保障社会和谐稳定、维护国家长治久安职能

改革开放40年来，财税体制改革不断向前推进，适应我国基本国情和社会主义国家治理要求的财政制度日臻完善。特别是党的十八大以来，以习近平同志为核心的党中央高度重视财税体制改革，对改进预算管理制度、完善税收制度、建立事权和支出责任相适应的制度等提出明确要求，为深化财税体制改革提供了根本遵循，为推动现代财政制度建设指明了方向。围绕推进国家治理体系和治理能力现代化，财税体制改革和财政制度建设实现多点突破、纵深推进，财政在国家治理中的基础和重要支柱作用愈加显著。

财政实现稳定和发展职能的机制和手段主要有：①建立现代财政制度。建立现代财政制度已经成为未来推进财税体制改革、实现国家治理现代化的突破口，甚至成为实现国家长治久安的"万世之谋"。②探索央地新关系。中央和地方两个积极性都要得到发挥，这样的财政管理体制才是有效率的。在我国分税制未来改革中，中央和地方应按照事权划分相应承担和分担支出责任，要在确定相应事权与支出责任的前提下，进一步完善地方税体系并赋予地方政府适度税收立法权。③建立完整、规范、透明、高效的现代政府预算管理制度，让预算更透明，让预算的每一分钱花得更科学。当前厉行的"八项规定"，实际上就是在强化预算的支出环节管理。④加强与公共财政的衔接。财随政走。一直以来，财政改革都对我国整体改革起到了铺路石的作用。财政工作本来就是经济、政治、文化、社会、生态文明建设的交汇点。财政改革到位，即意味着在很大程度上其他领域改革的到位。现代财政制度应与之前的公共财政衔接，并应在法治化、民主化、国家治理的现代化、动态财政治理上发挥积极作用。

第三节　财政学的发展过程及其理论体系

　　财政学是研究政府进行资源配置、提供公共物品以及从事社会经济管理等经济行为的学科，即研究生产和提供公共物品的机构或非营利组织(公共部门)经济活动的学科。财政学与经济学有着密切的联系。经济学是财政学的理论基础，因为经济学是研究经济效率的学科，包括宏观经济学、微观经济学和部门经济学，而财政学是经济学的一个重要分支，属于应用经济学科。本书遵循主流传统，将财政学置于经济学框架内，作为经济学的一个分支，研究政府财政收支活动及其影响。需要注意的是，政府财政收支活动不是政府活动的全部，例如政府发行货币以及制定产业政策等，是货币银行学和产业经济学的研究范畴。

　　财政学作为一门较为古老的学科，随着社会经济的发展，其研究对象也不断变化更新。财政学的发展过程大体经历了萌芽、创立、发展三个阶段，财政理论体系则分为西方财政理论体系和社会主义财政理论体系。不同发展阶段、不同财政理论体系下，财政学的研究对象存在一定差别。

一、财政学的发展过程

(一)古代财政思想及财政学萌芽

　　自从人类社会进入奴隶制以后，一些思想家和政治家从治理国家和管理财政的实践中形成了朴素的理财思想。在中国春秋战国时期的《国语·齐语》中，管仲提出了"相地而衰征，则民不移"的财政政策，主张按土地好坏征收差额赋税，不要征收同等的赋税，以鼓励农民的生产积极性；此外，他还提出了一系列财政措施，如轻税、食盐专卖、铁矿合营等。商鞅在秦国推行变法时，提出"为田开阡陌封疆而赋税平"(《史记·商君列传》)、"改帝王之制，除井田，民得买卖"(《汉书·食货志》)的主张，即摧毁旧封建主的土地世袭占有制，允许土地自由买卖，并按田亩征收赋税。这种主张反映了封建财政由过去的地方割据财政改革成为统一的封建国家财政的要求。西汉桓宽根据著名的"盐铁会议"记录撰写的《盐铁论》记载了桑弘羊和贤良文学人士关于理财思想的争论。唐朝的刘晏、宋朝的王安石都有过理财的论述。在古希腊，色诺芬(Xenophon)在《雅典的收入》一书中，论述了财政、赋税方面的概念。在柏拉图(Plato)和亚里士多德(Aristotle)的一些著作中，也有过关于财产与收益之间应以何者为课税标准以及强制征税的公平原则之类的论述。在古罗马，有关于罗马税制以及专门讨论赋税负担的著作。当然，不论在古代中国或古代希腊、罗马，都还没有形成财政学的理论体系。

(二)财政学的创立阶段

　　随着资产阶级政治经济学的形成和发展，财政学作为政治经济学的一个分支也逐步形成和发展起来。在 17 和 18 世纪，重商学派讨论了消费税的课征；官房学派依据重商主义的经济思想，阐明财政与国富有不可分割的联系，提出"君安则民安，君富则民富"的以君主为中心的观点，讨论了财产税以及财政收入、财政支出和财政管理，其基本思想是用政治权利谋求国家的经济统一，增加财政收入和增加国家经济实力，提出要加强国家对财政经济活动的管理和控制，扩大财政收入规模，促进经济发展和国家富强；在税收理论方面，较早地认识到税收与国民经济的关系，提出了税收原则观点，对于早期资本主义税收理论产生了积极的影响。重农学派主张农业是唯一生产和创造财富的部门，只有土地提供纯生产，并以此理论为基础提出了征收土地纯生产的单一税。资产阶级古典学派政治经济学的奠基人威廉·配第（William Petty），摆脱了重商主义的影响，在其著作《赋税论》（1662）、《政治算术》（1690）中，把政治经济学的研究从流通领域转到生产领域，对资本主义生产的内部联系作了一定的考察，从经济生活的内部联系来分析财政租税问题。经济学的主要创立者亚当·斯密（Adam Smith）在他的代表作《国富论》中，比较系统地论述了劳动创造价值的理论，认识到资本和劳动的对立，把地租、利润、租税、公债等作为劳动价值的转化形态，还探讨了财政和经济的内在联系，系统地阐述了财政理论，包括赋税理论，提出了四大赋税原则，即公平、确定、便利、经济，从而创立了财政学。

（三）财政学的发展阶段

1.资本主义财政学的发展

继亚当·斯密之后，英国著名的古典政治经济学家大卫·李嘉图（David Ricardo）于1817年发表了《政治经济学及赋税原理》，该书被誉为继斯密《国富论》之后的又一经济学巨著。李嘉图的财政税收理论与斯密财税理论一脉相承，且有其独到之处，其重大贡献是对税收问题作了进一步深入的分析和研究，认为税收来自劳动产品的价值，"赋税是一个国家的土地和劳动的产品中由政府支配的部分，它最后总是从该国的资本中或是由该国的收入中支付的"。李嘉图将税收归纳为来源于资本和收入两个方面，认为政府的政策应当是不要征收必然会落在资本上的赋税，因为征收这种赋税，会损害维持劳动的基金，因而会减少国家将来的生产。同时提出了税收公平原则，提出为了公平地征收税收，应该建立以工资税、利润税和农产品税组成的税收制度，并系统地分析了赋税对资本主义生产及对价格、产品供求、投资、就业、劳动投入、对外贸易等的影响。认为税收可以通过改变利润水平来影响产品供求；税收可以通过改变国民的收入投向，变个人所得为政府收入，引导资源配置；税收可以通过减少资本，减少劳动的实际需求，从而减少工人的就业机会；税收可以通过出口退税、进口课税发展对外贸易，促进本国经济发展。同时，李嘉图在分析税收来源的基础上，进一步对各种税进行了分析，特别是集中分析了税收转嫁问题，对资产阶级古典派经济学和财政租税理论作出了重要贡献。在资本主义自由竞争时期，资产阶级所要求于国家的，只是为资本获得利润和积累提供有利的外部条件。因此，古典学派对于国家干涉经济持否定态度。他们主张尽力减少国家干预，节减政府支出，减轻租税课征，对财政经济领域中的封建特权和垄断作了抨击，从理论上为资本主义的自由发展开辟了道路。

20世纪后，随着资本主义进入垄断阶段，周期性的生产过剩危机频繁出现，以约翰·梅纳德·凯恩斯（John Maynard Keynes）为代表的资产阶级新庸俗派的财政经济理论取得了新的统治地位。凯恩斯学派认为，单凭市场经济的自发调节，不能解决社会有效需求不足和严重的失业问题。要保证"充分就业"和"经济繁荣"，必须由国家出面对经济进行干预，即实行扩张性的货币政策和赤字财政政策。凯恩斯在提出扩张性货币政策的同时还认为，要达到充分就业，仅采用单一的货币政策是不够的，特别是在经济危机中，所增加的货币数量可能被增大的流动性偏好所吸收而对利率不发生影响，从而对实际投资不起作用，因此，必须同时采用其他政策相配套，其中最主要的是赤字财政政策，因为资本主义经济的病根在于有效需求不足，而有效需求不足很难靠居民或企业的自发调节去解决，而必须要有政府的干预才能实现。一方面，政府可以直接扩大投资；另一方面，政府的投资活动可以带动私人投资。关于税收理论和政策研究的基本观点是：税收是刺激需求的手段，主张实行高额遗产税和累进税制度，使高收入者多纳税，低收入者少纳税，并尽量使收入低的人享受税收减免。膨胀性的货币政策和赤字财政政策是凯恩斯为当时的西方经济问题开出的两副主要药方。他提出的实行赤字财政，发行公债和执行通货膨胀政策，依靠扩大政府财政开支、加速国民经济军事化等来刺激私人投资，扩大生产，增加就业，扩大消费需求等一系列理论和政策，在战后西方经济的恢复和发展中发挥了很重要的作用，影响了各国政府和后来的一大批经济学家。

资本主义国家政府长期执行赤字财政政策，大量增发通货，物价不断上涨，出现了经济停滞不前和通货不断膨胀并存的"滞胀"局面。于是，继凯恩斯之后又出现了"新凯恩斯主义"。新凯恩斯主义经济学坚持政府干预经济的主张，但是，却吸收了理性预期学派的理性预期的观点和"预期到的宏观经济政策无效"的观点。新凯恩斯主义强调巩固性的财政政策，认为财政赤字对经济是有害的。他们所主张的宏观经济政策更全面，也更深入。既考虑需求方面，也考虑供给方面；既考虑长期，又考虑短期；既注重微调政策在短期的作用，又重视结构性政策的长期效果。可以说，新凯恩斯主义者继承了传统凯恩斯主义者关于国家应该干预经济的基本主张，既吸收了新古典经济学的一些合理的理论和政策主张，又发展了国家干预经济的理论，使得国家干预经济的政策体系发展到了一个新的水平，并提出了一系列的税收政策：一是实行补偿税收政策，目的是限制繁荣时期的过分扩张，而在衰退时期停止征收税款，并退还以前所征税款，以刺激消费；二是保持财政自动稳定器功能；三是实施斟酌使用的财政政策，根据经济活动的趋向，及时实施有助于经济稳定的财政税收政策。

面对"滞胀"，凯恩斯主义政策束手无策。对凯恩斯革命的反革命——新自由主义占据了美英等国主流经济学地位。新自由主义是一个包括众多学派的思想和理论体系。其财政经济理论的主张是极力主张私有制，反对公有制；主张自由经营，反对国家干预。其中公共选择学派则提出政府失灵论，主张放弃凯恩斯主义，取消国家干预，恢复古典学派的自由放任政策。理性预期学派反对国家干预更为彻底，认为国家干预经济的任何政策和措施，归根到底都是有害无益的。要使经济保持稳定，唯一有效的办法，就是听其自然，无为而治。不过，新自由主义者坚持健全财政原则，开支力求节约，税收力求其小，量入为出，实现收支平衡，其主要目的是增加资本家的利润，以刺激投资，促进经济增长。

2.马克思主义财政学

马克思的劳动价值论，是马克思剩余价值学说的理论基础，同样是马克思主义财政学的理论基础。财政参与价值分配、价值流通、价值增值的运动，财政政策的选择、税率的确定、税收转嫁与归宿等，无一不以劳动价值论为重要依据。马克思通过对剩余价值问题的分析，论述了国家与市场的关系，也体现了其财政观点。马克思认为"强有力的政府和繁重的赋税是同一个概念"。而赋税的来源是剩余价值，作为剩余价值转化形态的利润"会以各种不同形式——利润、利息、地租、年金、赋税等，在不同名称和不同阶级的居民之间进行分配，他们之间所分配的绝不能多于总剩余价值"。财政分配直接表现为价值分配，是价值运动的中枢；财政分配对象主要是劳动创造的剩余产品。

社会主义国家建立后，马克思主义学者以此为指导，从国家实现其职能参与社会产品分配所形成的经济关系入手，以参与分配的主体为标准，界定了财政分配与其他经济分配之间的边界；提出了财政学的研究对象是国家关于社会产品分配过程中的分配关系及其理论体系的创新见解——"国家分配论"或称"国家分配关系论"，剖析了国家财政所反映的以国家为主体的分配关系，揭示了社会主义财政的实质，阐明了社会主义制度下租税、公债、国家预算等财政范畴的基本特征，随后又有"国家资金运动论""价值分配论"之说，建立了社会主义计划经济下的财政理论体系，形成了完整的马克思主义财政学理论体系。

中国改革开放后，在邓小平建设有中国特色社会主义理论指导下，相继提出了"社会再生产论""剩余产品论""社会共同需要论""公共财政"等各具特色的财政理论，进一步推动了马克思主义财政学基本理论建设，创新了社会主义市场经济下的财政理论。政府与市场的关系问题，历来都是政治学、经济学等众多学科的研究对象。对于公共财政学而言，更是从政府与市场的关系衍生出来的。公共财政理论首先是从公共部门经济活动的意义入手，其基本的思路和方法是从评析社会资源配置的效率开始，分析市场机制的失灵或缺陷，然后再揭示出政府从事经济活动的必要性，并在此基础上，界定政府经济活动的范围及公共财政的相关知识。公共财政学强调财政是为市场经济提供公共服务的政府分配行为，公共财政的核心是满足社会公共需要，是国家以社会和经济管理者的身份从市场上取得收入，并将这些收入用于政府的公共活动支出，为社会提供公共物品和公共服务，以充分保证国家机器正常运转，保障国家安全，维护社会秩序，实现经济社会的协调发展。

2013年十八届三中全会通过的《中共中央关于全面深化改革若干重大问题的决定》，将财政定位为国家治理的基础和重要支柱。在这一定位的指引下，现代财政制度理论研究有了新突破，新时代中国财政学的发展进入新阶段。

二、财政学的理论体系

财政理论发展过程说明，财政学作为一门独立的社会科学，具有很强的时代性，反映着不同生产力发展水平和不同的经济关系。财政学建设的理论体系，基本上是沿着马克思主义和西方经济学两条发展线索展开的。

依据财政分配主体，财政学可分为：专门以资本主义国家财政为研究对象的资本主义财政学和专门以社会主义国家财政为研究对象的社会主义财政学，对各个国家财政制度进行比较研究的比较财政制度学。依据财政分配内容，财政学可分为：国家预算（公共预算或政府预算）、税收学、公债学等。依据财政发展的历史进程，财政学可分为：财政史、税制史、公债史以及研究各个历史时期理财思想的财政思想史。

（一）西方财政学的主要理论与体系

1.西方古典财政理论

古典财政学派的代表者包括威廉·配第（1623—1687）、费朗斯瓦·魁奈（Francois Quesnay）（1664—1774）、亚当·斯密（1723—1790）、大卫·李嘉图（1772—1823）等。古典财政学适应自由资本主义的需要，主张尽量减少国家干预，节省政府开支，减轻租税课征，同时对财政经济领域中的封建特权和垄断进行了批判。早在17和18世纪，重商学派、官房学派及重农学派都把研究领域扩展到财税基础理论。如重商学派论述了消费税的课征，官房学派叙述了财政收支、财政管理及财产税等问题；重农学派阐述了只有土地提供产品和应对土地纯产品征收单一税的理论；威廉·配第第一次从流通领域与生产领域联系的角度系统研究了财政和租税问题；亚当·斯密比较系统地研究了资本主义经济内部的活动，论述了地租、利润、工资、税收、公债等经济和财政范畴，指出财政是君主、国家或政府的经济活动，把财政确认为经济范畴。他在 1776 年发表的奠基之作《国民财富的性质和原因的研究》第五篇中，列举了支出、收入和公债，从而创立了财政学。亚当·斯密持有的是自由竞争、自由放任思想，反对政府干预，主张政府只充当"守夜人"角色，将政府职能限定在公共安全、国防以及必要的公共工程等最小范围内。由于政府支出问题几乎可以"忽略不计"，因此，亚当·斯密财政学几乎等同于租税学。随后，西方财政学者相继以财政学为名进行著述，并逐步形成由支出、收入、公债和预算四个部分组成的所谓"四分法"财政学理论体系。李嘉图在《政治经济学及赋税原理》中，认为"最好的财政方案是少支出，最好的税收是最少的税收"。根植于古典经济学，斯密、李嘉图创立了古典财政学说。

2. 现代西方财政理论

20 世纪 30 年代以后，由凯恩斯等人创建的现代财政理论取代了古典财政理论，成为财政学的主流理论。其代表人物主要有凯恩斯、萨缪尔森、阿罗（Kenneth J. Arrow）、布坎南（James. Buchanan）、马斯格雷夫（Richard Abel Musgrave）等。

凯恩斯创立的经济学拓宽了经济学的学科范围，使宏观经济学登入了西方经济学的大雅之堂。凯恩斯以宏观经济分析为主要特色的经济理论，尤其是他的财政政策理论——通过扩大政府开支、实行赤字财政、执行通货膨胀政策、加速国民经济军事化等手段来刺激私人投资，扩大消费，增加就业，以挽救经济危机，构成了现代财政学的理论基石。因此，凯恩斯成为现代西方财政学的创始人。

凯恩斯之后，相继出现了以萨缪尔森、托宾（James Tobin）等为代表的后凯恩斯主流学派；以琼·罗宾逊（Joan Robinson）为代表的新剑桥学派；以弗里德曼（Milton Friedman）为代表的货币主义学派；以拉弗（Arthur Betz Laffer）、费尔德斯坦（Martin Feldstein）为代表的供应学派；以布坎南和图洛克（Gordon Tullock）为代表的公共选择学派等。这些学派就财政赤字、公债发行、税负转嫁、政府的经济干预、政府的财政政策与货币政策、公共物品的有效提供以及提供公共物品的基本组织——政府的组织、机构与决策等问题，展开了深入的研究，完善和丰富了财政学理论，并逐步把数量方法应用于财政分析，扩展了西方财政学的研究领域。其中，公共物品理论、效率理论、公共选择理论等三大理论成为现代财政学的理论基石。

（1）公共物品理论。萨缪尔森等人在 20 世纪 40 年代率先提出的公共物品概念是财政学发展的一个重要里程碑。关于公共物品以及公共物品性质的研究形成了公共物品理论。在此基础上，产生了公共需求和公共决策、公共物品供给以及资源配置机制等一系列现代财政学的基本理论。因此，公共物品及理论的产生对于现代财政学的发展有着极为重要的意义。

（2）效率理论。效率是经济学研究的中心问题，许多经济学家都对此进行了深入的研究，取得了大量的理论成果。尤其是帕累托（Vilfredo Pareto）提出的效率准则，成为现代经济学评价资源配置状态的基本依据和标准。帕累托效率准则最先是用于分析市场机制的资源配置状态，它不仅为私人部门生产私人物品的资源配置效率提出了标准，而且也指出了实现帕累托效率的路径：在完全竞争市场条件下，只要消费者在其收入约束下通过出价竞争方法依据其偏好自由选择商品，生产者按照利润最大化原则生产和提供相应的商品，就可以实现帕累托效率。公共物品的生产和提供也存在着资源配置效率问题，帕累托效率准则也为选择公共资源配置机制、评价公共部门生产和提供公共物品的资源配置状态提供了依据和标准。但是，由于公共物品存在着非竞争性和非排他性特征，从而难以形成公共物品的价格形成机制和成本补偿机制。因此，在非市场机制配置资源的领域，不可能通过市场机制的路径实现帕累托效率。

（3）公共选择理论。由布坎南、阿罗等人创建的公共选择学派最主要的研究成果是"政治市场"学说，即把政府的决策过程看成是类似于市场的由供求双方相互决定的过程。他们将公共选择理论引入现代财政学，从而为实现公共物品资源配置效率提供了一条重要途径。公共选择过程实际上是一个公共决策过程，也是一个政治决定过程。公共选择理论是关于公众偏好表达以及在政治程序或选举过程中依据公众偏好有效选择公共物品并决定公共物品效率规模的理论。公共选择理论的创建，不仅为提高公共物品资源配置效率提供了一条新的路径，同时也在经济活动分析与政治制度分析之间架起了一座桥梁。公共选择理论既是现代财政学的基本内容，也是现代财政学的重要内容之一（具体可参考拓展阅读材料）。

（二）中国财政理论体系

中国的财政理论大致经历了两个发展阶段。第一个阶段为传统财政学时期（1949—1992年），即"国家分配论"财政理论体系的建立和完善阶段；第二个阶段为公共财政学时期（1993年起至今），即公共财政学理论建立和完善阶段。十八届三中全会后中国财政学理论体系有了许多新的讨论。

1. 传统财政学——"国家分配论"财政理论体系

在传统财政学建立和完善阶段，我国财政理论的建立基于两大政治、经济背景：计划经济模式和以阶级斗争为核心的政治观。在此背景下，财政学的理论及体系也带有明显的计划经济特征和社会制度色彩。在此期间，中国财政学家作出的重大贡献之一是创建了"国家分配论"，其主要观点是：第一，财政分配的主体是国家，没有国家参与的分配，不是财政分配。即财政是随着国家的产生而产生的，在国家产生之前所进行的分配不是财政分配。第二，财政分配的目的是满足国家实现其职能的需要。第三，财政分配的对象是社会总产品，其中主要是剩余产品。并且认为，财政的本质是在特定历史条件下人们之间的特殊分配关系，即统治阶级掠夺被统治阶级的关系。"国家分配论"最主要的贡献在于：对财政产生的条件、发展过程以及财政的本质进行了系统分析，并第一次对财政分配的主体、目的和对象进行了系统和明确的界定，从而进一步完善和丰富了财政理论。

传统财政学在内容体系上，采用"收、支、平、管"的"四分法"，将财政收入、支出、平衡和管理作为核心内容。其中，"平衡"不仅包括财政预算内收支平衡，也包括财政预算外收支平衡、财政资金（预算内和预算外资金）与社会财力（包括个人、企业以及银行等方面的财力）的平衡、社会总财力与社会物资的平衡等，且特别注重社会主义财政的特征、对国有经济或国有资产的管理、宏观调控。

2. 公共财政学理论体系

从1993年开始，中国的宏观政治、经济背景发生了重大变化：以阶级斗争为核心的政治观转变为以经济建设为中心的政治观；社会主义市场经济模式成为主要改革目标；学术气氛更加民主，国际间的学术交流大大加强；20世纪90年代末的东南亚金融危机，大大推动了理论界和决策层对于财政政策和宏观调控理论的研究以及财政预算等相关制度的改革。在此背景下，中国的财政理论也发生了重大变化：一是随着中国社会主义市场经济模式的建立，客观上要求政府的经济职能以及理财思想与之相适应，因此，市场、效率和政府成为财政理论界关注和研究的重点。二是中国财政学界在汲取西方财政理论有益成果的基础上，结合中国实际，对财政理论进行了创新研究，提出了有中国特色的公共财政理论，进入 21 世纪，中国的公共财政理论框架已基本形成，并成为国家制定相关政策的主要理论依据。

公共财政是一视同仁的财政，是法治化的财政，是非营利性的财政（张馨，1999）。同时，公共财政还应该是民主的财政，是与社会主义民主要求相适应的财政。国有经济的范围选择直接决定着中国财政活动范围，直接影响中国式公共财政论的发展方向。双元结构财政论（叶振鹏、张馨，1995）将社会主义市场经济条件下的财政区分为公共财政和国有资产财政（后改称"国有资本财政"），前者在形式上与发达国家的公共财政更接近，涉及的是非营利性活动，后者则是具有中国特色的盈利性财政活动。双元结构财政论是一种中国式的公共财政论。

从总体上看，公共财政是弥补市场失灵的一种财政类型，现实中，先是构建公共财政框架，后是完善公共财政体制，相应地，中国式公共财政理论发挥了一定的指导作用。

3. 现代财政制度论

现代财政与公共财政并不矛盾；"经济的市场化与财政的公共化，是一枚硬币的两个方面"（高培勇，2015，2018）。2013 年，随着财政是国家治理的基础和重要支柱的提出，深化财税体制改革的任务是建立现代财政制度。建立现代财政制度，是以财政现代化来匹配国家治理现代化（高培勇，2018）。

十九大报告提出，加快建立现代财政制度，建立权责清晰、财力协调、区域均衡的中央和地方财政关系。概括地说，财政要适应我国社会主要矛盾新变化，贯彻新时代中国特色社会主义发展的战略安排，发挥其在优化资源配置、提供公共服务、调节收入分配、保护生态环境、维护国家安全等方面的职能，支持打好防范化解重大风险、精准脱贫、污染防治的攻坚战，深化供给侧结构性改革，助力转变经济发展方式、维护市场统一、促进社会公平正义。现代财政框架性的思路可概括为"一体两翼"：以财政体制的改革，即中央与地方财政关系的改革作为一体，以预算制度和税收制度的改革作为两翼，构成一个有机的整体，相互协调、相互配合、整体推进。

在此背景下，中国财政学者再次展开了财政学体系大讨论，积极探索具有中国特色的社会主义财政学。比较有代表性的是 2018 年 2 月 3 日中国财政学会在河北廊坊召开"新时代中国特色社会主义财政基础理论"研讨会，刘尚希、李俊生、马骁等多位国内资深财政学者系统讨论了中国社会主义财政学的许多基本问题，包括财政学的基本理论、知识逻辑，财政学科是否可以上升到一级学科，财政学应该独立于经济学之外自成体系等[①]。其中，中央财经大学李俊生提出新市场财政理论，对财政学的基本概念、职能以及培养什么样的人才等均做了系统探讨，提出了诸多创新的、有益的探索。如将财政学职能界定为社会综合系统中枢，应该是政治体系、经济体系、社会体系三者之间的枢纽；财政的职能不仅包括筹集资金、配置资金、运营资金三大基本职能，还包括政治职能、经济职能和社会职能三大外延职能；财政政策包括财政政治政策、财政经济政策以及财政社会政策等。

---

①　刘尚希. 纪念改革开放四十周年系列活动之一 廊坊会议：新时代　新起点　财政基础理论研究再启航［J］. 财政研究，2018(6)：2 - 31.

【本章小结】

1. 现实的市场经济还存在着诸多的缺陷或不足,这些缺陷或不足统称为市场失灵。市场失灵表现在两个方面:效率的背离和分配的不公。与此相应,市场失灵的原因也可从这两个方面去寻找。

2. 市场经济需要政府干预,但政府干预并非总是有效的,政府机制同样存在缺陷和干预失效问题。政府干预失效也叫做"政府失灵"。政府也会失灵,这主要是因为有限信息、对私人市场的控制能力有限、官僚主义、政治决策程序的局限性和官员寻租。

3. 纯粹的公共物品具有非排他性和非竞争性两个基本特征,市场机制不可能实现公共物品的有效供给,为增进社会福利,必须由政府来提供这类产品。

4. 财政是一个古老的范畴,是人类社会发展到一定历史阶段的产物。财政是为满足社会公共需要而进行的政府收支活动。

5. 财政的基本特征:阶级性与公共性、强制性与无直接偿还性、收入与支出的对称性(或平衡性)。

6. 在市场经济中政府承担四大职能:资源配置、收入分配、调控经济、保障社会和谐稳定、实现国家长治久安职能职能。

7. 政府参与资源配置是对私人部门配置资源的补充,集中于矫正竞争的不完善和市场的不完善,旨在提高资源配置的效率。

8. 政府借助税收、财政支出和政府管制等参与收入再分配活动,旨在实现全社会范围内的分配公平。

【本章关键词】

市场失灵;垄断;公共产品;非竞争性;非排他性;外部性;信息不对称;政府失灵

【本章思考题】

1. 在市场经济体制下,政府应在哪些方面介入社会经济运行?为什么?

2. 为什么当今世界各国普遍推行政府干预和市场机制相结合的混合经济制度?

3. 请列举你身边所存在的市场失灵和政府失灵现象。

4. 政府应该如何采取措施防止严重的政府失灵?

5. 如何理解"政府失灵比市场失灵更加危险"?

6. 如何通过加强舆论监督来防止严重的政府失灵?

7. 政府管制一定会出现"政府失灵"吗?

8. 如果同时存在"政府失灵"和"市场失灵",应该怎么办?

9. 政府失灵的原因有哪些?如何矫正?

10. 为什么公共物品应由政府提供?

11. 试述财政的分配职能。

12. 试述财政的稳定职能。

13. 区分公共物品与私人物品的两个基本标准是什么?

14. 如何理解十八届三中全会提出的财政是国家治理的基础和重要支柱?

【拓展阅读】

请扫码阅读本章拓展阅读材料。

拓展阅读1
正确处理好政府和
市场的关系

拓展阅读2
减税政策助推特朗普竞选

拓展阅读3
财政学分析工具

第二章

财政支出理论

1.了解财政支出概念和分类，掌握购买性支出和转移性支出的异同。

2.理解我国财政支出的主要内容及其变化。

3.理解和掌握财政支出规模评价指标及财政支出规模影响因素。

4.理解和掌握我国财政支出规模及结构变化趋势。

5.理解和掌握财政支出绩效评价指标及方法。

财政支出也称公共财政支出，是指在市场经济条件下，政府为提供公共产品和服务，满足社会共同需要而进行的财政资金支付。从财政运行角度看，财政支出与财政收入一起构成财政分配的完整体系，如果说财政收入是财政支出的基础，是财政活动的第一阶段，那么财政支出就是财政收入的归宿，是财政活动的第二阶段，是财政分配活动的重要环节。从国家政权角度看，财政支出是满足社会公共需要的社会资源配置活动，是政府将集中起来的财政资金进行有计划分配的活动。在市场经济条件下，公共物品的提供方式是确定政府提供公共物品规模和财政支出规模的基本依据，财政支出是政府施政行为选择的反映，是各级政府对社会提供公共物品的财力保证，因此也称为公共财政支出。从宏观角度看，财政支出是政府宏观调控的重要工具，通过购买性和转移性财政支出发挥"自动稳定器"作用和"相机抉择"来调节总需求，体现政府政策意图，代表政府活动的方向和范围，支撑和促进国民经济和社会事业稳定健康有序发展，为国家完成各项职能提供财力上的保证。

为保证财政资金的合理分配与使用，政府在安排财政支出过程中应当遵循具有客观规律性的基本原则。计划经济时期，财政支出原则为：量入为出、统筹兼顾、厉行节约。市场经济时期，财政支出原则为：效率、公平、稳定。理论界从来没有停止过对财政支出原则的探索，现阶段财政支出原则可概括为：量入为出与量出为入相结合原则；公平与效率兼顾原则。

量入为出是指在财政收入总额既定的前提下，按照财政收入的规模确定财政支出的规模，支出总量不能超过收入总量，避免财政风险。量出为入是指应考虑国家最基本的财政支出需要来确定收入规模，肯定了政府公共支出保持必要数量的重要作用，有利于政府公共职能的实现。公平与效率兼顾是评价一切社会经济活动的原则，在财政支出活动中也存在公平和效率，也应该遵循公平与效率兼顾的原则，不能只顾某一方面而忽视另一方面，但是在具体的政策实施中，一国政府可以根据一定时期的政治经济形势侧重于某一方面。

本章首先介绍财政支出的含义、原则和分类，详细阐述财政支出的经济和功能分类；其次探讨财政支出的规模及结构；最后分析财政支出的效益与绩效评价。

第一节　财政支出分类

财政支出分类是指根据不同的需要和标准将财政支出进行划分和归类的方法。对财政支出进行科学分类是财政支出结构和规模分析的基础，可以更加全面、准确和科学地把握财政支出的发展变化规律。财政支出的分类至今没有形成统一的标准，各派学者的观点也各不相同。现实经济生活中，各国政府都是根据本国当时的具体社会经济环境来确定财政支出分类标准。随着各国财政体制的逐步建立和各项财政改革的深入，我国原政府预算科目体系的不适应性和弊端日益突出，2007 年，我国开始采用新的收支分类体系，对科学合理地编制预算、组织预算执行，进一步提高财政管理水平和财政资金使用效益发挥了重要作用。2019 年，我国重新对财政收支分类体系进行了调整。下面在介绍新的收支分类体系的分类标准即财政支出功能分类和经济分类的基础上，简要介绍按财政支出的经济性质即财政支出是否在经济上获得等价补偿为标准的这种较常见的分类方法。

一、财政支出功能分类

所谓支出功能分类，就是按政府主要职能活动分类。我国政府支出功能分类设置了一般公共服务、外交、国防、公共安全等大类，类下再分款、项两级。这种分类主要有以下优点：一是能够清晰反映政府各项职能活动支出的总量、结构和方向，便于有效进行总量控制和结构调整。二是支出功能分类与支出经济分类相配合，可以形成一个相对稳定的、既反映政府职能活动又反映支出性质的、既有总括反映又有明细反映的支出分类框架，从而为全方位的政府支出分析创造了有利条件。三是便于国际比较。支出按功能进行分类是各国财政支出管理最常采用的一种分类方法，各国政府在编制财政支出预算时也大致采用类似的分类方法。当然，各国的情况有所不同，在分类的项目和包括的内容上不可能完全相同。

支出功能分类主要反映政府各项职能活动及其政策目标。根据社会主义市场经济条件下政府职能活动情况及国际通行做法，我国将政府支出分为类、款、项三级，主要根据政府职能，按由大到小、由粗到细分层次设置。其中：类级科目反映政府主要职能，包括一般公共服务、外交、国防、教育、公共安全等；款级科目反映政府履行某项职能所要从事的主要活动，如教育类下的普通教育、特殊教育等；项级科目反映某活动下的具体事项，如普通教育下的小学教育、初中教育等。根据我国财政部财预〔2018〕108 号文件通知，《2019 年政府收支分类科目》正式印发，自 2019 年 1 月 1 日起执行，我国一般公共预算支出功能分类设置科目共设 27 类，每类下款项不一。具体类别有：

（1）一般公共服务支出。分设 27 款：人大事务、政协事务、政府办公厅（室）及相关机构事务、发展与改革事务、统计信息事务、财政事务、税收事务、审计事务、海关事务、人力资源事务、纪检监察事务、商贸事务、知识产权事务、民族事务、港澳台事务、档案事务、民主党派及工商联事务、群众团体事务、党委办公厅（室）及相关机构事务、组织事务、宣传事务、统战事务、对外联络事务、其他共产党事务支出、网信事务、市场监督管理事务、其他一般公共服务支出。

（2）外交支出。分设 9 款：外交管理事务、驻外机构、对外援助、国际组织、对外合作与交流、对外宣传、边界勘界联检、国际发展合作、其他外交支出。

（3）国防支出。分设 5 款：现役部队、国防科研事业、专项工程、国防动员、其他国防支出。

（4）公共安全支出。分设 11 款：武装警察部队、公安、国家安全、检察、法院、司法、监狱、强制隔离戒毒、国家保密、缉私警察、其他公共安全支出。

（5）教育支出。分设 10 款：教育管理事务、普通教育、职业教育、成人教育、广播电视教育、留学教育、特殊教育、进修及培训、教育费附加安排的支出、其他教育支出。

（6）科学技术支出。分设 10 款：科学技术管理事务、基础研究、应用研究、技术研究与开发、科技条件与服务、社会科学、科学技术普及、科技交流与合作、科技重大项目、其他科学技术支出。

（7）文化旅游体育与传媒支出。分设 6 款：文化和旅游、文物、体育、新闻出版电影、广播电视、其他文化体育与传媒支出。

（8）社会保障和就业支出。分设 20 款：人力资源和社会保障管理事务、民政管理事务、补充全国社会保障基金、行政事业单位离退休、企业改革补助、就业补助、抚恤、退役安置、社会福利、残疾人事业、红十字事业、最低生活保障、临时救助、特困人员救助供养、补充道路交通事故社会救助基金、其他生活救助、财政对基本养老保险基金的补助、财政对其他社会保险基金的补助、退役军人管理事务、其他社会保障和就业支出。

（9）卫生健康支出。分设 13 款：卫生健康管理事务、公立医院、基层医疗卫生机构、公共卫生、中医药、计划生育事务、行政事业单位医疗、财政对基本医疗保险基金的补助、医疗救助、优抚对象医疗、医疗保障管理事务、老龄卫生健康事务、其他卫生健康支出。

（10）节能环保支出。分设 15 款：环境保护管理事务、环境监测与监察、污染防治、自然生态保护、天然林保护、退耕还林、风沙荒漠治理、退牧还草、已垦草原退耕还草、能源节约利用、污染减排、可再生能源、循环经济、能源管理事务、其他节能环保支出。

（11）城乡社区支出。分设 6 款：城乡社区管理事务、城乡社区规划与管理、城乡社区公共设施、城乡社区环境卫生、建设市场管理与监督、其他城乡社区支出。

（12）农林水支出。分设 10 款：农业、林业和草原、水利、南水北调、扶贫、农业综合开发、农村综合改革、普惠金融发展支出、目标价格支出、其他农林水事务支出。

（13）交通运输支出。分设 7 款：公路水路运输、铁路运输、民用航空运输、成品油价格改革对交通运输的补贴、邮政业支出、车辆购置税支出、其他交通运输支出。

（14）资源勘探信息等支出。分设 7 款：资源勘探开发、制造业、建筑业、工业和信息产业监管、国有资产监管、支持中小企业发展和管理支出、其他资源勘探信息等支出。

（15）商业服务业等支出。分设 3 款：商业流通事务、涉外发展服务支出、其他商业服务业等支出。

（16）金融支出。分设 5 款：金融部门行政支出、金融部门监管支出、金融发展支出、金融调控支出、其他金融支出。

（17）援助其他地区支出。分设 9 款：一般公共服务、教育、文化体育与传媒、医疗卫生、节能环保、农业、交通运输、住房保障、其他支出。

（18）自然资源海洋气象等支出。分设 5 款：自然资源事务、海洋管理事务、测绘事务、气象事务、其他自然资源海洋气象等支出。

（19）住房保障支出。分设 3 款：保障性安居工程支出、住房改革支出、城乡社区住宅。

（20）粮油物资储备支出。分设 5 款：粮油事务、物资事务、能源储备、粮油储备、重要商品储备。

（21）灾害防治及应急管理支出。分设 8 款：应急管理事务、消防事务、森林消防事务、煤矿安全、地震事务、自然灾害防治、自然灾害救灾及恢复重建支出、其他灾害防治及应急管理支出。

（22）预备费。

（23）其他支出。分设 2 款：年初预留、其他支出。

（24）转移性支出。分设 10 款：返还性支出、一般性转移支付、专项转移支付、上解支出、调出资金、年终结余、债务转贷支出、援助其他地区支出、安排预算稳定调节基金、补充预算周转金。

（25）债务还本支出。分设 3 款：中央政府国内债务还本支出、中央政府国外债务还本支出、地方政府一般债务还本支出。

（26）债务付息支出。分设 3 款：中央政府国内债务付息支出、中央政府国外债务付息支出、地方政府一般债务付息支出。

（27）债务发行费用支出。分设 3 款：中央政府国内债务发行费用支出、中央政府国外债务发行费用支出、地方政府一般债务发行费用支出。

二、财政支出经济分类

财政支出经济分类是按财政支出的经济性质和具体用途所作的一种分类。在支出功能分类明确反映政府职能活动的基础上，指出经济分类明细，反映政府的钱究竟是怎么花出去的，是付了人员工资、会议费还是买了办公设备等。支出经济分类与支出功能分类从不同的侧面、以不同的方式反映政府支出活动。它们既是两个相对独立的体系，两者又相互联系，可结合使用。

政府收支分类单设支出经济分类的主要原因：一是为了使政府收支分类体系更加完整。依照国际通行做法，政府收入分类、支出功能分类以及支出经济分类共同构成一个全面、明晰地反映政府收支活动的分类体系。如果我们只设支出功能分类而不设支出经济分类，那么政府每一项支出的具体用途将无法反映。二是为了使原有支出目级科目反映的内容更加明晰、完整。我国 2001 年以前只设 12 个反映支出经济性质、具体用途的支出目级科目。2002 年以后有关具体科目虽然细化，扩展到了 30 多个，但仍存在不够完善、不够明细的问题。比如，一些资本性支出就无法得到明细反映。2007 年新的支出经济分类设类、款两级，款级科目达 90 多个，可以更加全面、清晰地反映政府支出情况。三是为了规范管理。支出经济分类既是细化部门预算的重要条件，同时也是预算单位执行预算和进行会计核算的基础。因此，单设支出经济分类对进一步规范和强化预算管理具有十分重要的意义。

目前，国际上大多数国家在编制财政支出预算时，都按照国际货币基金组织《政府财政统计手册》中制定的职能分类法和经济分类法来对财政支出进行分类(见表2-1)。

2007年我国财政支出经济分类设类、款两级，12个"类"级科目，90多个"款"级科目。具体科目设置情况如下：

(1)工资福利支出。分设7款：基本工资、津贴补贴、奖金、社会保障缴费、伙食费、伙食补助费、其他工资福利支出。

(2)商品和服务支出。分设30款：办公费、印刷费、咨询费、手续费、水费、电费、邮电费、取暖费、物业管理费、交通费、差旅费、出国费、维修(护)费、租赁费、会议费、培训费、招待费、专用材料费、装备购置费、工程建设费、作战费、军用油料费、军队其他运行维护费、被装购置费、专用燃料费、劳务费、委托业务费、工会经费、福利费、其他商品和服务支出。

(3)对个人和家庭的补助。分设14款：离休费、退休费、退职(役)费、抚恤金、生活补助、救济费、医疗费、助学金、奖励金、生产补贴、住房公积金、提租补贴、购房补贴、其他对个人和家庭的补助支出。

(4)对企事业单位的补贴。分设4款：企业政策性补贴、事业单位补贴、财政贴息、其他对企事业单位的补贴支出。

(5)转移性支出。分设2款：不同级政府间转移性支出、同级政府间转移性支出。

(6)赠与。下设2款：对国内的赠与、对国外的赠与。

(7)债务利息支出。分设6款：国库券付息、向国家银行借款付息、其他国内借款付息、向国外政府借款付息、向国际组织借款付息、其他国外借款付息。

(8)债务还本支出。分设2款：国内债务还本、国外债务还本。

(9)基本建设支出。分设9款：房屋建筑物购建、办公设备购置、专用设备购置、交通工具购置、基础设施建设、大型修缮、信息网络购建、物资储备、其他基本建设支出。

(10)其他资本性支出。分设9款：房屋建筑物购建、办公设备购置、专用设备购置、交通工具购置、基础设施建设、大型修缮、信息网络购建、物资储备、其他资本性支出。

(11)贷款转贷及产权参股。分设6款：国内贷款、国外贷款国内转贷、国外转贷、产权参股、其他贷款转贷、产权参股支出。

(12)其他支出。分设5款：预备费、预留、补充全国社会保障基金、未划分的项目支出、其他支出。

2015年实施新修订的预算法后，法律要求各级政府和各部门(单位)在按功能分类编制预算基础上，同时还要按支出经济分类编制预算。因此，2007年支出经济分类科目的局限性也逐渐显现出来，主要是政府预算和部门(单位)预算共用一套支出经济分类科目，没有完整体现政府预算管理特点和核算要求。2018年我国实施支出经济分类科目改革，可以从支出经济属性的维度清晰、完整、细化反映政府用于工资、机构运转、对事业单位补助、对企业投入以及对个人和家庭补助支出等方面的情况，从而有利于合理确定各级政府和各部门的支出预算，进一步规范各级政府和各部门(单位)的支出行为；有利于进一步提升预算编制的科学化、精细化水平，提高预算透明度；有利于更好地发挥人大监督、审计监督和社会监督效能，实现依法理财、民主理财、科学理财。

此次改革的内容包括：一是根据《2019 年政府收支分类科目》（财预〔2018〕108 号）支出经济分类标准，分设政府预算经济分类和部门预算经济分类两套科目。政府预算经济分类突出政府预算管理重点，主要用于政府预算的编制、执行、决算、公开和总预算会计核算；部门预算经济分类着重体现部门预算管理要求，主要用于部门预算编制、执行、决算、公开和部门（单位）会计核算。二是根据预算法的有关要求，两套科目均设置类、款两个层级。政府预算经济分类增设反映机关和参照公务员法管理事业单位的工资、商品和服务支出、资本性支出、对个人和家庭的补助、对事业单位补助、对企业补助、债务还本付息支出和转移性支出等 15 个科目；部门预算经济分类在现有经济分类的基础上，取消政府预算专用科目，同时增设体现部门预算特点的科目，包括工资福利支出、商品和服务支出等 10 个科目（详细内容可参考财预〔2018〕108 号）。

改革后的支出经济分类科目，与当前预算管理改革与发展的实际紧密结合，坚持问题导向，力求做到政府管到哪里，科目的设置就延伸到哪里，初步建立起政府预算经济分类和部门预算经济分类相互独立、各有侧重、统分结合的经济分类体系。此次改革从 2018 年 1 月 1 日起正式实施。

表 2－1　国际货币基金组织的财政支出分类

职能分类	经济分类
1. 一般公共服务	1. 经常性支出
2. 国防	（1）商品和服务支出
3. 教育	①工资、薪金以及其他有关项目
4. 保健	②商品和服务的其他购买
5. 社会保障和福利	（2）利息支付
6. 住房和社区生活设施	（3）补贴和其他经常性转让
7. 其他社区和社会服务	①对公共企业
8. 经济服务	②对下级政府
（1）农业	③对家庭
（2）采矿业	④对其他居民
（3）制造业	⑤国外转让
（4）电业	2. 资本性支出
（5）道路	（1）现存的和新的固定资产的购置
（6）水输送	（2）存货购买
（7）铁路	（3）土地和无形资产购买
（8）通信	（4）资本转让
（9）其他经济服务	3. 净贷款
9. 无法归类的其他支出	
（1）公债利息	
（2）其他	

三、按财政支出的经济性质分类

按财政支出的经济性质，即按照财政支出是否在经济上直接获得等价补偿为标准分类，可以把财政支出划分为购买性支出和转移性支出两大类。各种财政支出无一例外地表现为资金从政府手中流出，但是不同性质的财政支出对国民经济的影响却存在差异。

购买性支出是指政府用于购买为执行财政职能所需要的商品和劳务的支出，包括购买进行日常政务活动所需要的或者进行政府投资所需要的各种物品和劳务的支出。前者如政府各部门的事业费，后者如政府各部门的投资拨款。这些支出的目的和用途虽然有所不同，但却具有一个共同点：财政一手付出了资金，另一手相应地购得了商品和服务，并运用这些商品和服务，实现国家的职能。就是说，在这样一些支出安排中，政府如同其他经济主体一样，在从事等价交换的活动。我们称此类支出为购买性支出，它所体现的是政府的市场性再分配活动。转移性支出是指政府按照一定方式，将一部分财政资金无偿地、单方面地转移给居民、企业和其他受益者所形成的财政支出，主要由社会保障支出和财政补贴组成。这类支出主要有补助支出、捐赠支出和债务利息支出。我们称此类支出为转移性支出，它所体现的是政府的非市场性再分配活动。

按财政支出是否在经济上直接获得等价补偿为标准分类，具有较强的经济分析意义：

(1)购买性支出所起的作用是通过支出使政府掌握的资金与微观经济主体提供的商品和服务相交换。在这里，政府直接以商品和服务的购买者身份出现在市场上，因而对于社会的生产和就业有直接的影响。此类支出当然也影响分配，但这种影响是间接的。转移性支出所起的作用，是通过支出过程使政府所有的资金转移到领受者手中，是资金使用权的转移。微观经济主体获得这笔资金以后，究竟是否用于购买商品和服务以及购买哪些商品和服务，已脱离开了政府的控制，因此，此类支出直接影响收入分配，而对生产和就业的影响是间接的。

(2)在安排购买性支出时，政府必须遵循等价交换的原则，因此，通过购买性支出体现出的财政活动对政府形成较强的效益约束。在安排转移性支出时，政府并没有十分明确和一以贯之的原则可以遵循，而且，财政支出的效益也极难换算。由于上述原因，转移性支出的规模及其结构也在相当大的程度上只能根据政府同微观经济主体、中央政府与地方政府的谈判情况而定，显然，通过转移性支出体现出的财政活动对政府的效益约束是软的。

(3)微观经济主体在同政府的购买性支出发生联系时，也须遵循等价交换原则。对于向政府提供商品和服务的企业来说，它们收益的大小，取决于市场供求状况及其销售收入同生产成本的对比关系，所以，对微观经济主体的预算约束是硬的。微观经济主体在同政府的转移性支出发生联系时，并无交换发生。因而，对于可以得到政府转移性支出的微观经济主体来说，它们收入的高低在很大程度上并不取决于自己的能力(对于个人)和生产能力(对于企业)而取决于同政府讨价还价的能力，显然，对微观经济主体的预算约束是软的。

综上，在财政支出总额中，购买性支出所占的比重越大，政府所配置的资源规模就大，财政活动对生产和就业的直接影响就大些；反之，转移性支出所占的比重越大，财政活动对收入分配的直接影响就大些。联系财政的职能来看，以购买性支出占较大比重的支出结构的财政活动执行配置资源的职能较强，以转移性支出占较大比重的支出结构的财政活动则执行收入分配的职能较强。

总的来看，财政支出的分类无论在财政理论上还是在财政实践中，世界各国都存在很大差异，划分的方法也很多。除上述三种分类法以外，还可以按社会经济目的划分为包括国防、司法、公安等的防备支出和除上述以外的民用支出；按财政支出存在时间的长短，可划分为经常性支出和临时性支出；按财政支出是否具有强制性可划分为根据法律、契约必须支付的强制性支出和不受法律约束的随意性支出；按财政支出是否采取信用方式可分为国库拨款支出和财政信用支出等。

第二节 财政支出规模与结构

一、财政支出规模分析

财政支出规模是指财政支出总量的货币表现。它是衡量一个国家或地区政府财政活动规模的一个重要指标。

由于财政支出是政府从市场经济中聚集财力加以支配和使用,财政支出的规模大小体现了政府在市场经济中进行国民收入分配与再分配的规模,也反映了政府活动的范围和内容,以及政府介入经济运行的规模和程度。财政支出规模及其变化,直接关系到对政府与市场关系的认识和分析,因而是必须关注的重要问题之一。

(一)财政支出规模衡量指标

1.衡量财政支出规模的指标

为了说明政府对国民收入进行分配和再分配及政府在市场经济中所起的作用,需要对财政支出进行数量分析,即采用一定的指标对财政支出的规模和增长趋势加以衡量。常见的衡量财政支出规模的指标有绝对量指标和相对量指标。

财政支出规模的绝对量指标是指预算年度内政府实际安排和使用的财政资金的数量总额。其优点是直接用货币量表示财政支出的数额,能比较直观、具体地反映一定时期内政府财政的活动规模。其缺点是:绝对量指标以本国货币为计算单位,不利于国际间的横向比较;以现价反映支出数额,与以前年度特别是物价水平变化较大年度的支出缺少可比性,不利于一国的纵向分析。

财政支出规模的相对量指标是指预算年度内政府实际安排和使用的财政资金的数量占相关经济总量指标(国民生产总值、国内生产总值和国民收入等)的比率。在财政支出规模的理论研究和现实比较分析中,通常使用财政支出占 GDP 的比重指标。它说明在一定时期内 GDP 中由政府集中和支配使用的份额,可以全面衡量政府经济在整个社会经济中的相对重要性。

一般地讲,在经济发展水平、产业结构等相同的条件下,财政支出相对指标数值越大,说明财政参与 GDP 分配比例越高,社会财力越集中,政府对经济运行的介入或干预程度也就越高。反之亦然。研究财政支出规模不仅要研究其绝对量,更要研究其相对量,以克服绝对量指标的缺陷。

2.衡量财政支出规模变化的指标

反映财政支出活动规模有绝对规模和相对规模两种指标,在实践中,由这两个基本指标又可以衍生出反映财政支出发展变化的三个指标:财政支出增长率、财政支出增长弹性系数、财政支出边际倾向。

(1)财政支出增长率,以 $\Delta G(\%)$ 表示,表示当年财政支出比上年同期财政支出增长的百分比(%),即所谓"同比"增长率。用公式表示为:

$$\Delta G(\%) = \frac{\Delta G}{G_{n-1}} = \frac{G_n - G_{n-1}}{G_{n-1}}$$

式中：ΔG 代表当年财政支出比上年增（减）额；G_n 代表当年财政支出；G_{n-1} 代表上年财政支出。

（2）财政支出增长弹性系数，以 E_g 表示。指财政支出增长率与 GDP 增长率之比。弹性系数大于 1，表明财政支出增长速度快于 GDP 增长速度；弹性系数小于 1，表明财政支出增长速度慢于 GDP 增长速度；弹性系数等于 1，表明财政支出增长速度等于 GDP 增长速度。用公式可表示为：

$$E_g = \frac{\Delta G(\%)}{\Delta \text{GDP}(\%)}$$

式中，ΔG 代表财政支出增长率，ΔGDP 代表当年 GDP 比上年 GDP 的增长率。

（3）财政支出增长边际倾向，以 MGP 表示。该指标表明财政支出增长额与 GDP 增长额之间的关系，即 GDP 每增加一个单位的同时财政支出增加多少，或财政支出增长额占 GDP 增长额的比例。用公式表示为：

$$\text{MGP} = \frac{\Delta G}{\Delta \text{GDP}}$$

（二）关于财政支出规模增长变化的理论

在现代社会中，世界各国财政支出都呈上升趋势，这一点是极其相似的，但对其进行的理论解释却各不相同。不同时期、不同国度的财政学家对政府支出增加的原因作了不同的解释，理论上影响较大的主要有以下几种：

1. 瓦格纳法则

19 世纪，德国经济学家阿道夫·瓦格纳最早提出财政支出扩张论，认为随着现代工业社会的发展，"对社会进步的政治压力"增大以及在工业经营方面因"社会考虑"而要求增加政府支出，是财政支出的相对增长，后人称之为"瓦格纳法则"。瓦格纳法则可以表述为：随着人均收入的提高，财政支出占 GDP 的比重也相应提高。

图 2-1 中的 OG 曲线阐述了财政支出与 GDP 之间的函数关系。瓦格纳的结论是建立在经验分析的基础上的。19 世纪 80 年代，瓦格纳考察了英、美、法、德、日等国的工业化状况之后，认为一国工业化经济的发展与本国财政支出之间存在着一种函数关系，在工业化前和工业化后，财政支出比率可能趋于下降，而在工业化经济的发展过程中，财政支出随着 GDP 的提高而提高。瓦格纳认为，工业化导致人均收入增加，进而引发政府活动扩张，财政支出比率随之提高。首先，市场失灵和外部性的存在需要政府的活动增加，不断扩张的市场与这些市场中的行为主体之间的关系更加复杂化，这需要建立司法体系和管理制度，以规范行为主体的社会经济活动。其次，政府对经济活动的干预以及从事的生产性活动，也会随着经济的工业化而不断扩大。因为随着工业化经济的发展，不完全竞争市场结构更加突出，市场机制不可能完全有效地配置整个社会资源，需要政府对

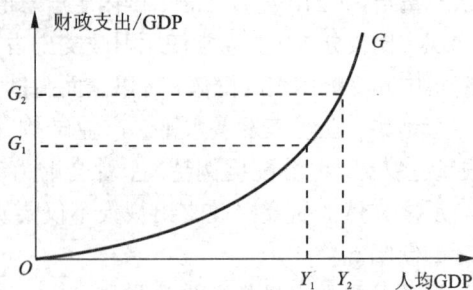

图 2-1　瓦格纳法则的解释

资源进行再配置以实现资源配置的高效率。再次，城市化以及高居住密度会导致外部性和拥挤现象，这些都需要政府出面进行干预和管制。最后，教育、娱乐、文化、保健以及福利服务的需求收入弹性较大，要求政府在这些方面增加支出。这就是说，随着人均收入的增加人们对上述服务的需求增加更快，政府要为此增加支出。

2. 梯度渐进增长理论

英国经济学家皮考克(Peacock)和维斯曼(Wiseman)根据对英国在 1890—1955 年间公共支出的统计数字的分析，认为英国财政支出增长是"阶梯式"的非连续性的增长，而瓦格纳片面强调财政支出增长的长期趋势而忽略了财政支出增长的时间阶段性。他们认为，财政支出在正常年度中会呈现一种渐进的上升趋势，但当社会经历"激变"(如战争、经济大萧条或其他严重灾害)时财政支出会急剧上涨，而激变过后的财政支出不会低于原来的水平，这在政府支出的统计曲线上呈现一种梯度渐进增长的特征。该理论实质阐明了财政支出增长的内在和外在因素：内在因素是指公民可以忍受的税收水平的提高；外在因素是指社会动荡对财政支出造成的压力。

梯度渐进增长理论的出发点是：在已定税制的税率之下，税收会随经济增长而自然增长，税收增多必然刺激政府支出欲望，所以，政府收入增加就意味着支出增加。同时，他们提出以下假设，"政府喜欢多花钱，而公民不愿多纳税，这样就迫使政府更多地注意公民的意愿"。因此，尽管政府支出本身具有自我膨胀的内在因素，但公民对税收增长的容忍是有限度的，并可以通过投票选择来遏制政府支出的膨胀。公民所容忍的税收水平是政府公共支出的约束条件。皮考克与维斯曼认为，在社会经济正常时期，在已定税制的税率水平下，经济增长和国民收入扩大允许政府财政支出与国民收入同步或稍快增长。然而，当战争、大灾害、大危机等社会剧变到来，为应付突变而临时增大财政支出，政府也会被迫提高税率，而公民在危机时期也会接受提高了的税率。这就产生了所谓的"替代效应"，即危机促进了公共支出替代私人支出，大大扩展了公共支出的相对规模。危机过后，税收不会再退回到危机以前的水平，公民也因亲身经历危机的灾难而能容忍较高的政府财政支出水平和税收水平。这样，就产生了所谓的"意识效应"。由于以上效应作用的结果，改变了政府财政支出渐进扩张的过程，使财政支出突进式地跃上了一个较高的台阶。这种财政支出上升的规律，也被称为替代——规模效应理论。

3. 官僚行为增长论

这种理论从制度角度揭示了财政支出规模与官僚行为的关系。官僚是指负责执行通过政治制度做出的集体选择的代理人集团，或更明确地说是指负责政府提供服务的部门。相对于个人是以追求自身利益为最大目标，尼斯坎南认为，官僚与其他所有人一样，都是效用最大化者。他利用管理者效用函数方法提出，官僚的效用函数变量包括他的薪金、为他工作的职员人数和他们的薪金、他的公共声誉、他的额外收入以及他的权利或地位、装修考究的办公室、现代化的公共设施、公费活动等。为了效用最大化，官僚竭力追求机构最大化。机构规模越大，官僚们的权力越大。这是因为，对官僚们来说类似私人企业家所拥有的增加收入的机会是很小的，因此他们更关心的是所得到的额外津贴、权利和荣誉等，而所有这些目标都与官僚的预算规模正相关。因此，效用最大化和预算最大化的官僚在预算决策过程中绝不是一个中性代理人。

正因为官僚以机构规模最大化作为目标，导致财政支出规模不断扩大，甚至会超过公共物品最优产出水平所需的支出规模。由于交易成本很高，拨款机构很难控制官僚行为。因此官僚通常以两种方式扩大其预算规模。第一,他们千方百计让政府相信他们确定的支出水平是必要的。第二,利用低效率的生产技术来增加生产既定的产出量所必需的投入量(增加预算、附加福利、工作保障、减少工作负荷),这时的效率损失不是源于官僚服务的过度提供,而是由投入的滥用所致。由此可见,官僚行为从投入和产出两个方面迫使财政支出不断增长。

西方财政支出增长理论的分析是以那些影响财政支出水平较强的因素为依据的,即对经济产出水准、服务环境、人口变化、公共服务质量、公共部门投入产出的价格等进行综合分析,最后,建立这些因素作用于财政支出增长的数学模型。这样,就可以具体预测和分析某个时期的财政支出变动趋势以及变动幅度。世界经济发达国家自19世纪末到如今的100多年经济发展的实践证明,尽管由于各国的国情有所不同,财政支出占GDP的比重及变化情况不同,但却明显存在一种共同的趋势,即随着人均GDP的增长而逐步上升,但又不可能无止境上升,当经济发展到一定高度时,即稳定在一定的水平上,上下有所波动。世界主要经济发达国家财政支出占GDP比重的发展变化情况和趋势见表2-2。

表2-2 世界主要经济发达国家财政支出占GDP比例和趋势　　　　单位:%

国别	年份						
	1880	1929	1960	1985	2009	2017	2018
日本	11	19	18	33	40.72	38.9	—
美国	8	10	28	37	43.3	38.2	31.5
英国	10	24	32	48	42.3	38.8	38.5
法国	15	19	35	52	57.2	56.4	56
瑞典	6	8	31	65	52.7	49.4	49.9

资料来源:根据世界银行《1988年世界发展报告》(北京:中国财政经济出版社,1988)和世界银行网站数据整理。

(三)财政支出规模的影响因素

一定时期内财政支出规模的变动,涉及多种复杂因素,同当时的政治经济条件和国家的方针政策甚至国情都有密切的联系。概括起来,主要有以下几方面的因素。

1. 经济性因素

(1)经济发展水平。经济发展水平对公共支出规模的影响,主要表现在随着经济的发展水平的不断提高,公共支出规模不断扩大。总的来说,经济发展越快,创造的可供支配的社会财富就越多,国民收入增加,个人可支配收入相应增加。依据瓦格纳法则,随着人均收入的提高,公共支出的相对规模自然随之提高。具体说来,第一,随着社会经济的发展,生产力不断提高,劳动生产率也有很大提高,国民收入也会相应增长。这意味着财政收入的来源不断扩大,从而使公共支出规模的扩大成为可能。第二,随着经济的发展和社会财富的增加,私人可支配收入增加,使政府通过举债来扩大支出规模成为可能。

(2)政府对经济干预的方式。政府对经济运行实施干预可以运用行政手段,也可用经济、法律等诸多手段。运用行政手段靠行政命令、政府管制对经济运行进行干预,对财政支出的影响并不是很明显。如果政府运用财政手段增加购买支出和转移性支出,则会明显扩大财政支出规模。

（3）对经济体制的不同选择。在计划经济与市场经济两种不同的经济体制下，财政支出的规模是有所不同的。计划经济体制下的政府经济活动实行统收统支，对本可由市场解决的许多事情，政府越俎代庖全部囊括在自己的活动范围内，因此相应的财政支出规模必然较大。在完善的市场经济体制下，政府与私人分工明确、各司其职，政府从竞争性领域退出来，在条件不变的情况下，财政支出的规模自然小于计划经济体制下的财政支出规模。

2. 政治性因素

（1）国家职能的扩大。国家职能的扩大是公共支出规模增长的一个直接原因。随着国家活动范围和领域的不断扩大，国家职能的内涵和外延也在不断扩充。这就要求国家能够提供足够的公共支出对其给予支持和保证。如在早期资本主义发展时期，由于提倡自由贸易，主张"放任、自由"，政府对经济发展是很少进行干预的，政府职能主要是维护国家安全、防止外来侵略。因此政府财政活动的规模较小，相应的财政支出占国民收入的比例不高。但随着资本主义经济的进一步发展，生产过剩的经济危机频频发生，人们逐渐认识到市场是有缺陷的。为了缓和社会矛盾，促进经济恢复和发展，政府对经济实行干预。这样一来，国家职能的扩大，加强了对社会福利、文教科卫等方面的支出，财政支出的规模出现不断增长的趋势。

（2）政局是否稳定。政治局势是否稳定对一个国家的社会经济发展非常重要。如果国家长期存在社会动乱、武装斗争，政府为了维持社会秩序、保卫国家安全势必增加在这方面的财政支出。如美国在第一次世界大战时的1919年财政支出超过1000亿美元，而战后的1947年和1948年则下降到360亿美元。

（3）政府机构的行政效率。如果政府机构少而精，各机构分工明确、责权清晰，所有资源都得到有效利用，就可以减少用于"人头费"和"办公费"的支出，公共支出的规模自然减少。反之，如果政府工作效率低下，机构臃肿，人浮于事，办同样的事需要更多的支出，必然加大财政支出的规模。

3. 社会性因素

财政支出规模的不断扩大与人口、就业、医疗卫生、社会救济、社会保障以及城镇化等社会化因素存在一定的关系。在发展中国家，人口基数大、增长快，相应的义务教育、卫生保健、社会保障、失业和贫困救济、生态环境保护以及城镇化等支出的增长压力便大。比如，我国在尚未实现工业化之前人口的老龄化已经来临，农村富余劳动力的增加迫切要求加快城镇化速度，加快经济建设与生态环境保护的矛盾日益突出，国有企业改革带来大量职工下岗失业，等等，诸如此类的许多社会问题，会对财政支出不断提出新的要求，构成扩大财政支出规模的重要因素。

（四）我国财政支出规模发展变化的一般趋势

从各国财政支出的变化情况来看，尽管不同国家的财政支出增长情况各不相同，增长情况差异较大，有些国家在有的时期甚至会出现财政支出负增长的情况，但从长期和整体看，财政支出的不断增长构成了发展总趋势。我国财政支出绝对规模不断增长，财政支出占GDP比重从长期和整体看，规模不断增长和波动。中央和地方财政支出占总支出的比例不断调整和优化（表2-3）。中国作为发展中国家，由于其特殊的经济、社会发展历程，其财政支出规模也呈现出一定的特殊性和合理性。

表 2 - 3 1978—2018 年我国财政支出规模情况

指标	年份					
	1978	1988	1998	2008	2017	2018
国家财政支出/亿元	1122.09	2491.21	10798.18	62596.66	203330	220906.07
中央财政支出/亿元	532.12	845.04	3125.6	13344.17	29859	32708
地方财政支出/亿元	589.97	1646.17	7672.58	49248.49	173471	188198
中央和地方财政支出比例/%	47∶53	34∶66	29∶71	21∶79	15∶85	15∶85

数据来源:根据财政部官网提供的数据整理。http://www.mof.gov.cn/zhengwuxinxi/caizhengshuju/.

1.改革开放以前我国财政支出情况

在传统经济体制下,财政支出的规模整体上是增加的。从 1953 年到 1960 年,财政支出逐步增长,这是因为国家经历从社会主义三大改造到社会主义制度基本确立这样一个社会调整时期,国家职能不断扩大,政府财政活动的范围随之拓宽。1960 年这个比重达到了39.3%,比 1957 年高出 10 多个百分点,这是国民经济陷入严重困境造成的。1975 年由于政府对经济的调整,财政支出占国民收入比重又回落到了 27.2%。1978 年的比重也比较高,达到 30.8%,那也是经济不太正常的年份。参见表 2 - 4 及图 2 - 2。

表 2 - 4 1953—1978 年我国财政支出占 GDP 比重   单位:%

年份	1953 年	1957 年	1960 年	1965 年	1972 年	1975 年	1978 年
指标	25.9	28.4	39.3	27.6	29.4	27.2	30.8

数据来源:根据国家统计局网站提供的统计数据整理。http://www.mof.gov.cn/zhengwuxinxi/caizhengshuju/.

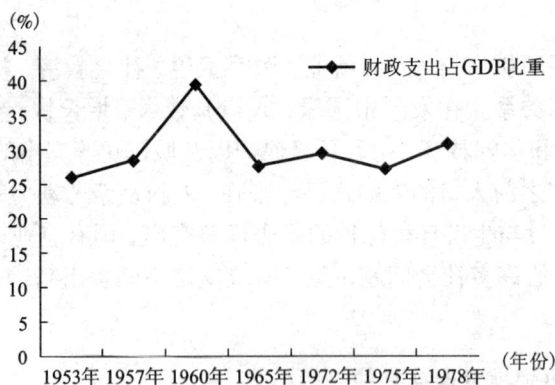

图 2 - 2 1953—1978 年我国财政支出占 GDP 比重变化趋势

2.改革开放以来我国财政支出情况

我国自改革开放以来,尽管财政支出的绝对规模显著增长,相对规模却出现了不同的趋势。1978 年至 1995 年,财政支出占 GDP 的比例从 30.78% 下降到 11.22%;1995 年以后,财政支出占 GDP 的比重持续上升,至 2018 年上升到 24.54%(如表 2 - 5 所示)。

表 2 - 5 1978—2018 年我国财政支出占 GDP 的比重

年份	财政支出/亿元	GDP/亿元	财政支出占 GDP 比重/%
1978	1122.09	3645.22	30.78
1980	1228.83	4545.62	27.03
1985	2004.25	9016.04	22.23
1995	6823.72	60793.73	11.22
1996	7937.55	71176.59	11.15
1997	9233.56	78973.03	11.69
1998	10798.18	84402.28	12.79
1999	13187.67	89677.05	14.71
2000	15886.50	99214.55	16.01
2001	18902.58	109655.17	17.24
2002	22053.15	120332.69	18.33
2003	24649.95	135822.76	18.15
2004	28486.89	159878.34	17.82
2005	33930.28	183084.80	18.53
2006	40222.73	209407	19.21
2007	49781.35	246619	20.19
2008	62592.66	300670	20.82
2009	76299.93	335353	22.75
2010	89874.16	412119.3	21.81
2011	109247.79	487940.2	22.39
2012	125952.97	538580.0	23.39
2013	140212.10	592963.2	23.65
2014	151785.56	641280.6	23.67
2015	175877.77	685992.9	25.64
2016	187755.21	740060.8	25.37
2017	203085.49	820754.3	24.74
2018	220906.07	900309.5	24.54

资料来源：中国统计年鉴；2018 年国民经济和社会发展统计公报。http://www.stats.gov.cn/tjsj/ndsj/.

总的来说，我国 1978—2018 年财政支出绝对规模是不断增长的，相对规模总体上是下降的。2018 年财政支出总额为 220906.07 亿元，比 1978 年的 1 122.09 亿元增长了 196 倍，但财政支出占 GDP 的比重却从 1978 年的 30.78%降为 2018 年的 24.54%，下降了 6.26 个百分点。1996 年降到历史的最低点 11.2%，之后这一比重有所上升，到 2015 年逐步回升为 25.64%，之后这一比重稳中有降，基本维持在 25%左右，我国财政支出规模保持稳定态势。我国财政支出规模之所以出现上述波动，主要原因在于：

第一，经济体制转轨的影响。在经济体制改革以前，我国财政支出占 GDP 的比重是较高的，这主要是由于我国当时实行高度集中的"统收统支"的财政管理体制，政府包揽的事务较多，必然需要较高的财政收支规模。改革开放以来，我国对政府职能、财政收支规模和结构进行了相应的调整，一方面是以"放权让利"为主线的改革，使收入分配更多地向企业和个人倾斜，在一定时期伴随着财政收入规模的适度下降而出现财政支出规模的下降；另一方面，随着市场化取向改革的推进和政府职能的调整，财政支出中逐渐减少了一些原本不应由政府财政承担的开支项目，也使财政支出规模出现一定程度的下降。

第二，财政体制不规范的影响。改革开放以来，财政体制建设滞后，形成了大幅度增加的未纳入预算管理的预算外资金和制度外资金，从而导致预算内的财政收入与支出占 GDP 的比重下降。尤其是 1990—1998 年未纳入预算管理的政府部门支出过多，造成了这一时期财政支出占 GDP 的比重较低。随后我国采取努力增加税收收入、加强预算外资金管理、清理各种乱收费等措施，逐步将一部分收费和基金纳入预算管理，使财政支出占 GDP 的比重又出现了回升的趋势。这一时期，财政收支的调整带来支出规模的下降是正常的，但下降过多则不正常。从财政支出增长规律看，财政支出的不断下降，是与我国当前所处的经济发展阶段和政府职能范围不相称的，虽然近年来财政支出规模逐步提高，但在其达到一定规模时会呈现稳定的状态，一般不会回到原计划经济下的较高水平。

二、财政支出结构分析

财政支出结构是财政支出的各个不同部分的组合状态及其数量配比上的总称。从表面上看它是国家职能状况和政府政策的体现。对财政支出结构进行分析是要了解政府可支配的财政资源的总量问题和政府对社会经济干预的程度问题，明确哪些领域是政府投资的重点，哪些领域政府可以减少干预，从而进一步优化财政资源配置，提高财政支出效益与经济政策效率，是关系人民福利增长的大事。

（一）财政支出结构的内涵

财政支出结构研究的是在一定的经济体制和财政体制下，在财政资金分配过程中，财政支出的构成要素之间相互联系、相互作用的内在关系和空间表现。对财政支出结构内涵的理解，应从质和量上进行考察，把握以下几个方面：

首先，财政支出结构是财政支出质的规定性与量的规定性的统一体。财政支出结构是指财政支出分配中各个部门、各个地区、各个项目和社会再生产各个方面的构成及其相互联系、相互制约的关系。财政支出质的规定性反映了支出结构的基本特征，而量的规定性则决定着支出构成要素间的比例关系。

其次，财政支出结构是稳定性与变动性的统一。在一定的时间段内，财政支出结构具有相对稳定性，即各构成要素的相互制约力作用处于平衡状态。同时，财政支出结构处于不断变化之中，有时变动较缓，呈现相对稳定状态；有时变动速度快，变动幅度大，呈现波动性。

最后，财政支出结构是横向多样性和纵向多层次性的统一。横向多样性是指财政支出各构成要素之间呈并列关系，每项支出相对于其他支出是平等和并列的；纵向多层次性是指从纵向将支出结构划分为具有有机联系的若干层次。如我国财政支出结构按照政府职能划分可分为行政支出、国防支出、科教文卫支出、经济建设支出、社会保障支出等，而根据政府级次划分则为中央、省、市、县、乡五级支出。

(二)财政支出结构的影响因素

财政支出作为政府实现其职能的基本经济手段，它体现着政府的意志和政策，但财政支出总量及其各项支出的数量，对于政府来说不是任意而为，受到各项客观因素制约。

1. 政府职能

财政支出结构与政府职能有着直接的关系，也就是说，财政支出结构在根本上取决于政府职能范围。如何正确界定政府的职能，这是研究财政支出结构的一个重要理论前提。对此有以下两点需要阐明：第一，随着人类社会的演进和生产力发展水平的提高，政府职能出现了明显的发展变化趋势，其基本特征是政府职能作用有不断拓宽的趋势，其中政府的政治职能处于相对稳定的状态，而政府的经济职能、公共职能不断上升；第二，中国是发展中国家又以公有制为主体，面临着实现工业化、市场化战略目标的艰巨任务，政府宏观经济调控的职能与一般西方国家相比显得更加突出和重要。而且，我国目前正处于由传统体制向市场体制的转变过程中，我国的政府职能既存在"越位"的情况，管了许多不该管的事，同时也存在"缺位"的情况，有不少该管而没有管好的事。财政支出是实现政府职能的手段，财政支出结构调整必须服从于政府职能的发展变化趋势。

2. 经济发展水平

从国际经验看，在不同国家，由于经济发展状况不同，财政支出结构也有差异，这突出表现在财政投资和社会消费支出方面。从工业化国家的情况看，其经济发达，市场机制完善，社会筹资能力强，政府投资规模相对较低，政府投资主要定位在弥补市场缺陷、提供公共物品，具体投资范围限于基础设施、储备战略性物资以及补充或增加特定主体的资本等。发展中国家大多处于经济起飞阶段，国民经济的一些重要领域和产业需要政府投资兴建或扶持，这也决定了发展中国家的政府投资职能更重一些，投资范围更宽一些。

3. 财政收入总量

财政收入总量制约着财政支出总量，因此说，财政支出结构很大程度上受到财政收入总量的影响。其一般规律是：当财政收入较低时，财政支出中用于维持国家秩序的比例就高，用于经济社会管理职能方面的支出比例就低。随着财政收入的不断提高，用于国家政府基本需要的支出比例会下降，用于经济社会管理职能方面的支出将会增加。从西方国家的财政实践看，正是由于财政收入总量的不断增加，财政支出结构出现了新的变化。随着经济发展和财力规模的不断扩大，社会保障、社会福利等社会性支出在财政支出中的比例越来越大。瓦格纳定律详细地阐述了这一现象，即"随着人均收入的提高，社会公共需要的规模也随之增长，财政支出必然以比生产增长更快的速度增长"。之后，经济学家进一步用计量方法检验了这一假说的有效性。我国目前处于经济高速发展阶段，财政支出总额在逐年增加，这要求我国必须适应财政支出总量变化而相应调整和优化财政支出结构。

4. 制度变迁

制度变迁大致上可以分为诱致性变迁与强制性变迁两种方式。诱致性变迁是"由个人或一群人，在响应获利机会时自发倡导、组织和实行"，而强制性变迁则"由政府命令和法律引入和实行"。中国在破除计划体制的同时，市场体制并没有完全建立起来，计划和市场都不完全。在这种情况下，为了保障资源配置的效率，需要政府以制度创新衔接不完全的计划和不完全的市场。因此，中国的市场化制度变迁具有明显的政府主导特征。这种强制性渐进式的制度变迁，在既有制度上进行的利益调整，使得政府除了要维持原有的支出项目外，还要增加支持经济体制顺利转轨的一些必要支出(如各种补贴)。随着制度变迁的推动及完成，政府的财政支出结构也相应地发生着变动。

(三)关于财政支出结构发展变化的理论

1. 经济发展阶段理论

经济发展阶段理论是由美国著名经济学家马斯格雷夫和罗斯托根据经济发展阶段来解释公共支出增长以及公共支出结构变化的原因。他们把现代工业经济发展的历史演变分为三个阶段，即经济发展的早期阶段、中期阶段和成熟阶段。从经济发展的观点看，在经济发展的早期阶段，由于公共物品尤其是经济发展所必需的社会基础设施(如交通等)落后，直接影响私人部门生产性投资，而这类社会基础设施由于投资大、周期长、收益小，私人部门不愿意投资导致供给不足，因此需要政府提供这些设施，为经济发展创造一个良好的投资环境，所以这一时期公共投资往往在社会总投资中占有较高比重。这些公共投资对于帮助早期阶段的经济"起飞"，以至进入发展的中期阶段来说，是必不可少的前提条件。此时，人们对衣、食等消费需求不高，政府消费性支出较少。

当经济发展进入中期阶段后，社会基础设施供求趋于均衡，政府公共投资在社会总投资中的比重有可能降低。但公共支出总规模并不一定下降甚至有可能继续上升，其原因在于：当经济社会发展进入中期阶段后，市场失灵问题日益突出，并成为阻碍经济发展进入成熟阶段的关键因素，这就要求政府加强对经济的干预，以矫正、补充、完善市场机制的不足，但政府对经济干预范围的扩大和干预力度的加强必然引致财政支出增长。此外，随着人均收入的增加，人们要求政府提供满足个人发展需要的项目(如教育和安全等)和消费性支出的比重相应提高。

随着经济发展由中期阶段进入成熟阶段，以及人均收入进一步增长，人们对生活的质量有了更高的要求，迫使政府进行更大规模的投入，公共支出又出现较高的增长率。同时财政支出结构会发生很大变化，即从社会基础设施投资支出为主的结构转向以教育、保健和社会福利为主的支出结构，购买性支出相对下降，转移性支出相对上升。从长期看，公共支出结构的这种变化趋势，引致了公共支出规模的不断扩大。

2. 内生增长理论

新古典增长论认为，长期经济增长完全是由理论本身的外生因素决定的，因此无论采取什么政策，长期增长都不变，财政政策对经济增长充其量只有短期效应，而不能影响长期增长。20世纪80年代以罗默、卢卡斯为代表的一批学者提出了一种新的经济增长理论：内生增长理论，认为一国的长期增长是由一系列内生变量决定的，这些内生变量对政策(特别是财政政策)是敏感的，并受政策的影响。内生增长理论对财政政策在经济增长中的作用做出了崭新的诠释，认为生产性公共资本、人力资本和研究开发活动是一个国家长期经济增长的内在因素和内在动力，而这些因素具有明显的非竞争性、非排他性和外溢效应，具有"公共物品"的某些属性。如果增长率是由内生因素决定的，那么，经济行为主体，特别是政府，就能够影响增长率的大小，财政政策对经济增长和经济结构的调整具有重要的特殊作用。财政支出结构不是一成不变的，取决于一个国家所处的经济发展阶段，其发展变化具有一定的规律性。但政府可根据一定时期的发展战略和政策目标制定和调整财政政策,从而推动财政支出结构的调整和优化,如增加民生财政支出、支持科学研究与开发活动、实行有利于知识积累并在世界范围内传播的贸易政策等。内生增长理论对于我国当前经济转型时期财政政策的转变,特别是财政支出重点的转移,有着十分重要的理论指导意义。

(四)我国财政支出结构分析及其优化

评价一国财政支出结构是否合理,主要从两个方面进行分析:一是该国所处的经济发展阶段及该阶段政府追求的主要经济政策目标;二是该国财政支出各项目的规模和相对增长速度是否合理。在经济发展的早期阶段,经济建设支出在财政总支出中占较高的比例,随着经济的发展,社会基础设施的供求趋于平衡,经济建设支出在财政支出中的比例逐渐下降,社会科教文卫等民生性支出增加。购买性支出和转移性支出在总支出中的比例在各个国家也不相同。一般来说,在经济发达国家,政府较少直接参与社会生产活动,同时财政收入也比较宽裕,财政职能侧重于收入分配和经济稳定,因而转移性支出(或相当于转移性支出部分)占财政支出的比例相对较大,而购买性支出所占比例相对小些。在发展中国家,政府较多地参与社会生产活动,财政收入又相对匮乏,购买性支出(或相当于购买性支出部分)占总支出的比例明显较高,而转移性支出所占比例较低。我国财政支出结构是随着社会发展阶段、经济体制改革和政府职能转变而变化的,其总趋势既符合一般财政支出结构变化趋势,也具有自身的特殊性。

我国目前处在社会主义市场经济发展的初级阶段,经济增长无疑是政府追求的主要经济政策目标。从政府职能与财政支出的关系来看,可以将财政支出分为经济建设支出、社会文教支出、国防支出、行政管理支出和其他支出5大类。其中经济建设支出是政府为履行其经济管理职能而发生的支出;社会文教支出、国防支出、行政管理支出和其他支出是政府为履行其社会职能而发生的支出,可以将这几类支出称为公共支出("十五"时期前分类)。

随着社会主义市场经济体制的建立,政府的经济管理职能日渐弱化,社会管理职能日益增强。从表2-6可以看出,我国的经济建设支出占财政支出的比例基本上呈逐年下降的趋势。经济建设支出占财政总支出的比例从"五五"时期的平均60%左右下降到"十五"时期的平均29.1%,下降30多个百分点。与此同时,社会公共管理支出占财政支出的比例则大幅度上升。

表2-6 新中国成立以来我国各个时期财政支出结构 单位:%

时期	项目				
	经济建设费	社会文教费	国防费	行政管理费	其他支出
"一五"时期	50.8	14.5	23.8	8.5	2.4
"二五"时期	66.6	14.3	12.2	5.9	1.7
1963—1965年	53.8	15.2	19.1	6.4	5.5
"三五"时期	56.1	11.1	21.9	5.3	5.6
"四五"时期	66.6	10.9	19.1	5.0	7.2

时期	项目				
	经济建设费	社会文教费	国防费	行政管理费	其他支出
"五五"时期	59.9	14.4	16.4	5.3	4.0
"六五"时期	56.1	19.7	11.9	7.9	4.4
"八五"时期	48.5	23.2	9.1	11.8	7.5
"八五"时期	41.5	25.7	9.5	13.8	9.6
"九五"时期	38.3	27.2	8.3	15.7	10.5
"十五"时期	27.8	26.5	7.5	19.0	19.2

资料来源：根据相关年份《中国统计年鉴》数据计算而得。http://www.stats.gov.cn/tjsj/ndsj/.

从总体来看，我国财政支出结构呈现以下特点：

第一，经济建设支出比重较高，但长期趋势逐步下降。经济建设支出已由"六五"时期以前 50% 以上的高比例（"四五"最高 66.6%），逐步下降到"七五"、"八五"、"九五"和"十五"时期的 48.5%、41.5%、38.3% 和 27.8%（见表 2 - 7），这主要是经济体制转轨带来的变化。改革开放前，我国实行计划经济体制，国家在资源配置中居绝对主导地位，经济建设主要依靠国家来组织和推动，因此经济建设支出在财政支出中的比重很大。改革开放以后，随着社会主义市场经济的逐步发展，市场机制在资源配置中逐步发挥基础性作用，国家财政支出逐步作为市场的补充，经济建设支出比重呈现出下降的趋势。可以预见，随着我国市场经济的日渐成熟，经济建设支出比重还会继续下降。

第二，消费性支出过高且大大超过生产性支出的增长。在财政支出总额中，经济建设支出降幅较大（如上述）；国防支出也呈不断下降趋势，但"七五"以来稳定在 7.5% ~ 9.5% 之间；而行政管理支出、社会文教支出和其他支出从"一五"至"十五"时期基本呈上升的趋势，分别由 8.5%、14.5%、2.4% 上升为 19.0%、26.5%、19.2%。这种结构变化表明了经济建设支出地位的降低，行政管理等消费性支出地位的提高。在我国财政支出占 GDP 比重较低的情况下，社会文教支出的增长说明我国对教育文化和社会服务事业发展的高度重视和支持，这是符合我国公共财政的发展方向的，但经常性支出特别是行政管理支出的比重提高、增长速度加快，对促进我国经济的"起飞"是极为不利的。

第三，"十一五"以来，财政支出结构发生了明显的变化，大力支持和保障诸如义务教育、公共卫生、社会保障、基础科学、环节保护、"三农"等各项社会事业的发展，建立保障社会民生的长效机制。一般公共服务支出比例有所下降。表 2 - 7 是按新的财政支出功能性质分类计算的财政支出结构。

进入"十二五"时期，我国经济发展迈入一个新阶段，经济发展进入新常态，经济从高速增长转向高质量发展，经济发展动力从传统增长点转向新的增长点。我国文化体育与传媒、城乡社区事务、节能环保、住房保障支出比重有了较大提高，一般公共服务支出持续下降（参见表 2 - 8）。

表 2 - 7 2009 年我国按功能分类的财政支出各项目占比

项目	占总财政支出比例/%
一般公共服务	12
文化教育	15.5
社保和就业	11
农林水事务	8.8
城乡社区事务	6.7
国防	6.5
公共安全外交	6.3
交通运输	6.1
医疗卫生	5.2
电力信息	3.8
粮食储备	2.9
地震重建	12
其他	13.7

资料来源：财政部网站。http://www.mof.gov.cn/zhengwuxinxi/caizhengshuju/.

表 2 - 8 2017 年我国按功能分类的财政支出各项目规模和占比

项目	支出规模/亿元	占总财政支出比例/%
合计	203085.49	100
一般公共服务	16510.16	8.13
外交	521.25	0.26
国防	10432.37	5.14
公共安全	12461.27	6.14
教育	30153.18	14.85
科学技术	7266.98	3.58
文化体育与传媒	3391.93	1.67
社保和就业	24611.68	12.12
医疗卫生与计划生育	14450.63	7.12
节能环保	5617.33	2.77
城乡社区事务	20585	10.14
农林水事务	19088.99	9.4
交通运输	10673.98	5.26
资源勘探信息等支出	5034.32	2.48
商业服务业等支出	1569.17	0.77
金融支出	1148.04	0.57

续表 2－8

项目	支出规模/亿元	占总财政支出比例/%
援助其他地区支出	398.99	0.2
国土资源气象等支出	2304.15	1.13
住房保障支出	6552.49	3.23
粮油物资储备	2250.78	1.11
其他支出	1729.31	0.85
债务付息支出	6273.07	3.09
债务发行费用支出	59.72	0.03

资料来源：根据财政部网站公布数据整理计算得来。http://www.mof.gov.cn/zhengwuxinxi/caizhengshuju/.

2018 年全国一般公共预算支出 220906 亿元，同比增长 8.7%。其中，中央一般公共预算本级支出 32708 亿元，同比增长 8.8%；地方一般公共预算支出 188198 亿元，同比增长 8.7%。主要支出项目情况如下：教育支出 32222 亿元，增长 6.7%；科学技术支出 8322 亿元，增长 14.5%；社会保障和就业支出 27084 亿元，增长 9.7%；医疗卫生与计划生育支出 15700 亿元，增长 8.5%；节能环保支出 6353 亿元，增长 13%；城乡社区支出 22700 亿元，增长 10.2%。财政支出结构进一步得到优化。

党的十八届三中全会提出经济体制改革是全面深化改革的重点，核心问题是处理好政府和市场的关系，使市场在资源配置中起决定性作用和更好发挥政府的作用，这为优化财政支出结构提供了明确的思路和方针。政府的工作目标是，处理和把握好各种关系，全力支持和保障社会民生事业的发展，要坚持建机制、补短板、兜底线，保障群众的基本生活，不断提高人民的生活水平和质量。首先，必须进一步转换政府职能，以公共财政理念为导向，科学界定财政支出范围，规范财政支出管理，调整和优化财政支出结构，以更好地服务于经济和社会发展。其次，要以改善民生为重点，优先保障基本公共服务需要，进一步加强社会公共性支出。第三，以突破"瓶颈制约"为抓手优化财政资源配置职能。第四，以大部制改革为契机，努力降低政府运作成本。第五，以深化改革为主线，完善财政管理体制。第六，推进预算绩效管理，注重民生投入的使用绩效。第七，建立厉行勤俭节约、反对浪费的长效机制。

第三节　财政支出效益评价

一、财政支出效益的内涵

如前所述，财政分配活动就是资源集中到政府手中并由政府支配使用。由于一定时期的经济资源总是有限的，社会在配置资源时必须考虑：将有限的经济资源交给政府支配或交给微观经济主体支配，哪一个更能促进经济的发展和社会财富的增加、更有效率，这就产生了一个效率的衡量问题和财政支出效益评价问题。很显然，只有当经济资源由政府支配能够产生更大的效益时，政府占用资源对社会才是有益的。通常说，财政支出的规模应当适当，结构应当合理,要完善支出制度并加强管理,其根本目标就是提高财政支出效益。从这个意义上说,提高财政支出的使用效益是财政支出管理的核心问题。

通常所说的经济效益是指经济活动的投入与产出、消耗与成果、费用与效用之间的对比关系。一般可通过资源的占用、消费同取得的有效成果进行比较分析予以衡量。从一般意义上说,政府财政支出的效益与非政府经济主体的支出效益是一样的,即以最少的投入获得最大的产出。但在社会主义市场经济体系中,政府处于宏观调控主体的位置上,它还必须注重社会效益,即政府财政支出还必须从社会总体利益出发来衡量其效果和收益。它包括了社会政治效益、思想文化效益、生态环境效益等。财政支出社会效益的主要内容如下:其一,政府财政支出对全社会环境的社会贡献;其二,政府财政支出的社会代价与所获社会利益之间的比例关系;其三,政府财政支出政策与社会公众意志之间的协调关系;其四,政府财政支出的社会效益可能是潜在的,也可能是显性的。

具体来说,财政支出效益的内涵和范围包括三个层次的内容:

(一)财政支出的内源性效益

内源性效益是指财政支出本身所产生的效益,包括直接效益和间接效益。直接效益是指某些财政项目直接产生的可计量的经济效益,如经济建设支出项目、支农支出项目等。间接效益是指某些项目不直接产生经济效益但却存在社会效益,有些可以量化,有些难以量化,如事业性支出项目、行政性支出项目等。内源性效益又可分为以下三个方面:

1.财政支出总量效益

财政支出总量效益是指对财政支出总规模所产生的效益。包括财政支出规模与国民经济发展是否相匹配,如财政支出规模占国内生产总值的比率是否存在一个最优区间的问题,在经济发展的不同阶段,这个区间的移动是否有其规律性;还包括财政支出对国民生产总值的贡献率、财政支出的公共物品产出率等。

2.财政支出结构效益

财政支出结构效益是指财政支出项目间的组合效益。财政支出结构效益主要是评价各类支出占总支出的比重是否合理,以期寻求一种最优的结构模式。衡量结构效益可选择直接经济效益指标、间接经济效益指标、直接社会效益指标和间接社会效益指标,寻求结构效益的平衡点尤为重要,既不能一味强调经济效益,也不能单纯地追求社会效益。

3.财政支出项目效益

财政支出项目效益是指具体支出项目所产生的效益,是支出效益的细化。对于财政支出具体项目效益评价难点主要在于:项目隐含的效益有的可量化,如经济建设类项目,以社会效益为主的项目的最优值难以计量,不可量化,如教育、文化项目;不同的支出项目有不同的短期、长期效益;项目之间具有不可比性,难以寻求一种共同的评价指标、建立一个衡量标准体系。为此,应根据某一类项目的特点建立具体的评价指标,得出某一类项目的投入—产出比率。

(二)财政支出的部门绩效评价

部门绩效是指使用(管理)财政支出的各个公共部门财政年度内的工作绩效,它有两层含义:一是公共部门财政资源配置总体状况是否合理,财政资源使用是否得到相应的产出或成果；二是部门本身的工作绩效评价，如是否完成了既定的社会经济发展指标，完成预算目标的财力保证程度，部门内资金使用的效率情况等。公共部门对使用财政资金的状况应增强其透明度，除特殊部门外，应向社会大众公开，年度终结后应向财政部门报告部门绩效。财政部门则根据国民经济及社会发展总体目标制定公共部门绩效评价体系，分部门确定相应的评价指标，对公共部门的绩效进行评价和考核。

(三)财政支出的单位绩效评价

任何一项财政支出最终都要通过公共部门分配到具体的使用单位，因而，资金使用单位既是支出链中的最终环节，又是资金使用效益的直接体现者。财政支出能否得到相应的产出，能否发挥最大的效益，最终取决于使用单位。对单位绩效的评价应着重于以下几个方面：一是对预算及相关决策的执行情况，如执行结果与预算发生偏差，要有足够的理由说明其原因，在资金的使用过程中是否始终保持与国家财政经济政策的一致性等；二是单位的资金管理机制是否完备，有无违反财政法规的现象存在；三是资金使用的最终效益(包括当期效益和周期性效益)是否得到完全体现，即对资金使用效益进行评价；四是对同类型项目进行历史的、区域性的比较分析，建立一个最优的控制模型，也就是项目支出效益的标准模型，以此作为支出或项目评价的"标准值"。单位绩效评价工作应由其主管的公共部门实施，每年度终结后，主管部门应对所属承载公共支出单位的支出效益状况进行评价，其评价结果抄报同级财政部门，以利于财政部门对支出效益的全过程监控。

二、财政支出效益评价方法

由于财政支出项目千差万别，支出效益的表现形式各不相同，所以衡量财政支出效益可以采取多种方法，主要包括成本－效益分析法、最低费用选择法和"公共劳务"收费法三种。

(一)成本－效益分析法

1.成本－效益分析法的定义

成本－效益分析法(简称CBA)，是评价项目可行性的一种操作方法，指的是通过市场价格和社会理论价格来全面权衡各项财政投资项目的社会成本和社会收益，并用各种办法将成本与效益折合成现值，将成本与效益比较，以便选择最有利的投资项目。成本－效益分析法起源于20世纪30年代的美国，到目前，成本－效益分析法已成为世界各国确定财政支出可行性的基本工具。但是，由于很多财政支出的成本与效益难以准确计量，因而其适用范围受到局限。成本收益的内部化是运用这一方法的前提条件，但公共项目却具有外部经济的特点，因此要在公共领域运用这一方法，就要把外部性转化为"内部性"的问题。例如，成本－效益分析法适用于水利、电力工程，邮政和某些运输工程，以及文化娱乐设施工程的财政支出的衡量，但对政府的国防、对外援助、公安警察、太空研究等方面的财政支出就不适用。

2.成本－效益分析法的净收益现值公式

如果有多组投资项目，利用成本－效益分析方法从中选择最优项目进行投资，首先要计算净收益现值。公式如下：

$$B_i(X_i) = \sum_{i=0}^{n} \frac{b_i(t) - c_i(t)}{(1+r)^t} - K$$

式中：$B_i(X_i)$ 为该项目的净收益现值，被定义为该项目整个寿命期（长期）的收益，即花费在项目 i 上 X 元的回报；$b_i(t)$ 为消费收益，即该项目 t 年内的经济效益；$c_i(t)$ 为 t 年内该项目的成本；$\frac{1}{1+r}$ 为利率水平在 r 时的折现因子；n 为该项目的使用寿命；K 为项目的原始资本花费（成本）。

政府许多财政支出项目都要延续相当长一段时间，所以在计算成本、效益时，还存在一个时间上的可比性问题。如果一个支出项目跨越若干年度，则该项目的成本和效益是由若干年成本总和而成的"成本流"和效益总和而成的"效益流"构成的。在计算项目总成本和总效益时，不能将若干年的成本和若干年的效益简单累加起来，净收益流的价值必须被折现，剔除货币时间价值影响。目前在进行财政支出成本–效益分析时，经常运用的折现率有两种：一是以政府在市场上借债所用的利息率为折现率，二是以企业、个人资本的投资利润率为折现率。

3. 确定成本和效益的范围

成本和效益是指该项目的实际成本和实际效益，公共项目的实际效益指最终消费者获得的收益总和，即反映社会成员福利的实际增加。实际成本和效益有许多类型，包括直接的和间接的，有形的和无形的，最终的和中间的，内部的和外部的。

（1）直接的和间接的成本与效益。直接成本或效益是与该项目支出直接相关的成本或效益，而间接的成本、效益则带有该项目副产品的性质。例如，财政预算中列入了一项对某条河流的防汛工程计划项目，其直接目标是防洪抗灾，那么与之相应的成本、效益是直接性的。但是防洪工程在给毗连地区带来农田灌溉的便利和减少对农田的侵蚀等方面发生的成本、效益，就是间接的成本与效益。

（2）有形的和无形的成本与效益。有形的成本、效益是指有物质载体、可以用市场价格计算的，而且按惯例应记入会计账目的一切成本和效益。无形的成本、效益是指不能经由市场估价的，但对社会却有实质性效益。例如，将一条破旧公路翻建为一条高等级新公路后，车祸减少了，行车时间缩短，旅客感到舒坦。相对交通运输效益而言，以上都是些无形项目，应计入成本–效益分析之内。

（3）最终的和中间的成本与效益。最终成本是指支出项目给消费者直接负担的成本，最终效益是支出项目为消费者直接提供的利益。中间成本是指生产者负担的成本，中间效益是指提供的产品成为最终产品之前加入其他经济、生产活动所产生的效益。例如气象台提供的天气预报，对于航运业而言，属于中间效益；对于外出旅游的人而言，则属于最终效益。

（4）内在的和外部的成本与效益。内在的成本、效益是指在实施某项财政支出计划的管辖范围之内所产生的成本与效益；外在的成本、效益是指在财政支出计划的实施范围之外所产生的成本、效益。例如，某地区的一项较大的防洪水利工程计划，可能影响该地区管辖范围之外的其他地区，因而造成所谓外溢性效果。在进行成本–效益分析时，应把该项防洪工程的内在的和外在的成本、效益均包括在内。

从以上对成本、效益的归类分析可知，政府财政支出与企业、个人等其他微观经济主体比较，在衡量其成本、效益时，除了应计算微观经济主体要计算的内容以外，还要增加计算两方面的内容：一是与本支出项目无直接关联的一切可用货币计量的成本与效益；二是与本支出项目直接和间接关联的一切不可用货币计量的成本与效益。

4. 成本 – 效益分析法步骤

根据净收益现值公式：$B_i(X_i) = \sum_{i=0}^{n} \frac{b_i(t) - c_i(t)}{(1 + r)^t} - K$，计算出项目各年度的成本、效益及成本效益的净现值，根据计算出来的结果，我们就可以对某一项目的投资可行性做出判断：如 $B_i(X_i) > 0$，该项目可行；如 $B_i(X_i) = 0$，计算内部收益率（净现值等于零的收益率），若内部收益率大于同期银行贷款利率，项目可行；$B_i(X_i) < 0$，该项目不可行。对不同项目进行选择时，应比较各项目净现值大小，同等条件下选择 $B_i(X_i)$ 值高的项目。

可以把财政支出的成本 – 效益分析法概括为两个步骤：第一步骤，政府选定财政支出的备选项目和备选方案。政府首先根据国民经济和社会事业的运行情况，选定若干当期应采取行动的备选项目，然后就每个备选项目制定备选方案。第二步骤，政府选择并确定备选项目和方案。首先，对各个备选方案要详尽列出其成本与效益，并将其折算成现值；其次，在每一个备选项目中选择一个最佳实施方案，再在已确定的财政支出总规模范围内选择一个最佳项目的组合；最后，对此项目组合进行机会成本分析，最终将支出项目确定下来。以表 2 – 9 为例说明，从投入产出比最大来说，应选择项目二；如果考虑规模效益，从净效益最大值来说，应选择项目一。

采用成本 – 效益分析法进行评估要注意两点：一是对社会贴现率 r 的选择，应采用社会贴现率，这种贴现率一般比私人企业的投资收益率要高。这是因为社会贴现率是站在国家宏观经济角度，对其投资应达到的收益率标准，不但应考虑该项投资在当代的收益，还要考虑下一代的获益。二是对公共项目的投入、产出物的价格应采用影子价格。所谓影子价格是指当社会经济处于某种状态时，能够反映社会劳动消耗、资源稀缺程度和最终产品需求情况的价格。将影子价格用于公共支出项目评价中，有利于促进资源配置优化。

表 2 – 9　某计划项目成本 – 效益分析表

计划项目	成本 C /百万元	效益 B /百万元	净效益 $B - C$ /百万元	效益与成本之比 B/C	按比率的排列次序
项目一	50	100	50	2	2
项目二	12.5	30	17.5	2.4	1
项目三	87.5	78.75	– 8.75	0.9	3

（二）最低费用选择法

对于不能应用成本 – 效益分析法的财政支出项目，可以采用最低费用选择法进行分析。现代社会生活错综复杂，科学技术飞速发展，国家要举办某项事业，往往先设计可以达到项目要求的几种方案，逐个对每个备选方案进行全面经济分析，然后选择用最低费用即可达到项目要求的方案。最低费用选择法与成本 – 效益分析法的主要区别是：它不以货币计量备选的财政支出方案的社会效益，只计算每项备选方案的有形费用，并以费用最低为择优标准。

运用最低费用选择法选择最优的财政支出项目的步骤，同前述的成本 – 效益分析法的步骤大致相同。但由于最低费用选择法不要求计算支出效益，所以，此法分析的内容相对简单一些。首先，根据政府某项社会事业或经济事业必须达到的目标，提出多种备选方案。然后,以货币为统一计量的尺度,分别计算出各个备选方案的有形费用。在计算不同备选方案的费用过程中,如果涉及垄断价格,要运用影子价格消除其包含的不合理价格因素;如果是多年支出的项目,要运用折现率换算出"费用流"的现值,以保证各个不同的备选项目费用的可比性。最后,要按照优前劣后的顺序列表供决策者选择。

最低费用选择法多适用于文化教育、行政、国防等财政支出项目。下面举一教育支出例子加以说明。假设政府为适应社会主义新农村建设的需要计划在4年内培养出1万名农业方面的大学生,经专家论证,提出4个能达到上述目标的备选方案:其一,新建5所农学院,每所学院招生2000人,需要兴建校舍、招聘教师和管理人员等;其二,扩建现有的农学院,要新建若干校舍,增聘若干教师和管理人员;其三,兴办广播电视大学农业专业,要增添与电视教学有关的各种设备,聘用教师,安排必要的教学行政组织人员;其四,组织农业专业的自学考试,这要组织辅导、考试等工作。即使上述4个方案都能培养出1万名质量相等的农业专业大学生,但各个方案的支出费用肯定是不同的,因此,需要对这4个备选方案的费用做比较分析,供决策者选择出既能节省财政支出又能达到目标的最优方案。

运用最低费用分析法来确定财政支出最佳方案,在技术上是不困难的。最困难之处在于如何确定备选方案。因为所提出的备选方案在现实中应是可行的,并能基本一致地实现同一目标,同时还要考虑继起的效应,所以要做到以上几点是很不容易的。因此,现实地运用最低费用选择法,不仅应根据项目费用高低来决定方案的取舍,也要考虑社会、政治心理等非经济因素的连锁反应,在综合分析、全面权衡的基础上选择最优者。

(三)"公共劳务"收费法

财政学中的"公共劳务",是指国家机构为行使职能而开展的各种工作。它包括军事、行政、教育、城市供水、建设维修道路、住宅供应以及邮电等各方面的工作。通过"公共劳务"收费法来提高财政支出的效益,其着眼点不在于选择项目,而在于把商品买卖的原则运用到一部分"公共劳务"的提供与使用中去。通过制定和调整"公共劳务"的价格,使"公共劳务"得到有效、节约的使用,从而达到提高财政支出效益的目的。

一般认为,政府对邮电、公路、自来水、环境卫生、国家住宅、公园、教育、卫生医疗等部门提供的"公共劳务",都可采用定价收费办法管理。政府对"公共劳务"的定价,主要可分为免费或低价、平价、高价三种。

1. 免费或低价的定价政策

免费或低价提供"公共劳务",可以促进对该项"公共劳务"的最大限度地使用,使其社会效益极大化。这种定价政策一般适用于从国家民族整体利益出发,要求在全国范围内普遍实行,但公众可能尚无觉悟去自觉使用的"公共劳务"。较典型的例子就是义务教育和注射疫苗。但是,免费或低价的定价政策可能导致公众对该项"公共劳务"的浪费。例如政府低价提供旅行和运输的公共交通便利,可能使承担公共运输的火车、汽车拥挤不堪;如允许低价进入博物馆,可能使博物馆设施遭到损害并得不到维修。

2. 平价的定价政策

平价的定价政策,可以用合理的收费来弥补该项"公共劳务"的人力、物力耗费,一方面它可为该项公共事业发展提供必要的资金,另一方面又可促使公众对该项"公共劳务"的节约使用。这种定价政策一般适用于从国家民族的利益的角度看,无需特别鼓励使用又不必特别限制使用的"公共劳务"，例如公园、医疗、公路、邮电等。

3. 高价的定价政策

高价的定价政策可以有效地限制"公共劳务"的使用，还可以为财政提供额外的收入。它一般适用于从国家民族利益出发必须限制使用的"公共劳务"。

三、财政支出效益评价体系

(一)评价指标体系设置的基本原则

财政支出效益必须通过评价指标予以体现。科学、完整的评价指标体系是取得正确评价的先决条件，因而在指标体系的设计上应体现完整性、科学性及易操作性等特点。一般而言，评价指标体系的设置要遵循以下几项原则：

1. 3E 原则

经济性(economy)、效率性(efficiency)和有效性(effectiveness)兼顾的原则，即所谓"3E原则"。"3E 原则"是被许多西方国家的实践所证实了的财政支出评价的有效原则，应当结合我国的实际充分借鉴这一原则，使我国的财政支出绩效评价工作一开始就有一个正确的方向和一个高的起点。

2. 针对性与兼容性相结合的原则

评价指标的设置是对财政支出管理关注重点的直接体现，为此，指标设置的选取必须具有较强的针对性，但又要注意指标选取的兼容性，也就是把握好共性指标与个性指标的衔接问题。

3. 定量指标与定性指标相结合和相衔接的原则

定性分析就是对财政支出效益做出判断，而定量分析则是判断的客观依据。定量分析可以使定性分析更加准确、层次分明，因此，在评价工作中应当十分重视定量分析，力求定性分析以定量分析为依据，使评价结果更加客观、合理、准确。但是，如上所述，财政支出项目执行的结果，有的不能用量化标准进行衡量，或者量化标准难以明确显示效益的状况及其执行程度，如公众对项目实施的满意度等，对这类支出项目不必勉强依靠定量分析，而是主要通过深入调查研究做出判断。

4. 工作需要与可操作性相结合的原则

从一项评价工作开展来看，指标设置越细，评价结果越趋于合理，但由于受各种主客观因素的制约，如有些数据无法取得，有些数据受时间限制无法完成等，所以设置具体评价指标以及选取指标的数量还要考虑现实性及可操作性。

(二)评价指标体系设计

由于财政支出效益评价的复杂性，财政支出评价指标的设置必须遵从政府的宏观性方案以及部门既定的工作目标。一个单独的评价指标应该与具体目标的实现相联系，而且通常每个工作目标都应该有相应的评价指标。

根据前面所讲的财政支出效益的内涵和范围，可以考虑设计财政支出规模、结构 项目及部门(单位)效益四个指标体系。在实践中，可根据具体情况建立相应的子指标体系。一般而言，可设置以下指标体系：

1. 规模效益指标体系

$$某类财政支出(分类别支出)占 GDP 的比重 = \frac{当期财政支出(分类别支出)}{当期 GDP} \times 100\%$$

$$某类财政支出(分类别支出)贡献率 = \frac{当期 GDP 的增加值}{当期财政支出(分类别支出)总额} \times 100\%$$

$$某类财政支出(分类别支出)公共物品产出率 = \frac{当期公共物品总额}{当期财政支出(分类别支出)额} \times 100\%$$

2. 结构效益指标体系

$$本级财政支出占本区域财政支出比重 = \frac{当期本级财政支出总额}{当期本区域财政支出总额} \times 100\%$$

$$某类财政支出占财政总支出总额比重 = \frac{当期某类财政支出额}{当期财政总支出总额} \times 100\%$$

$$某项目支出占各类别财政支出总额的比重 = \frac{当期某项目财政支出额}{当期各类别财政支出总额} \times 100\%$$

3. 财政支出项目效益指标体系

$$支出项目的成本收益率 = \frac{期间财政支出项目的经济收益}{期间各项目财政支出总额} \times 100\% \ ;$$

$$财政资源使用成功率 = \frac{财政支出项目成果}{财政项目支出总额} \times 100\%$$

这两个指标仅提供了一种思路，在具体的指标设计中，还需要综合考虑多重因素的影响，如社会经济可持续发展能力、生态环境的保护、社会收入公平分配、区域性经济发展战略等，针对不同支出项目设立相应的评价指标。与此同时，还需要寻找出各有关支出项目的外源性制约因素，以期能提供财政支出效益最大化的模式，建立起科学的支出项目评价指标子系统。

4. 公共部门(单位)效益指标体系

$$履行职能的标准成本率 = \frac{履行某项职能的实际成本}{履行某项职能的标准成本} \times 100\%$$

$$政策目标(计划)完成率 = \frac{政策目标(计划)数量}{政策目标(计划)完成数量} \times 100\%$$

对公共部门(单位)的评价是一项较为复杂的工作，无论是行政管理成本的高低还是政策目标(计划)的完成情况，其影响因素多种多样，且具有不确定性。"标准成本"的制定也只能是一个大致的状况，因而要进行准确的评价，其难度是相当大的。

【本章小·结】

1. 财政支出分类是指根据不同的需要和标准将财政支出进行划分和归类的方法。2007年我国开始采用新的收支分类体系，政府支出功能分类设置一般公共服务、外交、国防、公共安全等大类。财政支出经济分类是按财政支出的经济性质和具体用途所作的一种分类。它们既是两个相对独立的体系，又是两个相互联系的体系，可结合使用。

2. 财政支出规模是指财政支出总量的货币表现，是衡量一个国家或地区政府财政活动规模的一个重要指标。财政支出规模是由多种因素决定的，经济性、政治性、社会性因素都会对其产生重要影响。

3. 财政支出作为政府实现其职能的基本经济手段，它体现着政府的意志和政策，但财政支出结构受到各项客观因素的制约，如政府职能、经济发展水平、财政收入总量、制度变迁等。

4. 财政支出效益的内涵和范围包括三个层次的内容：财政支出的内源性效益、财政支出的部门绩效评价、财政支出的单位绩效评价。

5. 衡量财政支出效益可以采取多种方法，主要包括成本－效益分析法、最低费用选择法和"公共劳务"收费法三种。

【本章关键词】

购买性支出；转移性支出；财政支出增长弹性系数；财政支出增长边际倾向；成本－效益分析法；最低费用选择法；"公共劳务"收费法；财政支出绩效评价

【本章思考题】

1. 试述财政支出规模和结构变化的学说并评价对我国财政实践的适用性。
2. 财政支出按经济性质分类的结果并区分其异同。
3. 试述完善我国财政支出效益的评价方法和评价体系。
4. 试述瓦格纳法则阐述的基本原理。
5. 分析衡量财政支出规模的指标及主要影响因素。
6. 如何优化我国的财政支出结构？
7. 如何建立和完善我国的财政支出绩效评价体系？

【拓展阅读】

请扫码阅读本章拓展阅读材料。

拓展阅读1
中国财政收支情况

拓展阅读2
财政政策：做好"加减乘除"
助力经济稳健前行

拓展阅读3
关于中央预算单位2019年
预算执行管理有关问题的通知
（财库〔2018〕95号）

第三章

财政购买性支出

【教学目标】

1. 了解购买性支出的概念和分类。

2. 了解财政投资性支出的概念、特点。

3. 理解社会消费性支出的概念和内容，熟悉我国一般公共服务支出和国防支出的情况。

4. 理解我国教育支出、科学技术支出和医疗卫生支出的情况。

5. 理解投资性支出的概念、特点及其与一般投资的关系。熟悉我国基础设施投资的基本情况及其改革。熟悉"三农"支出的基本情况、政策内容及其取得的成效、不足和改革。

财政支出可以按照不同的性质进行分类。根据是否获得等价补偿，财政支出可以划分为购买性支出和转移性支出。购买性支出是政府直接在市场上购买物品或劳务所形成的支出，反映了政府在市场的交易活动中对社会资源直接配置和消耗的份额。从其具体内容看，它包括政府用于国防、治安、行政管理、教育、科研、公共保健、环境等方面的消费性支出和用于经济调控的公共投资性支出。转移性支出是指无偿转移支付给家庭或企业的财政支出。例如政府对企业的补贴。从发展历史看，购买性支出的产生要早于转移性支出。随着经济发展和政府活动范围的扩展，财政支出规模不断扩大，购买性支出也保持了稳定增长的势头。本章主要探讨财政支出中的购买性支出。

购买性支出的特点主要表现在以下四个方面：

（1）有偿性。政府是公共事务管理部门，自身不能创造物质产品，政府通过将手中货币付出，从市场上获取实现自身职能所需的物品或劳务。

（2）等价性。等价性是由购买性支出的有偿性决定的。政府购买是一种市场行为。因此政府在市场上购买商品或劳务时，与其他经济主体一样，必须遵循市场的等价交换原则。一定数量的资金必须获得价值量相等的商品或劳务，这是一种资金和商品或劳务的相向运动。

（3）资产性。政府通过购买性支出直接获得等价的商品或劳务，形成满足政府活动需要的物质基础。这样，政府购买的商品和劳务包括劳动力、消费品以及各项生产要素，在很大程度上要首先转化为资产然后再用于满足政府活动的消耗。其中消费性支出形成政府履行其政治职能、社会职能的行政事业性资产；购买生产资料的投资性支出则形成经营性国有资产，构成国有资产的主要部分。

（4）消耗性。在政府购买性支出活动中，付出资金购得的商品或劳务，将在政府职能的履行过程中被逐渐消耗掉。这与生产部门的生产要素的消耗使生产要素的价值转移到新产品中去是完全不同的。而转移性支出也与此不同，政府将资金支付给企业或个人，尽管其后企业和个人也能形成市场需求，但不体现政府直接对社会资源和要素的需求和消耗。

进一步，根据是否会形成资本积累，购买性支出可以划分为社会消费性支出和投资性支出。社会消费性支出是不能形成资本积累的财政支出。从受益来看，社会消费性支出仅能满足消费者的当期的公共需求。例如当年的外交支出仅能维持该国当年的外交活动。第二年要继续开展外交活动，必须继续投入财政资源。投资性支出是可以形成资本积累的财政支出。从受益来看，投资性支出可以满足消费者的长期的公共需求。例如高铁一旦建成，那么可以给沿线乘客带来长期的交通便利。

第一节　社会消费性支出

根据用途的不同，社会消费性支出可以细分为维持性支出和民生性支出。维持性支出是维持政府正常运转的花费；民生性支出是政府提高国民福利的经常性花费。这就像一个工厂要顺利进行生产，首先工厂要正常运转起来，然后才能正常组织生产活动。因此，前者是政府提供公共服务的前提，二者是财政支出活动的根本。

在国家财政支出项目中，属于社会消费性支出的有一般公共服务支出、外交支出、国防支出、公共安全支出、教科文体卫支出等。在不同的国家不同的时期，社会消费性支出的规模也有所不同。自由资本主义时期，强调靠"看不见的手"调节经济，提倡"廉价政府"，因而当时的财政支出主要是经常性支出，而且支出规模小，占GDP的比重较低。随着市场经济的不断发展，国家对经济的干预逐渐强化，也产生了一些新的政府的政治职能和社会职能，相应地社会消费性支出项目不断增加，规模不断扩大。从世界各国的一般发展趋势来看，社会消费性支出的绝对规模总的呈现一种扩张趋势，相对规模在一定发展阶段也是扩张趋势，达到一定规模则相对停滞。当然，其中有些项目增长较快，相对规模在上升；而有些项目增长较慢，相对规模在下降。从一国社会消费性支出的项目构成来看，教科文卫等民生性公共服务支出的比重逐渐提高。

从表3-1可以看出，在我国，教育支出占社会消费性支出的比重最高，除此之外，一般公共服务支出、医疗卫生支出、国防支出、科学技术支出比重也都比较高。

表 3-1　2017 年我国社会消费性支出结构

项目	一般公共服务支出	外交支出	国防支出	公共安全支出	教育支出	科学技术支出	文化体育与传媒支出	医疗卫生支出
规模/亿	16510.36	521.75	10432.37	12461.27	30153.18	7266.98	3391.93	14450.63
占经常性支出比重/%	17.34	0.55	10.96	13.09	31.68	7.63	3.56	15.18
占财政支出比重/%	8.13	0.26	5.14	6.14	14.85	3.58	1.67	7.12

数据来源：http://yss.mof.gov.cn/qgczjs/201807/t20180712_2959592.html

一、维持性支出

(一)维持性支出概述

要保证政府的正常运转，对内要开展基本的行政管理活动，并保障国内环境的安全稳定；对外既要处理好和其他国家的正常交往活动，也要有安全的国家防务网络。所以，从项目内容来看，维持性支出既包括一般公共服务支出、公共安全支出、外交支出和国防支出。其中，一般公共服务支出、公共安全支出和外交支出以前统称为行政管理支出。

具体来看，一般公共服务支出包括用于机关运行等基本公共管理与服务方面的支出和国债利息支出等。公共安全支出反映政府维护社会公共安全方面的支出，包括武装警察、公安、国家安全、检察、法院、司法、监狱、劳教、国家保密以及其他公共安全支出。外交支出主要包括中央外交主管部门的支出、各类驻外机构的支出以及对外援助、对国际组织的缴款等，下设 8 款分别为：外交管理事务、驻外机构、对外援助、国际组织、对外合作与交流、对外宣传、边界勘界联检、其他外交支出。

维持性支出从一国政府正常运转的作用来说，是必需的财政支出。但国家行政部门属于非生产部门，它不直接创造物质财富，因此，维持性支出从经济性质来说，是非生产性支出。这就决定了对于维持性支出，一是政府应当通过财政拨款予以保证；二是在保证政府基本运作的前提下，应厉行节约经费支出。

(二)一般公共服务支出、外交支出、公共安全支出(行政管理支出)

中华人民共和国成立之初，"一五"至"四五"期间，一般公共服务支出、外交支出、公共安全支出即传统意义上的行政管理支出占财政支出比例呈持续下降的趋势，但自改革开放以来，该比重不但没有继续下降或维持原有相对规模，反而出现上升的趋势。一般公共服务等支出在各项支出中增长速度最快，占财政支出的比重持续上升。

自改革开放至 2005 年间，我国财政支出总量增长了 29.24 倍，国内生产总值增长了 49.47 倍，而一般公共服务等支出增长了 122 倍还多。从相对规模来看，一般公共服务等支出占财政支出的比重逐年上升。至 2007 年，包括一般公共服务支出、外交支出和公共安全支出的行政管理支出占财政支出的比重达 24.54%。其中一般公共服务支出占行政管理支出的比重为 30.5%。

近年来,在国家规范"三公"经费等一系列制度安排下,行政管理支出,特别是其中的一般公共服务支出的相对规模都有较大幅度的下降。如表 3 – 2 所示,行政管理支出占财政支出的比重从 2008 年的 22.5% 下降至 2017 年的 14.5%,而一般公共服务支出占行政管理支出的比重也从 2008 年的 29.45% 下降至 2017 年的 17.43%。

表 3 – 2　2008—2017 年行政管理支出基本情况

年份	2008	2009	2010	2011	2012	2013	2014	2015	2016	2017
一般公共服务/亿元	9796	9164	9337	10988	12700	13755	13268	13548	14791	16510
外交/亿元	241	251	269	310	334	356	362	480	482	522
公共安全/亿元	4060	4744	5518	6304	7112	7787	8357	9380	11032	12461
一般公共服务占行政管理支出比重/%	29.45	24.33	21.92	21.01	20.47	20.46	18.56	17.01	17.00	17.43
总计占财政支出比重/%	22.5	18.6	16.8	16.1	16.0	15.6	14.5	13.3	14.0	14.5

注:数据来自历年全国一般公共预算支出决算表。http://yss.mof.gov.cn/zhengwuxinxi/caizhengshuju/.

影响行政管理支出的主要因素主要包括:第一,政府职能。随着我国财政从国家财政向公共财政转变,政府的角色也从统治者转变为公共服务的提供者。在这个过程中,政府必然节约开支,将更多的财政资源配置到其他公共服务领域。第二,机构设置。机构设置越臃肿,行政管理支出也必然越高。2013 年以来,我国启动新一轮的大部制改革,至今政府组成部门已减少至 25 个。第三,行政效率。政府部门的行政效率越高,就越可以使用更少的财政资源办理更多的公共事务。

(三)国防支出

1.国防支出的性质和内容

国防支出即国家防卫支出,是指用于现役部队、国防后备力量、国防动员以及其他国防等方面的支出。我国国防支出是国家机器运行所必需的,用于国防建设、国防科技事业、军队正规化建设和民兵建设、各军兵种和后备部队的经常性开支、专项军事工程及战时的作战经费等方面的军事支出,属于社会消费的非生产性支出。

国防支出的规模与结构集中反映了一个国家的国防战略和政策,透过国防支出占 GDP、占财政支出的比例及国防支出内部的分配与使用结构,可以看出各个国家不同的国力、国策和国防建设的方针政策。为实现国防现代化的目标,就必须根据我国经济发展状况和所面临的国际环境,合理安排国防支出,提高国防费的分配和使用效益。

国防支出受一定技术条件的制约,且与国际国内局势变动密切相关。一般在国际国内局势紧张的情况下，需要的国防支出较多；反之，在国际国内局势缓和时，需要的国防支出较少。可见，国防费用支出在一定的技术经济条件的制约下，是随国际国内局势变动而呈波动性的变化。

2. 国防支出的规模

国防支出对一个国家来说是重要的，但国防支出尤其是现代化高科技的军事装备是一项费用巨大的非生产性支出，过大的国防支出将给经济造成巨大的压力和负担，将会减缓经济发展的能力和速度，直接后果将是无力支撑国防所需的人力、物力和财力，国防建设也难以真正搞好。因此，各国都必须确定适当的国防建设和国防支出规模。

社会公众一直希望能找到若干明确的指标，来衡量国防活动具有的合理规模。当今新兴的国防经济学对相关问题进行了研究，如国防的目的是保卫国家不受侵犯，侵犯的程度或可能的侵犯之敌位于何方，可能动员的侵犯力量有多大，有效遏止这种侵犯所需的军事力量要多大等，这是可以较为准确地估计出来的，且可量化为若干指标，这就为确定国防费奠定了一定的基础。一国可以首先确定所需的军事打击力量规模，为此制定军事措施计划；为执行各个计划项目拟订各种可替代的实施方案，对各个方案的成本效益进行分析比较，选定成本最小而效益最大的方案；最后再根据被选定的方案确定的资金，编制国防支出预算。一般称为"计划—方案—预算"制度，最早由美、英等国在第二次世界大战期间使用，现为各国所普遍运用。

3. 我国国防支出分析

我国始终奉行积极防御性的国防政策，立足于打赢现代技术特别是高技术条件下的局部战争，注重遏制战争的爆发，坚持和发展人民战争思想。我国的国防目标和任务主要包括以下内容：①巩固国防，防备和抵御侵略；②制止分裂，实现祖国完全统一；③制止武装颠覆，维护社会稳定；④维护世界和平，反对侵略扩张。在这种思想指导下，我国政府依据《中华人民共和国国防法》保证国防建设的必要经费，将国防支出全部纳入政府预算安排，实行财政拨款制度，按《中华人民共和国预算法》实施管理，国防支出预、决算由全国人民代表大会审批，由国家和军队的审计机构实施严格的审计和监督。我国国防支出规模及其占财政支出和GDP比重的变化情况如表3-3所示。

表3-3 2008—2017年中国国防支出基本情况

年份	2008	2009	2010	2011	2012	2013	2014	2015	2016	2017
国防支出/亿元	4179	4951	5333	6028	6692	7411	8290	9088	9766	10432
占财政支出比重/%	6.7	6.5	5.9	5.5	5.3	5.3	5.5	5.2	5.2	5.1
占GDP比重/%	1.31	1.42	1.29	1.23	1.24	1.25	1.29	1.32	1.31	1.26

注：数据来自历年全国一般公共预算支出决算表。http://yss.mof.gov.cn/zhengwuxinxi/caizhengshuju/.

从表3-3可以看出，我国国防支出总量是逐年增加，但增长趋势是缓慢的。国防支出占财政支出和GDP的比重的变化比较平缓，国防支出占财政支出的比重近年来呈持续下降趋势，2017年降至5.1%，占GDP比重维持在1.3%左右。近年来我国的国防支出主要用于三个方面：人员生活费、活动维持费和装备费，其构成基本上是各占1/3。

从国际比较来看，根据 2017 年世界银行数据，美国军费占中央财政支出的比重为8.81%，印度为9.07%，而中国这一指标为6.1%。这说明中国国防支出的水平和大国比较并不算高。

二、民生性支出

(一)民生性支出概述

民生性支出是指国家财政用于教育、科学、文化、体育、传媒和医疗卫生等方面以提高国民福利的经费支出。民生性支出一般不具有生产性，因此民生性支出属于经常性支出的范畴。民生性支出是财政支出中十分重要的组成部分。民生性支出的有效配置关系到国家的发展、国民的福利，因此至关重要。本节以教育支出、科学技术支出和医疗卫生支出这三种最典型的民生性支出为例。

从具体项目来看，教育支出包括教育管理事务、普通教育、职业教育、成人教育、广播电视教育、留学教育、特殊教育等教育类公共服务。科学技术支出主要涉及科学技术管理事务、基础研究、应用研究、技术研究与开发、科技条件与服务、社会科学、科学技术普及、科技交流与合作、科技重大项目等科技类公共服务。医疗卫生支出主要涵盖医疗卫生管理事务、公立医院、基层医疗卫生机构、公共卫生、中医药、食品药品监督管理、行政事业单位医疗、财政对基本医疗保险基金的补助、医疗救助、优抚对象医疗等医疗类公共服务。

从属性上看，第一，教育、科学技术和医疗卫生支出属于非生产性支出。但是教育、科学技术和医疗卫生支出具有部分生产性质。第二，从动态和绝对意义上说，教育、科学技术和医疗卫生事业的发展，将不断提高劳动者、劳动工具和劳动对象的素质，并改善三者的结合方式。随着经济社会的不断发展，教育、科学技术和医疗卫生支出，对物质生产的贡献将越来越大。因而这三类支出所占比例也应该越来越高。

(二)教育支出

1. 教育支出的提供方式

教育作为一种社会共同需要，可以提高社会的科技文化的整体水平，全社会可以整体受益。但它毕竟与人们对国防的需要有所不同：对国防的需要只能由政府予以满足，而对教育的需要也可以由私人予以满足。这就是说，教育可以由微观主体提供兴办，需要接受教育的人可以花钱"买"到这种服务。更重要的是，国防所提供的利益是被全体社会成员无差别地享受到的，而教育提供的利益则是内在化和私人化的，一个人受到教育，就会减少另外一个人的受教育机会，而教育所提供的利益——找到较好的职业，享受较高的收入，则基本上由受教育者自己占有。所以，"教育这种需要实质上是介于社会公共需要和个人需要之间的准公共需要"。因此，在国家财力不足、广大社会成员的收入水平日益提高的情况下，全社会用于教育的经费，应该由政府和享受教育的人们共同分担。

2. 我国教育支出分析

从人类教育的发展看，进入近代社会后，随着教育与社会经济发展联系的日益加强，教育已从社会成员的个别行为转变成为一种国家行为，而在现代社会，尤其是面向知识经济时代，教育事业在绝大多数国家中都被列为优先发展对象，成为公共财政支出的最重要的部分之一。我国教育经费来源构成的基本特征，仍以政府投入为主，国家财政性教育经费占全部教育经费的 60% 以上，占 GDP 的比重 1995 年为 2.3%，2012 年首次突破 4%，实现了《中国教育改革和发展纲要》中提出的逐步将财政性教育经费支出占 GDP 的比重提高到 4% 的目标。此后一直稳定在 4% 以上，2017 年为 4.14%，2018 年为 4.119，连续 7 年保持在 4% 以上。除政府投入外，目前已经形成政府投入、社会团体和公民个人办学、社会捐资和集资办学、收取学费和杂费及其他经费等多种形式、多元化的教育资金来源。

表 3－4 反映了我国近十年全国一般公共预算教育支出的基本情况。从总量上看，我国教育支出从 2008 年的 9010 亿元提高到 2017 年 30153 亿元。从相对规模看，我国教育支出占财政支出的比重近年保持在 15% 左右的水平，占 CDP 的比重略微增加至 2017 年的 3.65%。

表 3－4　2008—2017 年全国一般公共预算教育支出基本情况

年份	2008	2009	2010	2011	2012	2013	2014	2015	2016	2017
教育支出/亿元	9010	10431	12550	16497	21242	22002	23042	26272	28073	30153
占财政支出比重/%	14.4	13.7	14.0	15.1	16.9	15.7	15.2	14.9	15.0	14.8
占 GDP 比重/%	2.82	2.99	3.04	3.37	3.93	3.70	3.58	3.81	3.77	3.65

注：数据来自历年全国一般公共预算支出决算表。http://yss.mof.gov.cn/zhengwuxinxi/caizhengshuju/.

从国际比较来看，根据世界银行的数据，2014 年教育支出占财政支出的比重在美国是 13.45%，英国是 13.66%，瑞典是 15.2%，澳大利亚是 13.88%，巴西是 15.72%，印度尼西亚是 17.68%，法国是 9.66%。而同期我国教育占财政支出的比重是 15.2%，这说明我国教育支出水平和国际平均水平相差不大。但若按在校学生人均教育经费来比较，差距可能会拉大。

(三)科学技术支出

1. 科技支出的提供方式

科学研究是可以由个人或某一集体去完成的，一般来说，科学研究的成果也可以有偿转让。但由于一部分科学研究的成本与运用科研成果所获得的利益不易通过市场交换对称起来。所以，用于此类科学研究(主要是基础性研究)的经费应由政府承担，而那些可以通过市场交换来充分弥补成本的科学研究(主要是应用性研究)则可由微观主体承担。

公共财政拨款的科技支出，只是财政科技投入的一条渠道，财政还通过科技三项费用、税收优惠和财政补贴等多种渠道，支持科学技术的发展。除了财政支出的方式，国家还以财政为担保，通过科技金融的形式，为企业的技术进步提供金融授信，促进企业的科技发展。

2. 我国科技支出分析

从表 3－5 可以看出，我国科技支出的总量不断增加，从 2008 年的 2129 亿元，提高到 2017 年的 7267 亿元。相对来看，我国财政用于科学研究的支出及其占 GDP 比重基本上逐年有略微提高，同时还通过科技三项费用、税收优惠和财政补贴等多种渠道，鼓励和带动民间的科技投入。但科技支出占财政支出的比重基本维持在 3.3% 的水平。

表 3 - 5　2008—2017 年中国科学技术支出基本情况

年份	2008	2009	2010	2011	2012	2013	2014	2015	2016	2017
科学技术支出/亿元	2129	2745	3250	3828	4453	5084	5314	5863	6564	7267
占财政支出比重/%	3.4	3.6	3.6	3.5	3.5	3.6	3.5	3.3	3.5	3.6
占 GDP 比重/%	0.67	0.79	0.79	0.78	0.82	0.85	0.83	0.85	0.88	0.88

注：数据来自历年财政部全国一般公共预算支出决算表。http://www.mof.gov.cn/zhengwuxinxi/caizhengshuju/.

从一个国家的全部研发支出来看，当今世界经济发达国家科技投入占 GDP 的比重都比较高，一般在 2%～3% 的水平。如 2015 年美国的研发支出占 GDP 的比重为 2.79%，德国为 2.88%。而一些发展中国家比例偏低。如俄罗斯的研发支出占 GDP 的比重为 1.13%，而印度则只有 0.63%。同期，我国研发支出占 GDP 的比重为 2.01%，说明我国社会对科技发展的重视。但若人均看，则与发达国家的差距进一步拉大。科技投入匮乏导致的突出问题是科技设施、设备等公共科技平台建设水平严重落后于先进国家，科技人员流失严重，创新教育不足。今后继续增加科技投入并加大鼓励企业增加科技投入的财政政策的力度，仍是财政政策一个重要的方向。

（四）医疗卫生支出

1. 医疗卫生支出的提供方式

医疗卫生支出由医疗和卫生两个部分组成。其中医疗服务可以进入市场交换，其利益是私人化的，因此医疗服务并不必然要求政府出资提供。而公共卫生服务与之不同，私人不可能也不愿意提供，这项服务也不可能进入市场交换，其利益由全社会公众共同享受，所以，公共卫生服务应由政府出资提供。

2. 我国医疗支出分析

如表 3-6 所示，我国医疗卫生支出的发展呈现出以下特点：第一，医疗卫生支出的总量不断增加，从 2008 年的 2757 亿元，提高到 2017 年的 14450 亿元。第二，医疗卫生支出占 GDP 和财政支出的比重近年也有所提高，但比重仍然偏低。第三，资金使用不尽合理。我国对医疗机构给予大量补贴，而防疫经费却十分短缺，在政府预算中，用于紧急救治的资金几乎为零，许多地方政府还没有认识到这是公共医疗卫生的一项职能，2003 年春季爆发的 SARS 造成的恐慌就是最好的例证。第四，卫生支出不合理。我国公共卫生资源 80% 集中在城市，其中 2/3 集中在大医院。

表 3 - 6　2008—2017 年中国医疗卫生支出基本情况

年份	2008	2009	2010	2011	2012	2013	2014	2015	2016	2017
医疗卫生支出/亿元	2757	3994	4804	6430	7245	8280	10176	11953	13159	14450
占财政支出比重/%	4.4	5.2	5.3	5.9	5.8	5.9	6.7	6.8	7.0	7.1
占 GDP 比重/%	0.86	1.14	1.16	1.31	1.34	1.39	1.58	1.73	1.77	1.75

注：数据来自历年财政部《全国一般公共预算支出决算表》。http://www.mof.gov.cn/zhengwuxinxi/caizhengshuju/.

从国际比较来看，2014 年国家全部医疗投入占 GDP 的比重在美国是 17.1%，瑞典是 11.9%，法国是 11.5%，德国是 11.3%，巴西为 11.1%，日本为 10.2%，俄罗斯为 7.1%，而中国仅 5.5%。这说明我国医疗投入存在明显的短板。

第二节　投资性支出

一、投资性支出概述

(一)投资性支出的涵义

经济增长在很大程度上依赖于社会总投资的增加，而社会总投资又分为政府投资和非政府投资两部分。政府投资即财政投资，是指以政府为主体，将其从社会产品或国民收入中筹集起来的财政资金用于国民经济诸部门的一种集中性、政策性投资；非政府投资即私人投资，是指以个人和企业等为主体的投资。

由于社会经济制度和经济发展阶段的不同，这两部分投资在社会总投资中所占的比重有相当大的差异。一般来说，在实行市场经济体制的国家，市场是资源配置的主要方式，非政府部门投资在社会投资总额中所占比重较大；在实行计划经济体制的国家，计划是资源配置的主要方式，政府部门投资所占比重较大。从经济发展状况来看，在发达国家中政府投资所占的比重较小，在发展中国家中政府投资所占的比重较大。

(二)投资性支出的特点

考察政府投资或财政投资的特点，不能只从它的内涵来看，还必须从它与私人投资的联系与区别来看。财政投资是以政府为主体的投资，而私人投资则是以个人、企业和银行等为主体的投资。财政投资与私人投资的区别，主要表现在以下几个方面：

1.投资领域不同

在市场经济条件下，私人投资是以追求利润最大化为目标，其投资方向一般是收效快、期限短、盈利大的产业和产品。而财政投资是以一定时期的社会经济发展战略目标考虑投资的产业和方向，一般是私人不愿意投资的，风险大、盈利小而经济发展又非常需要的产业及经济发展中比较薄弱的重点工业和新兴产业。

2.资金来源不同

财政投资的资金来源主要是通过国家参与 GDP 的再分配，是以政治权力筹集财政收入，如税收收入。除此之外，财政投资的一个重要的资金来源还包括政府发行的国债。而私人投资的资金来源主要是自身创造的一部分利润，以及通过银行贷款、发行企业债券和股票等方式筹集的一部分社会资金。

3.使用规模不同

财政投资一般是大规模的集中性投资。而私人投资无论其资金来源和筹资手段如何多样化，都要受自身收入水平和偿债能力等的限制，这就决定了它们的投资是分散的，在投资规模上无法与财政投资相比拟。

4.投资方式不同

财政投资是以政府为主体提供资金的投资，是一种决策性的、把握大方向的投资，财政投资不可能像私人投资那样亲自参与投资的全过程。而私人投资则参与投资的全过程，直接承担投资的决策风险和施工、经营风险。

（三）投资性支出的必要性

财政投资之所以是社会总投资中不可或缺的一个有机组成部分，占有不可替代的重要地位，主要是由以下三方面的原因和需要所决定的：一是财政投资是克服市场在资金配置中所存在的某些失灵表现的必要手段。在那些外部效应明显、投资数额大、周期长、回收慢、无盈利或低盈利的领域或投资项目上，政府投资的不可替代性就表现得更加突出。二是政府投资是进行宏观调控、优化资源配置、促进国民经济持续协调发展的重要举措，其最为明显的就是通过政府投资的方向选择，加强国民经济的薄弱环节，及时克服经济中的某些瓶颈制约，来达到促进资源优化配置和经济协调发展的目的。同时，政府还可以通过参股、持股、控股等形式，引导全社会的投资流量和流向，以达到国家的宏观调控目标。三是政府投资是提高国民经济整体素质、促进社会全面进步的重要推动力量。在现代市场经济和科技进步条件下，政府对教育、科研、文化、卫生等方面的投资是提高国民经济整体素质、推动科技进步、提高经济增长质量和效率、促进社会全面进步的重要推动力量。

（四）投资性支出的主体

在我国，政府作为投资主体之一，是社会主义市场经济客观要求决定的。首先，一些投资项目靠市场机制作用是不能完成的，例如江河的治理、国防设施建设、监狱建设等都要由政府直接投资。其次，市场机制作用于投资也可能产生某些经济方面的消极作用，可能导致投资规模失控和结构失衡，需要政府通过自身的投资加以调节和引导。再次，有些投资项目市场机制是可以对其发生作用的，但由于该项目特殊条件的限制，不宜引入市场机制，例如政府要投资垄断对某些稀缺资源的开采。

我国现行政府投资主体是由中央政府投资主体和地方政府投资主体组成，它们作为投资主体各自具有以下的职能和任务：

1.政府投资主体的职能和任务

政府投资主体的主要职能是投资兴建基础性建设项目和公益性建设项目。一般而言，基础性建设项目的投资周期长，所需投入的资金数量大，靠单个企业投资主体难以完成；而公益性建设项目一般建成后无盈利或盈利很少，属社会公共投资项目。因此，这两类建设项目主要靠政府投资，同时也应加强企业在此类投资项目中的责任。

在今后一段时期内，适应社会主义市场经济体制的要求，政府投资主体具有以下具体任务：①政府应主要负责兴建社会公用基础设施、部分重大基础工业项目等方面的投资。这方面投资涉及的具体部门和产业主要包括：铁路、公路、航运、民航、港口、邮电通信、电力能源等部门和产业。②政府应负责公用事业和公共部门的建设投资。该项政府投资涉及江河防洪排涝治理、环境保护、城镇给排水、煤气热力供应、国土整治和防护林工程等公用事业和企业，教育、科技、文化、卫生、体育等公用事业的基础设施建设，以及国防行政、公安司法等政府公共部门的设施建设都应由政府投资。③政府应进行航天、微电子、生物工程等高新技术产业开发的投资。高新技术产业开发投资一般投资风险较高，投入较多，时间较长，所以多由政府投资。但高新技术的开发决定我国科技发展的总体水平，可能带来巨大的社会经济效益，因此政府必须重视对开发高新技术的投入。④政府要投资兴建涉及生产力整体布局和区域开发的重大项目。这些项目需要投入巨额资金，具有极大的投资风险，但投资效益关系到全国经济均衡发展和社会的稳定，所以这类投资只能由政府承担。

需要指出的是，政府投资范围随着社会政治、经济的变化而不断变化。随着社会主义市场经济体制的建立和完善，随着企业经营机制的转变，企业投资外部环境的变化和各类资本要素市场的发育成熟，企业投资的范围会呈现逐步扩大的趋势。相应地，政府投资范围会有所缩小，但政府作为一个投资主体是不会消失的。这种变化趋势在我国向社会主义市场经济转轨时期表现得更为突出。合理界定政府投资的范围及各级政府投资的分工，对于规范市场经济条件下政府、企业、个人等投资主体的行为具有重要意义。

在政府投资范围内，中央政府和地方政府基本按行政区域划分来进行分工，中央政府投资主体负责全国性建设项目和公益性建设项目，地方政府投资主体负责本地区的基础性建设项目和公益性建设项目。

2.中央政府投资主体的职能和任务

兴建全国性基础建设项目和公益建设项目，是中央政府投资主体的职能。在社会主义市场经济体制中，中央投资是国家发挥宏观调控的重要手段。随着经济体制及投资体制改革的深化，应不断改进和巩固中央投资主体的地位和作用。

根据中央政府投资的具体实践，它承担着以下几项任务：①中央政府应投资兴建全国性重大基础设施、高新技术产业以及涉及生产力布局和区域开发的重大项目。这类投资具体应包括全国性能源、交通、原材料等基础产业项目的投资，国民经济主导产业项目的投资，重点出口创汇基地及农业粮食生产基地的投资，航天、微电子、生物工程等高新技术产业项目的投资等。这些项目需跨地区投资，服务于全国，关系国民经济全局，应由中央政府从国家整体利益出发直接投资。同时，中央通过这类投资可以掌握国民经济中关系国计民生的重要产业部门，增强国家稳定经济和投资大局的实力。这些重大项目的投资一般具有投资额大、风险高的特点，地方政府、企业、银行等投资主体受资金的限制，一般无法进行这类投资活动。②中央政府应进行全国性的科学、文化、教育、卫生、社会福利等重大项目的建设投资。这类投资项目属于社会公益性项目，一般都是不盈利的，但它们标志着一国社会文明发展的水平。随着社会生产力的发展和人民物质生活水平的提高，相应地提高精神文明建设的基础设施投资也要增加。中央政府需要承担全国性的、重点的以及跨地区项目的建设投资，例如国家重点大学投资、全国环境监制中心的投资等。③中央政府要承担国防设施建设投资。国防建设是保障我国生产建设顺利进行和人民生活安定的必要条件，是中央政府投资的主要任务。

3.地方政府投资主体的职能和任务

投资兴建本地区市政工程、基础设施以及公益性项目是地方政府投资主体的职能。地方各级人民政府是国家政权机构的组成部分，它们具有领导和组织经济建设的职能，担负着本地区经济建设和社会发展的主要任务。地方政府既要在政治上和经济上服从中央政府的管辖和指导，又要以本地区的社会政治、经济进行管理。它们既要完成国家及上级政府为其规定的各项行政和经济任务，又要指导本地区下级政府完成其应承担的社会经济发展任务。因此，地方政府投资主体的职能一般应主要是创造一个良好的投资环境和加强对本地区投资的管理。在现阶段，不少地方政府投资主体却片面地把投资重点放在一般竞争性的加工生产方面。造成这种现象主要是政治和经济两个方面的原因：一是把某一地区经济发展速度及产值的提高作为评价该地方政府政绩的主要标准；二是原财政包干体制对地方政府的经济投资行为起了扭曲的推动作用。

在社会主义市场经济体制下，地方政府投资主体的主要任务包括以下几个方面：①地方政府应投资兴建城乡基础设施。城乡基础设施主要包括城乡水源及给排水设施、能源供应设施、道路公共交通设施、邮电通讯设施、环境保护卫生设施等。这类公用基础设施工程一般投资数量大、盈利小或者无盈利，但这类基础设施对于保证本地区城乡居民的生活质量和生产建设的顺利进行是必不可少的。②投资兴建地方性的科学、教育、文化等公用事业设施和地方行政设施。地方性的文化教育事业和地方行政活动对于地方的经济、社会发展起着重要的促进作用，但这些地方公益性和行政性的建设项目一般是非生产性的、非盈利性的，因此它应属于地方政府投资主体的投资范围。③地方政府可投资建设某些市场不愿兴办但又是人民生活必需的第三产业项目。第三产业一般应由企业投资兴办，但由于某些必要的社会消费服务项目国家定价较低、盈利较少，地方政府为了本地区社会环境的安定，可参与第三产业某些项目的投资活动。不过随着价格体系的完善，政府一般不应再向这类产业投资。

二、基础设施投资

(一)基础设施投资概述

1.基础设施投资的概念

基础设施是支撑一国经济运行的基础部门，它决定着工业、农业、商业等直接生产活动的发展水平。一国的基础设施越发达，该国的国民经济运行就越顺畅、越有效，人民的生活也就越便利，生活质量相对来说也就越高。经济学界对基础设施的概念还没有统一的认识，发展经济学在讨论基础设施时，一般使用"infrastructure"和"social overhead capital"两个英文词，中文译名是"社会分摊资本"和"社会先行资本"。

基础设施的内涵有广义和狭义之分。狭义的基础设施，是指经济社会活动的公共设施，主要包括交通运输、通信、水利、供电、机场、港口、桥梁和城市供水等。广义的基础设施，还包括提供无形产品或服务的科学、文化、教育、卫生等部门。这里讨论的是狭义的基础设施，而狭义的基础设施是财政(政府)投资的主要领域。

从整个社会生产过程来看，基础设施为整个生产过程提供"共同生产条件"，具有公用性、非独占性和不可分性，这些特性决定了它具有"公共物品"的一般特征。

基础设施特别是大型基础设施，大都属于资本密集型行业，需要大量的资本投入，而且它们的建设周期比较长，投资后形成市场能力和回收投资的时间往往需要若干年，这些特点决定了大型的基础设施很难由个别企业的独立投资来完成，尤其在经济发展的初期阶段，没有政府的强有力支持，很难有效地推动基础设施的发展。在经济发展过程中各国政府对基础设施实行强有力的干预政策，不过干预的程度在发展的不同阶段有较大的差别。由于经济发达的国家经历了工业化的发展过程，基础设施已有了相当的基础，因而政府的干预程度相对较弱。而经济欠发达国家在经济增长过程中常常经受基础"瓶颈"的困扰，由于民间经济的财力有限，政府只能通过财政集中动员一部分资源，以加快基础"瓶颈"部门的发展。实际上，发展中国家的财政，除具有一般弥补"市场失灵"的作用外，还部分地充当着社会资本原始积累的角色。在我国经济发展过程中，长时间内存在着结构性矛盾，基础设施的短缺长期成为社会经济发展的主要制约因素。随着经济的快速增长，比如能源特别是电力供应长期不足，供给增长滞后于 GDP 的增长，"瓶颈"作用曾经十分突出，至今仍然存在。1998 年我国实施积极财政政策，主要通过增发国债，重点用于大江大河治理、农林水利、交通通信、环境保护、城乡电网改造、粮食仓库和城市公用事业等基础设施建设，公共基础设施的滞后状态已大有改观。

2.基础设施投资与一般投资的关系

基础设施投资和一般投资的关系可以一分为二地看。一方面，基础设施投资具有拉动一般投资的"挤入效应"。基础设施是处在"上游"的产业部门，基础设施投资是一种"社会先行资本"。它所提供的产品和服务构成其他部门（也包括本部门）必需的投入品和服务，如供电、供水、道路和交通等。一般来说，基础设施的感应度强，感应度系数较高。感应度系数是反映当各个部门平均增加一个单位最终产品时，某一个部门由此而受到的需求感应程度，即需要该部门为其他部门的生产而提供的产值量。基础设施在产业链中属于这样一类产业，即当基础产业、加工工业和服务业发展时，一般要求适度加大基础设施投资，要求基础设施的适度超前发展。另一方面，基础设施投资也具有排挤一般投资的"挤出效应"。无论是基础设施投资还是一般投资都需要向社会资本融资。然而社会资本是有限的。因此，如果在某一时期，基础设施投资增加，那么社会资本的需求也会相应提高，因此会引起社会资本的价格——利率的上升。利率上升意味着一般投资获得社会资本的代价也相应提高，因此部分一般投资会退出市场。

综上所述，基础设施投资和一般投资的关系取决于"挤入效应"和"挤出效应"的权衡。例如，在一国经济发展初期，基础设施落后限制了一般投资的发展，此时基础设施的"挤入效应"会比较明显。再如，如果政府在扩大基础设施投资的同时，货币当局也相应增加货币供给补充社会资本，那么基础设施投资的"挤出效应"会减小，但其代价可能是引起社会的通货膨胀。

（二）我国基础设施投资分析

中华人民共和国成立以来，我国政府投资对社会基础设施重视不够，导致我国社会基础设施长期处于"瓶颈"状态，制约了国民经济协调和稳定的增长。在 20 世纪末，这种倾向得到重视并逐步扭转。

表 3 - 7 大概反映了 1995—2017 年我国基础设施投资的发展情况。可以发现，无论是国家预算资金占全社会固定资产投资的比例，还是国家预算资金占 GDP 比重都呈现出较快的发展趋势，这说明了我国政府对近年基础设施投资的重视。从现实情况来看，近年来高速公路网络完善、农网改造、高铁建设都反映了这一趋势。

表 3 – 7　1995—2017 年中国全社会固定资产投资资金来源构成　　　　单位：%

年份	国家预算内资金比例	国内贷款比例	利用外资比例	自筹资金比例	其他资金比例
1995	3.03	20.46	11.19	51.88	13.45
2000	6.37	20.32	5.12	49.28	18.91
2005	4.39	17.25	4.21	58.26	15.89
2006	3.93	16.47	3.64	59.75	16.21
2007	3.88	15.28	3.40	60.59	16.84
2008	4.35	14.46	2.90	64.79	13.50
2009	5.07	15.71	1.85	61.35	16.03
2010	4.55	15.40	1.65	62.55	15.85
2011	4.29	13.39	1.46	66.29	14.56
2012	4.63	12.59	1.09	67.81	13.88
2013	4.54	12.09	0.88	68.00	14.50
2014	4.92	12.00	0.75	69.87	12.46
2015	5.29	10.45	0.49	71.00	12.76
2016	5.87	10.89	0.37	67.08	15.79
2017	6.06	11.33	0.34	65.33	16.59

注：①数据来源：国家统计局. 中国统计年鉴 2017［EB/OL］. http://www.stats.gov.cn/tjsj/ndsj/。②官方无专门的基础设施政府投资的项目，而是在全社会固定资产投资中以"国家预算"资金的形式体现。

（三）基础设施投资的改革

随着经济的发展，在实践中出现了越来越多的非国有经济参与到基础设施建设中来的形式，基础设施的建设正由过去主要依靠政府投资积极向多元化投资转变。这种政府和社会资本共同合作建设、运营基础设施项目的模式，即 PPP 模式（Public-Private Partnership）、BOT 方式（built-operate-transfer）、TOT 方式（transfer-operate-transfer）和 ABS 方式（asset-backed securitization）。

PPP 模式是指政府与社会资本为提供公共产品或服务，所建立的"全过程"合作关系。其特征是授予特许经营权、利益共享和风险共担，通过引入市场竞争和激励约束机制，以提高公共产品或服务的质量和供给效率。以北京为例，地铁四号线、鸟巢都是 PPP 模式。PPP 模式有广义和狭义之分：广义 PPP 指公共部门与私人部门为提供公共产品或服务而建立的各种合作关系，分为外包、特许经营、私有化三大类；狭义 PPP 可以理解为一系列项目融资模式的总称，包含 BOT、TOT、PFI（民间主动融资）等多种模式。

BOT 方式是指由政府与私人资本签订项目特许经营协议，授权签约方的私人企业承担该基础设施的融资、建设和经营。在协议规定的特许期内，项目公司向基础设施的使用者收取费用，用于收回投资成本，并取得合理的收益。特许期结束后，该项目无偿转让给政府。我国首个 BOT 项目是 1984 年深圳沙角 B 电厂的建设，现已结束经营期并正式移交中方。目前，BOT 方式在我国城市污水处理系统和电厂建设等方面有较为广泛的应用，如北京经济技术开发区污水处理厂和广西来宾 B 电厂的项目建设和运营。

TOT 方式是指通过出售现有投产项目在一定期限内的产权以获得资金来建设新项目的一种融资方式。通常由委托方(政府)把已经投产运营的项目在一定期限内的特许经营权交给委托方(外商或私人企业)，委托方凭借所移交的基础设施项目的未来若干年的收益(现金流量)，一次性地从被委托方那里融到一笔资金，再将这笔资金用于新基础设施项目的建设。经营期满后，被委托方再将项目移交给委托方。山东省交通投资开发公司曾在 1994 年将烟台到威海路段的全封闭四车道一级汽车专用公路的 30 年经营权让给某外资公司，一次性融得了 12 亿元的资金，这笔资金又被用来继续进行公路等其他基础设施的投资。

ABS 方式即以资产为支持的证券化，它是以项目所属的资产为基础，以该项目资产所能带来的预期收益为保证，通过在资本市场上发行高档证券来募集资金的一种项目融资方式，它一般需要银行及证券公司的合作。目前，资产证券化方式在我国仍处于试点阶段。较典型的案例是 1996 年珠海高速公路的资产证券化融资。珠海市人民政府通过在开曼群岛注册的珠海市高速公路有限公司，以当地机动车的管理费以及外地过境机动车所缴纳的过路费作为支持，发行了总额为 2 亿美元的债券，用于广州到珠海的铁路及高速公路建设。

通过不同的方式引入民营资本到基础设施的投资建设中来，财政基本建设投资的比例开始由总量控制转向结构调整、资金引导和政策管理相结合的新模式。财政投资正逐步退出了经营性和竞争性领域，加大对基础性项目和公益性项目的投资，重点支持农、林、水、能源、交通、通信、原材料、高科技等国民经济重点行业。

近年来我国积极在基础设施领域积极发展 PPP 模式。据财政部统计，截至 2018 年 12 月末，全国政府和社会资本合作(PPP)综合信息平台管理库项目累计 8654 个、投资额 13.2 万亿元。行业方面，管理库累计项目总数前三位是市政工程、交通运输、生态建设和环境保护；累计投资额前三位是市政工程、交通运输、城镇综合开发。

三、"三农"支出

(一)"三农"支出的特点

1."三农"支出的一般特点

财政对"三农"的支出(也称为投入，下同)，既具有一般性，也具有我国的特殊性。在市场经济体制下，财政是履行政府弥补"市场失灵"的功能，提供那些市场不能满足的具有"外部效应"的公共物品和公共服务，对"三农"的支出也是如此，而且任何国家都是如此。这是财政对"三农"投入的一般特点。

对农业和农村来说，政府主要是提供以农田水利为核心的基础设施和农民急需的生活设施建设、农业科研和科技推广、环境保护、义务教育、技能培训、公共卫生和社会保障等。应当明确，政府对农业和农村投资的必要性，从根本上说，并不在于农业部门生产率较低下，自身难以产生足够的积累，而在于这类农业投入只适于由政府来提供，或理应由政府来提供。如大江大河的治理、大型水库和各种灌溉工程等，其特点是投资额大，投资期限长，牵涉面广，投资以后产生的效益不易分割，而且投资的成本及其效益之间的关系不十分明显。由于具有上述特点，农业固定资产投资不可能由分散的农户独立进行。在理论上，似乎存在着一种按"谁受益，谁投资"的原则来组织农户集资投资的可能，但由于衡量农户的受益程度十分困难，集资安排多半很难贯彻。对于此类大型固定资产投资项目来说，按地区来度量受益程度，从而分地区来负担项目费用似乎是可以做到的，但在这种安排下，地区应负担的费用多半要由地方财政来安排，而这在概念上就已属于政府投资了。又如农业科研活动和推广农业技术进步，也具有同样的特点。改造传统农业的关键在于引进新的农业生产要素，而新的农业生产要素必须来自农业科研活动，科研成果应用于农业生产必须经过推广的程序，为了使农户接受新的生产要素，还需要对农户进行宣传、教育和培训。为完成这一系列任务，需要筹集大批资金。在这里，我们遇到了一种典型的"外部效应"的案例。一项科研成果的推出，将会使全部运用这项成果的农户受益，但从事这项科研活动的单位却无论如何不可能将这项科研成果所产生的全部收益据为己有。农业科研单位的研究成果所产生的利益是"外溢"的，但是，进行这项科研活动所需的一切费用却只能由科研单位自己承担。不仅如此，科研活动可能失败，研究所需的时间可能经年累月。简言之，科研活动存在着风险，而这些风险也只能由科研单位独力承担。

这里不必列适于由财政进行的农业投资的详细清单，但是，基本原则却是可以确定的。可以说，凡是具有"外部效应"的牵涉面广、规模巨大的农业投资，原则上都应由政府承担。

2.我国"三农"支出的特殊性

首先，我国当前农业生产率和收益率低下，自身难以产生满足自身发展的积累。农业是一个特殊的生产部门。一方面，农产品的生产和供应受气候条件及其他诸多条件的影响，不仅波动大，而且具有明显的周期性。另一方面，农产品的需求弹性较小，需求是相对稳定的。以相对稳定的需求和不规则波动的供给为特点的农产品供求关系，会使农业部门的生产条件经常处于不稳定状态，而这种不稳定很难依靠自身的力量通过市场加以克服，进而又会强烈地冲击国民经济的正常运行。所以，为了稳定农业，并进一步稳定整个国民经济，政府必须广泛介入农业部门的生产和销售活动，将农业部门的发展置于政府的高度关注之下。

农业发展的根本途径是提高农业生产率，提高农业生产率的必要条件之一是增加对农业的投入，因而安排好农业投入的资金来源是一个必须解决的重要问题。在社会主义市场经济条件下，从长远看，农业投入的资金应当主要来自农业部门和农户自身的积累，国家投资只应发挥辅助作用。但要使农业部门和农户自身的积累成为农业投入的主要资金来源，有两个条件是必不可少的：一是农产品的销售收入必须高于农业生产的投入成本，否则，农业部门的积累就无从产生；二是农业投资的收益率必须高于、至少不低于全社会平均的投资收益率，否则，农业部门即便产生了利润也不会向农业投资转化，社会资本也不会转向农业投资。在这两个条件中，第一个条件是根本的，因为，农产品的销售收入高于农业生产的投入成本是保证农业投资收益率达到较高水平的基本条件。在我国当前农业劳动生产率、价格体系和国民收入分配格局下，上述两个条件都是得不到满足的。在这种情况下，如果政府不进行足够的投入，要加快农业和农村的发展几乎是不可能的。从理论上说，金融机构贷款也可以成为农业投资的资金来源，但是，借款是要还本付息的。在农业投资盈利率较低的情况下，不可能将大量信用资金投放于农业部门。除非政府给金融机构的农业贷款以财政补贴，或者专门成立以农业部门为贷款对象的政策性金融机构，否则农业部门难以得到金融部门的支持。但是，如若这样做，仍需要国家财政拿出资金。

其次，我国已进入以工促农、以城带乡的发展阶段。从长远来看，工业与农业、城市与乡村协调发展是建立国民经济长期稳定快速增长机制的必由之路。二元结构理论和两部门模型说明，我国当前正处于工业化的中级阶段，也是二元结构转变为一元结构的关键阶段，只有实现了这个阶段的飞跃，整个经济才可能保持当前高速的增长势头，避免徘徊和波动，形成长期稳定快速增长的机制。我国由于各种特殊原因，这个阶段的转变，与其他国家比较而言，将更为困难，更为艰巨。这是因为：我国在过去的工业化过程中虽然吸收了一部分农村剩余劳动力，但由于农村人口增长过快，而且由于在城乡之间实行不同的户籍制度、社会保障制度以及各种社会福利制度，形成了劳动力转移的樊篱，加大了农村剩余劳动力转移的难度；在过去工业化过程中曾通过工农产品价格剪刀差从农村吸取资金，而且由于人口增长过快，农业收益递减加重，农民收入增长过慢，形成城乡收入差距的扩大；改革开放后，城市面貌大为改观，而农村的基础设施、教育、卫生医疗、社会保障等方面的发展严重滞后等。建设社会主义新农村，协调城乡发展，是构建和谐社会的重中之重，是一项巨大的系统工程，不可能以农民为主导通过市场机制来实现，只能由政府发挥主导作用。既然是政府起主导作用，自然也就是财政在其中起主导作用。

（二）我国"三农"支出分析

1. 我国农业支出情况

表 3 - 8 反映了我国近十年财政支出中"农、林、水"支出的基本情况。从表中可以看出，在绝对量规模上，农、林、水支出不断增长。从相对规模看，农、林、水支出占财政支出的比重从 2008 年的 7.26% 增长至 2017 年的 9.4%。除此之外，还有大量农业支出分散在其他财政支出类别中。这可以基本看出我国对"三农"发展的重视。

表 3 - 8　2008—2017 年公共财政中"农、林、水"事务支出基本情况

年份	2008	2009	2010	2011	2012	2013	2014	2015	2016	2017
农林水事务支出/亿元	4544	6720	8130	9938	11974	13350	14174	17380	18587	19089
占财政支出的比重/%	7.26	8.81	9.05	9.10	9.51	9.52	9.34	9.88	9.90	9.40
占 GDP 比重/%	0.01	0.02	0.02	0.02	0.02	0.02	0.02	0.03	0.02	0.02

注：数据来自财政部历年全国财政决算。http://yss.mof.gov.cn/zhengwuxinxi/caizhengshuju/.

2. 我国"三农"投入政策

综观世界各国的经验，财政对农业的投入一般都采取立法的形式规定投入的规模和环节，使农业的财政投入具有相对稳定性。《中华人民共和国农业法》曾规定，多渠道筹集资金，加大对农业的投入。如确保财政的农业投入的增幅高于经常性收入的增幅，从预算内外筹集资金建立农业发展基金、水利建设基金等专项基金，并对专项资金使用实施配套政策，鼓励和支持引进国外贷款用于发展农业，通过财政支出引导农民、农村经济组织和社会其他方面增加对农业的投入等。2006 年又通过下发中央一号文件和发布《中共中央、国务院关于推进社会主义新农村建设的若干意见》，进一步明确了"三农"投入的基本政策要求：加快建立以工促农、以城带乡的长效机制；坚持"多予少取放活"的方针，重在"多予"上下工夫，调

整国民收入格局；国家财政支出、预算内固定资产投资和信贷投资，按照存量调整、增量重点倾斜的原则，不断增加对农业和农村的投入；扩大国家财政覆盖农村的范围，建立健全财政支农资金稳定增长机制；要把国家对基础设施建设投入的重点转向农村。提高耕地占用税税率，新增税收应主要用于"三农"；抓紧制定将土地出让金的一部分收入用于农业土地开发的管理和监督办法；加大支农资金整合力度，提高资金使用效率。

3. 我国"三农"投入政策的成效

自 2002 年以来，国家连续采取多项措施，不断加大对"三农"的投入和支持力度。近年来，中央财政安排用于"三农"各项支出的年均增幅超过了 20%。近年来，中央财政用于"三农"的支出平均增幅超过两位数，其中中央财政对农民的粮食直补、农资综合补贴、良种补贴和农机具购置补贴占中央"三农"支出和国家财政支出的比重逐步回升，巨额的财政支农资金犹如春天的甘霖，给广阔的农村大地带来了蓬勃生机。财政支农资金的投入，改善了农业生产条件，促进了农村各项事业发展；财政支农资金的稳定增长，促进了农业增产增效、农民增收致富；财政支农资金重点投向农村社会领域，提升了农村公共服务水平，促进了农村社会的和谐稳定；加大财政支农资金的投入力度，有助于启动农村潜在的巨大需求；进一步扩大财政支农资金规模，有利于建立健全稳定的财政支农资金增长机制。

四、财政投融资体制

(一)财政投融资的概念和特征

1. 财政投融资的概念

财政投融资是 20 世纪 40 年代后期产生于日本的一个新概念，是一个财政与金融有机融合的独特的经济范畴，并以其独特的作用受到世界各国政府的重视。日本大藏省 1974 年出版的《财政投融资》一书，对财政投融资有如下的定义："财政投融资是以国家的制度、信用为基础，以邮政储蓄、年金等各种公共资金为来源，为实现国家的政策目标，并从国家整体的角度，对应由受益者负担的领域，有偿、统一、有效地分配资金的政府投融资活动。"也就是说，它是政府为实现一定的产业政策和财政政策目标，通过国家信用方式筹集资金，由财政统一掌握管理，并根据国民经济和社会发展规划，以出资(入股)或融资(贷款)方式，将资金投向急需发展的部门、企业或事业的一种资金融通活动，所以它也称为"政策性金融"。

2. 财政投融资的基本特征

(1)财政投融资是一种政府投入资本金的政策性融资。财政投融资是在大力发展商业银行的同时构建的新型投融资渠道。随着社会主义市场经济体制的逐步建立和完善，市场融资的份额将扩大，专业银行商业化的趋势不可逆转，在这种条件下，构建政策性投融资机制只会加快而不会阻碍专业银行商业化的发展方向。因为，只有把专业银行的政策性业务分离出来，专业银行才可能真正实现商业化的经营目标。

(2)财政投融资的目的性很强，范围有严格限制。概括地说，它主要是为具有提供"公共物品"特征的基础设施和基础产业部门融资。随着体制改革的深化，由体制性因素形成的"公共物品"应逐步减少，市场商品的范围应扩大，许多基础工业产品在条件成熟时，将进入市场，价格放开，并通过组建股份公司和企业集团形式谋求发展。因此，财政投融资的范围有严格限制，主要是为那些需要政府给予扶持或保护的产品或直接由政府控制定价的基础性产业融资。

(3)计划性与市场机制相结合。虽然财政投融资的政策性和计划性很强,但它并不是脱离市场,而是以市场参数作为配置资金的主要依据,并对市场的配置起补充调整作用,投融资机构在一定范围内拥有经营自主权,实行市场化运营。

(4)财政投融资的管理由国家设立的专门机构负责。财政投融资由政策性金融机构负责统筹管理和经营。政策性金融机构既不是一般意义上的金融企业,也不是制定政策的机关,实际上是一种执行有关长期性投融资政策的机构,是政府投资的代理人。财政投融资由政策性金融机构负责统筹管理,可以避免有偿性投资与一般性投资相互混淆,提高政府投资运作的总体效率。

(5)财政投融资的预算管理比较灵活。在预算年度内,国家预算的调整(削减预算或追加预算)需要经过人民代表大会审议通过,而财政投融资预算在一定范围内(比如50%以内)的追加,无需主管部门的审批。

(二)市场经济与财政投融资制度

所谓投融资制度是指规定投资主体筹集和融通投资资金方式方法的制度,它包括资金筹集方式、投资方式和资金融通等。政府财政投融资制度在社会主义市场经济体制下,不仅影响和决定国有经济的资源配置,而且对全社会资源的优化配置具有宏观调控作用。因此,改革完善政府投融资制度对于全面建立和发展社会主义市场经济具有重要的意义。

目前,我国财政投融资正在广泛推广应用PPP模式。PPP改革是一项全面综合性改革,投融资工作是这个系统工程的关键环节之一,非常重要。从我国各地目前实践结果来看,PPP改革为稳增长、促改革、惠民生,为引导经济走出新常态,特别是为加快供给侧结构性改革作出了积极贡献,初步达到预期目标。但是,融资难、融资贵、渠道不畅是当前PPP融资中的主要问题,是相关体制、机制、渠道和产品等要素不适应、不协调、不配套的结果,需要政府、金融机构、社会资本的通力合作和改革创新加以解决。

结合我国新经济提出的新要求,未来我国PPP需要从以下几个方面加强改革:一是建立PPP统一市场。积极配合国务院法制办做好PPP立法工作,强化顶层制度规则的统领作用,会同相关部门妥善解决土地、税收、融资、价格等瓶颈问题,加快出台PPP财政管理办法和PPP信息披露制度,营造良好的营商环境,构建一个全国统一规范、透明高效的PPP统一市场。二是搭建合作统一平台。用好全国PPP综合信息平台,为合作各方提供大数据服务;提高项目全生命周期线上监管能力,防范政府变相举债和过度承诺行为;强化示范项目规范性督导;加大项目信息披露力度;拓宽公众监督渠道和手段;设立国家咨询服务机构库和专家库;建立外部绩效跟踪考核体系;提高第三方服务机构的行业自律能力。三是促进国际合作。加快中国PPP市场建设国际化步伐,加大与世界银行、亚洲基础设施银行等国际多边机构和与英国、加拿大等国家双边专业机构的合作力度,加强制度建设交流,推动全球基础设施市场开放和标准化、透明度建设,与国际投资者分享中国PPP改革成果,支持中国企业走出去参与全球基础设施建设运营,落实国家"一带一路"倡议。

【本章小结】

1. 财政支出根据是否获得等价补偿可以划分为购买性支出和转移性支出。购买性支出是政府直接在市场上购买物品或劳务所形成的支出，反映了政府在市场的交易活动中对社会资源直接配置和消耗的份额。从其具体内容看，它包括政府用于国防、治安、行政管理、教育、科研、公共保健、环境等方面的社会消费性支出和用于经济调控的公共投资性支出。

2. 社会消费性支出可以根据用途的不同可以细分为维持性支出和民生性支出。维持性支出是维持政府正常运转的花费。民生性支出是政府提高国民福利的经常性花费。维持性支出包括一般公共服务支出、公共安全支出、外交支出和国防支出。其中，一般公共服务支出、公共安全支出和外交支出以前统称为行政管理支出。

3. 一般公共服务支出包括用于机关运行等基本公共管理与服务方面的支出和国债利息支出等，外交支出主要包括中央外交主管部门的支出、各类驻外机构的支出以及对外援助、对国际组织的缴款等。公共安全支出反映政府维护社会公共安全方面的支出。它们是维持国家主权存在、保证各级国家管理机构照常运转所必须支付的成本。

4. 国防支出即国家防卫支出，是指用于现役部队、国防后备力量、国防动员以及其他国防等方面的支出。属于社会消费的非生产性支出。国防支出的规模与结构集中反映了一个国家的国防战略和政策。

5. 教科文卫支出包括教育支出、科学技术支出、文化体育和传媒支出、医疗卫生支出等五个方面的支出。由于教育、科学、文化、卫生事业在现代化社会经济发展中发挥着日益重要的作用，世界各国政府都投入了大量的资金，而且支出规模越来越大。

6. 政府投资或财政投资，是指以国家为主体的投资活动，是国家积累基金运用的重要形式。与私人投资相比，财政投资的领域、资金来源、使用规模、投资方式不同。政府投资的主要领域体现在基础设施、"三农"支出等方面。

7. 我国财政投融资正在广泛推广应用 PPP 模式。PPP 改革是一项全面综合性改革，投融资工作是这个系统工程的关键环节之一，非常重要。

【本章关键词】

购买性支出；维持性支出；民生性支出；投资性支出；基础设施投资；PPP 模式

【本章思考题】

1. 分析维持性支出的含义，简述我国维持性支出的发展概况。
2. 分析民生性支出的含义，以教育支出、科学技术支出和医疗卫生支出为例，简述我国民生性支出的发展概况。
3. 政府介入教育的必要性是什么？
4. 分析投资性的特点和必要性。
5. 分析基础设施投资的含义，简述我国基础设施的发展概况以及改革。

5.分析基础设施投资和一般投资的关系。

6.简述我国"三农"支出的发展概况、政策体系及其成效、问题和改革。

7.简述政府投融资的特点。

【拓展阅读】

请扫码阅读本章拓展阅读材料。

拓展阅读1
"只减不增"是政府提质
增效的"催化剂"

拓展阅读2
李克强：基本民生投入
确保只增不减

拓展阅读3
国务院办公厅关于保持基础
设施领域补短板力度的指导意见
（国办发〔2018〕101号）

拓展阅读4
国新办就《中共中央国务院关于
坚持农业农村优先发展做好"三农"
工作的若干意见》举行新闻发布会

第四章

财政转移性支出

1. 了解财政转移性支出的概念和分类。
2. 理解和掌握我国社会保障制度及其体系构成和改革趋势。
3. 理解和掌握我国社会保障支出和社会保障基金的运行情况。
4. 理解和掌握我国财政补贴的内容并思考我国财政补贴的利弊。
5. 理解和掌握税收支出的内容及改革趋势。

财政转移性支出是政府为实现其对社会经济生活的调控职能，转移给各受益主体并由他们最终实现的支出。转移性支出直接表现为政府财政资金的无偿的、单方面的转移，包括各种财政补贴、补助、养老金、失业救济金、捐赠、债务利息支出等。作为财政支出的一个重要组成部分，转移性支出体现的是政府的非市场性再分配活动，属于资源的再分配形式，是政府密切关注人民生活，实现公平分配的重要手段。在市场经济条件下，从部分国家公共财政支出结构情况可以看出，发达国家转移性支出在财政总支出中所占的地位越来越重要。本章将介绍财政转移性支出的主要内容：社会保障支出、财政补贴和税收支出。

第一节　社会保障支出

社会保障是国家向丧失劳动能力、失去就业机会以及遇到其他事故而面临经济困难的公民提供的基本生活保障。社会保障支出是政府转移性财政支出中的重要部分。它以转移支付的方式保证贫困线以下的社会成员的生活；通过与市场机制的配合，实现一个更为公平的收入分配，为年老、失业、生病、残疾的社会成员提供生活保障，为人类进步和社会发展创造稳定的经济环境。

一、社会保障制度概述

在任何一个社会里，人们总难免遭遇诸如年老、失业、疾病、伤残、灾害等风险性事件，这些社会风险对社会成员的生活构成了威胁，并可能导致一个人谋生手段的中断或丧失，这就要求由国家或社会为其提供必不可少的基本生活保障。社会保障制度就是由法律规定的、按照某种规则经常实施的社会保障政策和措施的体系。

社会保障制度的建立是一个渐进的过程。19世纪80年代，在工人运动浪潮的推动下，德国俾斯麦政府颁布了疾病、工伤和养老三项社会保险立法，建立了世界上第一个社会保障制度，开创了社会保障的先河。以后各国陆续颁布了有关法律、法规。20世纪30年代，世界性的经济危机使西方各国更深刻地认识到社会保障的重要性，纷纷建立社会保障制度。如今发达国家的社会保障制度已经十分完整和稳定，已形成相当大的规模。从财政收入方面看，社会保障税（包括社会保障捐助）已成为仅次于所得税的第二大税类；从财政支出方面看，社会保障支出则已超过其他一切项目而独占鳌头。

由于各国的国情和历史条件不同，在不同的国家和不同历史时期，社会保障的基本内容不尽相同。社会障制度是经济"减震器"，又是公民基本生活的"安全网"，在市场经济运行中具有极为重要的作用。

（一）社会保障体系和支出内容

国际劳工组织1952年制定的《社会保障（最低标准）公约》，规定现代社会保障主要包括医疗补助、疾病补助、失业补助、老年补助、工伤补助、家庭补助和遗属补助等九项内容。该公约还规定，一个国家只要实行了三种补助（其中至少包括失业、工伤、老年、疾病和遗属等最主要补助中的一种），就可以认为已建立了社会保障制度。

比较不同国家的社会保障制度，社会保障大体包括：社会保险——核心地位；社会救济——最低层次的社会保障；社会福利——社会保障的最高纲领，社会抚恤——安定特定阶层生活的功能。

1. 社会救济

社会救济是由国家和社会对收入在贫困线以下的公民和因自然灾害遭受损失或发生其他不幸事故而暂时生活处于困难中的公民提供的货币或实物帮助。社会救济是一种公民应享受的基本权利，也是政府必须履行的最起码的社会保障职责，其目标是克服贫困。社会救济支出的主要项目包括：①对残疾公民提供的部分生活资助；②对残废军人和军烈属的抚恤和照顾；③对灾区居民的抢救、转移、安置、医疗支出及生活资助；④对城乡困难户的最低生活保障支出等。社会救济的资金主要由财政拨款，同时鼓励社会捐款和公民互助。其救助对象具有选择性，即必须经过一定形式的经济情况调查以获得救助资格。

2. 社会保险

社会保险是指以立法形式，由国家、集体和个人共同筹集资金，以确保社会公民在遇到生、老、病、死、伤、残、失业等风险时，获得基本生活需要和健康保障的一种社会保障制度。这是整个社会保障制度的核心部分。由于社会保险是按照保险原则建立起来的，它既要求受保人缴纳一定的保险费用，又具有风险分担、互助互济的保险功能。因此，社会保险既与商业保险有着共同之处，又存在着重大区别。主要表现在：社会保险是政府兴办的保险，它以社会效益为目的，具有强制保险的性质，其保险支出除了受保人缴纳的保险费外，还有一部分政府的资助；而商业保险是企业兴办的保险，它以赢利为目的，具有自愿保险的性质，其保险支出的额度完全取决于投保人缴纳保费的金额大小。

社会保险的项目内容一般包括：①养老保险，即向达到退休年龄的离、退休职工支付养老金以确保劳动者在年老失去劳动能力或退出就业领域时享有退休养老权利的一项社会保险制度，它在社会保险中占据核心位置。②社会失业保险，即向登记的非自愿失业者提供生活津贴以保障其基本生活的社会保险制度，是社会保险的主要内容之一。③医疗保险，即对社会成员因疾病造成的经济困难及其医疗费用给予必要补偿，以维护劳动者应享有的疾病预防和治疗权利的一项社会保险制度。④女工生育险，即在女职工生育期间中断劳动或工作时给予物质帮助的一种制度，女职工生育期间对她们提供医疗服务和产假工资或生活补贴待遇。⑤工伤保险，即向因在工作时间内受到身体伤害的劳动者给予补偿的保险制度(工伤保险支出包括支付医疗费、病假工资、伤残补助等，其补偿标准一般均高于非因工负伤的劳动者)。

3. 社会福利

社会福利是指由政府出资兴办的、以低费或免费形式向一部分需要特殊照顾的社会成员提供货币或实物帮助和服务的一种社会保障制度。它主要包括国家、企业或集体兴办的福利院、敬老院、疗养院、儿童福利院、福利企业等，其目的是使那些无生活来源的孤老残幼人员能得到基本的生活待遇。

4. 社会抚恤

社会抚恤是指国家对社会有功劳的特殊社会群体给予补助和褒奖的一种制度，主要包括牺牲病故抚恤、定期定量生活补助、残废抚恤、残废人员免费医疗、烈军属疾病减免待遇等。其财力来源主要是政府预算拨款。

2007 年政府收支项目分类改革后，我国社会保障支出分为社会保障和就业、保障性安居工程两类。2019 年最新的政府收支分类科目中，主要有社会保障和就业、住房保障支出和卫生健康支出三类。

社会保障和就业支出：指财政对社会保险基金的补助和补充全国社会保障基金(含基本和补充社会保险，项目包括：养老、医疗、失业、生育等社会保障)、行政事业单位离退休金、企业关闭破产补助(对职工)、抚恤、城市居民最低生活保障、自然灾害生活救助、就业补助。2007 年国家社会保障和就业支出总量为 5447.16 亿元，其中中央本级为 342.63 亿元，地方为 5104.53 亿元；2008 年国家社会保障和就业支出总量为 6804.29 亿元，其中中央本级为 344.28 亿元，地方为 6460.01 亿元；2017 年国家社会保障和就业支出总量为 24611.68 亿元，其中中央本级为 1001.11 亿元，地方为 23610.57 亿元。2018 年国家社会保障和就业支出总量为 27084.00 亿元，其中中央本级为 1207.55 亿元，地方为 25876.45 亿元。

保障性安居工程支出包括经济适用住房建设支出、廉租住房建设支出、棚户区改造支出、游牧民定居工程支出、农村危房改造支出等。其中，廉租住房制度建设的资金渠道包括地方政府列入财政预算的部分资金、使用公积金增值收益、土地出让金不低于 10% 的部分资金，此外，中央政府代地方政府增发的国债资金，也可补充用于廉租住房制度建设和保障性安居工程。

（二）社会保障基金

1.社会保障基金的概念

社会保障基金是指为实施社会保障制度而通过各种渠道建立起来的专款专用的法定经费，它是社会保障制度存在和产生作用的货币基础。社会保障基金的筹集、运用及规模，决定着社会保障制度实施的广度和深度。

社会保障基金的特点反映在以下几个方面：①强制性。社会保障基金是依法强制筹集的，并且严格依据法律规定使用和管理，受到法律的保护。②非营利性。社会保障基金不像生产基金那样以追求利润为目的，而是在分配和消费领域里实现其稳定社会和调节收入的功能。③储备性。社会保障基金是为了应付未来风险而筹集的，是劳动者收入的延期支付，因此，它是一种储备基金。

筹集社会保障基金，应遵循"收支平衡"的基本原则，使筹集的基金与按规定支付的费用保持大体平衡的关系，从而在经济上确保保障制度的正常运行。"收支平衡"在实践中具有双重含义：一是"横向平衡"，即当年（或近几年）内某社会保险项目所提取的基金总和应与其所需支付的费用总和保持平衡；二是"纵向平衡"，即对某些社会保险项目（特别是养老保险）而言，被保者在投保期间提取的基金总和（包括银行利息和运营利润等）应与其在享受该项保险待遇期间（如养老期间）所需支付的费用总和保持平衡。

2.社会保障基金筹集方式

依据对平衡的不同理解，世界各国对社会保障基金的筹集模式也有所不同，概括起来主要有三种，即完全基金制、部分基金制、现收现付制。它们都有特定的优势，同时也存在着不可避免的问题。

（1）完全基金制。完全基金制是以长期纵向收支平衡原则为依据的基金筹集模式，要求劳动者在整个就业或投保期间，采取储蓄积累方式筹集社会保障基金。其办法为：首先，对社会经济发展水平、人口状况、失业率、退休比率、指数化工资率、预期平均寿命、利息率等相关指标进行预测，综合测算出参加社会保险的成员在整个投保或退休期间应享受的各种社会保障待遇所需的基金总额；然后，采取"先提后用"的办法，将其按一定的提取比例分摊到整个投保期间，由投保人按期提取；最后，对已提取而尚未支付的保险基金进行有计划的管理和运营。这种方式体现了社会保险的储备职能，使社会保险能有一个较为稳定的经济保证。但该方式合理地确定了一个长期的收支平衡的总平均收费率，因此，在长期预测和科学管理中要求有较强的专业性。这种方式由于时间跨度大，储备基金容易受到通货膨胀的影响，基金保值与增值的压力非常大，当外部经济环境发生较大的变化时，基金制筹集的资金不能做出相应的反应，从而可能造成正向或反向的受保人收入缺口。

（2）部分基金制。部分基金制将近期横向收支平衡与远期纵向收支平衡相结合，在满足一定时期支出需要的前提下，留有一定的储备基金，据此确定收费率。部分基金制是建立社会保障基金较灵活的模式。它一方面可避免收费率的频繁调整，使企业和财政的社会保障支出负担均衡，另一方面由于储备数量少，受通货膨胀的影响小，因此它能较好地保证社会保障基金受益者的生活水平不致下降。由于兼容了完全基金制和现收现付制两种筹资模式的优点，部分基金制为许多国家所采用。但它也只能在一定范围内行之有效，对于剧烈变动（经济情况或人口数量），部分基金制仍是不能应付的。

（3）现收现付制。现收现付制是指政府用每年收缴的投保资金支付当年应付的社会保障费用。其做法为：首先，对当年或近期内各项社会保险所需支付的费用进行测算；然后，按照需要分摊到参保的单位和个人，按统一比例提取，当年支付，不为以后年份提供储备基金。这种方式体现了社会保险互助互济的调剂职能，简便易行，也可避免物价上涨后基金贬值的危险。但由于只以现实收支平衡为基础，因此，该方式不仅对被保者的权利义务关系缺乏数量上的长期规划，时间与空间上的调剂能力也较差，而且当保险费用逐年增加、提取比例不断上升后，还可能出现企业、国家负担过重的困难。现收现付制只能适应人口数量较为稳定的社会或国家，人口数量变化较大将引起"跨代分配不公平"，甚至使现收现付制无法维持。如养老基金，假定每年出生的人口数量呈周期性变化，这将导致在职人口数与退休人口数也呈周期性变化，后两者周期往往不能适中统一。在现收现付制下，很有可能导致人数较少的就业人群负担人数较多的退休人群的社会福利保障，而当人数较少的就业人群退休时，新就业人群高峰仍未到达，则人数较少的退休人群福利状况与他们创造的社会效益明显不对等，与基金制相比，他们的部分福利被前一代人取得了。现收现付制造成了社会成员的代际收入分配不公。

社会保障资金的三种筹集方式，各自适应一定的社会状况：基金制可以在人口老龄化的国家顺利实施，但需要社会经济状况较为平稳；现收现付制可以适应变化的社会经济状况，但当人口数量变化大时可能不能适应；部分基金制则是介于两者之间的。在一定社会经济背景下，实施合理的社会保障资金筹集制度是确保社会保障制度顺利实施的必要前提。

（三）社会保障制度的作用及其对经济的影响

1. 保障权利、机会和规则公平

公民享受教育、健康和最低生活保障，在西方被统称为"福利权利"或"社会权利"，被视为对基本公民权的拓展。社会保障把保障每一个人的生存权、发展权放在首位，重点保障社会极端贫困人口的基本生活。作为社会的一员，全体社会成员都应该被覆盖在社会保障范围内，均等地获得个人尊严和人格自由发展所必需的经济、社会和文化方面各种社会保障的机会和权利。

2. 社会保障支出对宏观经济的影响

首先，社会保障支出有利于经济的平稳发展。社会保障支出基于"社会福利分配公平"的原则，在一定条件下为社会成员提供基本生活保障，使社会成员能安居乐业，能够比较有效地避免因基本生活需要无法满足而导致的社会动荡。此外，社会保障支出还具有"自动稳定器"的作用。社会保障支出一般以制度的形式固定下来，符合一定的条件才能享受社会保障的收入援助。当经济衰退时，社会保障支出增多，能刺激消费带动经济复苏；当经济过热时，有资格取得社会保障援助的人数减少，一定程度上抑制了消费的过度增长。因此，社会保障支出除了能提供稳定的经济环境外，还具有熨平经济波动的作用。

其次，过高的社会保障支出可能削减社会投资。社会保障支出一般落实到各个社会成员，最后转化为个人消费或储蓄，用于投资的除了经储蓄间接转化之外基本没有。而对于接受社会保障援助的、生活基本需要尚未满足的社会成员来说，大部分的援助资金将会转化为

消费。因此，社会保障支出实际上是对投资的挤出。过高的社会保障支出将影响社会资源的均衡分布，对宏观经济产生负面影响。因此，合理的社会保障支出能辅助宏观经济平稳运行，过高的社会保障支出则会影响社会资源的有效配置。

3.社会保障支出对劳动力市场的影响

首先，社会保障支出有利于不同地区、不同企业之间劳动力的流动。社会保障支出将劳动者的个人保障资金从各个企业中提取出来，采用集中管理的方式，其运作、发放同劳动者所处的企业关系不大，由此解除了劳动者调换就职单位的有关个人保障问题的后顾之忧，有利于劳动力资源的流动与合理分配。

其次，社会保障制度中的养老保险能起到降低就业人口退休年龄、减少就业人口的作用，特别是在衰退行业和经济效益不佳的行业。在现收现付制下，社会保障资金一般要由在职人员及雇主承担，这将会导致在职人员实际工资收入的降低。对应于工资下降，人们的闲暇价格相对变得便宜，部分雇员便会增加闲暇的消费，减少劳动的供给。于是产生闲暇对劳动的替代效应。当然，面对社会保障税造成个人实际收入下降的事实，一些雇员则会增加劳动供给以弥补自己的收入损失，于是产生减少闲暇增加劳动的收入效应。至于社会保障金的支付对劳动供给的净效应则取决于上述两种相反效应的对比。一些研究成果说明：对于将要退休的雇员来说，实际工资减少对其所产生的替代效应往往大于收入效应，因此劳动供给减少的情况可能发生在社会劳动大军中退休人员比例不断增长的时期。另外一些研究表明，社会保障金的支付增加了人们退休后的收入，如果人们预期退休后收入增加且闲暇价格下降，人们就愿意提前退休。这种情况也会给经济社会带来劳动供给减少的影响。在衰退行业或效益不佳的行业，正常退休前的工资较低，而且，一般养老金的数额与劳动者个人及企业上缴的资金数额密切相关，本身效益不佳的企业自然没有能力支付较高的养老基金，由此而引起的退休后每年养老金的增加也是有限的，因此，经济效益越差的企业，职工就越倾向于提前退休。所以，在衰退企业，职工的社会保障支出将给企业带来更加沉重的负担，减少雇佣的劳动力人数和现职职工提早退休是最直接而且有效地摆脱负担的方式。

最后，社会保障支出中的社会救济可能引起"贫困陷阱"的出现。如图4-1所示，假定没有社会救济，劳动者要取得收入就必须放弃闲暇，收入越高，闲暇时间越短，从而形成了劳动者的预算曲线 DT。依据效用最大化原则，劳动者效用曲线 U_2 与 DT 相切的 E_1 点就是均衡点，从而劳动者将 OF 小时花费在闲暇上，其余时间取得收入 OG，达到在预算曲线约束下的最大效用 U_2。

若存在社会救济，规定劳动者收入为 0 时可无偿取得社会援助收入 a 元，即 a 元为贫困线，一旦劳动者获得劳动收入 $Y(Y<a)$，其获得社会救济将减少为 $(a-Y)$，在此情况下，劳动者的预算曲线变为 DRP，当劳动者

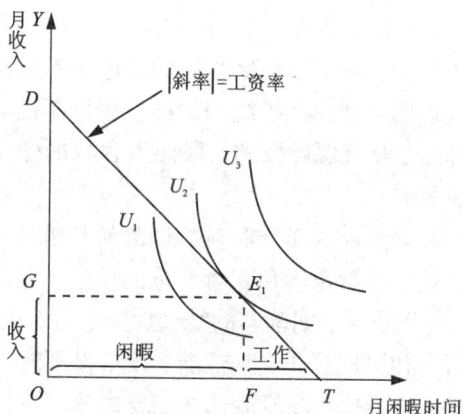

图4-1　不考虑社会救济时，
劳动者的收入与闲暇选择

收入低于贫困线时，社会救济将使其收入提高到贫困线水平。在预算曲线 DRP 的约束下，一

般地，劳动者将在 P 点获得最大效用，即全部时间都用来享受闲暇，取得全部社会救济，如图 4-2 所示。

只有对收入极其偏好者，即效用曲线十分平坦的劳动者才有可能选择工作，取得比接受救济更高的收入、放弃社会救济，这种情况较为少见。

以上的分析中，总收入低于贫困线时，劳动者每取得 1 单位的收入，就要减少 1 单位的救济，这相当于对劳动者的收入征收税率为 100% 的税收。虽无明确规定，却达到了税收效果，这称为隐含税率。社会救济方案将使一部分原本收入比较低的社会成员放弃工作或减少工作时间，其影响程度同隐含税率有密切的关系，隐含税率的降低有利于提高劳动者的工作积极性。从劳动力市场角度，社会救济将使一部分低收入的劳动者退出劳动力市场。

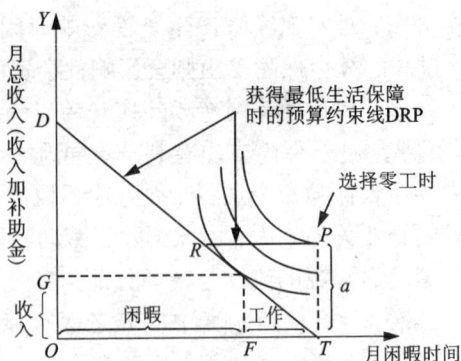

图 4-2　考虑社会救济时，劳动者的收入与闲暇选择

(四)政府承担社会保障的原因

政府提供社会保障项目的重要原因是出于社会正义和维持社会和谐稳定的考虑。一方面是出于弥补市场的失灵和缺陷；另一方面可以减少实施成本，增强抵抗风险的能力；再者还可以运用社会保障调节经济的运行。

1. 弥补市场机制的失灵

市场经济是一种效率型经济，在使社会资源得到有效配置的同时，必然拉大社会成员之间的收入差距，出现分配不公，甚至使一部分人在经济上陷入贫困。一个现代、民主和文明的社会，对贫困和弱势群体的福利救助是维护人权和社会正义的需要，人的生老病死以及人民的最低生活需要是不应当由市场来最终裁决的，不应任由这些人在饥饿、疾病和困苦中生活，政府也不能面对贫困而无所作为。政府有责任和义务运用公共资金提供援助，维持其基本的生活、医疗和教育，为人们重新自立提供援助。针对弱势群体，几乎所有的发达国家和较发达国家都建立了统一的社会援助制度，如最低生活保障制度作为社会福利救助制度的组成部分，起着保障温饱、保证生存权的作用，是每一个人生活的最后的依赖，体现着社会的底线公平。

2. 弥补私人保险和商业保险的局限性

由于保险市场存在着严重的信息不对称、市场不完全以及道德风险等问题，某些保险产品、保险服务，如基本的社会保障服务、失业保险等项目，无法依靠商业保险形式予以提供，或者即使可以提供，其规模、数量也不能达到社会合意的水平。为了克服商业保险的上述局限性，这类社会保障活动往往要由政府主持，即由公共部门予以提供。

第一，信息不对称导致私人保险市场的不完全，市场无法为个人面临的许多重大风险提供保险。俗话说"人有旦夕祸福"，每个人都可能由于意外而处于贫困状态，而私人保险市场不可能提供"贫困保险"，因为如果存在这种保险，人们就可能不再努力工作，进而保险公司便无法区分个人贫困是由于意外原因导致的还是因为个人懒惰造成的。

第二，分散的商业保险难以解决逆向选择和道德风险问题。由于信息不对称，保险公司不可能充分了解投保人的实际健康状况，因此公司只能按照平均的风险程度制定投保价格。这样，那些知道自己属于低风险人群者，不会购买这种费用较高的保险；而那些知道自己属于高风险人群者，则会积极购买这种保险，这种情况被称为"逆向选择"。正是由于逆向选择的存在，保险公司便会不断提高保费，导致低风险人群、高风险低收入人群最终无法从市场获得商业保险服务。又如商业保险对投保人产生某种刺激，造成投保人普遍减少对被保险事件的风险规避行为，这是商业保险公司难以回避的"道德风险"问题。这类道德风险程度越大，保险公司越无法提出更多的保险项目，或者只好对现有保险项目增加保费。

信息不对称所导致的商业保险活动失灵的上述问题，为政府推行集体保险项目替代分散的商业保险项目提供了合理性依据。当然，政府所推行的集体保险项目不一定能够完全克服商业保险活动中所出现的诸如"逆向选择""道德风险"问题，但是在公共财政框架下政府有能力承担这类问题所产生的额外费用。

3. 可以节约供给成本

虽然商业保险可以提供较多的保险品种，但是较多的商业保险品种不仅增加了个人的决策成本，而且商业保险公司本身也存在着交易成本较高的问题。相比之下，尽管政府所提供的社会保险在具体形式上比较单一，但却省去了大部分个人决策成本，同时也减低了交易成本。与商业保险相比，社会保险更有利于分散风险，因为社会保险覆盖面广，并具有强制性，具有规模效益等优势。政府将社会保险视为有益产品而要求社会成员普遍缴费、普遍享受，既可以避免许多社会成员在各自工作期间不为日后养老而积极储蓄的"短视"行为，又分担了社会成本。

二、我国的社会保障制度

我国自新中国诞生之初就建立了社会保障制度。改革开放以来，我国积极推进社会保障制度改革，取得了显著的成效。目前，我国的社会保障制度正处于不断完善时期，传统体制下的社会保障制度正在向新的社会保障制度转化。具体来看，我国现行社会保障制度包括社会保险、社会救济、社会福利、优抚安置和其他保障。

(一)社会保险

1. 养老保险

养老保险指由国家制定的劳动者在年老失去劳动能力或退出就业领域时享有的退休养老权利，依靠政府和社会提供帮助，以维持基本生活水平的一项社会保险制度。我国1997年开始统一全国城镇企业职工基本养老保险制度，实行社会统筹与个人账户相结合的办法。国务院决定从2009年起加快新型农村社会养老保险(简称"新农保")试点，逐步解决农村居民老有所养问题。2014年2月24日，人社部、财政部印发《城乡养老保险制度衔接暂行办法》，并于2014年7月1日起实施。近年来我国加快了覆盖城乡居民的社会保障体系建设，城乡居民养老保险制度已经全面建设。主要内容如下：

(1)养老保险的基本条件。企业职工达到法定退休年龄，即男性职工60周岁、女性干部55周岁、女性工人50周岁，个人缴费满15年，在退休后可按月领取基本养老金。基本养老金主要由基础养老金和个人账户养老金构成。基础养老金月标准相当于当地上年度职工月平均工资的20%左右；个人账户养老金月标准为本人工资的8%，全部由个人缴费形成，单位缴费不再划入个人账户。国家参照城市居民生活费用价格指数和职工工资增长情况，从2005年起连续五年调整企业退休人员基本养老金，2016年底全国企业参保退休人员月人均基本养老金达到2362元。

（2）养老保险的覆盖范围。1997年实施时包括国有和城镇集体企业及其职工；1999年覆盖范围扩大到外商投资企业、城镇私营企业和其他城镇企业及其职工，省、市、自治区根据当地实际情况将城镇个体工商户纳入基本养老保险范围；2002年扩大到城镇灵活就业人员；2005年规定为城镇各类企业职工、个体工商户和灵活就业人员。2009年起加快新型农村社会养老保险（简称"新农保"）试点，近年来，城乡居民养老保险制度已经全面建设。2018年末全国参加城镇职工基本养老保险人数41848万人，比上年末增加1555万人。参加城乡居民基本养老保险人数52392万人，增加1137万人。

（3）养老保险的资金筹集。为确保基本养老保险金按时足额发放，我国政府采取了多种渠道筹集基本养老保险基金的有效措施。主要有以下几种办法：

第一，实行企业和职工共同缴费。企业缴费一般不超过企业工资总额的20%，具体比例由省、市、自治区人民政府确定；国务院办公厅印发《降低社会保险费率综合方案》明确，从2009年5月1日起，降低城镇职工基本养老保险单位缴费比例。2019年起，单位缴费比例高于16%的省份，可降至16%；城镇个体工商户和灵活就业人员参加基本养老保险的缴费基数为当地上年度在岗职工的平均工资，缴费比例为20%，其中8%记入个人账户。

第二，增加财政对基本养老保险基金的补助。按国家规定，各级政府要加大调整财政支出结构的力度，增加对社会保障资金（包括养老保险基金）的投入。到2017年底，各级财政补贴基本养老保险基金8004亿元，中央财政补助140.61亿元。

第三，建立全国社会保障基金。2000年我国政府决定建立全国社会保障基金，其来源包括国有股减持划入资金及股权资产、中央财政拨入资金、经国务院批准以其他方式筹集的资金及投资收益。2017年全国基本养老保险基金收入3339.3亿元，比上年增长13%；支出2308.02亿元，比上年增长9.6%。2017年基本养老保险基金收支结余943.99亿元，年末滚存结余6341.91亿元。

（4）养老保险的发放办法。按现行规定，对《国务院关于建立统一的企业职工基本养老保险制度的决定》（国发〔1997〕26号）决定实施后参加工作的职工，个人缴费年限累计满15年的，退休后按月发给基本养老金。缴费年限累计不满15年的人员，不发基础养老金；个人账户储存额一次性支付给本人，终止基本养老保险关系。基本养老金由基础养老金和个人账户养老金组成。其基础养老金月标准以当地上年度在岗职工月平均工资和本人指数化月平均缴费工资的平均值为基数，缴费每满1年发给1%；个人账户养老金月标准为个人账户储存额除以计发月数，计发月数根据职工退休时城镇人口平均预期寿命、本人退休年龄和利息等因素确定。对到达退休年龄但本决定实施前参加工作、实施后退休且个人缴费和视同缴费年限累计满15年的人员，按照新老办法平稳衔接、待遇水平基本平衡等原则，在发给基础养老金和个人账户养老金的基础上再确定过渡性养老金，过渡性养老金从养老保险基金中解决。建立城乡居民基本养老保险待遇确定和基础养老金正常调整机制。2018年基础养老金最低标准提高至88元，退休人员基本养老金标准提高约5%。

近年来，我国政府大力推进多层次养老保险体系建设，在按规定参加基本养老保险的基础上，有条件的企业可为职工建立企业年金，并实行市场化管理和运营。企业年金费用由企业和职工个人共同缴纳，采用个人账户方式进行管理。2017 年全国有 8.04 万户企业建立了企业年金，缴费职工人数为 2331 万人，年末企业年金基金累计结存 12880 亿元。

2.医疗保险

从 20 世纪 80 年代起，我国经过多地改革试点，逐渐建立了三大医疗保险体系：城镇职工医疗保险、城镇居民医疗保险和新型农村合作医疗。各类医保制度特征、类型见表 4-1。在三大医保制度稳健运行下，我国又提出建立城乡居民医保制度，实现包括覆盖范围、筹资政策、医保目录内的六个统一。各地于 2016 年启动改革并要求在 2016 年 6 月底前做出改革的具体部署。城乡居民医保制度建立后，我国就只有城镇职工医保和城乡居民医保"双轨"并行，更有效地为广大群众提供健康风险保障。

截至 2017 年底，全国参加城镇基本医疗保险人数为 117664 万人。其中，参加城镇职工基本医疗保险人数为 30320 万人，参加医疗保险的农民工人数为 6225 万人，参加城镇居民基本医疗保险人数为 87343 万人。

表 4-1 我国三大基本医疗保险制度比较

保险类型		城镇基本医疗保险		新型农村合作医疗
		城镇职工医疗保险	城镇居民医疗保险	
制度特征	制度依据	国务院关于建立城镇职工基本医疗保险制度的决定	国务院关于开展城镇居民基本医疗保险试点的指导意见	卫生部等部门关于建立新型农村合作医疗制度意见
	文号	国发〔1998〕44 号	国发〔2007〕20 号	国办发〔2003〕3 号
	覆盖范围	城镇职工、退休人员、灵活就业人员	学生、少年儿童和其他非从业城镇居民	农村居民
	缴费和参保形式	个人和就业单位	个人或家庭缴费为主	以家庭为单位参保、缴费
	基金形式	统筹基金和个人账户（统账结合）	统筹基金、无个人账户	统筹基金、无个人账户
筹资方式	就业单位	工资总额的 6%	—	—
	个人	个人工资收入的 2%，按月缴纳	由统筹地区确定，学生、儿童、老人、残疾人、困难人群等群体缴费不同	定额缴费（2016 年××市居民个人年缴费 120 元）
	政府	—	中央和地方财政补助，各地补助标准不同	2015 年补助标准为每人每年 380 元

续表 4 –1

保险类型		城镇基本医疗保险		新型农村合作医疗
		城镇职工医疗保险	城镇居民医疗保险	
经办管理	组织经办	各级劳动保障部门及经办机构	各级劳动保障部门及经办机构	各级卫生行政部门及经办机构
	统筹层次	原则上地级为统筹单位、逐步实现省级统筹	以市、县为统筹单位,逐步实现市级统筹	县、市、区统筹
	基金结余	累计结余控制在 6 ~ 9 个月平均支付水平,低于 3 个月为结余不足,超过 15 个月为结余过多	以收定支,收支平衡,可根据当地实际具体确定	当年筹集的合作医疗统筹基金结余一般应不超过 15%
	服务管理	"三定"(药品、诊疗项目、医疗服务设施范围标准)目录和国家基本药物目录	同城镇职工保险,人社部全面取消"医保两定"资格审查	定点范围较窄,须先垫付事后报销,国家基本药物目录(基层医疗卫生机构配备使用部分)
偿付方式和水平	起付线	当地职工年平均工资的 10% 左右	由统筹地区确定	由统筹地区确定
	封顶线 *	2012 年达到当地职工年平均工资的 6 倍左右	2012 年最高支付限额提高到不低于 6 万元	2012 年提高到当地农民人均纯收入的 8 倍以上,且不低于 6 万元
	偿付范围	门诊大病、住院,向门诊统筹延伸	大病统筹,逐步向门诊统筹延伸	大病统筹;大病统筹 + 门诊家庭账户;住院统筹 + 门诊统筹
	报销比例	2015 年××市政策内住院医疗费用报销比例为 90%	2015 年××市政策内住院医疗费用报销比例为 70%	2015 年政策范围内住院医疗费用报销比例为 85%

资料来源:根据有关政府公报和政策性文件整理所得。

* 城镇基本医疗保险偿付水平封顶线各省有差异,如北京市 2018 年封顶线为 30 万。城镇基本医疗保险报销比例 2018 年全国平均为 81.6%。新型农村合作医疗报销比例最高为 85%,2018 年全国只有辽宁、吉林等 7 个省份实行新型农村合作医疗。

3. 失业保险

失业保险指由国家制定的劳动者在失业时所应享有的权利,以维持基本生活需要的一种社会保险制度。现行主要规定如下。

(1)失业保险的基本内容。我国政府于 1999 年颁布《失业保险条例》,使失业保险制度更加规范和完善。具体内容包括以下五个方面:

①参保范围和缴费。城镇企事业单位及其职工必须参加失业保险。用人单位按照本单位工资总额的 2%、职工按照本人工资的 1% 缴纳失业保险费;统筹地区的失业保险基金不敷使用时,由失业保险调剂金调剂和地方财政补贴。

②失业保险待遇的条件。失业人员享受失业保险待遇需要具备三个条件：一是缴纳失业保险费满 1 年；二是非因本人意愿中断就业；三是已办理失业登记并有求职要求。

③失业保险金标准。省、市、自治区人民政府按照低于当地最低工资标准、高于城市居民最低生活保障标准的水平，确定本地区失业保险金标准。享受期限规定为：失业人员失业前所在单位和本人，按规定累计缴费时间满 1 年不足 5 年的，领取期限最长为 12 个月；满 5 年不足 10 年的，最长为 18 个月；10 年以上的，最长为 24 个月。

④失业的保险待遇。失业人员在领取失业保险金期间，可以享受职业培训和职业介绍补贴，患病时可领取医疗补助金。失业人员在领取失业保险金期间死亡，其遗属可领取丧葬补助金和遗属抚恤金。

⑤农民合同工失业保险。城镇企事业单位招用农民合同制工人参加失业保险，用人单位按规定缴费，个人不缴费。连续工作满 1 年，劳动合同期满未续订或提前解除劳动合同的，可以根据工作时间长短申领一次性生活补助。

在保障失业人员基本生活的基础上，我国还探索了失业保险对促进再就业的办法。主要包括：加强失业保险服务和就业服务等方面的有机衔接；及时进行失业登记，积极提供就业信息，全面开展就业指导和职业介绍，帮助失业人员在技能、心理方面提高竞争就业的能力；增加对职业介绍、职业培训的投入；通过直接组织培训尤其是广泛开展技能培训，增强失业人员的再就业能力。

（2）下岗职工基本生活保障制度。鉴于国有企业分流富余人员的压力加大而失业保险支撑能力尚显不足的实际情况，1998 年我国政府建立国有企业下岗职工基本生活保障制度，确保国有企业下岗职工的基本生活。具体包括以下三个方面的内容：

①确保下岗职工基本生活费。有下岗职工的国有企业应建立再就业服务中心，下岗职工进入中心后，中心为下岗职工缴纳养老、医疗、失业等社会保险费。用于保障下岗职工基本生活和缴纳社会保险费用的资金，原则上采取"三三制"的办法解决，即财政预算安排 1/3、企业负担 1/3、社会筹集（主要从失业保险基金中调剂）1/3。

②建立"三条保障线"制度。我国自 1998 年以来建立了以国有企业下岗职工基本生活保障、失业保险和城市居民最低生活保障为内容的"三条保障线"制度。下岗职工领取基本生活费的期限最长为 3 年；期满后未实现再就业的，可以按规定享受失业保险待遇；家庭人均收入低于当地城市居民最低生活保障标准的，可以按规定申请享受城市居民最低生活保障待遇。

③向失业保险并轨。随着失业保险制度的完善和基金积累的增加，从 2001 年开始实行国有企业下岗职工基本生活保障制度向失业保险并轨，国有企业不再建立新的再就业服务中心。2005 年底停止执行国有企业下岗职工基本生活保障制度，并轨人员的具体范围和政策措施，由各地结合本地实际自行确定。

截至 2017 年底，全国参加失业保险人数为 18784.18 万人（2018 年，19643.00 万人）。其中，参加失业保险的农民工人数为 4897 万人，比上年末增加 238 万人。全年领取失业保险金人数为 220.20 万人（2018 年，223.00 万人），另有 66 万名劳动合同期满未续订或者提前解除劳动合同的农民合同制工人领取了一次性生活补助。2017 年，全国失业保险基金收入 1112.63 亿元，基金支出 893.76 亿元，年末基金累计结存 5552.37 亿元。

4．工伤保险

工伤保险指国家制定的劳动者因工作而负伤、致残、死亡时给劳动者本人及其供养的直系亲属提供物质帮助的一种社会保险制度。2004 年国家颁布的《工伤保险条例》实施后，工伤保险的覆盖范围迅速扩大。主要内容如下：

（1）基本规定。各类企业和有雇工的个体工商户均应参加工伤保险，为本单位全部职工或者雇工缴纳工伤保险费，劳动者个人不缴费。政府根据不同行业的工伤风险程度确定行业差别费率，并根据工伤保险费使用和发生率等情况在各行业内确定若干费率档次。实行以支定收、收支平衡的基金筹集模式，由地级以上城市建立统筹基金。

工伤保险实行"无过失补偿"的原则，待遇项目主要包括：工伤医疗费用；根据劳动能力丧失程度确定的伤残补助金、伤残津贴、伤残护理费；因工死亡劳动者直系亲属领取的丧葬补助金、供养亲属抚恤金和一次性工亡补助金等。给付工伤保险的主要条件是：职工在工作时间、工作区域内，因工作原因发生意外事故伤害或患职业病。

（2）工伤鉴定。国家统一制定职工工伤与职业病致残程度鉴定标准，对因工负伤职工经治疗伤情相对稳定后存在残疾且影响劳动能力的，进行劳动能力鉴定，包括劳动功能障碍程度和生活自理障碍程度的等级鉴定，由用人单位、工伤职工或其直系亲属向设区的市一级劳动能力鉴定委员会提出申请。

政府采取改进工程技术、进行宣传教育、制定安全规程、实施安全卫生标准，以及通过工伤保险单位费率浮动机制促进用人单位改进安全生产条件等措施，积极开展工伤和职业病预防工作。按照"安全第一、预防为主"的原则，督促企业和职工遵守劳动安全卫生法规和制度，严格执行国家劳动安全卫生规程和标准，减少职业危害。

截至 2017 年底，全国参加工伤保险人数为 22723.70 万人（其中农民工参加工伤保险人数 5587 万人，事业单位参保人数 1226 万人），有 192.83 万人享受了工伤保险待遇。全年工伤保险基金收入 853.77 亿元，基金支出 662.28 亿元。年末基金累计结存 1606.92 亿元，储备金结存 270 亿元。

5．生育保险

生育保险指国家制定的对女工在生育期间中断劳动或工作时给予帮助的一种社会保险制度。1988 年我国开始在部分地区推行生育保险制度改革。截至 2017 年底，全国参加生育保险人数为 19300.21 万人，比上年末增加 849.23 万人。其中有 1112.76 万人次享受了生育保险待遇，人均生育待遇达到 8559 元。全年生育保险基金收入 642.45 亿元，基金支出 743.51 亿元，年末基金累计结存 564.46 亿元。

生育保险范围覆盖城镇企业及其职工，部分地区还覆盖了国家机关、事业单位、社会团体、企业单位的女职工。生育保险费由参保单位按照不超过职工工资总额 1% 的比例缴纳，职工个人不缴费；没有参保的单位，仍由其承担支付生育保险待遇的责任。职工生育依法享受不少于 90 天的生育津贴。女职工生育或流产后，其工资、劳动关系保留不变，按规定报销医疗费用。

（二）社会救济和社会福利

1．社会救济

社会救济是国家财政通过财政拨款，向生活确有困难的城乡居民提供资助的社会保障计划。我国的社会救济由民政部门进行管理，其主要内容包括：①城镇居民最低生活保障。这是地方政府实施的确保城镇居民基本生活的救济，即当一个家庭人均收入达不到当地规定的"低保线"时，当地政府要对该家庭进行补贴，使其人均收入达到当地的"低保线"，计划所需的资金全部为各级财政的拨款。②下岗职工生活补贴。该项补贴的资金来源从制度上说是由企业、政府和社会三方负担，但实际上基本是由各级政府和当地的失业保险计划出资解决，下岗职工每月可以享受一定的基本生活费。③农村"五保户"救济，是指对农村中一部分"五保户"（即享受保吃、保穿、保住、保医、保葬的孤寡老人、残疾人）的分散供养，提供定期定量资助。④灾民救济，这是向遭受严重自然灾害而遇到生活困难的城乡居民提供必要的资助。

2. 社会福利项目

国家民政部门提供的社会福利主要是对盲聋哑和鳏寡孤独的社会成员给予各种物质帮助，其资金大部分来源于国家预算拨款。在各项民政社会福利项目中，社会福利院（孤儿院、敬老院、精神病福利院等）、烈属和残废军人抚恤金以及孤老复员军人定期定量补助属于社会保障。

（三）优抚安置

优抚安置是我国政府对以军人及其家属为主体的优抚安置对象进行物质照顾和精神抚慰的一种社会保障制度。主要包括社会优抚和社会安置两类。

1. 社会优抚

社会优抚是指国家与社会根据宪法及有关法律和政策的规定，对现役军人、退伍军人和烈军属等提供保证一定生活水平的资金和服务的特殊社会保障制度。我国为保障优抚对象的权益，陆续颁布了《革命烈士褒扬条例》和《军人抚恤优待条例》等法规。其优抚层次和标准主要包括：对烈士遗属和牺牲、病故军人遗属及伤残军人等，实行国家抚恤；对老复员军人等重点优抚对象，实行定期定量生活补助；对义务兵家属，发放优待金；残疾军人等重点优抚对象，享受医疗、住房、交通、教育和就业等社会优待。

2. 社会安置

社会安置是指国家和社会根据有关法律制度规定，对军人和义务兵等提供就业和服务的社会保障制度。根据《中华人民共和国兵役法》和《退伍义务兵安置条例》等法律法规的规定，社会安置内容主要包括：城镇退役士兵安排就业岗位，对自谋职业的发给一次性经济补助并给予优惠政策扶持；对农村退伍义务兵，在生产、生活和医疗等方面的困难视不同情况予以解决；机关、团体、企事业单位招工时，在同等条件下优先录用退伍军人；对报考大中专院校的，在同等条件下优先录取退伍军人；对退出现役的伤残军人，在就业和生活等方面给予适当照顾；对军队干部（含士官）退出现役，分别实行复员、转业和退休等安置办法。目前我国各级政府普遍建立了相关工作机构。

为维护军人军属合法权益，加强退役军人服务保障体系建设，建立健全集中统一、职责清晰的退役军人管理保障体制，让军人成为全社会尊崇的职业，2018年3月根据第十三届全国人民代表大会第一次会议批准的国务院机构改革方案，将民政部的退役军人优抚安置职责、人力资源和社会保障部的军官转业安置职责，以及中央军委政治工作部、后勤保障部有关职责整合，组建设立退役军人事务部，作为国务院组成部门。

（四）其他保障

1. 城镇住房保障

我国目前积极推进以住房公积金制度、经济适用住房制度、廉租住房制度为主要内容的城镇住房保障制度建设，不断改善城镇居民的住房条件。

2. 就业保障

就业保障是国家社会保障工作的重要环节，事关劳动者合法权益的保护以及整个社会的和谐与稳定，该保障的实施主要依靠失业保险来保障。中共十九大报告强调，"就业是最大的民生"，"要坚持就业优先战略和积极就业政策，实现更高质量和更充分就业"。2019 年政府工作报告中就业首次被置于宏观政策层面，同时强调"必须把就业摆在更加突出位置"。

三、我国社会保障制度改革

我国现行社会保障制度还存在着社会保障体制不健全、不完善，保障性差、项目不全、程度较低，政府与企业包揽过多、负担过重，基金筹资模式落后等问题。"十七大"明确提出"加快建立覆盖城乡居民的社会保障体系，保障人民基本生活"的政策目标。以社会保险、社会救助和社会福利为基础，以基本养老、基本医疗和最低生活保障制度为重点，以慈善事业和商业保险为补充，加快完善社会保障体系；促进企业、机关、事业单位基本养老保险制度改革，探索建立农村养老保险制度；全面推进城镇职工基本医疗保险、城乡居民基本医疗保险制度建设；完善城乡居民最低生活保障制度，以及失业、工伤和生育保险制度；采取多种方式充实社会保障基金，加强基金监督管理，实现保值增值；健全廉租住房制度，加快解决城市低收入家庭住房困难等。

（一）扩大社会保障体系的覆盖范围

扩大城镇社会保障制度的覆盖面，建立健全社会救助体系，完善城市居民最低生活保障制度，巩固应保尽保成果；推动完善与经济发展水平相适应的社会保障体系，提高参保率，创造条件逐步完善基本养老保险制度、基本医疗保险制度和失业保险制度相结合的城镇社会保障体系；扩大社会保险的覆盖面，并积极探索与实施农村社会保障制度等；积极应对人口老龄化，以扩大社会保险覆盖范围、改革完善制度体系为着力点，民生保障网进一步织密扎牢。加快实施全民参保计划，基本养老保险 2018 年覆盖超过 9 亿人，企业退休人员基本养老金实现"十三连调"，1 亿多退休人员受益。基本医疗保险 2018 年覆盖了 13 亿多人，基本实现了全民医保。大病保险覆盖了全部城乡居民参保人员，保障水平稳步提高，保障范围也明显扩大。"基本保险＋大病保险"的政策报销水平已经超过 80%。将一批临床价值高但价格昂贵的重大疾病用药也纳入到医保的支付范围，减轻了群众就医负担，跨省异地就医直接结算工程如期建立并平稳运行，解决了群众跑腿垫资的就医痛点。

（二）完善城乡统一的社会保险制度

完善统一的城乡居民基本医疗保险、大病保险和基本养老保险制度。巩固医保全国异地就医联网直接结算。建立完善城乡居民基本养老保险待遇确定和基础养老金正常调整机制。做好社会保险关系转移接续工作，建立以国家政务服务平台为统一入口的社会保险公共服务平台。构建多层次农村养老保障体系，创新多元化照料服务模式。各省要结合降低养老保险单位缴费比例、调整社保缴费基数政策等措施，加快推进企业职工基本养老保险省级统筹，逐步统一养老保险参保缴费、单位及个人缴费基数核定办法等政策，2020 年底前实现企业职工基本养老保险基金省级统收统支。

（三）统筹城乡社会救助体系

做好城乡社会救助兜底工作，织密兜牢困难群众基本生活安全网。推进低保制度城乡统筹，健全低保标准动态调整机制，确保动态管理下应保尽保。全面实施特困人员救助供养制度，提高托底保障能力和服务质量。做好困难农民重特大疾病救助工作。健全农村留守儿童和妇女、老年人关爱服务体系。健全困境儿童保障工作体系，完善残疾人福利制度和服务体系。改革人身损害赔偿制度，统一城乡居民赔偿标准。

（四）国家推进社会保障综合改革

1. 国务院发布《降低社会保险费率综合方案》

（1）降低养老保险单位缴费比例。自 2019 年 5 月 1 日起，降低城镇职工基本养老保险（包括企业和机关事业单位基本养老保险，以下简称养老保险）单位缴费比例。各省、自治区、直辖市及新疆生产建设兵团（以下统称省）养老保险单位缴费比例高于 16% 的，可降至 16%；目前低于 16% 的，要研究提出过渡办法。

（2）继续阶段性降低失业保险、工伤保险费率。自 2019 年 5 月 1 日起，实施失业保险总费率 1% 的省，延长阶段性降低失业保险费率的期限至 2020 年 4 月 30 日。自 2019 年 5 月 1 日起，延长阶段性降低工伤保险费率的期限至 2020 年 4 月 30 日，工伤保险基金累计结余可支付月数在 18 至 23 个月的统筹地区可以现行费率为基础下调 20%，累计结余可支付月数在 24 个月以上的统筹地区可以现行费率为基础下调 50%。

（3）调整社保缴费基数政策。调整就业人员平均工资计算口径。各省应以本省城镇非私营单位就业人员平均工资和城镇私营单位就业人员平均工资加权计算的全口径城镇单位就业人员平均工资，核定社保个人缴费基数上下限，合理降低部分参保人员和企业的社保缴费基数。调整就业人员平均工资计算口径后，各省要制定基本养老金计发办法的过渡措施，确保退休人员待遇水平平稳衔接。完善个体工商户和灵活就业人员缴费基数政策。个体工商户和灵活就业人员参加企业职工基本养老保险，可以在本省全口径城镇单位就业人员平均工资的 60% 至 300% 之间选择适当的缴费基数。

2. 社会保障费由国家税务部门统一征收

根据党中央、国务院对社保征收机构改革工作的统一部署安排，自 2019 年 1 月 1 日起，基本养老保险费、基本医疗保险费、失业保险费等各项社会保险费交由税务部门统一征收。社会保险费征收体制改革的决定，是完善社会保险管理体制和治理方式的重大改革，有利于进一步明确部门职责分工，规范征缴管理，提高征缴效率，降低征收成本，优化缴费服务，增强参保缴费人获得感，实现社保资金安全、可持续增长，为降低社保费率创造条件。社保归税有利于进一步深化社会保险制度改革，更好地确保发放、维护广大参保人的利益。同时，有利于为深化"放管服"改革和进一步激发市场主体活力奠定良好基础。征管职责划转后，各相关部门将进一步密切协作，提高信息共享效率，完善相关配套制度，规范提升社会保险费征管水平；有利于进一步优化缴费流程、拓宽缴费渠道，联合探索关联业务"一站式"办理方式，切实降低缴费成本，提高缴费便利度，提升缴费人的获得感和满意度。只变更征收主体，原有政策保持不变抓紧研究降费率、不增加企业负担的政策。统一社保费征收主体，将提高社保费征收效率，有利于促进各类企业职工参保缴费，更好地维护职工权益。这些改革同时将为降低社会保险费率、减轻企业及职工缴费负担创造有利条件。

3. 加强社会保障资金的科学管理

社会保障资金是建立社会保障制度的关键，必须打破过去个人不缴纳保险费的做法。从发展趋势和国外的经验看，社会保障基金的来源都以某种比例取自于劳动者或劳动单位的收入，并以其为主，辅之以政府补助，以税或费的形式加以规范，如采用社会保障税形式强制形成保障基金，适时改征社会保险费为保障税。可借鉴国外有益经验，尝试通过招标委托有资信的专业性金融机构具体经营保险基金，提高基金运营和投资收益率；将社会保障的收支全部纳入社会保障预算统一核算、统一管理；财政部门参与各项社会保障法规的研究制定工作，以保证社会保障预算收支的合理性；实行个人账户资金市场运营，确保积累基金的保值增值，减少通货膨胀造成的损失，提高人们参保、缴费的积极性。根据《国务院关于建立企业职工基本养老保险基金中央调剂制度的通知》要求，自 2019 年 7 月 1 日起，企业职工基本养老保险在现行省级统筹基础上，建立中央调剂基金，对各省份养老保险基金进行适度调剂，均衡地区间基金负担，重点缓解少数困难省份的基金收支压力，确保基本养老金按时足额发放。

第二节　财政补贴

一、财政补贴含义

财政补贴是指国家财政部门根据国家政策的需要，在一定时期内对某些特定的产业、部门、地区、企事业单位、居民个人或事项给予的补助或津贴。它是财政分配的一种形式，是国家实现其职能的一种手段。财政补贴的构成要素是：财政补贴的主体是国家的财政部门，其他部门或单位对其内部成员的补助或津贴都不能认为是财政补贴。财政补贴的依据是国家在一定时期内对社会、经济等方面的有关政策，或者说财政补贴是为了实现一定时期内社会、经济的目标。财政补贴的对象包括三个层次：一是地区；二是部门、单位和个人；三是事项。

二、财政补贴的内容

财政补贴的内容十分广泛，为了便于管理并全面反映其构成，可从不同的角度进行分类考察。从社会经济运行过程中补贴所处的环节来看，财政补贴可区分为生产环节补贴、流通环节补贴、消费环节补贴；从补贴的经济性质看，可以分为生产性补贴和生活性补贴；从政府是否明确地安排支出来看，补贴可分为明补与暗补；从补贴资金的接受主体来看，可分为企业补贴和居民补贴；从补贴来源划分，又可分为中央补贴和地方补贴；从政策目的来分析，可分为价格补贴、企业亏损补贴、财政贴息等。根据国家预算对财政补贴的分类，目前我国财政补贴有以下内容。

（一）价格补贴

价格补贴指的是国家财政向企业或居民支付的、与人民生活必需品和农业生产资料市场价格的政策相关的补贴。从我国实际情况来看，这一类补贴包括的项目有：农产品价格补贴，这是价格补贴最主要的内容；农业生产资料价格补贴，这是政府向生产化肥、农药等的企业拨付的价差补贴；日用工业品价格补贴，以保持日用品价格稳定；工矿产品价格补贴，这是对工矿产品因调出或收购价格较低而给予的财政补贴。如2009年中央财政预算支出中就包括因成品油价格改革对林业和渔业的补贴、农资综合直补等。

（二）企业亏损补贴

企业亏损补贴是国家财政对国有企业的亏损给予的补贴。在我国分为两类：一是经营性亏损补贴，即国家对一部分由于经营管理不善引起的个别产品成本高于社会平均成本的企业暂时给予的补贴，但限期扭亏增盈；二是政策性亏损补贴，即国家为保证国有企业按计划生产经营某些社会需要的产品而对其生产经营过程中由于客观因素所造成的计划内亏损进行的补贴。

（三）财政贴息

财政贴息是国家由于宏观调控的需要，通过财政对使用某些规定用途的银行贷款的企业就其支付的贷款利息提供的一种补贴，它实质上等于财政代表企业向银行支付利息。例如，我国的国家储备粮油、棉、糖利息费用补贴；煤炭企业发展第三产业、外贸出口贷款利息费用补贴等。

此外，还有一类存在于我国现实中的重要财政补贴——职工生活补贴。这是政府为保证职工的某些基本消费不因物价的上涨而受到影响所给予的补贴，如住房补贴、水电补贴、煤气补贴、降温补贴等。

三、财政补贴的性质和作用

（一）财政补贴的性质

财政补贴是一国政府根据一定时期政治经济形势及方针政策，为达到特定的目的，对指定的事项由财政安排的专项资金补助支出。财政补贴是一种影响相对价格结构，从而可以改变资源配置结构、供给和需求结构的政府无偿支出，是财政调节经济的重要补充形式和手段之一。财政补贴具有以下特征：

1. 具有较强的政策性

财政补贴是国家实现一定的政策目标的手段，财政补贴的对象、补贴的数额、补贴的期限等都是按照一定时期的国家政策需要制定的，因而，财政补贴具有很强的政策性。国家的政策是多方面的，不仅包括经济政策，而且包括政治和社会政策。因此，财政补贴不仅是国家调节经济的一个杠杆，而且也是协调各种社会关系，保障社会秩序和政治局面安定的一种经济手段。

2. 具有一定的灵活性

政府一般都根据形势的变化和政策需要及时修正和调整财政补贴，所以，在世界各国，财政补贴往往是国家实现短期经济目标的重要财政手段。

3.具有明显的时效性

国家的政治、经济和社会政策是随着政治经济形势的变化而修正、调整和更新的。财政补贴措施一般都是依据一定时期的国家政策需要制定的，是为实现国家的政策目标服务的。因此，当国家的某些政策发生变化时，财政补贴措施也应做出相应调整。

（二）财政补贴的作用

1.纠正不合理的价格结构，有助于价值规律发挥作用

以粮食价格补贴为例，此类补贴是由提高粮食的收购价格引起的，而提高粮食收购价格，是为了纠正价格中的扭曲因素，逐步消除工农产品剪刀差，使农产品价格比较接近它的价值。就这个意义来说，粮食价格补贴是对粮食生产必要耗费的一种补贴，是符合价值规律的。但是，用补贴来改变相对价格结构，只是使价值规律部分地发挥作用。

2.纠正市场缺陷，借以实现国家的社会福利目标

价值规律的最重要作用是优化资源配置，但是，如果让它自发地去起作用，就不可避免地会产生周期性的、有时是剧烈的波动。当出现经济波动时，政府给某些生产者以价格补贴，如粮食生产过剩时实行保护价格，以维护生产者的利益和积极性；或者对某些超出社会需要的产品给以补贴，暂时维持生产和工人就业，以利资源从容转移。借助于价值规律优化资源配置，主要着眼于效率，必然将资源导向经济效益高的部门和经济发达地区，从而引起国民收入分配在不同收入阶层之间发生较大的差异。在这种情况下，适当运用补贴手段，有利于促进落后地区经济发展和调节 GDP 分配。

财政补贴是用来改变相对价格结构。社会经济性质不同，实际存在的作为社会经济运行条件的相对价格结构的状况不同，财政补贴作用的方向也不同。在计划价格体制下，当相对价格结构扭曲时，价格补贴的基本作用应是纠正价格结构的扭曲，从而弥补计划价格的不足。在自由价格体制下，价格补贴则被用来有目的地改变这种价格结构，克服自由价格的自发性带来的消极作用，以实现自由价格机制所不能实现的社会目标。总之，在运用补贴手段来调节经济运行时，必须与既定的经济制度和经济运行机制相适应。

四、财政补贴制度的完善

（一）过度财政补贴的危害

我国的财政补贴，对促进经济发展、保证经济改革和社会安定有着积极的作用，这是毋庸置疑的。同价格、税收、信贷、工资等经济杠杆相比，财政补贴只能算是一种辅助性调节手段，它必须与其他经济杠杆配合起来发挥作用。如果夸大了补贴杠杆的地位和作用，任意扩大补贴的范围和数量，则将对国民经济造成一系列不良后果。

1.过度财政补贴使价格与价值的背离长期化、合法化，从而削弱价格的杠杆作用

由于财政补贴是在价格之外对商品价格低于价值的部分进行补偿，这样就掩盖了补贴商品的真实成本、价值及其相关商品的比价关系。如果长期过度地补贴，将造成不合理的价格体系的进一步扭曲，使价格信号失真，并造成整个价格体系的紊乱和商品供求的结构性矛盾。

2.过度财政补贴不利于真实地反映企业的生产经营成果

大量的企业亏损补贴会软化企业的预算约束，甚至还可能造成以政策性亏损掩盖经营性亏损，使经营管理不善合法化。这显然不利于准确考核企业的经济效益，不利于改善企业经营管理，也不利于市场条件下优胜劣汰机制作用的发挥。

3.过度财政补贴加剧财政收支矛盾，增加财政负担

财政补贴反映在财政上，不是增加财政支出，就是减少财政收入。因此过多、过滥的财政补贴，不仅会加重财政的负担，使财政收支的矛盾加剧，而且还有可能挤占其他的财政支出项目，使财政支出结构恶化并影响政府职能的全面实现。

（二）我国财政补贴制度的改革与完善

随着经济体制改革的逐步深化，尤其是市场价格体系的日臻完善，现行财政补贴制度已不能适应市场经济发展的需要，必须进行改革和整顿，基本思路是减少补贴项目、压缩补贴规模、规范补贴方式、提高补贴效益。

其中财政补贴的范围应限定在市场机制不能充分发挥作用的领域。这包括：社会效益大而自身微观经济效益小的项目和产品，如军工、航天、节能、节水、环境治理与保护等；仍需国家价格管制的关系国计民生的重要产品和劳务，如石油、煤炭、城市供水供电等；在市场竞争中处于不利地位的弱质产业和市场风险程度较高的高新技术产业等。因此，我国财政补贴的改革应注重以下几个方面的内容：

1.加大农业补贴力度，真正建立起有利于促进农产品供给增长的农业补贴政策

21世纪中期以来的农业免税政策及种植补贴政策对恢复和促进农业发展发挥了很大作用，但形式还可更多，补贴力度还可加大，还可通过农业贷款贴息、最低保护价、国家储备等方式，更加直接、有效地扶持农业生产。

2.改进公用事业补贴方式，提高补贴的效率

我国现有大多数城市公用事业都是靠财政补贴维持，每年补贴额高达数十亿，既不利于公用事业的健康发展，又给财政带来了沉重的负担。在今后的改革中，一方面公共事业应坚持保本微利的原则，以向社会收取适当服务费的方式，满足其经营开支需要；另一方面，政府要加强对其收费标准和收费使用情况的监督，切实维护公共权益。对少数难以靠收费维持收支平衡的公用事业，如环保、公共交通等，财政仍予以适当的补贴，但补贴的提供不能沿用由财政全部包下来的老办法，而应改用招标等方式。这既有利于控制补贴规模，又有利于提高补贴的效益。

3.取消大部分国有企业的亏损补贴，推进企业改革的进程

企业政策性亏损补贴基本上都是由于产品价格不合理、销售收入不足以抵补生产成本造成的。我国市场经济发展到今天，工业产品的价格绝大部分都已放开，价格关系基本理顺，因此，财政只可能对军工、航天等负有特殊使命的国有企业以及因执行国家有关政策而导致亏损的企业给予适当补贴。

第三节 税收支出

一、税收支出的概念与实质

税收支出又称"税式支出",是以特殊的法律条款规定的并给予特定类型的活动或纳税人以各种税收优惠待遇而形成的收入损失或放弃的收入。

(一)税收支出理论的起源

税收支出(tax expenditure)的理论与实践起源于西方发达国家。人们在实践中认识到,税收优惠可以用以贯彻国家的某些政治、经济、社会政策,并且可以取代某些财政(预算拨款)支出,于是,开始对这些税收优惠的成本与效益进行计算和评估。用以实现政府目标的税收优惠逐渐被称为税收支出,一方面是认为这种支出与预算拨款支出相似,另一方面是认为这种支出与预算拨款支出一样应当受到监督和控制。

从1959年开始,德国政府就向议会提交关于税收补贴的报告。20世纪60年代末70年代初,出现了税收支出理论。1967年,美国财政部部长助理斯坦利·S.萨里(Stanley S. Surrey)首次提出了税收支出的概念。他认为:"通过特意与一般人所接受的净收入概念的背离和各种特别的免税、扣除和抵免,使得我们的税收制度确实能够对私人经济产生作用,而这些作用通常是通过一些支出实现的,从而在事实上形成了一种以税收语言描述的支出制度。"1969年,出于对以大量税收优惠实现特定社会、经济目标的做法的不同看法,美国财政部编制了第一个反映由于各种税收优惠而引起的税收损失的税收支出表,并将其列入1968财政年度的部长报告。1973年,萨里在其所著的《税收改革的途径》(Pathway Tax Reform)一书中结合美国的实践第一次对税收支出作了理论上的阐述。1974年,美国国会通过的预算法案正式批准实行税收支出制度,将税收支出定义为"由于联邦税法规定的某些特殊收入不予计列、免税、税前扣除,或者特殊的税收抵免、优惠税率、延期纳税而造成的财政收入的减少"。

(二)税收支出的概念

不同的国家在不同的时期对于税收支出的概念、定义有不同的表述。经济合作与发展组织在1995年的报告中对税收支出的表述是:税制的规定可以分为基准税制的规定和偏离基准税制的规定两个部分。一般来说,基准税制包括税率结构、会计准则、强制性支付的减少、便利管理和与国际税收义务相关的规定。一旦税制偏离了这种基准税制,即被认定为税收支出。税收支出实质上是一种特殊的政府支出,即以偏离基准税制(税收优惠)的形式实现的财政支出,相当于纳税人从国库里领钱,或者国库向纳税人拨款。这是政府实现特定的政治、经济、社会政策的一种方式。这种支出不可能由财政(预算拨款)支出彻底取代,甚至有时其效果会优于预算拨款支出(例如,以税收优惠吸引国内外投资开发落后地区,其效果可能比财政直接拨款建设项目更好)。

一般而言,税收支出是指政府为了实现特定的社会经济目标,通过税收法律条款,以收入损失或主动放弃部分税收收入的形式，给予特定类型的经济活动或者纳税人的无偿性资助。税收支出是政府的一种隐性支出或间接性支出，具有财政补贴性质。

二、税收支出的形式及分类

从目前各国税收支出的范围来看，涉及的税类、税种是很广泛的，既包括直接税（如个人所得税、公司所得税、社会保障税、财产税、遗产税），也包括间接税（如增值税、消费税）；有些国家既包括中央税，也包括地方税（如意大利、奥地利、荷兰）。

（一）税收支出的分类

1. 按税收支出性质分类

按税收支出性质分类，税收支出可分为两类。第一类是为有困难的纳税人（如贫困个人、亏损企业等）提供的财政补助，第二类是为鼓励纳税人从事某些经济、社会活动（如开发性投资、公益性捐赠等）提供的财政支持。

2. 按税收支出方向分类

按税收支出方向分类，税收支出可分为三类。第一类是体现国家产业发展政策的税收支出（指对于国家鼓励优先发展的产业给予税收优惠），第二类是体现国家区域发展政策的税收支出（指对于国家规定的地区给予税收优惠），第三类是体现国家社会政策的税收支出（指对于特定的社会阶层、人群给予税收优惠）。

3. 按税收支出方式分类

按税收支出方式分类，税收支出大体可以分为两类：第一类是直接的税收支出（如通过减免税收使纳税人直接受益），第二类是间接的税收支出（如通过加速折旧为纳税人提供无息的"税收贷款"）。

4. 按税收支出管理模式分类

按税收支出管理模式分类，税收支出的管理模式大体可以分为三类：第一类是全面预算管理模式，如美国、澳大利亚、德国、法国、比利时等国建立的规范的税收支出预算，需要经过议会审批；第二类是准预算管理模式，如加拿大、英国、意大利、荷兰等国只就主要税收支出项目定期编制报告，作为预算法案的参考和说明，不需要经过议会审批；第三类是非制度化的临时监控，即政府决定以税收支出方式对某一部门或者行业提供财政支持的时候对放弃的收入的评估，不需要向议会提供。

（二）税收支出的主要形式

1. 税收豁免

税收豁免是指在一定期间内，对纳税人的某些所得项目或所得来源不予课税，或对其某些活动不列入课税范围等，以豁免其税收负担。至于豁免期和豁免税收项目，应视当时的经济环境和政策而定。如免除机器或建筑材料的进口关税，可使企业降低固定成本；免除原材料以及半成品的进口关税，可增强企业在国内外市场的竞争能力；免除货物税同样也可能降低生产成本，增强市场的价格竞争力。若免除所得税，可以增加新投资的利润，使企业更快地收回所投资本，减少投资风险，刺激投资。例如，对企业从治理污染中取得的所得不计入应税所得中，以激发企业治理污染的积极性。

2. 税前扣除

税前扣除或称纳税扣除，是指准许纳税人把一些合乎规定的特殊支出，以一定的比率或全部从应税所得中扣除，以减轻其税负。换言之，纳税扣除是指在计算应课税所得时，从毛所得额中扣除一定数额或以一定比率扣除，以减少纳税人的应课税所得额。在累进税制下，纳税人的所得额越高，这种扣除的实际价值就越大。因为，一方面，有些国家的纳税扣除，是按照纳税人的总所得，以一定的百分比扣除，这样，在扣除比率一定的情况下，纳税人的所得额越大，其扣除额就越多；另一方面，就某些纳税人来说，由于在其总所得中扣除了一部分数额，使得原较高税率档次降低到低一级或低几级的税率档次，这等于降低了这部分纳税人的课征税率。

3. 加速折旧

采用加速折旧方法，可以使纳税人在固定资产的使用年限内早些得到折旧费和减免税的税款，是一种特殊的税收支出形式。虽然它可在固定资产使用年限初期提列较大的折旧，但由于折旧累计的总额不能超过固定资产的可折旧成本，所以，其总折旧额并不会比一般折旧高。因此，从绝对额看，加速折旧并不能减轻企业的税负，政府在税收上似乎也没损失什么。但对企业来说，税负前轻后重，有税收递延缴纳之利，相当于政府给予一笔无息贷款；对政府而言，在一定时期内，虽然来自这方面的总税收收入未变，但税收收入前少后多，有收入迟滞之弊。政府损失了一部分收入的"时间价值"。因此，这种方式同延期纳税方式一样，都是税收支出的特殊形式。

4. 盈亏相抵

盈亏相抵是指准许纳税人以某一年度的亏损抵消以后年度的盈余，以减少其以后年度的应纳税款；或是冲抵以前年度的盈余，申请退还以前年度已纳的部分税款，一般抵消或冲抵前后年度的盈余，都有一定的时间限制。这种方式对具有高度冒险性的投资有相当大的刺激效果，在这种方式下，如果纳税人发生亏损，按照规定就可从以前或以后年度的盈余中得到补偿。当然，正因为这种方式是以纳税人发生亏损为前提，它对于一个从未发生过亏损但利润确实很小的纳税人来说，没有丝毫鼓励效果，而且就其应用的范围来看，盈亏相抵办法通常只能适用于所得税方面。

5. 优惠税率

优惠税率是对合乎规定的纳税人课以比一般税率较低的税率。其适用的范围，可视实际需要而予以伸缩。这种方法，既可以是有期限的限制，也可以是长期优待。一般来说，长期优惠税率的鼓励程度大于有期限的优惠税率，尤其是那些需要巨额投资且获利较迟的纳税人，常可从长期优惠税率中得到较大的利益。在实践中，优惠税率的表现形式很多，例如，纳税限额即规定的总税负的最高限额，事实上就是优惠税率的表现方式之一。

6. 税收抵免

税收抵免是指允许纳税人从其某种合乎奖励规定的支出中，以一定比率从其应纳税额中扣除，以减轻其税负。对于这种从应纳税额中扣除的数额，税务当局可能允许也可能不允许超过应纳税额。在后一种情况下，它被称之为"有剩余的抵免"；在前一种场合，即将没有抵尽的抵免额返还给纳税人，称之为"没有剩余的抵免"。在西方国家，税收抵免的形式多种多样，其中最主要的有两种形式，即投资抵免和国外税收抵免。

（1）投资抵免。投资抵免是政府规定对可折旧性资产投资者，可从当年应付公司所得税税额中，扣除相当于新投资设备某一比率的税额，以减轻其税负，借以促进资本形成并增强经济增长的潜力。其目的是为了刺激投资，促进国民经济增长与发展，因为其性质类似于政府对私人投资的一种补助，所以又称之为投资津贴。投资抵免是鼓励投资以刺激经济复苏的短期税收措施，是通过造成纳税人之间的税收负担不平等来实现的。

（2）国外税收抵免。国外税收抵免是指纳税人在居住国汇总计算国外的收入所得税时，准予扣除其在国外的已纳税款，其目的是为了避免国际双重征税，使纳税人的税收负担公平。该抵免方式有直接抵免、间接抵免，其中的间接抵免又可分为单层间接抵免和多层间接抵免。具体抵免方法有分国（不分项）限额抵免法、分国分项限额抵免法、综合限额抵免法等。

7. 税收饶让

税收饶让亦称"虚拟抵免"或"饶让抵免"，指居住国政府对其居民在国外得到减免优惠的那部分税额，视同已经缴纳的税额，同样给予税收抵免待遇，不再按居住国税法规定的税率予以补征。税收饶让是配合抵免方法的一种特殊方式，是税收抵免内容的附加。它是在抵免方法的规定基础上，为贯彻某种经济政策而采取的优惠措施。税收饶让这种优惠措施的实行，通常需要通过签订双边税收协定的方式予以确定。目前税收饶让抵免的方式主要有差额饶让抵免和定率饶让抵免两种。

8. 优惠退税

退税是指国家按规定对纳税人已纳税款的退还。退税的情况有很多，诸如多征误征的税款、按规定提取代征手续费等方面的退税。这些退税都属于"正规税制结构"范围。作为税收支出形成的退税是指优惠退税，指国家为鼓励纳税人从事或扩大某种经济活动而给予的税款退还。其中包括两种形式：出口退税和再投资退税。出口退税是指为鼓励出口而给予纳税人的税款退还，具体又包括两个方面的退税：一是退还出口商品在进口环节已承担的税负，即用进口原料或半制成品加工制成成品后，出口时退还其已纳的进口税，如进口关税、增值税等；二是退还出口商品已纳的国内销售税、消费税、增值税等。再投资退税是指为鼓励投资者将分得的利润在境内进行再投资，而退还纳税人再投资部分已纳税款。

9. 延期纳税

延期纳税亦称"税负延迟缴纳"，即允许纳税人对那些合乎规定的税收，延迟缴纳或分期缴纳其应负担的税额。这种方式一般可适用于各种税，且通常都应用于税额较大的税收上。在这种情况下，因可延期纳税，纳税人等于得到一笔无息贷款，能在一定程度上帮助纳税人解除财务上的困难。采取这种办法，政府的负担也较轻微，因为政府只是延后收款而已，充其量只是损失一点利息。在规定期限内可以无偿占用应纳税款，相当于取得相应数额的无息贷款。在通货膨胀的情况下，纳税人由此获益更多。

由于不同的国家、不同时期采用的税制模式、税制结构、对于基准税制的定义不同，认定的税收支出形式（项目）也不尽一致，对于不同国家、不同时期的税收支出加以比较也有一定的困难。例如，目前发达国家的税制大多以直接税特别是所得税为主体，这些国家的税收支出主要适用于直接税特别是所得税方面；发展中国家的税制大多以间接税特别是商品劳务税为主体，这些国家的税收支出主要适用于间接税特别是商品劳务税方面。同样是发达国家，各国的做法也很不一致。甚至就同一税种、同一项目而言，不同的国家也可能有不同的做法。例如，企业的招待费可以视为为了取得收入而发生的必要开支，可以作为基准税制的规定，也可以视为福利支出，因此可以作为税收支出。出口货物适用零税率通常被认为是基准税制的规定，而报刊、食品、药品适用零税率则通常被认为是税收支出。

我国自 2008 年重启积极财政政策。我国经济进入新常态后，减税降费成为重要的政策工具，我国政府通过普惠性减税与结构性减税并举、综合运用税收优惠等多种配套措施来激发市场活力。全面落实积极财政政策，达到节用裕民，用好税收支出等，必须注意以下几个问题：

第一，减税必须具有较大的规模，才能产生明显效果。2019 年预计减税规模可接近 2 万亿元，应该在实际执行过程中力保 2 万亿元，并根据实际情况争取有所突破，实现更大规模的减税。

第二，减税效应具有较强的时间递减性，在短期内减税效果表现明显，但是如果减税规模强度不递增，减税效应必然减弱。因此在减税伊始，就需要考虑如何深化财政体制改革，建立有利于经济高质量发展的长效机制。

第三，减税既是政府行为，又必须通过市场产生效果。因此减税政策的实施必须在"使市场在资源配置中起决定性作用和更好发挥政府作用"的框架内进行，使市场和政府既各自充分发挥好自身作用，又实现二者的积极协同发力，使减税实现预期效果，促进经济社会发展。一方面我们要汲取以往的经验教训，减弱和防止减税可能产生的负面影响；另一方面要认真落实竞争中性原则，使减税政策惠及实体经济的各个角落。

第四，做好减税与其他财政政策的协调配合，做好积极的财政政策与其他宏观调控政策，特别是与稳健的货币政策的协调配合。要发挥财政政策和货币政策各自的优势，形成政策合力，提高宏观调控水平，抵御下行压力，确保经济运行在合理区间，保持经济持续健康发展和社会大局稳定。

【本章小结】

1. 社会保障是政府在全社会范围内组织的，对因遭遇疾病、失业、残疾、年老或其他事故而造成收入锐减或收入丧失的社会成员提供的基本生活保障。

2. 社会保障支出的资金来源主要有社会保险税和财政支出中的转移支付。资金筹集方式主要有完全基金制、现收现付制和部分基金制。

3. 我国社会保障制度包括社会保险、社会救济、社会福利、优抚安置和住房保障、就业保障等方面，其中社会保险是社会保障制度的核心。

4. 财政补贴是指由财政安排的专项资金补助支出。从政府预算支出科目来分，财政补贴可分为价格补贴、企业亏损补贴、财政贴息等。

5. 税收支出是政府的一种间接性支出，属于财政补贴性支出。税收支出管理的基本内容包括税收支出的界定、税收支出涉及税种的确定、税收支出金额的统计、税收支出效果的评估和税收支出的管理模式。

【本章关键词】

社会保障支出；社会保障制度；社会救济；社会保险；社会福利；社会抚恤；社会保障基金；完全基金制；部分基金制；现收现付制；财政补贴；税收支出

【本章思考题】

1. 试述社会保障产生的条件、经济功能和政府介入的理由。
2. 试述我国社会保障体系的内容和改革趋势。
3. 社会保障资金有哪些筹集方式？各有什么特点？
4. 试述社会保险与商业保险的异同。
5. 社会保障资金的主要来源是什么？这些来源对社会公平和效率的影响有何不同？
6. 简要说明财政补贴的社会经济意义并分析我国财政补贴存在的主要问题及改革趋势。
7. 简要分析税收支出的性质和功能作用。

【拓展阅读】

请扫码阅读本章拓展阅读材料。

拓展阅读1
关于2017年全国社会保险
基金决算的说明

拓展阅读2
自2019年1月1日起，社保费
由税务部门统一征收

拓展阅读3
2018年我国社保基金支出
近五万亿两年增长近40%

拓展阅读4
关于进一步调整完善新能源
汽车补贴政策的解读（财政部）

第五章

财政收入理论

1. 了解我国的财政收入。
2. 理解财政收入的分类。
3. 了解我国财政收入规模及结构。
4. 掌握非税收入的含义及特点。
5. 了解我国非税收入的分类及基本情况。

第一节　财政收入分类

一、财政收入的概念

财政收入是指政府为履行其职能、实施公共政策和提供公共服务需要而筹集的一切资金的总和。它一般有两个方面的含义：首先，财政收入表现为一定量的具有公共性质的货币资金，即财政通过一定筹资形式和渠道集中起来的由国家集中掌握使用的货币资金，是国家占有的以货币表现的一定量的社会产品价值，而且主要是剩余产品价值。其次，财政收入又表现为一个过程，即组织收入、筹集资金的过程。政府的活动必然要求对社会资源进行从私人部门使用到政府部门使用的重新配置，而组织财政收入体现的正是这一配置过程，它是财政分配的第一阶段。

组织财政收入具有重要的意义，主要表现在：第一，财政收入是财政支出的前提。财政分配是收入与支出的统一过程，财政支出是财政收入的目的，财政收入则是财政支出的前提和保证。在一般情况下，收入的数量决定着财政支出的规模，因此，只有在发展经济的基础上，积极筹集资金，才能为更多的财政支出提供保证。第二，财政收入是实现国家职能的财力基础。国家为了实现其职能，必须掌握一定数量的社会财力，财政收入正是筹集社会资金获取的可供其支配的财力，对实现国家职能具有重要的意义。第三，财政收入是正确处理各方面物质利益关系的重要方式。财政收入的取得涉及征收比例、采取何种方式等问题，不仅关系到政府方针政策的贯彻落实，而且涉及各方面物质利益关系的处理。只有在组织财政收入的过程中正确处理各种物质利益关系，才能充分调动各方面的积极性，最终达到优化资源配置、协调分配关系的目的。

从理论上说，各国财政收入的口径应是一致的，即都是指国家筹集的一切资金的总和。但实际中根据本国国情和社会习惯，财政收入的口径会出现一些差异，如我国的财政收入以前主要指预算内的财政收入。但我国 2014 年修订后新的《中华人民共和国预算法》明确规定了政府的全部收入和支出都应当纳入预算，而且预算包括一般公共预算、政府性基金预算、国有资本经营预算、社会保险基金预算，因此我国的财政收入也包含了这四类收入，这样我国的财政收入就有狭义和广义两种口径的区分。一般公共预算收入称之为狭义的财政收入，简称为公共预算收入；广义的财政收入则是指四类预算收入之和，一般称为全口径财政收入。本章所指的财政收入是狭义的财政收入。表 5－1 所示为我国全口径财政收入规模和构成情况。

表 5－1　2017 年我国财政收入情况

项目	收入合计/亿元	占比/%
一般公共预算收入	160241.01	56.67
政府性基金收入	61479.66	21.75
国有资本经营收入	2580.9	0.91
社会保险基金收入	58437.57	20.67
总计	282739.14	100

资料来源：财政部 2017 年全国财政决算表。http://yss. mof. gov. cn/zhengwuxinxi/caizhengshuju/.

注：为避免重复计算，一般公共预算收入扣除社会保障基金收入中财政补贴收入 12351.76 亿元。

二、财政收入的分类

对财政收入的分析是财政理论的重要组成部分。而对财政收入进行分类，是为了明确财政收入的渠道及形式，便于增加财政收入，管理和控制财政收入，从而使财政分配顺利进行。各国学者都十分重视财政收入的分类，提出并实行了多种多样的分类方法。我国的财政收入分类一般有以下几种。

（一）按财政收入形式分类

财政收入形式是指国家取得财政收入的具体方式，即各社会成员通过什么方式上缴给国家形成财政收入。该分类标准主要反映财政收入过程中不同的征集方式以及通过各种方式取得的收入在总收入中所占的比重,其主要目的在于使财政收入的增长与经济制度相适应。在不同的时期,财政收入的形式是有差异的。

我国的财政收入主要是按收入形式分类。根据 2019 年制定的《政府收支分类科目》中"收入分类科目"列出的类级科目有税收收入、社会保险基金收入、非税收入、贷款转贷回收本金收入、债务收入、转移性收入六项。

1. 税收收入

共分设 20 款,包括增值税、消费税、企业所得税、企业所得税退税、个人所得税、资源税、城市维护建设税、房产税、印花税、城镇土地使用税、土地增值税、车船税、船舶吨税、车辆购置税、关税、耕地占用税、契税、烟叶税、环境保护税、其他税收收入。

2. 社会保险基金收入

款级科目中分设了企业职工基本养老保险基金收入、失业保险基金收入、职工基本医疗保险基金收入、工伤保险基金收入、生育保险基金收入、城乡居民基本养老保险基金收入、机关事业单位基本养老保险基金收入、城乡居民基本医疗保险基金收入、其他社会保险基金收入共 9 款收入。

3. 非税收入

设 10 款,包括政府性基金收入、专项收入、行政事业性收费收入、罚没收入、国有资本经营收入、国有资源(资产)有偿使用收入、捐赠收入、政府住房基金收入、专项债券对应项目专项收入、其他收入。

4. 贷款转贷回收本金收入

设 4 款,包括国内外贷款回收本金收入和国内外转贷回收本金收入。

5. 债务收入

包括中央政府债务收入和地方政府债务收入。

6. 转移性收入

该项收入设 13 款,包括返还性收入、一般性转移支付收入、专项转移支付收入、政府性基金转移收入、国有资本经营预算转移支付收入、上解收入、上年结余收入、调入资金、债务转贷收入、接受其他地区援助收入、社会保险基金上解下拨收入、动用预算稳定调节基金、收回存量资金。

从财政理论上说,财政收入形式还有铸币收入和通货膨胀收入。特别是铸币税,是国家借助货币发行垄断权而发行货币所取得的一种特殊收入,也是政府收入的一个来源。我国目前还没有统计这两种收入。

(二)按财政收入来源分类

财政收入总体上是一部分社会产品价值,是各经济部门的劳动者创造出来的,与国民经济各部门联系密切。因此,按财政收入来源进行分类,可以选择两个不同的标准:一是以财政收入来源的所有制结构为标准,可以将财政收入分为国有经济收入、集体经济收入、私营经济收入、中外合资经济收入、外商独资经济收入、个体经济收入等;二是以财政收入来源中的部门结构为标准,可以将财政收入分为工业收入、农业收入、商业收入、建筑业收入、交通运输业收入、服务业收入、其他行业收入等部门的收入。或者分为第一产业部门收入、第二产业部门收入和第三产业部门收入等。按财政收入来源分类,有助于研究财政与经济之间的制衡关系，明确财政收入政策对经济运行的影响，有利于选择财政收入的适当规模和结构，从而协调和均衡国民经济的发展。

（三）按财政收入层次分类

按财政收入的层次分类，财政收入可以分为中央财政收入和地方财政收入。

中央财政收入是指按照财政预算法律和财政管理体制规定由中央政府集中和支配使用的财政资金。中央财政收入主要来源于国家税收中属于中央的税收、中央政府所属企业的国有资产收益、中央和地方共享收入中的中央分成收入、地方政府向中央政府的上解收入以及国债收入等。中央财政收入主要用于国家安全、外交和中央国家机关运转所需费用，以及调整经济结构、协调地区经济社会发展、实施宏观经济调控和跨省际重大基础设施建设、涉及国家重大事业发展等方面的支出。

地方财政收入是指按照财政预算法或地方相关财政法规划归地方政府集中筹集和支配使用的财政资金。地方财政收入主要来源于地方税、地方政府所属企业的国有资产收益、共享收入中的地方分成收入以及上级政府的返还和补助收入等。各级地方财政分别担负着区域政府机关运转所需费用和分级提供公共物品、满足地方社会公共需要的职责。按照这一分类，我国中央和地方财政收入占公共财政收入比重情况如表5-2所示。

表5-2 我国中央和地方财政收入占公共财政收入的比重

年份	公共财政收入/亿元	中央财政收入/亿元	地方财政收入/亿元	中央占比/%	地方占比/%
1978	1132.26	175.77	956.49	15.5	84.5
1980	1159.93	284.45	875.48	24.5	75.5
1985	2004.82	769.63	1235.19	38.4	61.6
1990	2937.10	992.42	1944.68	33.8	66.2
1995	6242.20	3256.62	2985.58	52.2	47.8
2000	13395.23	6989.17	6406.06	52.2	47.8
2005	31649.29	16548.53	15100.75	52.3	47.7
2010	83101.51	42488.47	40613.04	51.1	48.9
2011	103874.43	51327.32	52547.11	49.4	50.6
2012	117253.52	56175.23	61078.29	47.9	52.1
2013	129209.64	60198.48	69011.16	46.6	53.4
2014	140370.03	64493.45	75876.58	45.9	54.1
2015	152269.23	69267.19	83002.04	45.5	54.5
2016	159604.97	72365.62	87239.35	45.3	54.7
2017	172592.77	81123.36	91469.41	47.0	53.0

资料来源：国家统计局. 中国统计年鉴[EB/OL]. http://www.stats.gov.cn/tjsj/ndsj/.

第二节 财政收入规模与结构

一、财政收入规模的衡量指标

财政收入规模实际是指财政收入的数量界限，是一国政府在一定时期内所拥有的财政收入总水平。财政收入规模很大程度上反映了政府为社会提供公共产品和服务的能力，一般可以用绝对规模和相对规模来反映。衡量财政收入规模的绝对规模是某一时期内一国财政收入的总量，相对规模指标则反映政府一定时期内对社会总产品的集中程度，一般用财政收入占国内生产总值（GDP）的比重作为衡量财政收入数量界限的常用指标。

此外，还有反映财政收入规模变化的指标：财政收入增长率、财政收入增长的弹性系数、财政收入增长边际倾向。财政收入增长率是当期财政收入与上期财政收入增长的百分比。财政收入增长弹性系数是财政收入增长率与 GDP 增长率之比。弹性系数大于 1，表明财政收入增长速度快于 GDP 增长速度。财政收入增长边际倾向是反映每增加一个单位 GDP 的同时财政收入增加多少，该指标表明财政收入增长额与 GDP 增长额之间的关系。

二、影响财政收入规模的主要因素

（一）经济发展水平和生产技术水平

总的来看，世界各国都把财政收入的持续稳定增长视为主要财政目标，对一些财政赤字较庞大的国家而言，则更加重视财政收入增长。但是，财政收入规模的大小，财政收入增长速度的快慢，往往不是单纯的以政府意愿为转移的，而是由经济、政治、社会以及历史文化传统等多种因素综合决定的，从根本上说，首先还是受经济条件的制约和影响。这些因素包括经济发展水平、生产技术水平、收入分配体制和价格水平等，其中最主要的是经济发展水平和生产技术水平。

经济发展水平反映一个国家的社会产品的丰富程度和经济效益的高低。经济发展水平高，社会产品丰富，其净值——国民生产总值（GNP）或国内生产总值（GDP）就多，一般而言，则该国的财政收入总额较大，占国民生产总值的比重也较高。当然，一个国家的财政收入规模还受其他各种主客观因素的影响，但不管怎样，经济发展水平对财政收入的影响是最为基础性的，起着根本性的作用。

从世界各国的实际状况来看，可以发现发达国家的财政收入规模一般都高于发展中国家，而在发展中国家中，中等收入国家又大都高于低收入国家，绝对规模与相对规模都表现出这一特点。纵向比较几个发达国家的发展，英、法、美三国 1880 年时全部财政收入只占国民生产总值的 10% 左右，到 20 世纪 80 年代以后逐步上升为 30%～50%，并保持一定的稳定性。这实际上也是验证了经济决定财政的基本原理。

生产技术水平也是影响财政收入规模的重要因素，但生产技术水平是内含于经济发展水平之中的，因为一定的经济发展水平总是与一定的生产技术水平相适应，较高的经济发展水平往往是以较高的生产技术水平为支柱。所以，对生产技术水平制约财政收入规模的分析，事实上是对经济发展水平制约财政收入规模研究的深化。简单地说，生产技术水平是指生产中采用先进技术的程度，又可称为技术进步。技术进步对财政收入规模的制约可从两个方面来分析：一是技术进步往往以生产速度加快、生产质量提高为结果，技术进步速度较快，GNP或 GDP 的增长也较快，财政收入的增长就有了充分的财源；二是技术进步必然带来物耗比例降低，经济效益提高，产品附加值所占的比例扩大。由于财政收入主要来自产品附加值，所以技术进步对财政收入的影响更为直接和明显。因此，促进技术进步，提高经济效益，是增加财政收入首要的有效途径，在我国更是如此。

（二）分配政策和分配制度

分配制度和分配政策是制约财政收入规模的重要因素。经济发展水平是分配的客观条件，而在客观条件既定的条件下，还存在通过分配进行调节的情形。在不同的国家（即使经济发展水平是相同的）和一个国家的不同时期，财政收入规模也不尽相同。分配体制和政治体制的集权和分权关系有直接的联系。如英国、法国等国国家财政收入规模之所以较高，是由于政治体制倾向于集权；以瑞典为代表的北欧国家财政收入规模很高，则是因为这些国家由政府包办的社会福利范围较大；而美国之所以相对较低，是因为美国为联邦制，政治体制倾向于分权，而且政府拨付的社会福利费水平较低等等。

针对我国而言，在改革开放初期，我国财政收入占 GDP 的比重出现逐年下滑的趋势，主要是因为经济转轨过程中 GDP 分配格局的急剧变化。如我国政府收入在 GDP 总额中所占比重 1978 年时为 30.78%，到 1994 年下降为 10.83%，1995 年仅为 10.18%。与之相对应，企业和居民收入所占比重则有了相应提高，企业收入所占比重 1978 年为 18.2%，1994 年为21.5%，上升了 3.3 个百分点；个人收入所占比重 1978 年为 50.5%，1994 年为 66.5%，上升了 16 个百分点。GDP 分配变化开始逐步向居民个人倾斜。

当然，经济体制转轨是导致我国 GDP 分配格局发生这种变化的首要原因。分配体制和分配模式是由经济体制决定的，我国过去的统收统支体制向市场经济体制的转换必然带来分配体制的转换，同时分配体制的改革又促进了经济体制的改革，促进了经济的快速增长。其次，GDP 分配向个人倾斜，财政收入所占比重下降，与我国分配制度不健全以及分配秩序较混乱有直接的关系。在改革过程中，因为分配秩序较混乱，我国居民收入中透明度较差的制度外收入快速增长，导致了居民收入差距的急剧扩大并形成分配不公，国家通过再分配进行调节的难度很大。

综上所述，分配政策和分配制度是影响财政收入规模的重要因素，在我国经济体制改革中调整分配体制和分配政策是必要的。在改革初期，虽然一定程度上削弱了财政的宏观调控能力，但随着改革的深入，这种状况逐步得到了一些改善。我国应该在提高经济效益的基础上，进一步完善社会主义市场经济，合理调整分配关系，适当提高并调整财政收入占国内生产总值的比重，推动我国经济体制改革不断深入。

（三）价格因素

财政收入在形成过程以及运用环节都与价格存在关系，在市场经济条件下，价格总水平一般呈上升趋势，这种价格的变化对财政收入会产生重要的影响。因为财政收入是一定量的货币收入，它是在一定的价格体系下形成的，又是按一定时点的现价来计算，所以，由价格变动引起的 GDP 分配的变化必然会影响财政收入的变化。在价格因素的影响下,财政收入可以分为名义财政收入和实际财政收入,名义财政收入是不考虑价格变动因素的影响,以当年物价水平来表示的财政收入;实际财政收入是指剔除价格变动的影响计算出的财政收入。所以,当物价总水平发生变化时,就会出现不一致的情形。基于此,可以根据表 5 – 3 中零售物价上涨率与财政收入增长率的比较中,得出物价上涨对财政收入影响的几种不同情况:一是财政收入增长率高于物价上涨率,从而财政收入实际增长大于名义增长,实际财政收入高于名义财政收入,如1984 年、2004 年的情况。二是物价上涨率高于财政收入增长率,从而财政收入名义上增长,实际上是负增长,是“虚增”,表现为名义财政收入高于实际财政收入,如1994 年。三是财政收入增长率等于物价上涨率,从而财政收入只有名义增长,实际上是不增不减,表现为名义财政收入与实际财政收入大体一致,如1986 年等。

表 5 – 3 我国零售物价上涨率与财政收入增长率对比

年份	零售物价上升率/%	财政收入增长率/%
1984	2.80	20.2
1986	6.50	5.8
1994	24.10	20.0
2004	3.90	21.6
2005	1.80	19.9
2006	1.50	22.5
2007	4.80	32.4
2008	5.90	19.5
2009	−0.70	11.7
2010	3.30	21.3
2011	5.40	25.0
2012	2.60	12.9
2013	3.20	10.2
2014	2.00	8.6
2015	1.40	5.8
2016	2.00	4.5
2017	1.60	7.4

资料来源:国家统计局.中国统计年鉴[EB/OL]. http://www.stats.gov.cn/tjsj/ndsj/.

三、我国财政收入规模变化趋势

我国 2015 年起实施的第一次修订的预算法确定了四种预算,因此形成了四种预算的收入。这里分析的我国财政收入是指一般公共预算收入,而非全口径的财政收入。其增长变化趋势如表 5 - 4 所示。

表 5 - 4　我国财政收入规模

年份	财政收入/亿元	财政收入增长率/%	财政收入占 GDP 的比重/%
1978	1132.26	29.5	30.78
1980	1159.93	1.2	25.28
1985	2004.82	22.0	22.03
1990	2937.10	10.2	15.56
1995	6242.20	19.6	10.18
2000	13395.23	17.0	13.36
2005	31649.29	19.9	16.90
2010	83101.51	21.3	20.16
2011	103874.43	25.0	21.29
2012	117253.52	12.9	21.77
2013	129209.64	10.2	21.79
2014	140370.03	8.6	21.89
2015	152269.23	5.8	22.20
2016	159604.97	4.5	21.57
2017	172592.77	7.4	21.02

资料来源：根据国家统计局和财政部网站数据整理。http://www.stats.gov.cn/tjsj/ndsj/；http://www.mof.gov.cn/zhengwuxinxi/caizhengshuju/。

　　我国财政收入是随着经济的快速发展而不断增长的。由表 5 - 4 可以看到，改革开放之后，我国财政收入绝对规模总体上增长较快，从 1978 年的 1132.26 亿元上升到 2016 年的 159604.97 亿元，年均增长率达到 13.41% 左右，为我国国民经济的发展以及人民生活水平的提高打下了重要的基础。从财政收入占 GDP 的比重来看，我国财政收入经历了一个先降后升的过程。1978 年占 GDP 的比重为 30.78%，至 1995 年下降为 10.18%，平均每年下降 1 个多百分点，主要原因是随着经济体制的改革，国家的分权让利以及分配向个人的倾斜。1994 年我国实行工商税改革和分税制改革，"两个比重"即财政收入占 GDP 的比重和中央财政收入占 GDP 的比重开始好转，1996 年开始回升为 10.32%，1998 年又实行积极的财政政策，使得我国财政收入占比的上升趋势一直延续到 2010 年，达到了 20.16%，15 年间上升了近 10 个百分点，此后基本保持在 21% 以上的水平。

　　从国际横向比较来看，一些有代表性国家的财政收入占 GDP 的比重分别为：1990 年美国为 34%、法国为 46.3%、英国为 44.4%、泰国为 21.3%，印度 1987 年为 20.5%，韩国 1992 年为 18.5%。按狭义财政收入口径进行比较，目前我国仍处于偏低水平，明显低于主要发达国家，与发展中国家基本持平。

　　显然，按狭义财政收入口径进行国际比较，是不合适的。如果根据全口径财政收入统计，我国的公共预算收入加上政府性基金收入以及社会保险收入三项收入合计占 GDP 的比重在 2010 年则已达 34.6%，2013 年已上升为 40.3%。这表明，我国全口径财政收入近年增长较快，而且主要是政府性基金增长较快。因此，按全口径财政收入来估算和衡量，当前我国财政收入规模水平已经接近甚至超出财政收入规模水平比较低的发达国家的水平，已经明显高于发展中国家的平均水平，这样我国财政收入规模继续提高的空间就十分有限。因此，在新的形势下，积极思考和研究我国适度的财政收入规模发展水平，对提高财政效率具有十分重要的意义。

四、财政收入结构

财政收入结构是指财政收入的构成部分所形成的比例关系。它反映财政收入的基本构成内容以及各类收入在财政收入总体中的地位。按照财政收入的基本分类标准，可以分为财政收入的来源结构和财政收入的形式结构。

（一）财政收入的来源结构

一般而言，财政收入的来源又可以从财政收入的所有制结构、财政收入的部门结构和财政收入的价值结构三个不同的方面来考察，其中又以前两个方面为常见。

1. 财政收入的所有制结构

财政收入的所有制结构是指各种不同所有制所形成的财政收入分别所占比例关系。我国实行的是社会主义公有制，公有制经济在整个经济中占据主导地位。随着经济体制改革的深入，其他所有制经济发展迅速，贡献的财政收入也逐步增加，但公有制经济作为财政收入支柱的地位基本不会改变，财政收入的所有制结构也明确反映了我国不同时期的经济制度这一变化特征。

2. 财政收入的部门结构

财政收入的部门结构是指国民经济中不同的产业部门对财政收入的贡献比例。它可以分为两种形式：一是按工业、农业、商业、建筑业、运输业及旅游等行业的传统产业部门分类的财政收入结构；二是按一、二、三产业分类的财政收入结构。这两种分类的依据虽然不同，但对财政收入结构分析的意义却是一致的。目前，我国第二产业部门对财政收入的贡献比较大，但随着我国社会经济的快速发展，来自第三产业部门的贡献在财政收入中的比重逐步在提高，成为我国财政收入的重要来源。

（二）财政收入的形式结构

本章第一节中已经说明，我国新的《政府收支分类科目》"收入分类科目"中列出的类级科目有税收收入、社会保险基金收入、非税收入、贷款转贷回收本金收入、债务收入、转移性收入六项，而其中税收收入是国家征收面最广、最稳定可靠的财政收入形式，也是国家取得财政收入的最主要形式。世界其他国家也是如此，一般国家的财政收入中税收所占比重基本上都在 90% 以上。我国税收收入在财政收入中所占比重如表 5 – 5 所示。我国一般公共预算收入是由税收和非税收入两种形式组成的，税收是主要形式，非税收入是辅助形式。非税收入、债务收入等其他收入形式分别在相应章节加以阐述。

表 5 – 5　2000—2017 年税收收入占财政收入比重

年份	财政收入/亿元	税收收入/亿元	税收收入占财政收入比重/%
2000	13395.23	12581.51	93.9
2001	16386.04	15301.38	93.4
2002	18903.64	17636.45	93.3
2003	21715.25	20017.31	92.2
2004	26396.47	24165.68	91.5
2005	31649.29	28778.54	90.9
2006	38760.20	34804.35	89.8
2007	51321.78	45621.97	88.9
2008	61330.35	54223.79	88.4
2009	68518.30	59521.59	86.9
2010	83101.51	73210.79	88.1
2011	103874.43	89738.39	86.4
2012	117253.52	100614.28	85.8
2013	129209.64	110530.70	85.5
2014	140370.03	119175.31	84.9
2015	152269.23	124922.20	82.0
2016	159604.97	130360.73	81.7
2017	172592.77	144369.87	83.6

资料来源：根据国家统计局网站数据整理。http://www.stats.gov.cn/tjsj/ndsj/.

第三节　非税收入

一、非税收入的概念

非税收入是相对于税收收入而言的。按照 IMF 以及世界银行对非税收入的定义，非税收入是指政府在税收之外取得的收入，包括因公共目的而获得的不需要归还的补偿性收入以及非政府单位自愿和无偿向政府支付的款项，具体包括经营和资产收益、罚款收入、收费等。

在我国，"非税收入"一词首次出现是在 2001 年的《财政部、中国人民银行关于印发财政国库管理制度改革试点方案的通知》(财库〔2001〕24 号)中。2003 年 5 月，财政部、国家发改委、监察部、审计署联合发布了《关于加强中央部门和单位行政事业性收费收入"收支两条线"管理的通知》(财综〔2003〕29 号)，第一次对"非税收入"这一概念给出了较明确的界定："中央部门和单位按照国家有关规定收取或取得的行政事业性收费、政府性基金、罚款和罚没收入、彩票公益金和发行费、国有资产经营收益、以政府名义接受的捐赠收入、主管部门集中收入等属于政府非税收入"。2016 年 3 月，财政部制定并下发《政府非税收入管理办法》（财税〔2016〕33 号），对非税收入这一概念进行了明确的定义："非税收入是指除税收以外，由各级国家机关、事业单位、代行政府职能的社会团体及其他组织依法利用国家权力、政府信誉、国有资源(资产)所有者权益等取得的各项收入"。并且规定非税收入应当纳入财政预算管理，实行分类分级管理。非税收入是政府财政收入的重要组成部分，是政府参与国民收入分配和再分配的一种形式。

需要说明的是，针对我国一直使用的"预算外资金"这一概念，非税收入其实是在其基础上提出来的，目的是为了淡化预算外资金的概念，强调通过非税收形式取得的财政收入都必须纳入预算统一管理，反映了全口径预算理念的实施，也是符合我国财政管理改革方向的。

二、非税收入的特点

非税收入的征收与税收收入相比有着不同的途径。因此也表现出不同的特点。

(一)灵活性

非税收入的灵活性主要表现在三个方面。第一，形式多样性。非税收入既可以按照收益原则以收费形式收取，也可以为特定项目筹资金而采取基金形式收取。第二，时效性。表现为有的非税收入项目是政府在特定条件下，为了某一特定活动的需要而设立的，在完成既定目标后，这些项目就会随之终止，具有明显的阶段性和时效性特点(如三峡工程建设基金)。第三，征收标准的不固定性。非税收入的立法层次比税收要低，因此征收标准相对比较容易进行变动，各地方可以根据不同时期本地的实际情况制定不同的征收标准。与税收相比，非税收入在时间、范围、形式等方面要灵活得多。这也就决定了非税收入的广泛适用性。在国家宏观调控方面，非税收入也具有税收无法替代的特殊调控作用。

(二)有偿性与无偿性

非税收入往往是有偿的，表现在政府相关部门在取得非税收入后，通常会为被征收对象提供相应的服务或者劳务。如个人向公安部门缴纳规定的费用后就可以办理身份证、户口簿等。但政府性基金、罚没收入等不需要向缴费人支付任何报酬，为政府无偿所得，又具有无偿性的特点。

(三)强制性与自愿性

非税收入具有强制性与自愿性并存的特点，表现在部分非税收入是国家相关机构凭借授予的国家权力向个人、企业或组织强制征收的，如政府性基金、罚没收入等，在一定程度上表现出强制性特点。但还有部分个人和单位自愿支付给政府部门的非税收入又表现出自愿性的特点。例如以政府名义接受的捐赠、彩票公益金等推行自愿原则，不能强行摊派。

(四)使用上的特定性

非税收入的使用与其收入来源联系在一起，一般都要求专款专用，不能挪作他用。如行政事业性收费应用于补偿使用政府提供的公共服务成本；彩票公益金主要用于促进社会公益事业和体育事业的发展等。

三、非税收入的分类

根据 2016 年财政部制定的《政府非税收入管理办法》，其中主要是行政事业性收费、政府性基金收入、国有资产(本)收入三个部分。

(一)行政事业性收费

行政事业性收费是指国家机关、事业单位、代行政府职能的社会团体及其他组织根据法律法规等有关规定，依照国务院规定的程序批准，在实施社会公共管理，以及在向公民、法人提供特定公共服务过程中，向特定对象收取的费用。一般按照成本补偿原则和非营利原则收取，具有一定的强制性和排他性。

1. 行政事业性收费分类

我国行政事业性收费包括行政性收费和事业性收费。行政性收费是指行政机关依法履行行政管理职能或者提供特定服务时，向公民、法人及其他组织收取的费用，侧重于行政部门的管理职能；事业性收费是指国家机关、事业单位向公民、法人或其他组织提供公共服务时收取的费用，侧重于部门的服务职能。

按照不同的标准，我国行政事业性收费可以有以下分类：

(1)根据行政事业性收费的目的不同，可以分为规费和使用费。规费是指政府部门对居民个人和单位提供特定服务或实施特定行政管理而收取的工本费和手续费，主要包括行政规费(如商标注册登记费、证照费等)和司法规费(如民事诉讼费、刑事诉讼费、律师执照费等)；使用费是指政府对公共设施使用者按受益原则并依照一定标准而收取的费用。

(2)按照行政事业性收费的性质不同，可以分为管理性收费和惩罚性收费。管理性收费一般包括资格审查收费、交易管理收费、裁定性收费、证照收费、诉讼费等；惩罚性包括有对违反治安管理条例行为的罚款、对经营假冒伪劣商品行为的罚款、对污染行为征收的排污费等。

2. 行政事业性收费的特点

行政事业性收费具有以下特点：

(1)确定性。首先表现在收费主体的确定。收费主体必须是以法律法规为依据的具有收费职权的国家机关或事业单位，或者是国家法律法规授权单位。即使在改革转型过程中，相关主体和范围出现了调整或发生重大变化，也只有依照相关法律法规规定或授权，才能成为行政事业性收费的主体。其次表现在收费依据的确定。收费依据必定是法律、法规以及政府或授权单位制定并发布的规章制度和其他规范性文件，包括了对收费主体资格、收费权限、收费的程序等的规定和确定。

(2)特定性。是指行政事业性收费的项目和项目的缴费者都是特别限定或规定的，凡是不属于其限定或规定范围的，都不属于其收费对象。换句话说，只有政府提供公共服务的直接受益者，才需要缴纳相关费用，并且收费的标准有严格的限定。

(3)补偿性。政府部门和单位提供的服务都有明确的服务对象，因此，提供这些服务所发生的费用应按照谁受益谁负担的原则，由直接消费者或受益人承担部分或大部分的费用，但一般仅限于以成本补偿为目的。

(二)政府性基金

根据 2010 年 9 月财政部发布的《政府性基金管理暂行办法》(财综〔2010〕80 号)中对政府性基金的定义,政府性基金是指各级人民政府及其所属部门根据法律、行政法规和中共中央、国务院文件规定,为支持特定公共基础设施建设和公共事业发展,向公民、法人和其他组织无偿征收的具有专项用途的财政资金。政府性基金实行中央一级审批制度,遵循统一领导、分级管理的原则,全额纳入财政预算,实行"收支两条线"管理。

1.政府性基金的分类

根据不同的标准,政府性基金有不同的分类。

(1)按照收入归属划分,政府性基金可以分为中央政府性基金收入、地方政府性基金收入、中央与地方共享收入。2017 年,纳入政府性基金预算管理的财政资金共26 项,属于中央收入的有:铁路建设基金、民航发展基金、旅游发展基金、中央水库移民扶持基金、核电站乏燃料处理处置基金等9 项;属于地方政府性基金收入的有:海南省高等级公路车辆通行附加费、新型墙体材料专项基金、国有土地使用权出让金、城市公用事业附加等11 项;属于中央与地方共享收入的有:农网还贷资金、港口建设费、国家电影事业发展专项资金、彩票公益金等6 项(见表5-6)。

表5-6　政府性基金项目按归属分类

类别	项目
中央政府性基金收入	铁路建设基金、民航发展基金、旅游发展基金、中央水库移民扶持基金、中央特别国债经营基金财务收入、核电站乏燃料处理处置基金、可再生能源电价附加、船舶油污损害赔偿基金、废弃电器电子产品处理基金
地方政府性基金收入	海南省高等级公路车辆通行附加费、新型墙体材料专项基金、城市公用事业附加、国有土地使用权出让金、国有土地收益基金、农业土地开发资金、城市基础设施配套费、地方水库移民扶持基金、车辆通行费、污水处理费、其他政府性基金
中央与地方共享收入	农网还贷资金、港口建设费、国家电影事业发展专项资金、彩票公益金、国家重大水利工程建设基金、彩票发行和销售机构业务费

资料来源:财政部.2017 年全国政府性基金收入决算表[EB/OL]. http://www.mof.gov.cn/mofhome/yusuansi/qgczjs/201807/t20180712_2959795.html.

(2)政府性基金按照支出用途划分可分为7 类,分别为:交通基础设施建设;水利建设;城市维护建设;教育、文化、体育等社会事业发展;移民和社会保障;其他方面基金(见表5-7)。

政府性基金按照项目的表现形式划分,可以分为:基金、资金、附加和专项收费四类。基金如铁路建设基金、民航发展基金、国家重大水利工程建设基金等;资金如农网还贷资金、农业土地开发资金等;附加如城市公用事业附加、可再生能源电价附加等;专项收费如港口建设费、城市基础设施配套费、污水处理费等。

表 5 – 7 政府性基金项目按支出用途分类

类别	项目
交通基础设施建设	铁路建设基金、民航发展基金、港口建设费、海南省高等级公路车辆通行附加费、农网还贷资金、车辆通行费
水利建设	国家重大水利工程建设基金
城市维护建设	城市公用事业附加、国有土地收益基金、国有土地使用权出让金、城市基础设施配套费、农业土地开发资金
教育、文化、体育等社会事业发展	旅游发展基金、国家电影事业发展专项资金、彩票公益金
生态环境保护	船舶油污损害赔偿基金、废弃电器电子产品处理基金、新型墙体材料专项基金、污水处理费
移民和社会保障	中央水库移民扶持基金、地方水库移民扶持基金
其他方面基金	中央特别国债经营基金财务支出、可再生能源电价附加安排的支出、核电站乏燃料处理处置基金、其他政府性基金、彩票发行和销售机构业务费安排的支出

资料来源：财政部. 2017 年中央本级政府性基金支出决算表 [EB/OL]. http://yss.mof.gov.cn/qgczjs/201807/t20180712_2959851.html.

2. 政府性基金的特点

政府性基金具有其自身特点，主要表现在以下三个方面：

（1）非补偿性。公民、企业等相关主体从事政府性基金项目规定的各类活动时，政府凭借行政权力强制、无偿征收，不具有补偿性，与具有特定目的的税收性质相似，具有"准税收"性质。

（2）时效性。政府性基金是弥补我国财政资金不足的手段之一，是为了支持特定项目的公共事业发展设立的，依附于相应的基础设施建设、国家重大建设项目等公共事业而存在，一般都具有征收年限，年限期满，政府性基金项目收费也就自动失效。

（3）专款专用性。各项政府性基金都通过相关文件明确规定了使用方向，一般只能用于支持特定项目的公共事业发展，不能挪作他用。

3. 政府性基金的管理

政府性基金的管理方式是在一般公共预算之外单独编制政府性基金收支预算，构成政府预算体系的重要组成部分。现行的基金预算管理制度对政府性基金的预算原则、预算级次、预算编制以及预算执行等做出了详细的规定。政府性基金收支预算的管理原则是全额纳入预算管理、全额上缴、先收后支、专款专用、结余结转使用。基金预算级次划分为中央基金预算收入、地方基金预算收入和中央地方共享基金收入；资金使用必须在规定的开支范围和标准内使用，不得擅自改变用途。编制政府性基金预算，对于提高政府预算的统一性和完整性，增强预算的约束力和透明度，更好地接受人大和社会监督，具有十分重要的意义。2009年以来，财政部按照全国人大和国务院的要求，制定印发了《关于进一步完善政府性基金预算编制的工作方案》，明确了完善基金预算编制的主要目标和任务。2010 年以来，我国政府性基金预算编制有较大程度的改进和提高，取得了明显成效，主要表现在：一是提高了预算完整性。在往年编制中央基金预算的基础上，新增编制了全国和地方基金预算，更加全面地反映了基金收支总量、结构和管理活动。二是细化了预算编制内容。更加细致地反映了基金收支的具体情况，中央基金支出预算全部编列到项级科目，并细化到具体支出项目，落实具体事项。三是提高了预算准确性。根据经济形势变化、政策调整等因素，准确预测基金收入。按照"以收定支、专款专用"和"收支平衡、结余结转下年安排使用"的原则，合理安排基金支出。充分论证项目支出，保证项目可执行，提高基金收支预算编制的真实性、准确性。四是增强了预算透明度。在全国预算草案中增加了对每项基金征收使用政策的说明，并且首次将基金收支预算向社会公布，让社会了解和监督预算执行。

（三）其他政府非税收入

我国政府的非税收入除了行政事业性收费、政府性基金，还包括国有资产收益、彩票公益金、罚没收入、特许经营收入、中央银行支出等。

1. 国有资产收益

我国的国有资产收益包括国有资源有偿使用收入、国有资产有偿使用收入、国有资本收益三个部分。国有资源有偿使用收入是各级人民政府代表国家以国有资源所有者的身份将一定年限内的资源使用权出让给资源使用者，资源使用者按规定的标准向国家缴纳的相关费用。国有资产有偿使用收入是行政事业单位和党政团体使用或处置国有资产时获得的收益。国有资本收益是指国家以所有者身份依法取得的国有资本投资收益，包括应上缴利润、股利和股息等收益。

2. 彩票公益金

彩票公益金是指经国务院批准的，按照规定比例从彩票发行销售收入中提取的，专项用于社会福利、体育等社会公益事业的资金。我国的彩票公益金包括福利彩票公益金和体育彩票公益金两种。

目前，我国的彩票公益金制度是根据《彩票管理条例》、《彩票管理条例实施细则》以及《彩票公益金管理办法》来确定的。分配政策主要是：中央与地方按 5∶5 比例分配。中央集中彩票公益金收入按 60%、30%、5%、5% 的比例分配至全国社会保障基金、中央专项彩票公益金、民政部和国家体育总局。其中，中央专项彩票公益金使用范围包括：红十字事业、残疾人事业、医疗救助、教育助学、未成年人校外教育事业、文化、扶贫、养老服务、法律援助等。地方留成的彩票公益金，按国务院批准的彩票公益金分配政策，坚持依照彩票发行宗旨使用，由省级财政部门洽商民政、体育等有关部门研究确定分配原则。

3. 罚没收入

罚没收入是指国家行政机关、司法机关和法律、法规授权的其他机构，根据法律、法规，对公民、法人和其他组织实施处罚所取得的罚没款以及没收赃物取得的直接收入。主要包括交通罚款、工商罚款、刑事罚款、法院裁定罚款以及其他罚没收入等。

4. 特许经营收入

特许经营收入是指国家依法特许企业、组织或个人垄断经营某种产品或服务而获得的收入。主要包括烟草专卖收入、酒类产品专卖收入、免税商品专营收入、纪念邮票（纪念币）发行收入、食盐批发专营收入等。

5. 中央银行收入

中央银行收入主要是指中央银行向金融机构再贷款、再贴现等形成的利息收入以及在行使中央银行职能，办理诸如外汇储备经营、证券买卖等业务过程中所发生的相关收入和其他收入等。

四、我国非税收入的基本分析

长期以来，我国都将财政资金分为预算内资金和预算外资金实行分别管理，并且在一定时期，我国的预算外资金占政府财政资金的大部分，从而导致了政府资金管理的混乱。随着我国经济体制改革的深入，适应规范财政管理制度，加强财政资金预算管理的客观要求，非税收入的概念逐步取代了预算外资金的概念，并且在 2011 年全部纳入预算管理。

根据我国新的《政府收支分类科目》，非税收入款级科目列举了 10 项内容，其中政府性基金收入和国有资本经营收入已独立编制预算，其他非税收入则属于一般公共预算的内容，因此，我国的非税收入分为公共预算内和公共预算外两部分。这里我们分析的非税收入是公共预算内的非税收入。

（一）我国非税收入纵向比较分析

我国的非税收入从规模上来看，自 1978 年以来持续增长。1978 年，我国的非税收入仅为 960.09 亿元，到 2016 年，已经增长到 29244.24 亿元，总体增长速度较快。与 1994 年分税制改革前相比，这些年非税收入占财政收入的比重呈现逐步下降趋势，这是与当时我国的经济体制和财政体制改革相关。但 2004 年以后，我国非税收入占财政收入的比重又略有上升，由 2005 年的 9.7% 增长到 2016 年的 18.32%。近几年，由于经济增速的放缓，加之我国实施大规模的减税降费以及企业上缴利润的减少，2017 年我国非税收入有所减少，占公共财政收入的比重也回落到 16.35%（见表 5-8）。但其中，地方非税收入占政府非税收入的比重一直保持在较高的水平，一般都在 80% 左右，如 2017 年地方非税收入为 22796.69 亿元，占整个政府非税收入的 80.77%（见表 5-9）。由此可见，地方非税收入是政府非税收入的重要组成部分，也是地方重要的财政收入来源，为促进地方经济发展发挥了重要作用，但同时，如何进一步加强对地方非税收入的管理也成为当前一项需要思考和研究的重要工作。

表 5-8　我国公共财政非税收入占公共财政收入的比重

年份	非税收入合计/亿元	占公共财政收入的比重/%
2007	5699.81	11.11
2008	7106.56	11.59
2009	8996.71	13.14
2010	9890.72	11.90
2011	14136.04	13.61
2012	16639.24	14.19

续表 5 - 8

年份	非税收入合计/亿元	占公共财政收入的比重/%
2013	18678.94	14.46
2014	21194.72	15.09
2015	27347.03	17.96
2016	29244.24	18.32
2017	28222.90	16.35

资料来源：根据财政部 2007—2017 年财政决算表数据整理。http://www.mof.gov.cn/zhengwuxinxi/caizhengshuju/.

表 5 - 9   我国 2011—2017 年中央和地方非税收入所占比重

年份	政府非税收入/亿元	中央非税收入/亿元	中央非税收入所占比重/%	地方非税收入/亿元	地方非税收入所占比重/%
2011	14136.04	2695.67	19.07	11440.37	80.93
2012	16639.24	2880.03	17.31	13759.21	82.69
2013	18678.94	3558.66	19.05	15120.28	80.95
2014	21194.72	4458.05	21.03	16736.67	78.97
2015	27347.03	7006.92	25.62	20340.11	74.38
2016	29244.24	6696.58	22.90	22547.66	77.10
2017	28222.90	5426.21	19.23	22796.69	80.77

资料来源：根据财政部 2011—2017 年财政决算表数据整理。http://www.mof.gov.cn/zhengwuxinxi/caizhengshuju/.

(二)我国非税收入横向比较分析

与世界其他国家的横向比较来看，其他国家没有政府性基金收入这个收入项目，但国家预算经常性收入中也含有收费收入，通称为使用费。表 5 - 10 是世界若干国家经常性收入中收费所占比重。

表 5 - 10   世界各类国家收费占经常性收入的比重

国别	经常性收入	收费所占比重/%
低收入国家：		
印度(1998 年)	29491.0 亿卢比	22.0
越南(2000 年)	787500.0 亿盾	15.7
中等收入国家：		
俄罗斯(2000 年)	27592.8 亿卢布	16.9
泰国(1999 年)	8001.8 亿泰铢	13.6
巴西(1998 年)	3275.5 亿瑞亚尔	17.1
韩国(1997 年)	907400.0 亿韩元	13.6

续表 5 – 10

国别	经常性收入	收费所占比重/%
高收入国家：		
美国（1999 年）	32535.0 亿美元	19.7
德国（1998 年）	17020.8 亿德国马克	17.2
法国（1997 年）	39328.0 亿法郎	9.1
英国（1998 年）	3406.7 亿英镑	8.5

资料来源：郭庆旺，赵志耘.财政学[M].北京：中国人民大学出版社，2002.

对照表 5 – 9 和表 5 – 10 可以对我国公共财政收入内收费占公共财政收入的比重进行横向对比分析。表 5 – 10 显示，世界各国的经常性财政收入无例外地都是以税收为主，但收费也占据一定的比例。其差异性主要是取决于各国的国情和财政体制的不同。从高收入国家的比较来看，体制差异的特征比较明显。其中前两个国家都是联邦制国家，财政体制倾向于分权，所以使用费比重较大，而英、法两国财政体制倾向于集权，所以使用费比重较小。将表 5 – 9 与表 5 – 10 对比可以看出，我国公共预算内收费在财政收入中所占的比重一般低于世界各国水平。但是，加上列为公共财政收入外的政府性基金收入将可以看到，我国包括公共财政内和公共财政外收费的全部收费占财政收入的比重则大大高于世界各国的水平。这是目前我国财政收入和财政体制的一个重大特点，即公共财政内收费的比重较小，收费主要在公共财政外。因此，在财政管理上清理、整顿并严格控制公共财政外收费的增长，加强规范化、法制化，是我国财政管理的一项重要任务。

【本章小·结】

1.财政收入是指政府为履行其职能、实施公共政策和提供公共服务的需要而筹集的一切资金的总和。我国预算包括一般公共预算、政府性基金预算、国有资本经营预算、社会保险基金预算四个部分，这四类收入之和一般称为全口径财政收入；一般公共预算收入称之为狭义的财政收入，简称为公共预算收入或公共财政收入。

2.财政收入分类主要是依据收入形式分类和收入来源分类。我国主要是按收入形式分类。根据我国 2019 年的《政府收支分类科目》中"收入分类科目"列出的类级科目，我国分为税收收入、社会保险基金收入、非税收入、贷款转贷回收本金收入、债务收入、转移性收入六项。

3.财政收入规模体现了一个国家对社会财力的集中程度。影响财政收入规模的主要因素包括经济发展水平和生产技术水平、分配政策和分配制度以及价格因素等。合理确定财政收入规模和结构具有现实意义。

4.非税收入是指除税收以外，由各级国家机关、事业单位、代行政府职能的社会团体及其他组织依法利用国家权力、政府信誉、国有资源（资产）所有者权益等取得的各项收入。非税收入应当纳入财政预算管理，是政府财政收入的重要组成部分。

5.非税收入与税收收入相比具有不同的特点。我国非税收入包括行政事业性收费收入、政府性基金收入、罚没收入、国有资源(资产)有偿使用收入、国有资本收益、彩票公益金收入、特许经营收入、中央银行收入、以政府名义接受的捐赠收入、主管部门集中收入、政府收入的利息收入、其他非税收入等 12 类，但不包括社会保险费、住房公积金。

【本章思考题】

按财政收入形式分类；狭义财政收入；全口径财政收入；财政收入规模；非税收入；政府性基金收入

【本章思考题】

1.按财政收入形式分类，我国财政收入可以分为哪些？
2.分析我国财政收入规模变化的趋势。
3.影响财政收入规模的因素有哪些？
4.什么叫非税收入？如何理解非税收入的特点？
5.什么叫政府性基金？有何特点？
6.如何加强对我国非税收入的管理？

【拓展阅读】

请扫码阅读本章拓展阅读材料。

拓展阅读1
政府非税收入管理办法
(财税〔2016〕33号)

拓展阅读2
政府性基金管理暂行办法
(财综〔2010〕80号)

拓展阅读3
2019年政府收支分类科目
(财预〔2018〕108号)

第六章

税收原理

1. 掌握税收的基本属性、基本原则、形式特征、分类方法。
2. 掌握税收术语、税负转嫁和归宿的基本内容及基本规律。
3. 了解税收与经济之间的关系。
4. 掌握税收经济效应作用机制和税收的经济影响。

第一节　税收基本原理

一、税收的基本特征

税收是随着国家的产生而出现的。历史上的国家财政收入有官产收入、债务收入、专卖收入、利润收入等多种形式，但税收一直扮演着最主要的收入角色。在市场经济下，税收是人们为享受公共物品所支付的价格，进而形成了税收概念中的"公共物品价格论"。向社会全体成员提供公共物品，就成为市场经济下国家的基本职能。税收满足政府提供公共物品的需要，也就是满足国家实现职能的需要。

（一）税收的产生

税收是一个历史范畴，是在社会生产力发展到一定水平，普遍出现剩余产品并且形成专门执行社会职能的公共权力即国家以后产生的。在国家产生的同时，也就出现了保证国家为满足社会公共需要的财政。在我国古代的第一个奴隶制国家夏朝，最早出现的财政征收方式是"贡",即臣属将物品进献给君王。当时,虽然臣属必须履行这一义务,但由于"贡"的数量、时间尚不确定,所以,"贡"只是税的雏形。以后出现的"赋"与"贡"不同。中国历史上最早的市场税收产生于西周。市是商品经济发展的产物,由来已久。商朝末年,商人贸易就已出现,但当时手工业和商业都属官办,所以没有市场税收。到西周后期,由于商品经济的发展,在官营工商业之外,出现了以家庭副业为主的私营手工业和商业,集市贸易日益增多,因此出现了我国历史上最早的市场税收。在西周,征收军事物资称"赋",征收土产物资称"税"。春秋后期,赋与税统一按田亩征收。"赋"指军赋,即君主向臣属征集的军役和军用品。但事实上,国家征集的收入不仅限于军赋,还包括用于国家其他方面支出的产品。此外,国家对关口、集市、山地、水面等征集的收入也称"赋"。所以,"赋"不仅指国家征集的军用品,而且具有了"税"的含义。有历史典籍可查的对土地产物的直接征税,始于公元前594年(鲁宣公十五年)。据《春秋》记载,鲁宣公十五年,鲁国首先实行初税亩,按平均产量对土地征税。这是征收田税的最早记载,这种税收以征收实物为主。实行"初税亩"反映了土地制度的变化,是一种历史的进步。后来,"赋"和"税"并用,统称赋税。秦汉时,分别征收土地税、壮丁税和户口税。明朝摊丁入地,按土地征税。清末,租税成为多种捐税的统称,农民向地主交纳实物曰租,向国家交纳货币曰税。

税收是国家(或政府)凭借政治权力强制征纳而取得的收入。因此,税收是国家满足社会公共需求,通过法律规定赋予政府的一种无偿参与社会剩余产品分配以取得财政收入的权力。或者说,税收是以政府为主体,凭借政治权力进行的一种分配,分配的对象是剩余产品价值,分配的目的是满足社会公共需求。社会剩余产品和国家的存在是税收产生的基本前提。

(二)西方税收思想的发展

西方税收思想有悠久的历史。代表资本原始积累时期商业资产阶级利益的重商主义形成于15、16世纪的英法等国,其经济理论的基本思想只局限于流通领域,主张实行高关税率以限制商品进口,主要代表有英国的托马斯·孟、托马斯·霍布斯、洛克、斯图亚特的税收思想,法国的柯尔贝尔的税收思想和德国尤斯第、宋能菲尔斯的税收思想等,广泛涉及国家税收理论的许多基本问题。重商主义者发起了税收学研究的良好开端,为后世税收学的发展提供了理论渊源。重农学派理论产生于18世纪下半叶的法国,是法国资本主义建立时期的资产阶级税收理论,认为社会财富的真正源泉是农业,要增加财政税收收入必须发展农业,从而将其研究重心从流通领域转向生产领域,该学派在税收方面比较有影响的是布阿吉尔贝尔的税收思想和魁奈的单一土地税理论。17世纪末叶到18世纪中期,英国步入了自由发展生产力的产业革命前夜,与此相适应形成了英国古典经济学思想。以亚当·斯密为代表的学者反对重商主义的国家干预经济的思想,主张将国家的职权尽量限制在较小的范围内,实行"廉价政府"和"夜警国家",以利于经济的自由竞争和发展;在税收政策方面,主张实行"公平"、"确定"、"便利"和"最少费用"的原则,开征有利于资本发展的税种,减少税收对资本积累和经济发展的损害,提倡"中性税收"。庸俗经济学产生于18世纪末,其代表人物有法国的萨伊、英国的马尔萨斯和穆勒。庸俗经济学派在继承古典学派基础上,根据新的经济情况,对某些理论进行了重新探索,在财政税收方面也有自己的特点。1871年德意志帝国成立,德国完成了封建制向立宪制的转变。这一时期德国所面临的政治经济矛盾和思想意识冲突十分严重，国家财政用于军费开支和缓和国内矛盾的费用增加。与此相适应，在税收制度方面采用了实行社会政策的税收理论，主要内容包括税收再生产论、税收本质二元论以及瓦格纳在此基础上吸收前人研究成果提出的税收九项原则。这九项税收原则被归纳为四个方面：财政原则、国民经济原则、社会公正原则、税务行政原则。瓦格纳承认上述四个方面的九项税收原则之间有时是有矛盾的，不可能要求某一种税或某一类税同时体现以上所有原则，而只能通过设计多种多样的税种，组成一个税收体系，才能尽可能地体现上述有关的各项原则。社会政策学派的税收理论既吸收了英国的自由主义经济思想，又融合了官房学派经济理论，并开始脱离政治经济学，形成独立税收理论体系。马克思和恩格斯认为，税收是政府机器的经济基础，是社会再生产中的一种分配形式，是对剩余产品或剩余价值的分配。凯恩斯主义税收理论和政策的内容以凯恩斯的主张为代表，主张运用税收改变收入分配。运用税收的自动稳定器作用，政府可根据不同时期的经济情况，通过调节税率来消除经济波动。从19世纪60年代开始，美国和一些西方国家陷入了经济"滞胀"的困境，凯恩斯主义相继被抛弃，而供给学派、货币主义学派正切中时弊，因而迅速为一些国家所接受。供给学派反对实行累进的高税率制和政府巨大的社会福利开支，因为这些都会使社会的总产量减少，进而减少供给。货币主义学派在财政政策方面，主张缩小政府支出，反对通过变相的税收方式制造通货膨胀；反对减税，担心减税也会加剧通货膨胀；主张降低所得税的最高累进税率，避免公众设法逃税，不愿从事生产性投资；改进对生活贫困者实行差额补助金的社会福利制度，提出"负所得税"的方案，希望以此促进低收入阶层的工作积极性。现代西方税收思想基本上强调公平和效率两大原则。

（三）税收的"三性"

税收与其他分配方式相比，具有强制性、无偿性和固定性的特征，习惯上称为税收的"三性"。这是税收的基本特征。

1. 税收的强制性

税收的强制性是指税收是国家以社会管理者的身份，凭借政权力量，依据政治权力，通过颁布法律或政令来进行强制征收。负有纳税义务的社会集团和社会成员，都必须遵守国家强制性的税收法令，在国家税法规定的限度内依法纳税，否则就要受到法律的制裁。这是税收具有法律地位的体现。从本质上说，税收的确具有强制性，体现为对个体财产权自由行使的限制，但这种强制性权力的来源正是它的有偿性，体现为赋税的征收不是对被征收者利益的剥夺。税收的征、纳关系，本质上是一种市场经济条件下的契约关系，是一种完全平等的关系，是无可取代的资源有偿配置关系。正如法国杰出的启蒙思想家孟德斯鸠所说的："国家的收入是每个公民所付出的自己财产的一部分，以确保他所余的财产的安全或快乐地享用这些财产。"马克思也曾说过："从一个处于私人地位的生产者身上扣除的一切，又会直接或间接地用来为处于私人地位的生产者谋福利。"强制性是税收作为一种财政范畴的前提条件，也是国家满足社会公共需要的必要保证。税收的强制性不是绝对的，在企业及个人明了征税的目的并增强纳税意识后，强制性可能转化为自愿性。

2. 税收的无偿性

税收的无偿性是指通过征税，社会集团和社会成员的一部分收入转归国家所有，国家不向纳税人支付任何报酬或代价。税收的这种无偿性是与国家凭借政治权力进行收入分配的本质相联系的。税收的无偿性是税收区别于国债的一个重要特性。税收的无偿性是针对具体纳税人而言的，税款交纳后征税人和纳税人之间不再有直接的返还关系，但对整个财政活动而言，税收具有有偿性一面。

3. 税收的固定性

税收的固定性是指税收是按照国家法令规定的标准征收的，即纳税人、课税对象、税目、税率、计价办法和期限等，都是税收法令预先规定了的，有一个比较稳定的适用期，是一种固定的连续收入。对于税收预先规定的标准，征税和纳税双方都必须共同遵守，非经国家法令修订或调整，征纳双方都不得违背或改变这个固定的比例或数额以及其他制度规定。当社会经济条件发生变化时，课税标准也必随之改动，因而，税收的固定性是相对的。

税收"三性"可以概括为税收权威，"三性"特征是税收本身所固有的特征，是客观存在的，不以人的意志为转移。无偿性是税收的本质体现，是"三性"的核心，是由财政支出的无偿性决定的。强制性是无偿性的必然要求，是实现无偿性、固定性的保证。固定性是强制性的必然结果。税收的"三性"特征相互依存，缺一不可，是区别于非税的重要依据。"三性"的共同特征都是相对的、互相联系的。

（三）税收职能

税收职能是税收所具有的满足国家需要的能力。它以税收的内在功能为基础，以国家行使职能的需要为转移，是税收内在功能与国家行使职能需要的有机统一。税收一般有以下三个职能。

1. 财政职能

税收的财政职能亦称"收入手段职能"。国家为了实现其职能，需要大量的财政资金。税收作为国家依照法律规定参与剩余产品分配的活动，承担起筹集财政收入的重要任务。税收自产生之日起，就具备了筹集财政收入的职能，并且是最基本的职能。

2. 经济职能

税收的经济职能亦称"调节手段职能"。国家为了执行其管理社会和干预经济的职能，除需筹集必要的财政资金作为其物质基础外，还要通过制定一系列正确的经济政策，以及体现并执行诸政策的各种有效手段，才能得以实现。税收作为国家强制参与社会产品分配的主要形式，在筹集财政收入的同时，也改变了各阶级、阶层、社会成员及各经济组织的经济利益。物质利益的多寡，诱导着他们的社会经济行为。因此，国家有目的地利用税收体现其有关的社会经济政策，通过对各种经济组织和社会成员的经济利益的调节，使他们的微观经济行为尽可能符合国家预期的社会经济发展方向，以有助于社会经济的顺利发展，从而使税收成为国家调节社会经济活动的重要经济杠杆。税收自产生之日起，就具备了调节社会经济杠杆的功能。但它的实现，却受到一定社会形态下国家政治经济状况及国家任务的影响。社会主义市场经济体制下国家宏观调控体系的建立，对实现税收调节社会经济生活的职能，既提出了强烈要求，也提供了可能的条件。税收的经济职能基本上涵盖了对资源的有效配置、公平收入分配和经济稳定与发展等范围。

3. 监督职能

税收政策体现着国家的意志，税收制度是纳税人必须遵守的法律准绳，它约束纳税人的经济行为，使之符合国家的政治要求。因此，税收成为国家监督社会经济活动的强有力工具。税收监督社会经济活动的广泛性与深入性，是随商品经济发展和国家干预社会经济生活的程度而发展的。一般地说，商品经济越发达，经济生活越复杂，国家干预或调节社会经济生活的必要性就越强烈，税收监督也就越广泛而深入。

筹集财政收入的职能是税收的基本职能，是实现调节社会经济生活和监督社会经济生活两项职能的基础条件。随着市场经济的发展，调节社会经济生活和监督社会经济生活的职能，也变得越来越重要。

二、税制要素与税收分类

(一)税制要素

税制要素，即税收制度的基本要素，包括向谁征税、对什么征税、征多少税和如何征税等基本内容。税制要素一般包括纳税人、征税对象、税率、纳税环节、纳税期限、减税免税和违章处理等。其中纳税人、征税对象和税率是税制的三个基本要素。

1. 纳税人

纳税人即纳税主体，是享有相应权利并按税法规定直接负有纳税义务的单位和个人。税法规定的直接负有纳税义务的人，可以是自然人(个人)，也可以是法人。与纳税人概念相关的还有负税人和扣缴义务人。负税人，是税款的实际负担者。有些税种，税款虽然由纳税人交纳，但纳税人可通过各种方式将税款转嫁给别人负担，在这种情况下纳税人不同于负税人。扣缴义务人，是税法规定的，在其经营活动中负有代扣税款并向国库交纳税款义务的单位和个人。

2. 征税对象

征税对象又称课税对象、征税客体，是指对什么事物和什么活动征税，即征税的标的物。不同的税种有不同的征税对象，它是一个税种区别于另一个税种的主要标志。在现代社会，国家的课税对象主要包括所得、商品和财产三类。

与课税对象相关的概念包括税目、计税依据、税源、税基。税目，是课税对象的具体项目或课税对象的具体划分。它规定了一个税种的征税范围，反映了征税的广度。税目的划分，可以使纳税人更透彻地了解税收制度，也可以使国家灵活地运用税收调节经济。计税依据，是计算应纳税额的依据，基本上可以分为两类：一是计税金额，这是采用从价计征方法时计算应纳税额的依据；二是计税数量，这是采用从量计征方法时计算应纳税额的依据。税源，是指税款的最终来源。具体到每一税种，征税对象与税源可能不一致。税源是指税收收入的源泉。通常有两种理解：一种是指某种税的征税对象总量及其分布状况，与征税对象是同一客体；另一种是指税收收入的经济内容。各种税收，不论其课税对象是什么，从税收收入来源看，都是国民收入分配过程中形成的纳税人的各种收入。税基(课税基础)，是某一税种的课税基础。税基有广义、中义、狭义之分。其中，广义的税基指抽象意义上的课税，即以国民收入、居民消费支出、社会财富为课税基础；中义的税基即为课税对象；狭义的税基即为计税依据。在税率不变的情况下，扩大税基会增加税额，缩小税基会减少税额。课税对象、税源、税基三者有时候一致，有时候不一致。如：商品税，课税对象是商品，税基是销售收入，税源也是销售收入；财产税，课税对象是财产，税源和税基是财产带来的收入；所得税，课税对象和税源、税基均为纳税人所得。

3. 税率

税率是指国家征税的比率，也就是税额与课税对象之比。税率是国家税收制度的核心，它反映征税的深度，体现国家的税收政策。税率一般可划分为比例税率、定额税率和累进税率。

（1）比例税率是税率的一种形式，即对同一课税对象，不论其数额大小，统一按一个比例征税，同一课税对象的不同纳税人税负相同。在具体运用上，又分为行业比例税率、产品比例税率和地区差别比例税率几类。比例税率具有鼓励生产、计算简便、便于征管的优点，一般应用于商品课税。其缺点是有悖于量能纳税原则，且具有累退性质。

（2）定额税率亦称固定税额，它是按课税对象的一定计量单位直接规定一个固定的税额，而不规定征收比例的一种税率形式。它具有计算便利、从量计征、不受价格影响的优点。其缺点是税负不尽合理，只适用于特殊税种，如我国的资源税、车船牌照税等。

（3）累进税率是按课税对象数额的大小将课税对象划分为若干个等级，每个等级规定由低到高、分级递增的税率，课税对象数额越大税率越高，数额越小税率越低。累进税率因计算方法不同，分为全额累进税率、超额累进税率和全率累进税率等，但实际中一般采用超额累进方式。累进税率符合量能纳税原则，税负较为合理，但计算比较复杂，一般适用于所得税。

全额累进税率指按课税对象的绝对额划分若干级距，每个级距规定的税率随课税对象的增大而提高，就纳税人全部课税对象按与之相适应的级次的税率计算纳税额的税率制度。全额累进税率的特点是：计算简便，在按照课税对象数额的大小确定税率后，实际上等于按比例税率计税；累进较急剧，即全部课税对象都适用相应的最高税率；累进的名义税率与实际税率一致；在课税对象级距的分界点附近，税负不合理，会出现税收增加额超过课税对象增加额的不合理现象。目前，全额累进税率一般已不采用。

超额累进税率指按课税对象的绝对额将课税对象数额划分为若干级距，每个级距规定的税率随课税对象的增大而提高，纳税人的课税对象按相应级距划分若干段，分段适用相应税率征税的税率制度。超额累进税率的特点是：计算较复杂，在实际工作中多采用速算扣除数法代替分段计税法；累进较缓和，即累进是渐进式的，而不是跳跃式的；累进的名义税率与实际税率不一致，实际税率低于名义税率；在累进级距的分界点附近不会出现税款增加额大于课税对象增加额的不合理现象。

在实际操作中，为了简化超额累进税率计税办法，引用"速算扣除数"：速算扣除数＝全额累进税率计算的应纳税额－超额累进税率计算的应纳税额。通常"速算扣除数"会事先计算出来，附在税率表中。应纳税额＝计税依据×适用税率－速算扣除数。

例如，2019 年我国个人所得税（综合所得适用）税率如表 6－1 所示。

表 6－1　个人所得税税率表（综合所得适用）

级数	全年应纳税所得额	税率/%	速算扣除数
1	不超过 36000 元的	3	0
2	超过 36000 元至 144000 元的部分	10	2520
3	超过 144000 元至 300000 元的部分	20	16920

级数	全年应纳税所得额	税率/%	速算扣除数
4	超过 300000 元至 420000 元的部分	25	31920
5	超过 420000 元至 660000 元的部分	30	52920
6	超过 660000 元至 960000 元的部分	35	85920
7	超过 960000 元的部分	45	181920

注：本表所称全年应纳税所得额是指依照《中华人民共和国个人所得税法》(2018 年 8 月 31 日修正版) 第六条的规定，居民个人取得综合所得以每一纳税年度收入额减除费用六万元以及专项扣除、专项附加扣除和依法确定的其他扣除后的余额。

若某人全年应税所得额为 144001 元，计算应纳个人所得税额 (应纳税额)。

全额累进税率下：

应纳税额 $= 144001 \times 20\% = 28800.2$ (元)

超额累进税率下：

将 144001 元分为 3 个部分 (36000, 108000, 1)，则：

应纳税额 $= 36000 \times 3\% + (144000 - 36000) \times 10\% + (144001 - 144000) \times 20\%$

$\qquad = 11880.2$ (元)

如果采用速算扣除法计算，计算方法如下：

应纳税额 = 应税所得额 × 适用税率 - 速算扣除数

$\qquad = 144001 \times 20\% - 16920 = 11880.2$ (元)

该纳税人在同样收入水平下，按全额累进税率计算比按超额累进税率计算需多缴税 16920 元。在临界点 144000 元上出现税款增加额大于课税对象增加额的不合理现象。

应当指出，定额税率、比例税率、累进税率都是税法中采用的实际税率。从经济分析的角度考察，税率又可以分为名义税率、实际税率、边际税率、平均税率等。名义税率，是指税法规定的税率，即税率表规定的税率，纳税人实际纳税时适用的税率。实际税率，则是指纳税人在一定时期内，扣除税收减免后，实际缴纳的税额占其计税依据的比例。名义税率与实际税率会有一些偏离。边际税率，是指在征税对象的一定数量水平上，征税对象的增加导致所纳税额的增量，与征税对象的增量之间的比例。平均税率，则是指全部税额与征税对象总量之比。

以超额累进的个人所得税为例，假设免征额为 800 元，则 800 元以下的这部分所得额的边际税率为 0；所得额为 1000 元时，增量 200 元，税额 10 元，则边际税率为 10 元 ÷ 200 元 = 5%；当所得额为 1800 元时，增量 500 元 (1800 - 500 - 800)，税率 10%，税额 50 元，边际税率 10%。可见，个人所得税超额累进税率表中的每一级税率实际上就是相应级距所得额的边际税率。而应纳税额和全部应税所得额的比则是平均税率。当然，并非所有税种的边际税率都会随着征税对象边际数额的增加而提高。根据边际税率在征税对象数额增加时的变化情况，即不变、上升或下降，可将税收依次划分为比例税、累进税、累退税。在比例税制情况下，边际税率和平均税率相等；在累进税制情况下，边际税率高于平均税率。边际税率的高低会对经济产生不同的影响。边际税率越高，纳税人增加的可支配的收入就越少，虽然税收收入的作用增强，但却会产生某种程度的替代效应，如当工作的边际收入减少时，人们就会以闲暇去替代部分工作时间，从而妨碍人们努力工作。因此，累进税率中的边际税率要适度。我国目前实行的个人所得税工薪收入的最高边际税率是45%，这从世界各国特别是发展中国家来看，采用这么高税率的国家和地区是非常少的。中国香港地区的个税税率是2%～15%，新加坡是2%～28%，加拿大是17%～29%，日本是10%～37%，美国是15%～39%。

4. 减税免税

减税免税是指税法对某些纳税人或征税对象给予鼓励和照顾的一种特殊规定。税收制度的减税免税要素包括以下内容：减税和免税、起征点、免征额。

减税，是指对应纳税额少征一部分税款；免税，是指对应纳税额全部免征。一般减税、免税都属于定期减免的性质，税法规定有具体的减免条件和期限，到期就应当恢复征税。

起征点，是征税对象达到征税数额开始征税的界限。征税对象的数额未达到起征点时不征税，而一旦征税对象的数额达到或超过起征点时，则要就其全部的数额征税，而不是仅对其超过起征点的部分征税。这是一种对低收入者的照顾。

免征额，是税法规定的课税对象全部数额中免予征收的数额，是对所有纳税人的照顾。

起征点和免征额的异同在于：当课税对象小于起征点和免征额时，都不予征税；当课税对象大于起征点和免征额时，起征点制度要对课税对象的全部数额征税，而免征额制度仅对课税对象超过免征额的部分征税。

5. 纳税环节

纳税环节一般是指在商品流转过程中，按照税法规定应当缴纳税款的环节。任何税种都要确定纳税环节，有的比较明确、固定，有的则需要在许多流转环节中选择确定。确定纳税环节，是流转课税的一个重要问题。它关系到税制结构和税种的布局，关系到税款能否及时足额入库，关系到地区间税收收入的分配，同时关系到企业的经济核算和是否便利纳税人缴纳税款等问题。如流转税在生产和流通环节纳税；所得税在分配环节纳税等。

6. 纳税期限

纳税期限指税法规定的纳税人发生纳税义务后，向国家缴纳税款的期限。纳税期限是负有纳税义务的纳税人向国家缴纳税款的最后时间限制。它是税收强制性、固定性在时间上的体现。任何纳税人都必须如期纳税，否则就是违反税法，将受到法律制裁。确定纳税期限，要根据课税对象和国民经济各部门生产经营的不同特点来决定。如流转课税，当纳税人取得货款后就应将税款缴入国库，但为了简化手续，便于纳税人经营管理和缴纳税款（降低税收征收成本和纳税成本），可以根据情况将纳税期限确定为1天、3天、5天、10天、15天或1个月。

7. 违法违章处理

违法违章处理是税务机关对纳税人违反税法的行为采取的处罚性措施。违章处理是税收强制性在税收制度中的体现，纳税人必须按期足额缴纳税款，凡有拖欠税款、逾期不缴税、偷税逃税等违反税法行为的，都应受到制裁（包括法律制裁和行政处罚制裁等）。违章行为有：违反税收征收管理制度，包括未办理税务登记、注册登记和使用税务登记证；未按规定办理纳税申报；未按规定建立、使用和保存账务、票证；未按规定提供纳税资料，拒绝接受税务机关监督检查等行为；欠税，即纳税人因故超过税务机关核定的纳税期限，少缴或未缴的违章行为；偷税，即纳税人使用欺骗、隐瞒等手段逃避纳税的违法行为；抗税，即纳税人公然拒绝履行国家税法规定的纳税义务的违法行为。对违章行为的处理包括征收滞纳金；处以税务罚款；税收保全措施；追究刑事责任等。

8. 纳税地点

纳税地点指纳税人应当缴纳税款的地点。一般来说，纳税地点和纳税义务发生地是一致的。规定纳税人申报纳税的地点，既有利于税务机关实施税源征管，防止税收流失，又便利纳税人缴纳税款。一般来讲，纳税按具体地点有就地纳税、口岸纳税、集中纳税、营业行为所在地纳税、汇总缴库等形式。

(二)税收分类

现代国家的税制一般都由多个税种组成，各税种既互相区别又密切相关。依照一定的标准将各税种分别归类，是研究和建设税制的重要前提。税收分类的标准和方法很多，一般根据不同的分类标准分为以下几类。

1. 按课税对象性质分类

按课税对象的性质，可将税收分为流转税(或称商品与劳务税)、所得税、财产税、行为税、资源税。流转税是指以商品生产流通的商品销售收入额或提供劳务的营业额为征税对象的各种税收的统称。所得税是指以纳税人的纯收益额或所得额为征税对象的各种税的统称。财产税是指以特定财产为征税对象的各种税的统称。行为税是指以特定行为为征税对象的各种税的统称。资源税是指对从事资源开发，就资源和开发条件的差异而形成的级差收入征收的各种税的统称。

2. 按税负能否转嫁分类

按税负能否转嫁，可将税收分为直接税与间接税。直接税是指税负不能转嫁的税种，即由纳税人直接负担的税收。一般认为，所得税和财产税属于直接税。这种税收分类的方法普遍流行于西方国家。间接税与直接税相对应，凡是税负可以转嫁的税种称为间接税，该税具有课征不稳定的特点。一般认为，商品与劳务税属于间接税。

3. 按课税标准的性质分类

按课税标准的性质，可将税收分为从量税和从价税。从量税是指以课税对象的数量、重量、容积或体积作为计税依据的税种，如我国的资源税、车船使用税等。从量税的税额随课税对象数量的变化而变化，计算简便，但税负水平固定化，不尽合理，只适用于少数税种。从价税是指以课税对象的价格作为计税依据的税种，如增值税、消费税等。从价税更适应商品经济的要求，同时也有利于贯彻国家税收政策，是大部分税种采用的一种计税方法。

4. 按照税收与价格的关系分类

按照税收与价格的关系来分，可将税收分为价内税和价外税。价内税是指税款在应税商品价格内，作为商品价格的一个组成部分的一类税，其计税依据称为含税价格。如我国现行的消费税、营业税和关税等税种。价外税是指税款不在商品价格之内，不作为商品价格的一个组成部分的一类税，其计税依据称为不含税价格。如我国现行的增值税(目前商品的价格合并不能否认增值税的价外税性质)。

5. 按税收管理权限分类

按照税收管理权限分类，可将税收分为中央税、地方税、中央地方共享税。这种分类方法是实行分税制财政体制的基础。其中，中央税是指由中央政府征收和管理使用或由地方政府征收后全部划解中央政府所有并支配使用的一类税,如我国现行的关税和消费税等,这类税一般收入较大,征收范围广泛。地方税是指由地方政府征收和管理使用的一类税,如我国现行的房产税、契税等,这类税一般收入稳定,并与地方经济利益关系密切。中央与地方共享税是指税收的管理权和使用权属中央政府和地方政府共同拥有的一类税,如我国现行的增值税、所得税和资源税等,这类税直接涉及中央与地方的共同利益。

6. 按是否有单独的课税对象和独立征收为标准分类

按照此类标准可以分为正税和附加税。正税指有特定的课税对象,并按照规定税率独立征收的税。征收附加税或地方附加,要以正税为依据。我国现行各个税种,如增值税、消费税、关税等都是正税。附加税是指随某种税收按一定比例加征的税。例如城市维护建设税的纳税义务人是负有缴纳增值税和消费税义务的单位和个人,该纳税人在缴纳增值税、消费税的基础上,再按照一定比例缴纳城市维护建设税。

三、税收原则

(一)税收原则的提出

税收原则是政府在设计税制、实施税法过程中所遵循的准则,也是评价税收制度优劣、考核税务行政管理状况的基本标准,它决定政府对什么征税(课税对象)、征收多少(课税规模)、怎样征收(课税方式和方法)等。较早提出税收原则的人有英国重商主义财政学家托马斯·霍布斯、经济学家威廉·配第和德国后官房学派经济学家尤斯蒂等。其中以配第的"公平、简便、节省"三条税收原则较为具体。在他们之后,亚当·斯密在前人的基础上提出了"平等、确实、便利和最少征收费"四个税收原则,这是税收原则的确立时期。重大发展时期是瓦格纳的税收原则,包括财政政策原则、国民经济原则、社会公平原则、税务行政原则等四个方面。这是适应国家干预经济的需要而提出的税收原则理论。当代税收原则包括税收公平和税收效率两大原则,其理论基础主要源于凯恩斯主义和福利经济学思想。亚当·斯密提出的税收原则与瓦格纳提出的税收原则的区别参见表6-2。

表6-2 亚当·斯密和瓦格纳的税收原则比较

亚当·斯密	瓦格纳
在税务行政上较偏重于纳税人的立场	在税务行政上较能兼顾政府的需要与人民的利益
没有税收收入弹性	强调税收收入要充分而有弹性
重视自然的正义,主张采取以消费税为中心的比例税	重视社会的正义,主张采取以所得税为中心的累进税制
在税收课征理论上采用利益说	在税收课征理论上采用义务说

(二)税收中的公平与效率

税收必须以公平为本,同时又必须考虑效率的要求。税收公平与效率往往处于两难的选择,因此,把税制的设计同本国的具体情况和长远发展战略结合起来的税收原则,才是对公平与效率两者更深层次和更高层次的兼顾。

1. 税收应以公平为主

公平合理是税收的基本原则和税制建设的目标。税收公平是指国家征税应使各个纳税人的税负与其负担能力相适应，并使纳税人之间的负担水平保持平衡。税收公平包括横向公平和纵向公平两个方面。前者是指经济能力或纳税能力相同的人应当缴纳数额相同的税收，亦即应以同等的课税标准对待经济条件相同的人；后者是指经济能力或纳税能力不同的人应当缴纳不同的税收，亦即应以不同的课税标准对待经济条件不同的人。税收公平原则要求税收必须普遍课征和平等课征。税收公平原则通常被认为是税制设计和实施的首要原则，并被推为当代税收的基本原则。

2. 征税必须考虑效率的要求

税收不仅应是公平的，而且应是有效率的。效率包括两层意义：一是税收行政效率，即征税过程本身的效率，指取得一定税收收入的前提下应尽量减少征收成本和费用。二是指征税对经济运行效率的影响，即征税必须有利于促进经济效率的提高，有利于发挥税收调节经济的功能；要求征税要尽量减少超额税收负担，即减少征税给纳税人带来的福利损失。

3. 税收公平与效率的两难选择

税收的公平与效率是密切相关的，从总体上讲，税收的公平与效率是互相促进、互为条件的统一体。效率是公平的前提。如果税收活动阻碍了经济发展，影响了 GDP 的增长，尽管是公平的，也是没有意义的。因为税收作为一种分配手段是以丰裕的社会产品为基础的，而没有效率的公平便成了无本之木。所以，真正的公平必须融合效率，必须是有效率的公平。公平是效率的必要条件。尽管公平必须以效率为前提，但失去了公平的税收也不会是高效率的。因为税收不公平必然会挫伤企业和个人的积极性，甚至还会引致社会矛盾，从而使社会生产缺少动力和活力，自然也就无效率可言。因此，真正的税收效率必须体现公平的要求，必须是大体公平的。当然，税收公平与效率的统一并不是绝对的，就某一具体的课征活动来说，两者会有矛盾和冲突。例如，商品课税可以通过各类奖限政策促进资源的合理配置和生产的发展，一般认为是有效率的；但由于它背离了量能纳税的原则，有时会造成纳税人的苦乐不均，通常又被认为是不公平的。再比如，所得课税具有负担合理、课征公平的优点，但它距离经济运转过程较远，很难直接调节生产和流通，又有效率不高的缺点。正因为如此，在税制建设和征收管理上才有公平与效率难以兼顾的说法。只有同时兼顾公平与效率两个方面的税制才是最好的税制，这是无须证明的。但就具体的税种来说，往往不是低效率、高公平，就是高效率、低公平，高效率、高公平的最优结合是少有的。发展中国家实行"效率型"税制比实行"兼顾型"税制更能促进本国经济腾飞，发达国家实行"公平型"税制更有益于社会安定。总之，把税制的设计同本国的具体情况和长远发展战略结合起来，显然是对公平与效率二者更深层次和更高层次的兼顾。

（三）当代税收原则

1. 财政收入原则

财政收入原则是税收的最基本原则。它包含两个方面的内容。

（1）充分原则。税收的充分性，是指税收应当能够为政府活动提供充实的资金，保证政府提供公共服务的需要。但税收所提供的收入并不是越多越好，因为在资源和技术给定的条件下，提供的公共物品越多，社会所能提供的私人产品就相应减少。

（2）弹性原则。由于政府的支出需求不是一成不变的，因而税收制度的设计，应当使税收能够随着政府支出需要的变动而进行一定程度的相应变化。

2. 经济发展原则

经济发展原则即税收经济效率原则，包括两层含义：首先，税收总量应该体现整个社会资源最优配置的要求。其次，税收对微观经济活动的效率损失应当最小。

税收经济发展原则涉及税收中性问题。税收中性是指既定税收收入下使税收的额外负担最小化。所谓税收超额负担，又称为税收的福利成本或无谓损失，是指征税引起市场相对价格的改变，干扰了私人部门的选择，进而导致市场机制扭曲变形所产生的经济福利损失。税收额外负担在多数情况下是不可避免的，因此如何使税收超额负担最小化就成为提高税收效率的基本思路。税收的课征应保持中性原则，除非有特殊的政策目的，否则，税收的课征以不妨碍经济的自由运作为目标。税收福利成本产生的原因是，纳税人除了向政府纳税，还会改变自身行为，从而在一定程度上减少了纳税。为减少纳税而产生的行为改变，会使纳税人在缴纳税款外还产生额外的成本。

如图 6-1 所示，若每单位商品的税收为 $P_d - P_s$，课税后的均衡销量是 Q'，因此，缴纳的税收总额为 $(P_d - P_s) \times Q'$。税收额外负担的产生，使得消费量从 Q^* 减少到 Q'。图 6-1 中的长方形区域 P_dABP_s 表示纳税人支付的税额。该部分是纳税人的成本，但征收后用于提供公共产品。ABC 区域表示税收的额外负担，是由不可避免的产出减少所带来的成本，而这部分成本被损失掉了。政府产出的总税收成本，等于政府的税收收入加上课税所带来的额外的福利成本，而这部分成本被损失掉了。政府产出的总税收成本，等于政府的税收收入加上课税所带来的额外的福利成本。

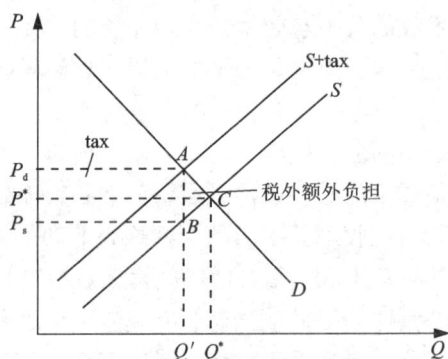

图 6-1 税收的额外负担

具有最小额外负担的税种，从效率角度来看是最优的。税收政策的目标之一，就是使税收体系的额外负担最小化。要实现该目标，必须对供给或需求弹性较小的商品课税。对需求弹性较大的商品课税，其销售量减少的幅度大于对需求弹性较小的商品课税。因此，对弹性较小的商品课税所产生的额外负担也较小。在极端情况下，如果需求完全无弹性，课税不会对销售量产生影响，也就没有额外负担。除了对商品交易的课税会带来经济效率的损失之外，对所得的课税也可能产生额外负担，因为纳税人会在工作和闲暇之间重新配置他的时间，而对所得课税会扭曲他的经济行为，从而产生额外的福利损失。除了实际缴纳的税款和额外负担外，税收的其他成本还包括遵从成本和征管成本。税务当局应提高行政效率，使这部分成本占入库的税收收入的比例尽可能低。

3. 公平原则

目前已被广泛接受的公平原则主要包括受益原则和纳税能力原则。所谓受益原则，也称为利益课税原则，是指课税依纳税人受益的多少而定，受益多的人多纳税，受益少的人少纳税。所谓能力原则，是指以支付能力作为征税依据，能力强的多纳税，能力弱的少纳税。

（1）受益原则。受益原则要求按照纳税人从政府公共支出中获得的利益程度来分配税负。这种观点的理论依据是，政府之所以要向纳税人课税，是因为它向纳税人提供了公共物品；纳税人之所以要向政府纳税，是因为他们从政府提供的公共物品中获得了利益。因此，税负在纳税人之间的分配，只能以他们享受利益的多少为依据。受益原则实际上是将公民纳税与政府提供公共物品看成是一种类似于市场交易的过程，税收就好比是政府提供公共物品的价格。根据受益原则选择税基和税率的理由是：对多数人而言，这种方法基本上是公平的；这种方法可以同时决定税收和政府支出水平。受益原则也有一定的局限："免费搭车"心理常常使得每个纳税人从公共物品中受益多少的信息难以获得；由市场分配是以公平这一假设为前提的。

受益原则虽在税制实践中不具有普遍意义，却并不排除其在个别税种中的运用。此外，它对公共物品有效供给模型的构建起了启迪和奠基作用。

（2）纳税能力原则。纳税能力是将政府支出和收入视为两种截然不同的问题来处理。政府应先决定每一年度的支出，然后依据这一支出再决定适当的税收额。这种固定的税收产出方法，是依据公民的纳税能力而不是依据公民享受多少由政府支出所带来的利益来做出决定。

收入通常被认为是衡量纳税人支付能力的最优标准。收入越多，表明在特定时期内扩大生产和消费以及增添财产的能力越大，税收支付能力也越大，反之则越小。在收入界定中存在的问题很多，例如：是以单个人的收入为标准，还是以家庭的平均收入为标准？是以货币收入为标准，还是以经济收入为标准？某些支出是否应予扣除？不同来源的收入是否应区别对待？如勤劳收入与不劳而获的收入应否区分？

同时，消费被认为是衡量纳税人支付能力的又一标准。理由是，消费意味着对社会的索取，索取越多，说明支付能力越强，越应多缴税。对消费课税除了避免对储蓄的重复征税外，还能在客观上起到抑制消费、鼓励投资、促进经济发展的作用。但消费的累退性，会导致对消费征税的累退性，这显然不利于实现税收公平。

财产也被认为是衡量纳税人支付能力的标准之一。一方面，人们可利用财产赚取收入，增加支付能力；另一方面，财产还可以带来其他满足，直接提高财产所有者的实际福利水平。但用财产来衡量纳税人的支付能力也有局限性：财产税是由财产收益负担的，数额相等的财产，不一定会给纳税人带来相等的收益，从而使税收有失公平；财产税与所得税一样，存在抑制储蓄和投资的问题；财产形式多种多样，实践中难以查核，估值颇难。

4.税务行政原则

（1）遵从成本。遵从成本是纳税人为履行纳税义务而发生的各类费用，如保持簿记资料的费用。

（2）征管成本。征管成本是税务当局为征税而发生的各类费用，如办公大楼的建造费、办公设备和用品的购置费、税务人员的工资和津贴等。

在现代税收理论中，得到公认的是税收的两大基本原则，即效率原则和公平原则。

四、税收负担分析

税收负担是指政府征税减少了纳税人的直接经济利益，从而使其承受的经济负担。它反映一定时期内社会收入在政府与纳税人之间税收分配的数量关系。税收负担问题是税收的核心问题，是建立税收制度要解决的首要问题。

（一）税收负担的分类

1. 微观税收负担

所谓微观税收负担，是指纳税人个体所承受的税收负担。度量微观税收负担的指标，主要有企业税收负担率和个人税收负担率。

（1）企业税收负担率。反映企业税收负担率的指标一般有企业所得税税收负担率、企业综合税收负担率。

企业所得税税收负担率是指一定时期内企业缴纳的所得税税款总额与同期企业实现的利润总额的比率，反映一定时期内企业收益在国家和企业之间的分配状况，是衡量企业税收负担的直接指标。计算公式为：

$$企业所得税税收负担率 = \frac{一定时期内企业缴纳的所得税税款总额}{实现利润总额} \times 100\%$$

企业综合税收负担率是指一定时期内企业缴纳的各种税收总额与同期企业的盈利或各项收入总额的比率，该指标反映企业对国家的贡献大小，也可以用于比较不同类型企业的总体税负水平。其计算公式为：

$$企业综合税收负担率 = \frac{一定时期内企业缴纳的各种税的总额}{企业利税总额} \times 100\%$$

（2）个人税收负担率。个人税收负担率，是指个人缴纳的各种税收的总和占个人收入总额的比例，其计算公式与企业税收负担率的方法相同。

实际上，微观税负指标并不能完全真实地反映纳税人的实际负担水平。其原因有两个：一是税负转嫁的客观存在，税负转嫁使得纳税人和实际负税人发生分离，而确定微观税负时是以法定纳税人的税收额为依据的；二是税收的实际负担和名义负担存在差别，在衡量企业或个人的税负时，由于计算口径的差异和个人非货币收入的客观存在，如计算所得税税负率时，是以实现的会计利润（或个人所得）还是计税利润（或应税所得）为基数，会对纳税人的税收负担率产生一定的影响。

2. 宏观税收负担

宏观税收负担是指纳税人总体所承受的税收负担，也可看作是整个国民经济的税收负担。它反映的是一个国家或地区税收负担的总体情况。反映宏观税收负担的指标，主要有国民生产总值负担率、国内生产总值负担率和国民收入负担率。

（1）国民生产总值负担率。指一定时期内（一般为一年），一国税收收入总额与同期国民生产总值的比率。它反映一个国家的国民在一定时期内提供的全部产品和服务所承受的税收负担状况，其计算公式为：

$$国民生产总值负担率（T/GNP） = \frac{税收收入总额}{国民生产总值} \times 100\%$$

（2）国内生产总值负担率。指一定时期内（一般为一年），一国税收收入总额与同期国内生产总值的比率，它反映一个国家的本国居民和外国居民在一定时期内在本国境内提供的全部产品和服务所承受的税收负担状况，其计算公式为：

$$国内生产总值负担率(T/\text{GDP}) = \frac{税收收入总额}{国内生产总值} \times 100\%$$

（3）国民收入负担率。指一定时期内（一般为一年），一国税收收入总额与同期国民收入的比率，它反映一定时期内新创造的价值的税收负担状况，其计算公式为：

$$国民收入负担率(T/\text{NI}) = \frac{税收收入总额}{国民收入} \times 100\%$$

国民生产总值负担率、国内生产总值负担率和国民收入负担率作为宏观税收负担的主要指标，不仅是国家总体税收负担的重要指标，也是国家之间进行税负比较的基本指标，国际上常用的是国民生产总值负担率、国内生产总值负担率。

（二）税收负担水平的确定

1.税收负担水平是通过税制确定的

从宏观上看，税收是政府为了满足社会公共需要而集中的一部分 GDP。在 GDP 一定的条件下，国家税收增加与民间部门可支配收入相互消长。因此，GDP 在政府与民间部门之间有一个最优分割点，而最优宏观税收负担率（以下简称最优税率）就是其具体体现。宏观税收负担水平的确定问题，实质上是一个财政职能的实现问题。它既关系到资源配置效率的问题，同时也关系到社会公平和经济稳定与发展的问题。宏观税收负担率如果过低，政府可供支配的收入过少，就不能满足社会公共需要；宏观税收负担率过高，民间部门可供支配的收入过少，则不能有效满足私人需要，而且往往通过影响民间部门资本和劳动的投入，使以后的产出减少，进而最终减少税收收入。

2.拉弗曲线

"拉弗曲线"是确定宏观税负的主要理论。该曲线阐明了税率、税收收入和国民产出之间的关系。当税率为零时，政府税收为零；当税率为100%时，由于人们将停止生产，政府税收也为零。图6-2中，A 点代表一个很高的税率和很低的产出，B 点代表一个很低的税率和很高的产出，然而两者为政府提供同等的税收。若税率从 A 点下降到 C 点，产出和税收均增加；若税率从 B 点上升到 D 点，税收将增加，但产出可能减少，C 点与 D 点也提供同等的税收。E 点代表的税率，是与生产相结合能提供最大税收的税率。在 E 点上，如果政府再降低税率，产出将增加，但税收将下降；如果提高税率，产出和税收都会下降。供给学派因此把图中阴影部分称为税率"禁区"。

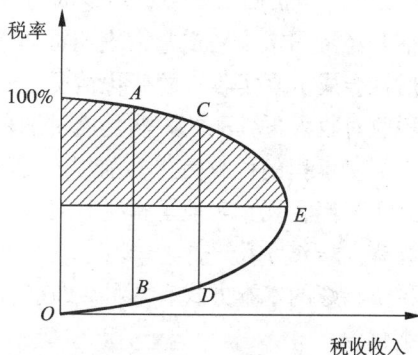
图6-2　拉弗曲线

拉弗曲线使我们更全面、更直观地认识税收与经济的内在联系，并告诉我们最优税率应是既能使政府获得实现其职能的预期收入，又能使经济实现预期产出（常用 GDP 表示）的税率。

在市场经济下，最优税率的确定，应考虑三个因素：一是必须保证生产过程中的物质消耗得到补偿，二是必须保证劳动者的必要生活费用得到满足，三是必须保证政府行使职能的最低物质需要。其中,第一、第二个因素构成宏观税负水平的最高限,第三个因素构成宏观税负水平的最低限。最优税率显然应约束于该界限之内,并根据当时的社会经济发展目标及具体国情综合确定,同时依据实践的检验结果及时修正。

(三)税负转嫁与归宿

2001年开始,我国每年都公布中国纳税百强排行榜。纳税百强排行榜以企业缴纳的实际入库的"真金白银"(税款)为依据,集权威性、客观性、公正性于一身,通常被认为能够真实体现企业发展状况和经营效益,真实反映纳税人实际社会贡献。因此,一直得到官方的重视和推崇。但是,企业真实的税收贡献是以企业缴纳的税收总量来衡量,还是以企业实际负担的税收来评判?在存在税负转嫁的情况下,税收如何影响企业真实税收负担?如何影响收入分配?

1. 税负转嫁与归宿的含义

税负转嫁,是纳税人通过经济交易中的价格变动,将所纳税收转移给他人负担的行为及过程。理解其含义包括:①纳税人是唯一的税负转嫁和承担主体。②价格变动是税负转嫁的基本途径。③税负转嫁是经济利益的再分配,纳税人与负税人一定程度的分离,是税负转嫁的必然结果。

税负归宿,是指处于转嫁中的税负最终落脚点,它表明转嫁的税负最后是由谁来承担。税负转嫁导致税负运动。税收从征收到归宿,要经过三个环节,包括政府向纳税人征税,称为税收的冲击点;税收转移的过程,称为税收转嫁;税收负担落在负税人身上,称为税收的归宿点。税负转嫁是介于冲击点和归宿点之间的中间过程。税负归宿的状况是由税负转嫁的状况决定的,税负归宿是税负转嫁的结果。税负的实际承担者就是负税人。税负归宿包括法定归宿和经济归宿。法定归宿表明谁对税收负有法律上的责任;经济归宿指实际归宿,说明征税后社会成员真实收入的变化情况。

税收对收入再分配的影响是通过纳税人税前税后的收入变化来体现的,这种变化必须以纳税人真实承担的税收负担为前提,而不是名义上的纳税多少。因此,税负转嫁和归宿的研究有助于我们客观真实地了解税收对收入分配的影响。

2. 税负转嫁方式

税负转嫁的基本方式有两种,即前转和后转。此外还有其他一些转嫁方式,如消转、税收资本化等。

(1)前转,也称顺转,指纳税人将其所纳税款顺着商品流转方向,通过提高商品价格的办法,转嫁给商品的购买者或最终消费者负担。前转的过程可能是一次,也可能经过多次,例如对棉纱制造商征收的棉纱税,棉纱制造商通过提高棉纱出厂价格将所缴纳的税款转嫁给棉布制造商,棉布制造商又以同样的方式把税负转嫁给批发商,批发商再以同样方式把税负转嫁给零售商,零售商也以同样方式把税负转嫁于消费者身上。前转顺利与否要受到商品供求弹性的制约。税负前转实现的基本前提条件是课税商品的需求弹性小于供给弹性。当需求弹性大时,转嫁较难进行;供给弹性大时,转嫁容易进行。

(2)后转,也称逆转,即纳税人将其所纳税款逆商品流转的方向,以压低购进商品价格的办法,向后转移给商品的提供者。例如对某种商品在零售环节征税,零售商将所纳税款通过压低进货价格,把税负逆转给批发商,批发商又以同样的方式把税负逆转给制造商,制造商再以同样方式压低生产要素价格把税负逆转于生产要素供应者负担。税负后转实现的前提条件是供给方提供的商品需求弹性较大,而供给弹性较小。在有些情况下,尽管已实现了税负前转,但也仍会再发生后转的现象。

(3)消转。消转是指纳税人用降低课税品成本的办法使税负在新增利润中求得抵补的转嫁方式。因为它既不是提高价格的前转,也不是压低价格的后转,而是通过改善经营管理、提高劳动生产率等措施降低成本增加利润,使税负从中得到抵消,所以称之为消转。消转分为合法消转和非法消转两种形式。前者指采用改进技术、节约原材料等方法,从而降低成本求得补偿;后者指采用降低工资、增加工时、增大劳动强度等方法,从而降低成本求得补偿。采用后者一般遭到雇员的反对,所以纳税人一般采用前者。但消转要具备一定的条件,如生产成本能递减、商品销量能扩大、生产技术与方法有发展与改善的余地、物价有上涨趋势以及税负不重等。

(4)税收资本化,也称资本还原。税收资本化亦称"赋税折入资本""赋税资本化""税负资本化"。它是税负转嫁的一种特殊方式。即纳税人以压低资本品购买价格的方法将所购资本品可预见的未来应纳税款,从所购资本品的价格中做一次扣除,从而将未来应纳税款全部或部分转嫁给资本品出卖者。比如某一工业资本家甲向另一资本家乙购买一幢房屋,该房屋价值50万元,使用期限预计为10年,根据国家税法规定每年应纳房产税1万元。甲在购买之际将该房屋今后10年应纳的房产税10万元从房屋购价中做一次扣除,实际支付买价40万元。对甲来说,房屋价值50万元,而实际支付40万元,其中的10万元是甲购买乙的房屋从而"购买"了乙的纳税义务,由乙付给甲以后甲代乙缴纳的税款。实际上,甲在第一年只需缴纳1万元的房产税,其余的9万元就成为甲的创业资本。这就是税收资本化。它一般表现为课税资本品价格的下降。赋税折入资本必须具备一定的条件:课税对象必须是资财,每年均有相同的税负;另有不予课税或轻税的资财可购;课税品必须具有资本价值等。

3.税负转嫁的规律

在价格可以自由浮动的前提下,税负转嫁的程度,除价格外还受诸多因素的制约,常因供求弹性的大小、税种的不同、课税标准的不同、课税范围的宽窄以及企业所处行业地位等不同而各异,但是也存在一般性的规律。

税负转嫁在形式上的可能性,并不一定等于转嫁的实现。在现实经济生活中,它总是受客观经济条件的制约。也就是说,对税负的转嫁与归宿问题的分析,必须同经济的运行状况联系起来,把税负转嫁放到特定的经济环境中去考察。

(1)供求弹性与税负转嫁的关系。由于商品价格的变动受市场供求关系的影响,同时,商品价格的变动也影响商品供求状况。因此,商品供求关系对税负转嫁存在重大影响,这一影响程度的大小又主要取决于商品供求弹性。可以说,商品供求弹性是决定税负能否转嫁及转嫁多少的关键。

需求弹性同税负转嫁的关系可以分四种情况来考察:①需求完全无弹性。它说明当某种商品或生产要素因政府征税而提高价格时,购买者对价格的提高没有任何反应,其购买量不会因为价格的提高而减少。在这种情况下,新征的税收会全部向前转嫁,落在商品或生产要素购买者身上。这表明,在需求完全无弹性的条件下,税收完全可以通过提价而转嫁给购买者。②需求完全有弹性。它说明当某种商品或生产要素因政府征税而提高价格时,购买者对价格的反应极其强烈,其购买量会因为价格的任何提高而减少直至为0。在这种情况下,所征税收要么会全部向后转嫁，要么不能转嫁，而落在生产要素的提供者或生产者自己身上。在需求完全有弹性的情况下，纳税人不能通过提高商品或生产要素价格的途径把税负向前转嫁给购买者，而只能向后转嫁或通过减少生产量的办法自行消化。③需求富有弹性。需求富有弹性，说明当某种商品或生产要素因政府征税而提高价格时，购买者因价格提高而做出的反应较为强烈，其购买量下降的幅度会大于价格提高的幅度，从而迫使价格不得不回落或阻止价格的提高。在这种情况下，所征税收向前转嫁就困难，只能更多地向后转嫁而落在生产要素提供者或生产者身上。④需求缺乏弹性。需求缺乏弹性，说明当某种商品或生产要素因政府征税而提高价格时，购买者因价格提高而做出的反应较弱，其购买量下降的幅度会小于价格提高的幅度，因而价格提高的阻力小。在这种情况下，纳税人转嫁税负就相对容易，所征税收就会更多地向前转嫁而落在购买者身上。

供给弹性同税负转嫁的关系，也可以分为四种情况考察：①供给完全无弹性。供给完全无弹性说明当某种商品或生产要素因政府征税而价格不能相应提高时，生产者对价格的相对下降没有任何反应，其生产量不会因价格的相对下降而减少。在这种情况下，政府所征税收会全部向后转嫁或不能转嫁，而落在生产要素的提供者或生产者身上。②供给完全有弹性。供给完全有弹性说明当某种商品或生产要素因政府征税而价格不能相应提高时，生产者对价格下降做出的反应极为强烈，其生产量会因为价格的任何下降而减少至0。由于生产量剧减，从而驱使价格上涨。在这种情况下，所征税收会全部向前转嫁，而落在购买者身上。③供给富有弹性。供给富有弹性，说明当某种商品或生产要素因政府征税而价格不能相应提高时，生产者因价格下降而做出的反应强烈，其生产量下降的幅度大于价格相对下降的幅度。由于生产量减少，从而驱使价格上涨。在这种情况下，所征税收的大部分会通过价格提高向前转嫁出去，而更多地落在购买者身上。④供给缺乏弹性。供给弹性小，说明当某种商品或生产要素因政府征税而价格不能相应提高时，生产者因生产条件限制，转产困难而对价格相对下降做出的反应较弱，其生产量下降的幅度会小于价格相对下降的幅度。由于产量保持在原来的水平，价格就难以提高。在这种情况下，生产者转嫁税收困难，所征税收会更多地向后转嫁或不能转嫁，而落在生产要素的提供者或生产者自己身上。

但是应该看到，需求和供给完全有弹性或完全无弹性的情况都是理论上的假定，在实际生活中是罕见的。在现实中，绝大多数商品或生产要素的需求和供给是属于富有弹性或缺乏弹性的情况。所以，在税负转嫁的问题上，完全可以转嫁或完全不能转嫁的情况基本上是不存在的。较为常见的是，一部分税收通过提高价格形式向前转嫁给商品或生产要素的购买者，另一部分税收则通过成本减少向后转嫁给生产者或生产要素的提供者。至于转嫁的比例怎样，则要视供求弹性之间的力量对比而定。如果需求弹性大于供给弹性，则向后转嫁或不能转嫁的部分较大，即税收更多地落在生产者或生产要素提供者身上；如果需求弹性小于供给弹性，则向前转嫁的部分较大，即税收更多地落在购买者身上。

（2）课税范围与税负转嫁的关系。一般说来，课税范围越宽广，税负转嫁越容易；课税范围越狭窄，税负转嫁越困难。这是因为：课税范围越是狭窄，对商品或生产要素的购买者越有替代效应，从而需求也就越具有弹性。也就是说，课税范围只包括部分商品或生产要素，就极可能驱使购买者改变购买抉择，减少课税或增税商品或生产要素的购买量，而增加无税或低税商品或生产要素的购买量。在这种情况下，课税商品或生产要素价格的提高就要受到限制，税负自然难以转嫁。与此相反，课税范围越是宽广，越不容易对商品或生产要素的购买者产生替代效应，从而需求也就越缺乏弹性。也就是说，如果课税范围涉及了大部分甚至全部商品或生产要素，则购买者购买商品或生产要素的抉择一般不会因课税而改变。在这种情况下，课税商品或生产要素价格的提高就较为容易，税负自然容易转嫁。

(3)市场结构与税负转嫁的关系。现代市场条件下的市场结构通常分为四种类型：完全竞争、垄断竞争、寡头竞争和完全垄断。市场结构不同，税负转嫁的状况也不同。

在完全竞争市场结构下，市场价格由整个行业的供求关系决定。因此，在短期内，任何生产者都无法单独提高商品价格，将税收负担向前转嫁给消费者。但从长期看，在产品供给成本不变的情况下，全体生产者形成一股行业力量，才能通过提高价格，将税收负担完全转嫁。

垄断竞争市场结构中的税负转嫁和完全竞争市场中的税负转嫁略有不同。在完全竞争市场中，单个生产者无力控制价格，短期内无法单独提价转嫁税收负担，只有通过行业才能把税收负担转嫁出去。在垄断竞争市场条件下，单个生产者可以利用产品差异性对产品价格做适当调整，从而有可能把部分税收负担前转给消费者。但由于尚未形成垄断市场，仍有竞争，不可能把全部税收负担转嫁出去获得垄断利润，因而是部分前转，部分后转。

寡头垄断市场结构下，各生产者在价格或产量方面的变化都会影响整个市场和其他竞争对手的行动。每个生产者在做出价格和产量的决策时，不仅要考虑本身的成本和收益情况，还要考虑对市场的影响以及竞争对手可能做出的反应。因此，政府征税以后，各寡头生产者肯定知道其余寡头竞争对手也会面临同样的情况，因而各寡头都会将政府所征的税加入价格转嫁给消费者。通常的情况是，寡头生产者早已达成协议，一旦各家成本同时增加（如加税），就在原价基础上，自动根据某一公式，各自提高价格。

完全垄断市场结构下，实际上是生产者独家定价。政府若对某种产品征税，垄断生产者必然会千方百计地将税款加入价格转嫁给消费者。但转嫁多少则要视其产品的需求弹性而定。若其产品属于生活必需品，需求弹性较小，垄断生产者便可以按所征税款额度提高价格，把税负全部或大部分转嫁给消费者。若其产品属一般商品，需求弹性较大，垄断生产者提高价格会导致需求减少，价格的提高便会受到限制，税负就不会全部或大部分向前转嫁，而会更多地向后转嫁。

4.我国的税负转嫁

我国过去是实行计划经济体制以及相应的计划价格体制，在这种经济体制下，税负转嫁的主观条件和客观条件都是不存在的。改革开放后，我国逐步转向社会主义市场经济体制，企业不仅存在税负转嫁的动机，而且也具备了充分的税负转嫁的条件。只要存在税负转嫁现象，它就会对社会生活产生广泛的影响，而且可能发挥不同的效应。税收最后总是由消费者、工人等自然人承担的，而不是企业或公司这样的法人。因此，企业纳税排行榜只能说明是谁名义上缴了税，并不能反映谁真正承担了税收。税收影响收入再分配，必须研究清楚各种人纳税前后收入的变化。另外，分析税收对收入分配的影响时，必须要考虑税收对收入来源和收入使用过程产生的经济影响。例如对化妆品征税，由于化妆品价格上升，化妆品消费者会受到损失。因此，对税收转嫁问题不能回避和忽视，应当利用它的积极作用，限制或防止它的消极作用。税负转嫁在我国是由于经济体制转换带来的新问题，也是我国税收理论和实践正在探索的一个新课题。

第二节 税收效应分析

一、税收经济效应的作用机制

（一）税收经济效应的含义

税收的经济效应是指纳税人因国家课税而在其经济选择或经济行为方面做出的反应，或者说是指国家课税对消费者的选择以至于对生产者决策的影响。税收的经济效应包括税收收入效应和税收替代效应。

（二）税收收入效应

税收收入效应是指由于政府征税减少了纳税人的可支配收入，从而产生的激励纳税人增加收入的效应。

图 6-3 中，横坐标和纵坐标分别表示食品和衣服两种商品的数量。假定纳税人的收入是固定的，而且全部收入用于购买食品和衣服，两种商品的价格也是不变的，则将纳税人购买两种商品的数量组合连成一条直线，即图中的 AB 线，此时纳税人对衣服和食品的需要都可以得到满足。纳税人的消费偏好可用一条无差异曲线表示，每条曲线表示个人得到同等满足程度下在两种商品之间选择不同组合的轨迹。AB 线与无数的无差异曲线相交，但只与其中一条相切，即图中的 I_1，切点为 P_1。在这一切点上，纳税人以其限定的收入购买两种商品得到的效用或满足程度最大。

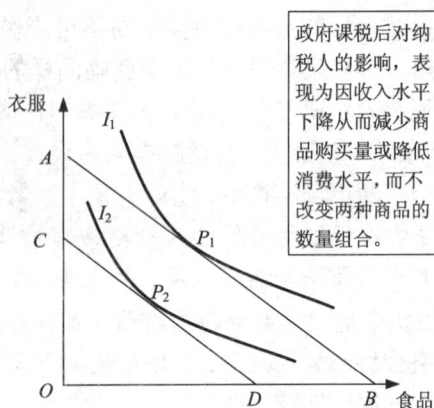

> 政府课税后对纳税人的影响，表现为因收入水平下降从而减少商品购买量或降低消费水平，而不改变两种商品的数量组合。

图 6-3　税收的收入效应

若政府决定对纳税人课征一次性税收，税款相当于 AC 乘以衣服的价格或 BD 乘以食品的价格，则纳税人购买两种商品的组合曲线由 AB 移至 CD，CD 与另一条无差异曲线 I_2 相切，切点为 P_2。在这一切点上，纳税人以其税收收入购买两种商品所得到的效用或满足程度最大。

图 6-3 反映国家课税减少纳税人可自由支配的所得和改变纳税人的相对所得，从而影响其经济行为所产生的效应。税收的收入效应本身并不会造成经济的无效率，它只表明资源从纳税人手中转移到政府手中。但因收入效应而引起纳税人对劳动、储蓄和投资等所做出的新决策，则会改变经济的效率与状况。以西方国家征收的个人所得税为例，由于所得税是对提供生产要素报酬的征税，因而它减少了个人的总收入，作为对征税的反应，该个人可以通过提供更多的同类要素来弥补实际购买力的损失。一般认为，税收收入效应有利于提供更多

的生产要素,在其他因素不变的条件下,有利于经济增长与福利增进。西方新古典经济学家认为税收收入效应与替代效应一样,都是一种税收导向的经济行为,都是对市场配置资源的一种干扰,但收入效应毕竟增加了生产要素供应,因而可以考虑为正影响。

(三)税收替代效应

税收的替代效应是指政府征税改变了一种经济活动的机会成本,使纳税人放弃这种经济活动而代之以另外一种经济活动的效应。也就是指税收对消费、投资等的影响。国家征税使纳税人可支配收入减少后,纳税人会减少对征税或重税商品的购买量和生产量,而增加无税或轻税商品的购买量和生产量,即以无税或轻税商品替代征税或重税商品的生产和消费(如图6-4所示)。

假定政府不征税或征税前纳税人购买两种商品的组合线为AB,最佳选择点仍为P_1。如果只对食品征税,税款为BE乘以食品价格,对衣服不征税。此时,该纳税人会减少食品的购买量,对购买两种商品的组合线便由AB移至AE,与其相切的无差异曲线则为I_3,切点为P_3。在这一切点上,纳税人以税收收入购买商品所得到的效用或满足程度最大。因此,由于政府对食品征税而对衣服不征税,改变了纳税人购买商品的选择,其最佳点由P_1移至P_3,即纳税人减少了食品的购买量,相对增加了衣服的购买量,从而改变了购买两种商品的数量组合,也使消费者的满足程度下降。

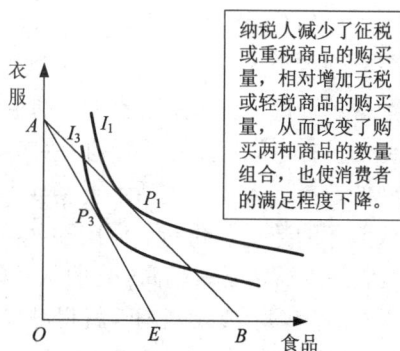

> 纳税人减少了征税或重税商品的购买量,相对增加无税或轻税商品的购买量,从而改变了购买两种商品的数量组合,也使消费者的满足程度下降。

图6-4 税收的替代效应

上述分析表明,税收的替代效应一般会妨碍人们对消费活动的自由选择,不利于生产要素供应,进而导致经济的低效或无效。但不同税收的替代效应是不同的。个人所得税的替代效应,主要是工作和闲暇之间的替代关系。如果人们对所得的需求有一定弹性,则当所得税税率提高,边际所得减少时,人们就可能以闲暇去替代部分工作时间。选择性的或差别税率的商品流转税,其替代效应主要是对商品供给方向和消费方向所产生的影响。在含税的计划价格不变的条件下,提高或降低某一特定商品流转税税率,就会相应降低或提高这种商品的生产利润,从而,或者导致生产者减少这种商品的供给而被别种商品所替代,或者替代别种商品而增加这种商品的供给。在自由价格条件下,如果需求有一定弹性,提高或降低某一特定商品的税率,从而相应提高或降低这种商品的价格,那么消费者也就可能改变其消费支出的方向,然后还会迂回地影响生产者的生产方向,从而产生一种替代效应。至于对消费支出税来说,税收替代效应主要表现为消费与储蓄之间的替代关系。因为对消费总支出课税,有利于鼓励储蓄,从而导致未来的消费替代当前的消费。因此,国家在制定税收制度时应尽量事先避免某些税种的替代效应。

税收收入效应和替代效应在税收活动中同时存在且方向相反,但并不会相互抵消,因为具体到微观经济活动中它们的效应大小会有所不同。

二、税收与微观经济活动

(一)税收对劳动供给的影响

在市场经济中，劳动者对劳动和收入的选择包括是否工作、是否努力工作，这就是通常所说的人们对工作以取得收入或是享受闲暇之间进行的选择。人们对两者之间的取舍取决于许多因素，诸如个人的偏好、工资率的高低(即闲暇的机会成本)、其他收入水平的高低等，此外还有政府征税的因素。税收对劳动供给的影响，是通过税收收入效应和替代效应来表现的。

1. 税收的收入效应和替代效应影响人们对工作和闲暇的选择

从宏观上看，劳动总供给是指全体劳动者在一定时期内愿意并能够提供的总劳动量，它取决于人口的数量、劳动人口在总人口中的比率等。从微观上讲，劳动供给在很大程度上又取决于劳动者个人。在计划经济体制下，国家虽然可以由决定劳动者的劳动时间、劳动岗位来分配劳动资源，但却无法控制劳动量的大小，即很难使劳动者在单位劳动时间内付出最大量的劳动。在市场经济中，劳动者对劳动和收入的选择实际上就是在通过工作取得收入与闲暇之间的选择。人们的生活水平实际上可用收入和闲暇两个标准衡量，收入表示人们拥有的产品或服务的数量和份额，休闲表示人们拥有的空闲时间。在闲暇给定的前提下，收入越高，人们的生活水平就越高；在收入一定时，休闲越多，生活水平也就越高。然而，要取得收入就要放弃闲暇，要得到闲暇就得减少收入。两者之间如何组合取决于：人们对收入和闲暇的偏好；工资率的高低，即放弃闲暇能得到多少收入；与劳动无关的其他收入水平的高低，如资本收入和社会保障收入。这些选择表示，劳动供给的多少，取决于人们对收入和闲暇的选择，如果更多的劳动者选择放弃闲暇而获取收入，劳动供给就会增加，反之就会减少。

税收对劳动供给的影响，主要表现为对劳动的收入效应和替代效应。税收对劳动供给的收入效应是指：征税后减少了个人可支配收入，促使其为维持既定的收入水平和消费水平，而减少或放弃闲暇，增加工作时间。税收对劳动供给的替代效应是指由于征税使劳动和闲暇的价格发生变化，劳动收入下降，闲暇价格降低，促使人们选择闲暇以替代工作。税收对劳动产生的这两种效应，如果其收入效应大于替代效应，征税对劳动供给是个激励作用，它促使人们增加劳动；如果是收入效应小于替代效应，征税对劳动供给就会形成超额负担，人们选择闲暇，减少劳动。从税种来看，税收对劳动供给的影响，最明显的是个人所得税，因为个人所得税直接课征于人们的所得，包括工资所得，改变了人们的税后可支配收入，从而影响人们对工作和闲暇的选择。另外，消费税等商品课税的征收会使商品的价格提高，使一定量的货币工资实际购买力下降，也会影响人们对劳动与闲暇的选择。从税基来看，单纯对劳动所得征收的所得税如对工资征税，比对一般所得普遍征收的所得税，产生的替代效应更大些；对非劳动所得征税而对劳动所得免税，可以避免征税对劳动供给产生的超额负担。从税率来看，累进税率产生的影响作用最大，累进程度越高，超额负担就越大。

2. 税收政策影响人力资源基础和劳动力素质

人力资源与就业问题联系极为密切，一方面作为人力资源形成的基础人口，影响劳动供给，另一方面人力资源对社会经济发展起重大推动作用，客观上可能由于经济发展而增加就业机会和对劳动的需求。不少学者认为，公司所得税中对职工教育培训费用扣除的做法，应推广到个人所得税中。减少劳动供给是一个长期战略。解决就业问题，更大程度上是增加劳动需求。劳动需求应包括总需求量和需求结构，税收对劳动需求的影响也包括这两个方面。

由于我国是一个劳动力供给十分充裕的大国，目前又处于经济转轨时期，劳动力供需状况具有一定的特殊性，因而要结合我国的实际情况来看待关于税收对劳动供给影响的理论对我国的实践意义。

（二）税收对居民储蓄的影响

储蓄在经济生活中占有重要地位，如果人们将其部分收入储蓄起来，他们手中掌握的一部分经济资源就可投向各个部门。因此，从长时期看，储蓄水平可以影响经济增长率，储蓄水平的变化在短时期内也能影响经济活动水平。储蓄在社会经济中的作用，主要表现在对投资的数量有很大的限制作用。储蓄是影响投资量的一个重要因素。由于"投资＝私人储蓄＋政府税收－政府消费＋进口－出口"，所以，投资要受到私人储蓄、政府储蓄和国外储蓄（国外储蓄就是资金的流入，资金流入用外贸差额来表示）三个因素的限制。其中，私人储蓄对投资的影响很大，一般把税后收入称为可支配收入，即个人总收入减去个人税收。了解税收对私人储蓄的影响如何，需要考察私人消费的确定和税收对私人消费的影响。

税收对居民储蓄的影响，主要是通过个人所得税、利息税和间接税影响居民的储蓄倾向及全社会的储蓄率。税收对储蓄的影响也可以分为收入效应和替代效应。

1. 税收替代效应：税收影响储蓄报酬率

税收影响储蓄报酬率，这是税收替代效应的具体表现。因政府课税降低了纳税人的实际收入，造成纳税人以消费代替储蓄，税收对私人储蓄就发生了替代效应；同时，在征税后，储蓄的收益下降了，这也意味着不鼓励人们储蓄。替代效应是由边际税率决定的，因此，考虑替代效应时，主要考虑边际税率的影响。一般来讲，由于替代效应的作用，征税会使人们减少储蓄量，增加现期消费量。

税收储蓄替代效应分析，可以所得税对储蓄的重复征税为例。比如，对某人取得的收入课征所得税后，又对他将收入储蓄后取得的利息课征所得税，这就是储蓄重复征税。从支出税角度看，则不存在重复征税问题，因为它只对储蓄征一次税，即当这笔收入用于支出时方予征税。在支出税条件下，个人储蓄的利息收入全部归个人所得，因而他的储蓄报酬就比征收所得税要高。

2. 税收收入效应：征税会增加储蓄

政府征税后，人们的收入减少了。由于收入水平下降，人们在进行消费决策时，将降低当期的消费量，减少今后的消费量。决定储蓄的因素主要是个人可支配收入和税后利息率。若因征税压低了纳税人的可支配收入，进而促使纳税人减少消费并为维持既定的储蓄水平而增加储蓄，就是税收对私人储蓄的收入效应。

税收收入效应和税收替代效应对储蓄的作用方向是不一致的。孤立地分析税收对储蓄产生的影响是很困难的。影响个人储蓄的可能因素很多，但不同税收的累进程度大小是决定其收入效应的重要因素。累进程度较大的税收要比累进程度较小的税收给社会富裕成员带来较重的负担，因为，富人用于储蓄的收入占全部收入的比重比穷人大，因而累进程度较大的税给储蓄所带来的负担较重。

就我国实际情况而言，目前已经取消了居民储蓄利息税。税收对储蓄有一定的影响，但人们对储蓄的态度还取决于税收以外的诸多因素,如居民未来消费的预期、其他投资渠道等,因此,应该适当地运用税收杠杆促进储蓄向投资转化。

(三)税收对投资的影响

投资是政府、企业和个人将货币转化为资本品的过程。投资方式分为直接投资和间接投资。直接投资包括投资者直接举办并经营企业而进行的投资,间接投资是投资者通过购买股票、债券等而进行的投资。

税收对投资的影响即国家课税使纳税人对其投资行为的选择或使其投资行为发生的变化,通常包括收入效应和替代效应两个方面。

1. 税收对投资的替代效应和收入效应分析

(1)税收对投资的替代效应分析。税收对投资的替代效应:政府直接征收企业所得税或公司所得税,会降低纳税人的投资收益率,从而降低纳税人投资的积极性,可能使投资者以消费代替投资,减少投资规模。这是税收对投资的替代效应,如图6-5所示。

在图6-5中,纵坐标表示纳税人对投资的选择,横坐标表示对消费的选择。政府征税前,纳税人对投资和消费的组合以 AB 线表示,AB 与无差异曲线 I_1 在 P_1 处相切,P_1 点的投资与消费组合可给纳税人带来最大的效用。如果政府对纳税人征收所得税,纳税人因此而减少投资,则纳税人对投资和消费选择的组合线将从 AB 旋转到 DB,DB 与新的无差异曲线 I_2 在 P_2 点相切,此切点是纳税人税后获得的最大效用的最佳组合。其结果是:纳税人的投资额由税前的 I_1 减少到税后的 I_2,消费额由税前的 C_1 扩大到税后的 C_2,即政府征税使纳税人减少了投资,增加了消费,以消费代替了投资。

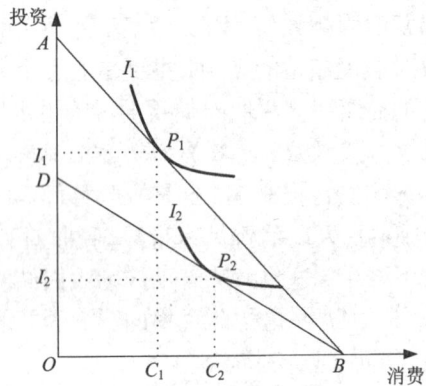

图6-5　税收对投资的替代效应

(2)税收对投资的收入效应分析。税收对投资的收入效应:如果征税和提高税率减少了投资者的税后净收益,而投资者为了维持过去的收益水平趋向于增加投资,这是税收对投资的收入效应,如图6-6所示。

图6-6表明,政府征税后,纳税人倾向于增加投资,对投资和消费的选择组合将从 AB 旋转到 AE。AE 与新的无差异曲线 I_2 在 P_2 点相切,此切点是纳税人税后投资与消费选择的最佳组合。其结果是:纳税人的投资额由税前的 I_1 扩大到税后的 I_2,消费额由税前的 C_1 减少到税后的 C_2,即政府征税使纳税人增加了投资。

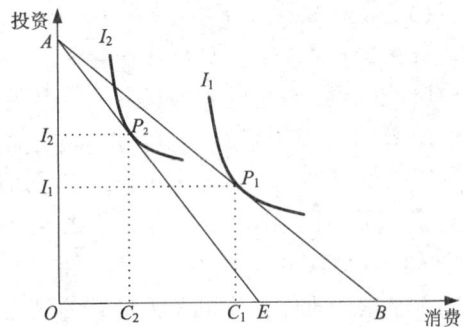

图6-6　税收对投资的收入效应

2. 税收对投资的影响

税收对投资的影响主要表现为对投资预期报酬率的影响、对投资风险的影响和对投资能力的影响。

(1)税收对投资预期报酬率的影响。投资收益一般以利润表示，对企业实现利润征收所得税将减少投资收益，降低投资收益率。但如果税前允许加速折旧、投资抵免、减免优惠，可以减轻企业税负，增加税后利润，增加投资收益。税收主要通过对投资成本和投资收益两方面的共同作用影响投资报酬率，并最终影响投资决策。具体见图 6-7。

图 6-7 中横轴为投资率，纵轴为投资回报率，税前投资需求曲线为 I_0，表示投资报酬随投资增加而递减，投资供给曲线为 S，表示投资成本随投资增加而递增，由投资需求曲线 I_0 和投资供给曲线 S 共同决定的均衡投资率和投资报酬

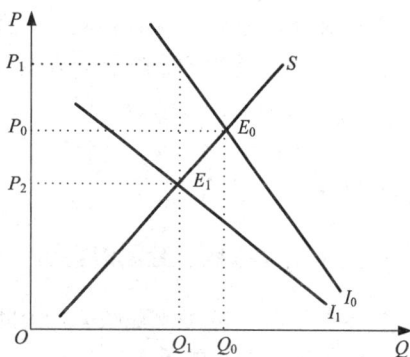

图 6-7　税收对投资预期报酬率的影响

率分别为 Q_0 和 P_0，税后需求曲线由 I_0 移至 I_1，均衡投资率为 Q_1，毛报酬率和净报酬率分别为 P_1 和 P_2。因此，征税降低了投资报酬率，减少了投资率。

(2)税收对投资风险的影响。投资收益和投资风险是并存的，对投资收益征税同时影响投资收益和投资风险。税收对投资风险的影响取决于税收对亏损的处理方式。

①允许亏损税前抵补的所得税对投资风险的影响。政府征收企业所得税时，允许企业用当年利润抵补以前年度的亏损，表明政府与企业(或纳税人)不仅分享投资收益，也共同承担投资风险。在这种亏损处理方式下，税收对安全投资和风险投资决策的影响是中性的，因为税收减少了风险投资的预期收益，也减少了投资风险。

②不允许亏损税前抵补的所得税对投资风险的影响。政府征收企业所得税时，如果不允许企业用当年利润抵补以前年度的亏损，表明政府只分享投资收益，不承担投资亏损的风险。这种亏损处理方式下，税收有利于安全投资，不利于风险投资；有利于风险小的投资，不利于风险大的投资。因为，税收减少了风险投资的预期收益，却没有减少投资风险，甚至还增加了投资的相对风险。

(3)税收对投资能力的影响。企业投资能力主要决定于企业的可动用资金。企业的可动用资金具体包括：税后利润、折旧基金、发行股票债券、银行贷款等。税收对企业各项资金产生的影响是不同的。

①税收对企业利润的影响。企业税后留利完全受企业所得税的影响，而且是彼此消长，即提高所得税率必然使企业税后利润减少。相反，如果税前优惠较多，包括税前抵扣、亏损抵补等，则所得税税基较小，有利增加企业税后利润。

②税收对企业折旧的影响。税收对企业折旧的影响主要是通过税法对折旧方法、折旧年限等规定来影响的。随着技术的进步、科学的发展，会计核算中允许企业采取加速折旧等折旧方法，但如果税法规定不允许采用，则必然使企业应税所得大于会计利润，从而进一步影响企业所得税负和税后利润，也影响企业折旧基金的形成。

③税收对企业发行债券、股票的影响。税收主要通过对债券利息收入和股息、红利等征税和所得税率调整影响企业债券、股票的购买、发行，如对企业或个人取得的债券利息、股息和红利征收所得税，必然影响企业或居民的应债能力和购买积极性，从而影响企业债券和股票的发行。同时，企业所得税税负的高低直接影响企业的税后利润，而股息、红利和债券利息的多少又决定于企业税后利润。因此，不征税或征低税有利于企业债券和股票的发行。

④税收对企业贷款的影响。企业贷款利息属于财务费用，在成本中列支，但企业贷款的本金可能是税前列支，也可能是税后列支。如果归还贷款对本金允许税前列支，则政府为企业承担了贷款的风险，增强了企业的还贷能力，有利于扩大投资。反之，则削弱了企业还贷能力，不利于扩大投资。

（四）税收对个人收入分配的影响

征税会影响个人的可支配收入，因此，税收成为政府实施社会政策、调节社会收入和财富分配、缓解社会矛盾的重要工具。

税收影响收入分配，主要表现为通过累进所得税直接调节收入的分配，通过商品劳务税对收入分配进行间接调节，通过财产税促进财富分配的公平，通过社会保险税促进收入公平分配。税收对收入公平分配的效应依然取决于税收收入效应和税收替代效应。如何实现税收对收入的公平分配，需要科学有效地运用税收制度和税收政策。

（1）累进所得税与收入公平分配。累进所得税使税收收入随纳税人收入的增加而增加，所以，实行累进所得税制，可以缩小高收入者和低收入者之间的收入差距，达到均等收入的公平分配目标。

（2）选择性商品税与收入公平选择。选择性商品税可以是选择部分商品征税或实行差别税率。由于商品税一般实行比例税率，在个人边际消费倾向递减的情况下，随个人收入增加，边际消费支出递减，商品税占收入的比重下降，使商品税按比例征税具有累退性。若选择高收入者消费较多的商品征税，或对高收入者消费较多的商品征收相对较高税负的税，能使商品税按比例征税产生累进的效果。如对生活必需品不征税，只选择非生活必需品和奢侈品征税，或对生活必需品按低税率征税，对非生活必需品和奢侈品按高税率征税，可以减少高收入者和低收入者的税后收入的差距，在一定程度上实现收入公平分配的目标。

（3）社会保险税与收入公平选择。社会保险税一般实行比例税率，按工资收入比例征收。虽然社会保险税会随着个人工资收入的增加而增加，但税收收入占工资收入的比例并不会改变，而且还可能随非税收入的上升使得税收收入占个人收入的比重反而下降，具有累退性。要使整个社会保障体系具有累进性，发挥收入公平分配功能，社会保障税（或保险税）的征收范围应从工资收入扩大到非工资收入，企业由按职工工资纳税改为按收入或利润计税，从社会保障税（或保险税）支出方面考虑，应扩大对低收入人口的社会保障项目和资助力度。

（4）财产税与收入公平分配。财产税一般由社会富有人群缴纳，是所得税的必要补充。虽然财产税占税收总收入的比例很小，但占纳税人收入的比例并不低，因此对财产税应实行累进税，以实现税收对拥有不同财富人员收入的调节，缩小财富差距，实现收入公平分配。

三、税收与经济稳定发展

(一)税收与经济稳定

经济稳定是指在经济发展过程中,经济运行平稳,波动幅度小。经济过热和经济萧条都属于经济不稳定。一般认为,一个稳定的经济体应该达到四个目标,即经济增长、物价稳定、充分就业和国际收支平衡,特别是物价稳定,这是经济稳定的主要特征。要实现这四个目标,最重要的条件是要实现社会总供给和总需求的平衡。

税收在维护经济稳定、熨平经济波动方面,能发挥逆向调节作用。税收逆向调节可以通过两种方式来实现。一种方式是制度性的调节机制,当经济形势发生周期性变化时,政府税收会自动发生增减变化,从而自动抵消经济波动的部分影响,这种自发的制度性调节机制在累进税制下体现得最充分。当经济高涨时,国民收入增加,纳税人适用的累进税率提高,税收增幅高于国民收入增幅,抑制了社会总需求;当经济衰退时,国民收入减少,纳税人适用的累进税率降低,税收减幅小于国民收入减幅,增加了社会总需求。我们称这种调节机制为内在稳定器。另一种方式称为相机抉择,是指政府根据经济运行的不同状况,相应地采取灵活多变的税收措施,以消除经济波动,谋求既无失业又无通货膨胀的稳定增长。由于相机抉择是一种人为的政策调节,因而针对性很强。比如,在经济高涨时期,政府实行增税的紧缩性税收政策,通过提高税率、设置新税、扩大征收范围、降低起征点和免征额,以缩小总需求。当经济衰退时,政府则实行减税的扩张性税收政策,通过降低税率、增加减免税、提供税收优惠等措施增加纳税人可支配收入水平,从而增加消费支出和投资支出,以提高总需求。

从税收对总供给和总需求的影响看,无论是税收收入水平的变化还是税制结构的变化,都会产生一定的需求效应和供给效应,从而影响价格。凯恩斯学派经济学家只重视税收政策对总需求的影响,通过调节总需求以平衡总供求关系,实现物价稳定,消除通货膨胀。而20世纪80年代兴起的供给学派经济学家则强调税收政策对总供给的影响,通过调节总供给来达到总供求均衡的目标。由于税收政策对总需求的影响较直接,而对总供给的影响是间接性的(因须先改变资本存量才能影响总供给),所以以调节总需求为目标的税收政策可能比以调节总供给为目标的税收政策在稳定物价、抑制通货膨胀方面更易操作,效果更为直接。

以反通货膨胀的税收政策对总供给和总需求的影响为例,当总需求过旺时,我们可以选择的税收政策有两种:一种是抑制总需求过旺的税收政策,主要是通过对所得特别是个人所得的增税政策,减少私人部门可支配收入,以抑制需求,实现社会总供给与总需求的均衡,防止或减轻通货膨胀;另一种则是增加总供给的税收政策,主要是通过对个人所得和公司所得的减税政策,刺激劳动投入和资本投入的增加,以实现总供给的均衡,抑制通货膨胀。两种政策侧重点不同,但最终目的是一致的。

综上所述,税收在维持经济稳定方面具有特殊的调节功能,利用税收政策的需求效应和供给效应,可以促进总供求的均衡,实现经济的稳定增长。

(二)税收与经济发展关系的理论观点

税收与经济发展之间存在着密切的关系,这是不争的事实,但关于税收对经济发展的作用,不同的学派却有不同的看法。其中供给学派的税收观点比较具有代表性。

1. 供给学派的税收观点

西方经济学将供给学派的税收观点归结为三个基本命题:①高边际税率会降低人们的工作积极性,而低边际税率会提高人们的工作积极性;②高边际税率会阻碍投资,减少资本存量,而低边际税率会鼓励投资,增加资本存量;③边际税率的高低和税收收入的多少不一定按同一方向变化,甚至可能按反方向变化。供给学派的三个基本命题可以从供给学派的代表人物拉弗设计的"拉弗曲线"得到说明。拉弗曲线是说明税率与税收收入和经济增长之间的函数关系的一条曲线。

2. 马斯顿的经验分析

早在 1983 年,前世界银行工业部顾问基思·马斯顿采用实证分析方法,选择 21 个国家,通过比较分析揭示了宏观税负水平与经济增长的基本关系(参见表 6-3)。他得出的结论是:较低的宏观税率对提高本国的经济增长率有促进作用。低税国家的人均 GDP 增长率大于高税国家;低税国家的公共消费与私人消费的增长幅度大于高税国家;低税国家的投资增长率、出口增长率大于高税国家;低税国家的社会就业与劳动生产率的增长幅度大于高税国家。税收与经济增长之间的变量关系是:税收占 GDP 的比值每增加 1 个百分点,经济增长率就下降 0.36%。高税收负担是以牺牲经济增长为代价的,这几乎成为一个普遍的规律,而对低收入国家来说,提高宏观税负水平对经济增长的影响尤为明显。

低税率促进经济增长主要是通过两个机制来实现的:一是较低的宏观税率可以导致较高的要素收益率,这样可以刺激生产要素的总供给,从而提高总产出水平。二是低税国家的各种税收刺激,将使资源从低生产率的部门或经济活动转移到高生产率的部门或经济活动,从而提高资源使用的整体效率。

表 6-3　样本国家宏观税率与经济增长率的对比

样本国	人均收入 (按 1979 年美元计算)	税收收入占 GDP 比重/%	1970—1979 年 GDP 实际增长/%
巴西(低税)	1700~2100	17.1	8.7
乌拉圭(高税)		20.0	2.5
新加坡(低税)	1800~5950	16.2	8.3
新西兰(高税)		27.5	2.4
西班牙(低税)	4300~6350	19.1	4.4
英国(高税)		30.4	2.1
日本(低税)	8800~11950	10.6	5.2
瑞典(高税)		30.9	2.0

资料来源:陈共. 财政学:第九版[M]. 北京:中国人民大学出版社,2017.

(三)减税政策评析

供给学派税收主张存在着广泛理论争议。美国自 20 世纪 30 年代大危机以来曾多次实施扩张性财政政策,在实施扩张性财政政策中,有时没有实行减税政策,有时实行了减税政策,而减税政策有的取得了成功,有的则归于失败。比如罗斯福新政没有实行减税政策,利用扩大公共工程和工作救济支出拉动了经济增长。20世纪60年代肯尼迪－约翰逊的减税政策,是减税政策取得成功的范例。同样是减税,20世纪80年代里根政府的减税政策的惨败,是减税政策失败的范例。

1.美国减税典型政策及评价

(1)布什政府减税政策及评价。2001年2月8日,美国总统布什向国会正式提交了关于10年内大幅减税1.6万亿美元的计划,以兑现自己在竞选总统时向选民许下的诺言。布什提出的减税计划主要包括六项内容:一是简化个人所得税制,将五档所得税体系(15%、28%、31%、36%、39.6%)调整为四档(10%、15%、25%、33%);二是将儿童课税扣除由每名儿童500美元加倍至1000美元;三是减轻"婚姻惩罚",恢复双收入家庭10%的税收抵免;四是废除死亡税(遗产税);五是扩大慈善捐助扣除的范围;六是使研究和实验的税收抵免永久化。

布什的减税政策以其规模大、范围广而引起激烈争论。布什减税计划的空间很大,但不确定性因素仍然很多。减税是体现收入公平还是拉大收入差距需综合分析。一般认为,分档累进税率爬升得越高,富人在全部税额中负担的比例就越高。但实际情况却与此恰恰相反。据统计,第一次世界大战后,美国个人所得税的最高边际税率从77%降低到25%,富裕阶层承担的税收份额从29%提高到51%,低收入阶层承担的份额从21%下降到5%。1986年里根政府将最高所得税率从50%降低到28%,导致最富的1%阶层承担的税收份额从17.9%提高到25.6%,次富的10%阶层承担的税收份额从48.2%提升到55.7%。1992年克林顿竞选总统时曾猛烈抨击美国大老板们"可恶"的高收入,他宣称他将采取一些措施以平民愤。执政期间,克林顿采取了增税减支的政策来平衡预算,将个人所得税的最高税率由31%提高到39.6%,贫富差距进一步加大。克林顿上任时,美国最大的公司的老板们的收入是其手下工人一般工资的差不多100倍,而当克林顿卸任时,他们挣的钱是普通美国工人的475倍。

从上面的分析可以得出两个结论。一是布什的减税方案将提升富人在个人所得税负担中的份额。二是从减税总额及减税幅度上看,减税额的大部分将落到富人的口袋,低收入家庭的减免幅度要大于高收入阶层。

(2)特朗普政府减税政策及评价。特朗普在竞选期间便抛出了减税的承诺,称要为"中产阶级劳动者和家庭减税",要为美国企业减税,增强美国企业的竞争力。减税预期成为激励市场看好美国经济和美国股市的重要推动力。2018年12月2日,美国参议院以51票赞成比49票反对的结果通过了《减税及就业法案》,这是美国31年来首次修改税法。这成为美国20世纪80年代以来最大的税收减免法案。

特朗普政府此次减税主要内容拟包括:①将企业税从目前的35%大幅削减至20%,将个人所得税税档由原来的7个减少到3个:10%、25%和35%,废除遗产税,将免税收入额翻倍。②在标准抵扣额方面,美国现行税法规定的是单身人士6350美元、已婚人士1.27万美元。众议院版本中,单身人士为1.2万美元,已婚人士两人2.4万美元。③房地产税方面,现行税法规定了免税额为550万美元。④参议院版本中,跨国公司海外收入也实施"属地制",但对跨国公司现有的留在海外的利润汇回美国时一次性征税,现金资产税率为14.5%,非现金资产税率为7.5%等。

美国国内对此次税改的最主要批评是:削减个人所得税和企业所得税会大幅增加美国的

联邦赤字。美国国会预算办公室(CBO)2017 年 12 月 8 日发布报告称,参议院税改方案在未来 10 年将使联邦赤字增加逾 1.4 万亿美元。大公国际信用评级集团称,特朗普政府意图通过减税措施来刺激经济增长,但短期内将恶化美国联邦政府偿债来源;减税政策叠加美联储加息,在增加政府债务负担的同时也将加大债务融资压力,威胁政府偿债能力。预计 2019 年政府负担率将增至 111.2%。另外,在对科技企业的影响方面,参议院方案将保留 20% 的企业最低替代税将让公司无法享受与知识产权、新设备支出和研发相关的税务减免,科技公司将受到最大的冲击。因美国参议院最新通过的税改方案对科技企业颇不友好,苹果、亚马逊、谷歌、脸书等科技巨头股价持续萎靡。

赞成税改的一方认为,减税将促进美国经济增长:削减个人所得税会使家庭可支配收入增加,从而促进个人和家庭的消费;削减企业所得税将增加企业收入,从而促使企业增加投资;此外,针对跨国公司海外收入的减税措施将促进海外资本回流美国。哈佛大学经济学教授费尔德斯坦撰文称,尽管很难估算税改后美国企业部门资本增加的总额,但合理的估计是,未来 10 年,流入美国企业部门的资本将至少增加 5 万亿美元,这将有助于提高生产率和实际工资。假如这种情况发生,到 2027 年,美国年均实际 GDP 将增加约 5000 亿美元,约为该年 GDP 的 1.7%,带动美国企业在本国投资。

特朗普政府的减税措施在世界范围内产生了许多影响。2016 年 11 月,英国也公布了下调企业所得税率计划,以吸引在英国退欧公投后不敢前来投资的企业。英国计划把企业税率定在主要经济体中的最低水平,从 20% 调低至 15% 以下。法国马克龙政府从 2018 年就实行其竞选纲领中的减税措施计划,在 2020 年前将企业所得税税率降至 25%。居住税和巨富税改革也是其重要承诺。2017 年印度也宣布推出几十年来规模最大的税制改革方案——"商品与服务税"(GST)法,希望建立起优化税种、简化税制、国内统一市场的税制。印度还计划大幅削减多种商品的税率,以减轻消费者和企业的负担。根据 OECD 2017 年 9 月发布的年度税收政策回顾报告,持续削减企业税使得 OECD 35 国的平均企业税率已经从 2000 年的 32.2% 下降到 2016 年的 24.7%。

2. 对我国的影响和启示

特朗普政府减税行动对我国经济发展和税收制度调整带来了许多影响。世界各国已经出现减税浪潮,中国需要积极应对。当前中国财政收入的下行压力较大,而且普惠式减税并不利于解决中国结构性财税问题。中国的企业税率在亚洲国家当中低于日本,但高于新加坡和越南。日本 2016 年将企业所得税下降到目前的 31%。安倍政府提出于 2018—2020 财年开始实施一揽子减税议案,一揽子减税计划下企业所得税率或下调到 29% 左右。新加坡税率自 2010 年下调到 17% 之后一直比较稳定,目前新加坡也是亚洲企业税最低的国家。与其他金砖国家相比,中国企业所得税基本率(25%)高于俄罗斯 20% 的水平。尽管当前我国的企业所得税率高于印度,但印度穆迪政府也启动了包括下调企业所得税率的大规模税改措施。我国企业所得税率高于越南 22% 的水平。我国是否还有减税空间?2018 年我国企业所得税占总税收收入的 22.59%,是 1990 年以来的最大值。在当前财政收入压力和实体经济经营双重压力下,较好的选择是,对企业进行结构性减税,转型成功在先,使经济平稳过渡,进而再推行普降企业所得税率,放水养鱼,实现良性循环。中国也产生了被动减税的压力。不过,中国近年来(尤其是 2016 年以来)同样处于减税进程中,对这种压力已经有所准备。

减税是宏观经济管理的重要调控政策之一。此次减税对中国税收政策调控也带来了许多启示。

(1)一国的减税政策可能影响到国际资本的布局和流动。20 世纪 80 年代里根政府实行大规模减税计划后，对国际经济发展和资本流动产生了较大影响，资金纷纷从其他各国流入美国。其他国家为了防止资本外流，也竞相进行税制改革，降低所得税率，从而引发更大范围的减税运动。布什或特朗普政府的减税计划，无疑会影响到国际资本的布局和流动，也极有可能导致其他国家的连锁反应。对此我国政府应引起足够重视，在税制改革中既应遵循国际准则和税收国际惯例，也必须考虑中国的实际。

(2)遗产税的开征应谨慎。近年来，我国开征遗产税的呼声很高。从美国遗产税的发展来看，美国遗产税已经从一个主体税种逐渐蜕变为辅助税种。2000 年联邦政府遗产与赠与税完成 290 亿美元，仅占联邦政府财政收入的 1.43%，遗产税筹集资金的作用已经相当有限。遗产税征收数量与课税对象都非常少，而课税成本又比较大，这也是布什政府取消遗产税的一个重要原因。因此，我们要综合分析考虑，切不可单从调节社会不公和完善税制的角度仓促开征，否则可能同筵席税一样，最终成为一纸空文。

(3)个人所得税税制改革必须符合国际趋势并考虑通货膨胀因素。许多国家受美国税制改革的影响，认为高税率、多档次不一定会增加财政收入，相对会造成巨大的效率牺牲，因此，从国际上看，个人所得税的发展趋势是从高税率、多档次向低税率、少档次转变。我国 2019 年开始对工资、薪金等所得采用七级超额累进税率，每月扣除额提高到 5000 元，税档比较烦琐，且没有考虑通货膨胀的影响，导致税率爬升，增加部分纳税人负担。因此，我国个人所得税税制的改革应在计税方法、税率制度等方面借鉴发达国家的先进经验，同时应考虑教育、住房等支出增长情况和物价指数，实行税收指数化，防止通货膨胀导致的税率攀升对个人所得税的影响。

3. 对我国近年来结构性减税政策的评析

(1)减税背景分析。由于受到 2008 年金融危机的影响，中央经济工作会议明确提出 2009 年实施结构性减税政策，至今已经实施 10 多年，2016 年以来减税进程明显加快，已经由结构性减税调整为全面性减税。2017 年政府工作报告中承诺要减免税费 1 万亿元人民币，2018 年实现为企业和个人减负约 1.3 万亿元，2019 年将为企业和个人减负 2 万亿元。结构性减税作为积极财政政策的重要内容，已成为 2009 年以来税收政策的主基调。与 2016 年以来的全面减税不同，结构性减税并不是单向的、全面的，而是有选择的，包含税收有增有减的含义。结构性减税是为满足我国经济形势发展的需要，根据优化税制结构、服务于经济增长和经济发展方式转变的要求，相应调整税收政策，开征一部分新税种或提高现有税种的税率，降低另一部分税种的税率，从总量上降低税负水平，减轻企业和个人的税收负担，让国民财富重新回归于民间，进而扩大投资和消费，带动经济良性增长。

全面性减税措施往往适用于在经济下行压力增大、国际经济环境不稳定等背景下施行，减税覆盖面广泛，涉及多个税种、多个行业和多个地区，影响范围是全面的、深远的。

(2)我国宏观税负水平分析。宏观税负指一个国家或地区的总体税负水平，它体现一个国家或地区在一定时期内所创造的新价值中国家通过税收收入集中的程度，同时也反映财政分配政策的取向。在目前国内的研究中，把宏观税负分为狭义和广义两种不同的口径进行分析。狭义即小口径宏观税负为税收收入占 GDP 的比重；广义即大口径宏观税负，为政府收入占 GDP 的比重。我国近年来税收收入占 GDP 的比重见表 6-4，政府收入占 GDP 比重见表 6-5。

表 6 – 4　我国 1998—2019 年税收收入占 GDP 的比重

年份	1998	1999	2000	2005	2009	2010	2015	2016	2017	2018
比重/%	11.92	13.02	14.07	17.7	17.46	18.23	18.21	17.62	17.60	17.37

资料来源：1. 国家统计局. 中国统计年鉴(1998—2018)［EB/OL］. http://www.stats.gov.cn/tjsj/.；2. 税收收入不含关税、耕地占用税和契税。

从表 6 – 4 的趋势来看，1998 年税制改革以来，随着我国经济的快速发展，我国税收规模在不断扩大，税收收入占 GDP 的比重从 1998 年的 11.92% 上升到 2018 年的 17.37%，其中 2010 年达到 18.23%，之后平稳小幅下降，平均水平呈现上扬趋势。如果和其他国家做横向比较，我国目前的税负水平低于世界平均水平和发达国家水平，和发展中国家基本一致。但是，如果考虑到广义宏观税负，我国的税负水平就不低了。如表 6 – 5 所示，我国 2018 年广义口径的宏观税负(全口径财政收入/GDP)达到 36.5% 的水平，是狭义口径宏观税负的 1.5 ~2 倍，此数据已经超过世界平均水平了。因此我国企业的税费负担是比较重的。面对近年来的经济下行压力，我国必须加大减税的力度，促进经济恢复增长。

表 6 – 5　2018 年我国全口径财政收入

	绝对额/亿元	占 GDP 比重/%	收入权重/%
公共财政收入	198125	22.0	60.2
其中：税收	156401	17.37	47.5
政府基金性收入	75405	8.4	22.9
其中：土地出让收入	65096	7.2	19.8
国有资本经营收入	2900	0.32	0.9
社会保险基金收入	52543	5.8	16.0
政府收入合计	328973	36.5	100

资料来源：国家统计局. 中国统计年鉴 2018［EB/OL］. http://www.stats.gov.cn/tjsj/.

(3)减税政策效果评析。

①结构性减税，优化了我国经济结构。自 2004 年以来，我国陆续进行结构性减税，如全面取消农业税、将增值税改革从东北逐步推向全国、适时调整出口退税、统一内外资企业所得税、多次提高个人所得税费用扣除标准等。减税在短期内意味着财政减收。财政部表示，2009 年延续各项税收减免政策，同时有增值税、出口退税、营业税等多项新的减税政策实施。财政部对这些减免税费的措施和 23 种税收的税基、征税对象及税率进行逐一核算后，得出了 5000 亿元的减收数据。2014 年，"营改增"共减税 1918 亿元。从效果看，这些政策都取得了优化经济结构的作用。因此，在经济面临巨大下行压力的情况下，实施结构性减税，是应对国际经济前所未有百年之大变局的必然选择，同时也是规范和完善税制的客观要求。减税减轻了企业及个人税负负担，提高了微观经济主体的活力。2018 年实现为企业和个人减负约 1.3 万亿元，相当于 2018 年全国一般公共预算收入的 7.1%。1.3 万亿元的减税降费，有超过

8000 亿元体现在减税上。从税种看，增值税、企业所得税、个人所得税三大税种减税力度较其他税种更大。从受众看，各类企业和个人都拿到了政策红包。2018 年减税数量多、种类多、类型多。全面而精准，点和面结合，是 2018 年减税政策的基本特点。2019 年拟减轻企业税收和社保缴费负担近 2 万亿元，这是积极的财政政策加力提效的体现，也是 2019 年普惠性减税与结构性减税并举发力的目标，增值税改革是其中主要的减税政策。2019 年 4 月 1 日起，制造业等行业现行增值税税率由 16% 降至 13%；交通运输业、建筑业等行业现行增值税税率由 10% 降至 9%；保持 6% 一档的税率不变，但通过采取对生产、生活性服务业增加税收抵扣等配套措施，确保所有行业税负只减不增。2019 年小微企业迎来普惠性减税政策。小规模纳税人增值税起征点由月销售额 3 万元提高到 10 万元；大幅放宽可享受企业所得税优惠的小型微利企业标准；加大所得税优惠力度，预计每年可再为小微企业减负约 2000 亿元。这些政策促进了企业经济转型，优化了我国整体经济结构。

②减税可以促进内需扩张。减税可以有效帮助那些受国际金融危机、贸易摩擦冲击较大，处在生死关头面临倒闭的中小企业得以生存；可以稳定就业，成为农民工获得收入的前提。因此，从拯救中小企业、保护就业、增加居民收入的角度看，减税可以说是刺激内需的良方。动态地看，减税政策刺激需求、促进经济增长，最终会带来税源扩大，财政增收。但是，减税并不是应对危机的灵丹妙药，减税也不是一项孤立的政策。中外历史上也有许多失败的减税案例，减税政策的使用要适度，需要将减税政策与其他相关政策配套实施。在当前经济形势下，为保增长而进行适度减税是必要的，但不能滥用。灵活运用补贴、国债、政府采购等多种政策工具才能收到事半功倍的效果。同时，应该将全面性减税与规范和优化税制结合起来。就目前全面性减税重点看，应选择直接为企业和个人带来减税利益的税种实行减税。

第三节　税收优化理论

税收优化理论主要指最优课税论，其根源可以追溯到古典经济学家约翰·斯图亚特·穆勒于 19 世纪初首次提出的"牺牲"学说。穆勒认为，税收公正要求每个纳税人都要承担同等的牺牲。在埃奇沃斯和庇古之后，现代福利经济学将"牺牲"解释为效用的损失，并提出边际效用相等适宜作为使税收引起的总牺牲最小化的原则。弗兰克·拉姆斯、詹姆斯·米尔利斯、彼得·戴尔蒙德和米尔利斯等人在 20 世纪 70 年代建立起来的当代最优课税论，也认为税制结构造成的总牺牲应当最小，但他们所界定的牺牲比较宽泛，把牺牲看作社会福利的减少，而不仅仅是个人效用的损失。

一、最优课税理论

最优课税理论的本质是研究社会福利最大化的税收结构，本质上属于规范研究，旨在揭示最优(最合意的)税收结构应该是怎样的。现有文献关于最优税收的研究包含了效率和公平两个维度，主要是通过设置社会福利函数体现公平，通过最大化社会福利函数实现效率。

税制最优原则，是帕累托最优效率在税收领域的延伸。它是以资源配置的效率性和收入分配的公平性为准则，对构建经济合理的税制体系进行分析的学说。

理想的最优课税理论，是假定政府在建立税收制度和制定税收政策时，掌握着纳税人的完全信息并具有无限的征管能力。具体基于以下三个方面的假设：第一，个人偏好、生产技术（一般可获得连续规模效益）和市场结构（通常是完全竞争的）要明确显现出来。第二，政府必须通过一套管理费用低廉的为数有限的税收工具来筹措既定的收入。其中，一次总付税由于其不公平性一般不予考虑。第三，在多人模型中，以效用的社会福利函数（对个人的效用水平进行加总，用来测定社会福利）作为标准函数，计算出各种结果，据此在有限的税收工具中选择最优（适）税制。

税收制度能否符合最优原则，实现最优课税？从信息的角度看，在现实中，政府对纳税人的能力和课税对象等情况的了解并不完全，在信息不对称的情况下，政府只能根据纳税人的收入、支出等可观测到的信息来征税，这就难免产生纳税人经济行为的扭曲。从征管角度看，政府的征管能力从来都是有限的。从税收本身的特点来看，绝大部分税收也是不符合最优原则的。因此，在大多数情况下，税收的最优原则是不可能实现的。

鉴于最优原则在税制设计中无法实现，20世纪60年代后，西方经济学家把"次优原则"引入税制建设中。该概念最早是由加拿大经济学家李普斯和美国经济学家兰卡斯特提出来的。这一理论原则论证了在市场失效的既定条件下，如何建立能使这些失效损失最小的优化价格条件。最优税收理论是以最优原则与次优原则的发展及应用为基础建立起来的，以资源配置效率为首要关注问题。但税制还必须关注收入分配的公平方面，只有将资源配置效率与收入分配公平结合起来一并考虑的税制，才可能是合意的税制，即"最优"的税制。

最优课税论主要研究了以下三个问题：一是直接税与间接税的合理搭配问题；二是在效率和公平基础上寻找一组最适商品税；三是假定税收是以所得课税而非商品课税为基础，研究如何确定所得税的最适累进（或累退）程度，以便既实现公平又兼顾效率。可见，最适课税论研究的核心是如何实现税制的公平与效率兼顾，因为商品课税容易实现效率目标（没有扭曲效应或超额负担最小），问题是如何使其具有公平收入分配功能；所得课税容易实现公平收入分配目标，问题是如何使其促进经济效率。

最优课税理论的贡献主要表现在三个方面：第一，在信息不对称的情况下，论证了政府运用"扭曲性"税收工具的不可避免性。第二，提出了税制结构优化状态下税制经济效率的衡量标准，讨论了如何据此标准对经济行为主体提供刺激信号的问题。第三，研究了最适税制条件下将公平与效率两大原则统一起来的可行性。相应地，最优课税理论主要由直接税与间接税的搭配理论、最优商品课税理论和最优所得课税理论三个部分组成。

二、最优商品税制

（一）一般税与选择税的权衡

从效率角度，在税收收入一定的情况下，课征一般商品税比课征选择税更符合经济效率的要求。因为用相同税率对商品（包括闲暇）普遍课税，只会产生收入效应，因而不会扭曲消费者选择，不会造成税收超额负担。而对商品课征选择税，不仅会产生收入效应，还会产生替代效应，其结果必然会影响消费者的选择，并且造成税收的超额负担。

从社会公平角度，由于一般商品税很容易课及一般生活必需品，而对生活必需品的课税具有明显的累退性，这与公平目标是相悖的。所以，从公平与效率兼顾的要求出发，最优商品课税应首先尽可能广泛课征，同时对一些基本生活必需品减征或免征。

(二)拉姆齐法则——反弹性法则及其修正

拉姆齐法则指出："为了使总体超额负担最小化，税率的制定应当使各种商品在需求量上按相同的比例减少。"将拉姆齐法则进一步引申，可得出：只要商品在消费上互不相关，对各种商品课征的税率，必须与该商品自身的需求价格弹性成反比。

反弹性法则的含义是显而易见的，一种商品的需求弹性越大，潜在的扭曲影响也就越大。因此，有效率课税要求对需求弹性相对小的商品，课征相对高税率的税收；对需求弹性相对大的商品，课征相对低税率的税收。但基于公平的考虑，政府应对生活必需品制定较低的税率，而对高收入阶层偏重消费的奢侈品课征较高的税率，以增加商品税的累进性，即使会因此产生一定的效率损失。拉姆齐法则只考虑了效率原则。在制定最优商品税时，为了兼顾效率与公平，需要对拉姆齐法则进行适当修正。

(三)科勒特—哈格法则

科勒特—哈格法则主张：为了纠正商品课税对工作与闲暇关系的干扰，在设计商品课税的税率结构时，应采取一种补偿性措施，即对与闲暇互补的商品课征较高的税率，对与闲暇互替的商品课征较低的税率。科勒特和哈格之所以提出这一法则，是因为一般商品税实际上并不把闲暇这种特殊商品包括在征税范围中，而闲暇与其他商品之间又确实存在互补或互替关系。这就会扭曲人们在闲暇和一般商品消费之间的选择，鼓励人们多消费闲暇，减少劳动供给，降低经济效率。

三、最优所得税制

(一)所得税的边际税率不能过高

最优所得税理论的核心是在应该实行累进制以体现公平性的原则前提下，如何确定最优的累进程度。因为累进程度过大会影响激励，从而影响经济的增长。在政府目标是使社会福利函数最大化的前提下，社会完全可以采用较低累进程度的所得税来实现收入再分配。过高的边际税率不仅会导致效率损失，而且对公平分配目标的实现也无益。边际税率越高，替代效应越大，超额负担也越大。就标准的累进税制而言，边际税率递增的累进税制，要比单一税率的累进税制造成的超额负担更大。

(二)最优所得税率结构应当呈倒"U"形

从社会公平与效率的总体角度来看，中等收入者的边际税率可适当高些，而低收入者和高收入者应适用相对较低的税率，拥有最高所得的个人适用的边际税率甚至应当为零。倒"U"形税率结构的分析结论，是在完全竞争的假定前提下得出的，现实中完全竞争几乎不存在，因此不能完全按照倒"U"形税率结构设计所得税率。

四、关于所得税与商品税的搭配

所得税与商品税应当相互补充，都有其存在的必然性。一般认为所得税是一种良税，而差别商品税在资源配置方面也是所得税所不能取代的。税制模式的选择取决于政府的政策目标。所得税有利于实现分配公平目标，商品税有利于实现经济效率目标。如果政府的政策目标是以分配公平为主，就应选择以所得税为主体税种的税制模式；如果政府的政策目标以经济效率为主，就应选择以商品税为主体税种的税制模式。一国的税收制度最终实行何种税制模式，要取决于公平与效率目标间的权衡。

最优课税论是福利经济学中的次优概念和信息经济学中的信息不对称分析应用于税制结构优化分析取得的成果。其理论核心在于如何使一国的税收制度在实现一定的税收收入的约束条件下，尽可能地使税收造成的超额负担最小，同时促进收入的公平。从该理论中，我们至少可以得到以下几点启示。

第一，虽然最优税收理论提供了良好税制的理论标准，但这些理论标准必须适应特定国家的经济、政治、管理、文化、历史等各方面的实际条件，才具有指导意义。而且，这一理论本身也并未尽善尽美。例如，作为最优税收理论基础的福利经济学有其自身的问题。财政学家们把税收的横向公平与纵向公平、对经济保持中性、易于管理等原则与福利经济学的原则结合起来，依据社会福利函数求得良好税制的标准。但社会福利函数基于高度的个人主义，把重点放在了如何使效用最大化问题上，没有考虑其他社会目标。另外，最优课税理论忽略了政治、制度和管理能力因素，我国在借鉴该理论时尤其要注意这一点。

第二，税制设计和税制改革中必须充分考虑到税收的超额负担造成的效率损失。现实世界中，由于政府对纳税人的信息了解有限，不可避免地要课征扭曲性的税收，从而产生超额负担损失。因而只能退而求其次，即在扭曲性的税收中选择扭曲性最小的一种或几种税的组合。就商品税（流转税）来说，应对需求弹性较小的课以较高税率，但出于公平考虑，不应对生活必需品课以重税。就所得税来说，所得税的累进程度越高，超额负担越大，所以应采用较低累进程度的所得税。我国目前的个人所得税最高税率达45%，已明显偏高，对个人劳动产生了严重的负激励。当然，低税率并不是一味地降低税率，也不是紧随发达国家的税率降低而降低，而是要根据我国的经济发展阶段和政府履行职能的需要，制定合理的税率。从微观角度来看，我国各税种的税率并不低，但从宏观角度来看，税收收入占GDP的比重却相当低下。这一矛盾现象的存在，或是因为各种税的法定税率过高（根据拉弗曲线，高税率未必导致高收入），或因为整个财政收入制度有问题（如大量预算外资金的存在，费挤税等），或因为税收管理能力弱，税收收入大量流失。后两者是我国税收比率低下的最现实原因。因此，我国在深化税制改革过程中，在尽可能把税率设置在较低水平上的同时，尤其要注意解决整个财政收入制度的内部结构问题和提高征收管理能力。此外，根据最优税收理论，在信息不对称条件下，无差别税制不能实现效率目标。因此，我们在进一步完善税制时，必须保留税制的适当差别待遇，但要对差别待遇的对象进行科学选择和严格管理。例如，对某些特殊产品，在征收增值税的基础上仍应征收消费税；仍应保留一定范围的差别税率和某些税收优惠待遇。

第三，商品课税容易实现效率目标，但其公平收入分配的功能较弱；所得课税易于实现公平收入分配目标，但其更不易实现效率原则。因此，在税制建设中，要依据经济发展阶段和政府的经济政策目标，充分考虑直接税与间接税的不同特点，运用其实现不同的政策目标。我国目前的税制结构虽然被称为流转税（间接税）与所得税（直接税）的双主体结构，但实际上是以流转税（间接税）为主体（1998年流转税收入占总收入的74%）。这种对流转税制过于依赖的税制结构，不利于所得税功能的发挥，税收很难成为稳定经济运行的杠杆。应该根据经济发展需要和税制本身的要求，逐渐提高所得税比重，降低流转税比重，以实现二者的最佳搭配。

第四，必须大力提高政府了解掌握信息的能力和税收征管能力。这是因为，最优课税要求政府在建立税收制度和制定税收政策时，尽可能充分地了解纳税人的信息(包括纳税能力、偏好结构等)，具备尽可能强的征管能力，从而使税制尽可能地接近理想的最适税制。从某种程度上说，强大的管理能力、有效的管理技术和手段是决定税制可行性和有效性的关键因素：管理滞后，使得先进的税制得不到有效运行，或者管理成本太大，得不偿失。我国现行税制运行过程中出现的大多数问题可能都与管理滞后有直接关系。有效的税务管理不仅需要一套严密的组织机构，还要求有一支精明强干、训练有素的税务管理队伍。低工资、缺乏培训和积极性的税务人员，不可能实现有效的税务管理。因此，要建立一支有效的税务管理队伍，就必须适当提高税务人员的工资待遇，建立有效的激励机制和惩罚机制，加强税务人员的职业道德和技能培训。

五、评价税制的标准

现代最优课税理论考虑了税收的效率和公平原则，但是实践中还需要考虑税收管理的便利性以及因税制的强制性带来的政府税收征管成本和纳税人遵从成本等问题。因此，现代经济社会对一个税制的评价需要同时考虑效率、公平、征管成本等多方面。

1. 效率原则

政府征税使资源从私人部门转移到公共部门，在资源转移过程中会发生效率损失，不同的税种、税率和征收方法所造成的损失也会不同。征税的效率原则指在获得既定收入前提下，尽量减少效率损失。

2. 公平原则

政府征税是对私人部门资源的强制性征收，其负担最终是由社会人员来分担的。公平性原则是指税收负担应该符合一般的公正概念和支付能力原则。

3. 管理成本

税收的征收和缴纳需要一套科学的管理制度和机构，政府收入体系的管理应该是低成本的，各项制度法规的执行要简便易行。

以上三个方面很难同时兼顾。有效率的税收可能缺乏公平，比如商品税类。如果追求效率，对需求弹性大的商品尽量课征较低税率，对需求弹性小的商品尽量课征较高税率。但是，实践中需求弹性大的商品往往是富人消费多的奢侈品，需求弹性小的商品却大多数是穷人消费多的必需品。如果对奢侈品课以低税而对必需品课以高税，虽然符合效率原则，但是违背了支付能力原则，不符合公平标准。最极端的例子是人头税，经济上有效率，管理也简便易行，但最不公平。同时，一个公平税制可能管理成本会很高，如果对不同收入水平适用不同税率，虽然公平，但是管理成本会提高，而且会带来较大效率损失。

【本章小结】

1. 税收与其他分配方式相比，具有强制性、无偿性和固定性的特征，习惯上称为税收的"三性"。这是税收的基本特征。

2. 税制要素包括对什么征税、向谁征税、征多少税和如何征税等税法的基本内容。因此，税制要素一般包括纳税人、征税对象、税率、纳税环节、纳税期限、减税免税和违章处理等，其中纳税人、征税对象和税率是税制的三个基本要素。

3. 税收分类的标准和方法很多。按课税对象来分，我国现行税收可分为流转税(商品劳务税)、所得税、财产税、行为税、资源税。按税负是否转嫁分为直接税与间接税。按课税标准来分，分为从量税和从价税。按照税收与价格的关系来分，可分为价内税和价外税。按照管理权限来分，分为中央税、地方税、中央地方共享税。

4. 税收原则是政府在设计税制、实施税法过程中所遵循的准则，也是评价税收制度优劣、考核税务行政管理状况的基本标准，它决定政府对什么征税(课税对象)、征收多少(课税规模)、怎样征收(课税方式和方法)等。当代税收原则包括财政收入原则、经济发展原则、公平原则和税收行政原则。

5. 税收负担是指政府征税减少了纳税人的直接经济利益，从而使其承受的经济负担。它反映一定时期内社会收入在政府与纳税人之间税收分配的数量关系。税收负担问题是税收的核心问题，是建立税收制度要解决的首要问题。

6. 税负转嫁，是纳税人通过经济交易中的价格变动，将所纳税款转移给他人负担的行为及过程。税负转嫁的基本方式有两种，即前转和后转，此外还有其他一些转嫁方式。在价格可以自由浮动的前提下，税负转嫁的程度，除价格外还受诸多因素的制约，常因供求弹性的大小、税种的不同、课税标准不同、课税范围的大小以及企业所处行业地位等不同而各异，但是也存在一般性的规律。

7. 税收的经济效应是指纳税人因国家课税而在其经济选择或经济行为方面做出的反应，或者说是指国家课税对消费者的选择以至于对生产者决策的影响。税收的收入效应是指由于政府征税减少了纳税人的可支配收入，从而产生的激励纳税人增加收入的效应。税收的替代效应则是指政府征税改变了一种经济活动的机会成本，使纳税人放弃这种经济活动而代之以另外一种经济活动的效应。这两种效应在税收活动中同时存在且方向相反，但并不会相互抵消，因为具体到微观经济活动中它们的效应大小会有所不同。

8. 税收与经济发展之间存在着密切的关系，但关于税收对经济发展的作用，不同的学派却有不同的看法。其中供给学派的税收观点比较具有代表性。西方经济学将供给学派的税收观点归结为三个基本命题：高边际税率会降低人们的工作积极性，而低边际税率会提高人们的工作积极性；高边际税率会阻碍投资，减少资本存量，而低边际税率会鼓励投资，增加资本存量；边际税率的高低和税收收入的多少不一定按同一方向变化，甚至可能按反方向变化。供给学派的三个基本命题可以从供给学派的代表人物拉弗设计的"拉弗曲线"得到说明，拉弗曲线是说明税率与税收收入和经济增长之间的函数关系的一条曲线。

9. 最优课税理论是以最优原则与次优原则的发展及应用为基础建立起来的，以资源配置效率为首要关注问题。但税制还必须关注收入分配的公平方面。只有将资源配置效率与收入分配公平结合起来一并考虑的税制，才可能是合意的税制，即"最优"的税制。最适课税论主要研究了以下三个问题：一是直接税与间接税的合理搭配问题；二是在效率和公平基础上寻找一组最适商品劳务税；三是假定税收是以所得课税而非商品课税为基础，研究如何确定所得税的最适累进(或累退)程度，以便既实现公平又兼顾效率。可见，最优课税论研究的核心是如何实现税制的公平与效率兼顾：商品课税容易实现效率目标(没有扭曲效应或超额负担最小)，问题是如何使其具有公平收入分配功能；所得课税容易实现公平收入分配目标，问题是如何使其促进经济效率。

【本章关键词】

税收的强制性；税收的固定性；税收的无偿性；纳税人；课税对象；课税标准；比例税率；累进税率；起征点和免征额；税收基础；前转；后转；混转；税收的收入效应；税收的替代效应

【本章思考题】

1. 简述税收的"三性"。
2. 试述税收的分类。
3. 比较分析全额累进税率和超额累进税率。
4. 比较分析平均税率和边际税率。
5. 试述税收的效率原则。
6. 试述税收的公平原则。
7. 试述税收中性和超额负担。
8. 分析税负转嫁与归宿的一般规律。
9. 简述税负转嫁有什么现实意义？
10. 试述税收对劳动供给的影响。
11. 试述税收对居民储蓄的影响。
12. 试述税收对投资的影响。
13. 试述供给学派的税收观点。
14. 简述"拉弗曲线"及其原理。
15. 评价最优课题理论。
16. 分析评价我国 2019 年减税降费政策的内容和效果。

【拓展阅读】

请扫码阅读本章拓展阅读材料。

拓展阅读1
税收超额负担的衡量-爱课程
-钟晓敏《财政学》第10讲
第6部分-案例

拓展阅读2
消费税改革需服务于
现代化经济体系建设

拓展阅读3
美国关税演进简史——
读懂世界才能读懂中国

第七章

税收制度

【教学目标】

1. 了解我国税收制度的基本内容、基本结构和基本状况。

2. 重点掌握我国税制基本理论，包括增值税、消费税、关税、企业所得税、个人所得税等主要税种的计算原理，了解资源税等其他小税种。

第一节　税制概论

《福布斯》中文版在 2005 年开始公布税负痛苦指数(tax misery index)，标题为"税务世界：痛并快乐着"，旨在通过一年一度的全球税负调查，为企业及其雇员提供投资和就业指导。此举引起了全球的广泛关注，也引发了国内现行税制下关于中国税负高低的热烈探讨。该指数通过将一国主体税种的最高边际法定税率直接加总得到，是法定税负水平的测算，与实征税负即凭借政府征收能力真正能够征收到的税收水平是两个不同的概念。另外，税收负担和税负痛苦也不同。税收负担通常会带来税收痛苦，但所有的税收痛苦并非都来自税收。如果一国纳税人的钱没有发挥最大效应，也会导致纳税人税负痛苦增强。

一、税收制度的组成

(一)税收制度的概念

税收制度(税制)是一国政府根据税收政策通过法律程序确定的征税依据和法律规范，包括税收体系和税制要素两个方面的内容。其中税收体系是指税种、税类的构成及其相互关系，包括一个国家设立哪些主体税种和税类，其核心是主体税种的选择和各种税种的搭配问题；税制要素则指构成每一种税的纳税义务人、征税对象、税率、纳税环节、纳税期限、减税免税、违章处理等基本税制要素。广义的税收制度还包括税收管理体制和税收征收管理制度。

（二）税收制度组成结构

税收制度组成结构（税制结构）指一国税制中税种的组合情况，主要反映各个税种在整体税收体系中的地位和作用。关于税收制度的组成主要有两种不同的理论主张：单一税制和复合税制。

1. 单一税制

（1）单一税制模式的内容。

单一税制：一个国家的税制由一个税类或少数几个税种组成。单一税制模式的提出由来已久，但在人类历史上始终没有一个国家采用单一税制模式，对它的研究也仅仅停留在理论设想上。由于各个时期经济发展情况不同，单一税制学说的理论依据与内容也不相同。最有代表性的有以下四种理论观点：

单一消费税论。主张单一消费税论的多为重商主义者。17世纪，英国人霍布斯主张实行单一消费税。他认为，人人都要消费，因此按消费品课税，能使税收负担普及全体人民，没有身份、阶级和职业的区别，使贵族和其他特权阶级无法逃避纳税。至19世纪，德国人普费非也有过类似主张，他认为税收应以个人的全部支出为课税标准，即对全部消费课税，这样才能做到课税平等。单一消费税论，符合税收的普遍原则，对于废除免税特权有一定的积极意义，但单一消费税在公平税负和保证财政收入稳定方面却显露出不足。

单一土地税论。这一思想为法国重农学派所提倡，魁奈和布阿吉尔贝尔是其代表人物。他们认为土地是一切财富的真正源泉，只有农业生产出来的物品才是"纯产品"，而只有"纯产品"才可能负担税收，而对土地收益以外课征的各种税种，最终都会转嫁到土地收益上来，因此只应征收土地税（他们称之为地租税），而废除其他各税。他们的理论对于当时反对苛捐杂税、废除封建贵族免税特权有一定意义，但不符合普遍原则，也片面地理解了税负转嫁问题。19世纪，单一土地税论又被美国经济学家乔治·亨利再次提出，他认为资本主义制度的弊病就在于对社会财富分配不公，经济发展导致土地日益不足，社会进步过程中财富的积累和贫困的根源是由于少数人占有土地，对此他主张实行"单一地价税"，把不劳而获的地租用于发展生产和为全社会创造福利。

单一资本税论。这种主张的代表人物是法国学者日拉丹和门尼埃，以及后来的一些美国学者。他们主张单对资本征税，即以资本和财产价值为标准征税，凡拥有资本和财产的都应纳税，其他发生的所得不征税。这一学说又分为两派：美国学者派主张资本课税应以不动产为主；法国学者派主张资本课税应以有形的资本为准。两者都主张单一资本税。

单一所得税论。这一理论由法国学者波丹提出，但他当时还主张设立关税，后来由法国学者穆班提出的"什一税"，才是一种彻底的单一所得税论的主张。至19世纪后半叶，德国也开始盛行单一所得税制的思想，他们认为，消费税对多数贫民课税有失公平，而所得税只对少数富有者课税最为公平合理，而且所得税富有弹性，能够满足国家财政需要，所以国家只需课征所得税，可取消其他各税，因而提倡单一的所得税制。

(2)单一税制模式的优缺点。由于单一税制理论仅限于理论上的探讨，并没有哪个国家真正实施过，因此，讨论其优缺点也只局限于对其理论的主观分析。单一税制的优点在于：①税收的课征只有一次，对生产和流通的影响很小；②课征范围小，征收方法简单，节约征收费用；③对纳税人来说，可以减少苛捐杂税的困扰，减轻了人民的税收负担。单一税制的缺点在于：①单一税种难以保证国家财政的需要；②课征范围小，无法实现普遍课税和平等课税；③单一税制容易引起某一方面经济上的变动，导致税源枯竭，损害经济资源，阻碍经济平衡发展。

2.复合税制

复合税制：一个国家的税制由多个税类或多个税种组成，通过多种税的相互配合和相辅相成组成一个完整的税收体系。

(1)复合税制模式的内容。复合税制模式作为由多种税组合而成的税收制度，究竟应该由哪些税种组成，西方学者对此看法不同，存在争论，具体有以下三种不同的理论学说。

一是两大税类论。是指税收制度由直接税和间接税组成。有的学者如德国社会政策学派的谢夫勒曾直接提出以直接税与间接税组成复合税制；有的学者虽然名义上未直接提出直接税与间接税，但实质上是主张的，如德国的劳若提出的赋课税与消费税，劳兹提出的配赋税与从率税等。

二是三大税类论。有些学者认为税制结构应由三类税构成。如瓦格纳认为税制结构应由所得税(对所得、收益、利息的课税)、所有税(指财产税)与消费税组合，才较为全面；日本小川乡太郎主张所得税、消费税、流通税三个税类组成的税制。这种理论观点为现代西方国家所得税、商品税和财产税三大税类理论的建立和发展奠定了基础。

三是四大税类论。在上面三大税类论的基础上，有些学者又增加了流通税类，从而构成了四个税类。流通税类的课税对象为经济流通，并以经济流通的行为作为税源，其主要税种为财产流通税。但流通税实际上是财产税和商品流转税的结合，从其意义上更接近财产税，而且在数额上所占的比例不大，不应作为代表税类，因此，四大税类论实际上还是三大税类论。

(2)复合税制模式的特点。与单一税制模式相比，复合税制的优点主要有：①税源充裕，能保证国家财政需要，税制有较大的弹性，能适应时政需要的变动；②复合税制涵盖面广，能捕捉各种税源，容易做到普遍课税和公平课税；③复合税制模式能够保证税源不致枯竭，并能促使社会经济综合平衡发展。复合税制的缺点主要是：①税种过于繁杂；②税负分布不均；③征收成本高。

(3)复合税制的类型。复合税制在具体实践中往往划分为几个类型：①单一主体税种的复合税制：以某一税种为主体，辅之以其他税种的税制类型。②两种并列主体税种的复合税制：以两种税收为主，其他税种为辅的复合税制类型。一般是以商品流转税和所得税并列作为主导税种的税收制度。③多种税种并重的复合税制：由三类及以上税种作为主体税种的复合税制。一般以所得税类、商品税类或财产税类作为主体税种。

(三)税收制度的发展

1.古老的直接税模式及形成原因

在以土地私有制为基础的奴隶社会和封建社会中，生产力发展和商品经济发展程度十分低下，决定了能够构成国家税收来源的课税对象和社会财富极为有限。在那个时代，土地、劳动者的人身和以房屋为主体的财产，是带来社会财富并提供税收的三大重要源泉，因此，对土地、人身、房屋课征的直接税就必然成为主导性税收。①土地税。在旧中国称为田赋，属于以土地面积为标准征收的地亩税。②人头税。以人身为征税对象。在古罗马时期，主要是对在战争中被俘沦为奴隶的人课征，属于对"会说话的财产"课税。中世纪后，欧洲各国的人头税范围扩展到社会大多数成员。中国的人头税起源于汉代征收的算赋、口赋和更赋。③房屋税。以房屋为课税对象，其征税方法多种多样。如"灶税"，以房屋中的炉灶为课税标准；窗户税，按房屋窗户数征收。中国古代的"间架税"就属于房屋税的一种。同时，辅之以古老的间接税，如关税、盐税、茶税等，形成以古老的直接税为主体的税制模式。

尽管因经济、社会等多方面因素制约，这种模式在税收发展史上延续数千年，然而，它的弊端是明显的：①古老的直接税通常以课税对象的某些外部标志作为标准，而不考虑课税物品所有者的收入及负担能力，因而失之公允。②这种税制缺乏必要的收入弹性，很难及时而充分地满足财政需要。③在古老的直接税制下，封建贵族、僧侣阶层易于获得豁免税收的特权，税收不公常引起人民的强烈不满。④农村中，古老的直接税加速了农民破产。封建国家常采取加重对城市工商业课税的办法予以弥补，如执照税、资本税、徒弟税等，这些城市的直接税严重阻碍着资本主义工商业的发展。因此，当资本主义商品经济关系在封建母体内孕育成长时，就已经预示着这种古老的直接税为近代间接税制所代替的历史必然性。

2. 间接税制模式的形成与发展

资产阶级夺取政权以后，就立即着手按照发展资本主义的要求改革税制。改革的首要目标，是在城市取消对工商业者征收的原始直接税，代之以间接税即消费税。由于消费税金可以随销售一同转嫁出去，这样，经营工商业的资本家一般不会负担税收。即使消费者负担的税款也不是比例于他们的财产或收入总额，而是同他们消费开支的规模直接相关。而且，在资本主义发展初期，农村自给自足的经济占主导地位，加之资本主义工业产品虽然质量高但价格昂贵，因此，购买这些商品并负担消费税的，还是那些富裕贵族和大地主阶级。

消费税，一般是指对消费品或消费行为课税的总称，有狭义和广义之分。前者指的是对消费品课征的个别消费税，如烟税、酒税、关税、茶税、鸦片税等，这在封建社会时期就已有之。资产阶级所要求的是后者，即广义的以商品流转额为对象的一般消费税，如营业税、商品税、消费税等。从15世纪到18世纪中叶，这类消费税已逐步发展成为主导性税收。同时再辅之以地租税、财产税等直接税，形成了以间接税为主体的税制模式。

不过，以间接税为主体的税制模式实行一段时间后，资产阶级发现，这种税制开始阻碍资本主义经济发展，同资产阶级利益时常发生矛盾。主要表现在两个方面：其一，国境消费税即关税制度，过去曾经是保护资本主义工业发展的有力武器，然而，当本国工业已经发展壮大起来，出口竞争能力增强，需要向国外销售产品，或向国外购买廉价原材料时，保护关税就成为实行自由贸易政策的桎梏。因此，工业发展较早的资本主义国家就必然要求废除商品进出口税，企图以此来换取或迫使其他国家也实行同样的政策。其二，在国内，消费税的范围扩展到全部生活必需品和资本工业品，且税率不断提高，这对于资本主义发展造成了相当大的消极效应。首先，消费税通常只能课及大工业生产的商品，难以课及自给产品，这在客观上限制着资本主义商品生产的发展，保护自给自足的自然经济。其次，那时的商品税一律采取多阶段、台阶式课征方法。商品生产的环节愈多，流转范围愈广，税收负担就愈重，由此导致的价格上涨削弱了资本主义工业品的竞争优势。而且，对工人的生活必需品课税和提高税率，必然影响工人名义工资水平，增加工资最终又会转入到商品生产费用中去。

所有这些，正如马克思所指出的："由于现代分工，由于大工业生产，由于国内贸易直接依赖于对外贸易和世界市场，间接税制度就同社会消费发生了双重冲突。在国境上这种制度体现为保护关税政策，它破坏或阻碍同其他国家进行自由交换。在国内，这种制度就像国库干涉生产一样，破坏各种商品价值的对比关系，损害自由竞争和交换。"正因为如此，所得税便应运而生。

3.以现代所得税为主体的模式及其形成发展

面对消费税所引起的矛盾，资产阶级又陷入重重困难之中：若取消消费税，会给以它为基础的整个财政制度带来灾难性的后果；若恢复或增加原始的直接税，不仅要激起日益贫困化的农民的强烈反抗，同时也无法满足国家不断增加的财政需要。如果对所得和财产征收直接税，也不符合资产阶级的利益，因为"直接税不允许进行欺骗"，即资产阶级也要为此支付相应的份额。在这期间，资产阶级国家也曾加强过对大土地所有者、教会的财产所得的课税，如抬高土地税、地租税税率，开征土地增值税，取消僧侣阶层的免税特权等。但推行这些措施，又遇到大地主、贵族和僧侣阶层的强烈反对，同时也未能从根本上解决财政困难。

从18世纪中叶到19世纪末，资产阶级在上述矛盾的权衡中，在间接税为主体和所得税为主体的模式上，选择了一个世纪，最后，战争给资产阶级国家提出了增税的要求，成为孕育所得税的"温床"。1799年英国对拿破仑战争期间，当时的英国首相皮特在发行巨额公债之余，首创所得税，即三部课征捐，属临时性战争税。后因战事波折，迭经废兴，直到1842年通过正式立法，成为永久性的国家税收。法国在1848年倡议开征所得税，直到1914年才获得议会正式批准。今天，所得税已成为部分资本主义国家的主导税种，加上其他辅助税种，如消费税、财产税、行为目的税等，形成较为完善的以所得税为主体的税制模式。

综上所述，世界税制模式发展经历了一个由原始直接税到间接税再到现代直接税即所得税这样一个"否定之否定"的历史过程。不过，现代世界各国因各自的国情不同，其税制模式选择尚处在这个发展过程的不同阶段上。一般地说，经济发展较迟缓的欠发达国家大都实行以间接税为主体的税制模式，一些资本主义发达国家则采用所得税为主体的税制模式。应当指出的是，在某些以所得税为主体的国家，其经济发展业已为现行税率较高、税前扣除过滥、逃税严重和课税不公等矛盾所困扰，其中有的国家正考虑由所得税为主体的税制模式转向以增值税为主体的税制模式。因此，以增值税为主体的现代间接税制模式的发展，前景广阔。

与发达国家相比，发展中国家的主要税种为间接税，间接税的存在与商品经济的发展水平有着密切关系。在经济较为落后的发展中国家，商品流通规模较小，市场竞争的程度也较弱，间接税的大量征收不会由于价格的提高而对交易的竞争产生很大的不利影响。相反，间接税税负易于转嫁的特点，还可以刺激经济的发展。发展中国家的国民收入相对较低，所得税税源不足，只能采用对商品课税的办法来解决财政收入问题。间接税普遍、及时、可靠的特点能够有效地实现国家的财政收入。发展中国家的经济管理、税收管理水平较低，间接税简便易行的特点有利于税收的征收。

二、我国税制的历史演进

任何一种税收制度都是适应特定的政治经济条件建立的。新中国的税收制度是在1950

年确立的。1950年1月公布实施的《全国税政实施要则》规定，除农业税外，统一开征14种工商税，满足国家财政需要。随着国家政治经济条件的不断变化，我国税收制度也修订多次，变化很大。

（一）1994年以前的税制演进

1994年以前我国税制主要经历了四次大的变革。1953年，我国进入第一个五年计划时期，税制改革的核心内容表现在三个方面：开征商品流通税，即从原来征收货物税的品目中划出一部分改征商品流通税；修订货物税和营业税；取消特种消费行为税，取消或停征除牲畜交易税以外的其他交易税。1956年我国完成了社会主义改造，1958年进行工商税制改革，此次税制改革的内容包括：实行工商统一税，取代原有的货物税、商品流通税、营业税和印花税；建立工商所得税，即把原有的工商业税中的所得税改为一个独立的税种；在全国范围内统一税制。1966年开始，我国进入十年动乱时期，此次改革实际上是对二十多年建立起来的较为完善的税制的一种破坏和摧残。1973年我国进行了一轮工商税制改革。具体包括合并税种，把工商统一税及其附加、对企业征收的城市房地产税、车船使用牌照税和屠宰税及盐税合并为工商税；简化税目和税率。1978年，党的十一届三中全会决定将全党的工作重点转移到社会主义现代化建设上来，开始实行全面的改革开放政策。在1979—1993年期间进行了工商税制改革，从1979年开始的税制改革实际上是对我国税制的一次重建。主要包括：商品课税方面，陆续开征产品税、增值税、营业税、消费税和一些地方工商税收取代原有的工商税；在所得税方面，陆续开征国营企业所得税、集体企业所得税、城乡个体工商户所得税、私营企业所得税、个人收入调节税，健全了所得税体系；在财产和资源方面，陆续开征或恢复城市房地产税、车船使用税、土地使用税、资源税和盐税；在涉外税收方面，陆续开征了中外合资企业所得税，外国企业所得税和个人所得税。另外，国家为了达到某些特定的政治经济目的，还开征了建筑税，国营企业工资调节税、奖金税等，期间已经建成了包含30多个税种的较为完整的税收体系。

（二）1994年以后的税制改革

1. 1994年的税制深化改革

中国共产党的十四大明确提出我国经济体制改革的目标是建立社会主义市场经济体制。为适应市场经济体制对税收提出的新要求，1994年我国工商税制进行了全面性、结构性的改革。改革的指导思想是：统一税法、公平税负、简化税制、合理分权，理顺分配关系，保障财政收入，建立符合社会主义市场经济要求的税制体系。主要内容是：①统一内资企业所得税，采用33%的比例税率，规范企业所得税前列支项目和标准，取消"国营企业调节税"和向国营企业征收国家能源交通重点建设基金和政府预算调节基金；②把原个人所得税、个人收入调节税、城乡个体工商业户所得税统一为个人所得税，分不同所得项目分别采用超额累进税率和比例税率，规定了不同的扣除标准；③改革旧流转税制。新流转税制由增值税、消费税、营业税组成，在工业生产领域和批发零售商业普遍征收增值税，对特定消费品征收消费税，对不实行增值税的劳务和销售不动产征收营业税；④扩大资源税征收范围，将盐税并入资源税，实行分产品从量定额计算征税的办法；⑤开征土地增值税，用于调节房地产交易中的过高利润，采用四档超率累进税率；⑥拟开征证券交易税、遗产和赠与税；⑦调整城乡维护建设税、土地使用税，取消集市交易税、牲畜交易税、烧油特别税、奖金税和工资调节税，下放屠宰税、筵席税给地方。但在实际执行中，由于种种原因，改革未能全部到位。截至2002年底，我国税制体系共有税种24个，即增值税、消费税、营业税、企业所得税、外商投资企业和外国企业所得税、个人所得税、资源税、土地使用税、固定资产投资方向调节税、筵席税、城市维护建设税、土地增值税、车辆购置税、耕地占用税、房产税、城市房地产税、车船使用税、车船使用牌照税、印花税、屠宰税、契税、农业税、牧业税、关税。初步实现了税制的简化与高效的统一。十届全国人大常委会第十九次会议经表决决定，一届全国人大常委会第九十六次会议于1958年6月3日通过的农业税条例自2006年1月1日起废止。

2.2008年后的税制完善

2008年开始的对税制的进一步完善是从内外资企业所得税的合并开始的，之后全面推行营改增，2019年正式启动个人所得税制度改革。

(1)两税合并。两税合并指内资企业适用的"企业所得税"和外资企业适用的"外国企业和外国投资企业所得税"要合二为一。2007年3月16日以"两税合并"为主旨的《中华人民共和国企业所得税法》在全国人大第五次会议上审议通过，统一了企业所得税的扣除办法和计税办法，统一并降低了企业所得税税率(统一为25%)，统一了内外资企业的所得税税收优惠政策，并决定从2008年1月1日开始实施，这意味着1994年制定的企业所得税率"双轨制"正式终结，同时也意味着新中国成立以来我国的企业所得税税率首次实现一"税"同"企"，进一步与国际规则接轨，有利于市场经济条件下公平竞争。

(2)营改增。营业税改增值税，简称营改增，是指以前缴纳营业税的应税项目改成缴纳增值税。营改增的最大特点是减少重复征税，可以促使社会形成更好的良性循环，有利于企业降低税负。增值税只对产品或者服务的增值部分纳税，减少了重复纳税的环节，是党中央、国务院，根据经济社会发展新形势，从深化改革的总体部署出发做出的重要决策。目的是加快财税体制改革、进一步减轻企业赋税，调动各方积极性，促进服务业尤其是科技等高端服务业的发展，促进产业和消费升级，培育新动能，深化供给侧结构性改革。从2012年1月1日起，在上海交通运输业和部分现代服务业开展营改增试点。2016年3月18日召开的国务院常务会议决定，自2016年5月1日起，中国全面推开营改增试点，将建筑业、房地产业、金融业、生活服务业全部纳入营改增试点。至此，营业税退出历史舞台，增值税制度将更加规范。这是自1994年分税制改革以来，财税体制的又一次深刻变革。

(3)个人所得税改革。2019年1月1日起，我国全面实施综合与分类相结合的个人所得税制，建立了综合所得按年征税制度，将工资薪金、劳务报酬、稿酬和特许权使用费4项劳动性所得纳入综合征税范围按年计税，适用统一的超额累进税率，实行"代扣代缴、自行申报、汇算清缴、多退少补、优化服务、事后抽查"。这样的征管安排能让绝大多数纳税人得到实惠，有利于提高纳税意识，提升税收治理能力。这是我国个人所得税向综合征收迈出了第一步。针对改革前个税制度存在的问题，改革后的个税制度更加有利于调节收入分配，同时体现了个体差异。免征额的提高(每人每月提高至5000元)和年化(每人每年6万元)平均有助于减税，但是税率级距的调整对高收入阶层带来的好处大于免征额的提高。这次对劳动性所得，以现行工资薪金所得3%~45%七级超额累进税率为基础，拉大3%、10%、20%三档低税率的级距，相应缩小25%税率级距，保持了30%、35%、45%三档较高税率的级距不变；对经营性所得，在维持现行5%~35%五级超额累进税率的基础上，扩大了各档次税率级距；

对资本性所得,保持20%的比例税率不变。税率级距上总体上得到优化,能够更好发挥个人所得税调节收入分配的作用。专项扣除项(子女教育、继续教育、大病医疗、住房贷款利息、住房租金、赡养老人6项专项附加扣除)体现了个体差异,估计能每年减税4800亿元,将有利于刺激服务性消费。这次个人所得税改革,是党中央、国务院在中国特色社会主义进入新时代的背景下,着眼推动经济高质量发展、建设现代化经济体系、实现社会公平正义、让改革发展成果更多更公平地惠及全体人民做出的一项重大决策,对财税改革、经济发展、社会进步都具有十分重要的意义。

三、我国现行主要税种

税种是"税收种类"的简称,构成一个税种的主要因素有征税对象、纳税人、税目、税率、纳税环节、纳税期限、缴纳方法、减税、免税及违章处理等。不同的征税对象和纳税人是一个税种区别于另一个税种的主要标志,也是税种名称的由来。同时,每个税种都有其特定的功能和作用,其存在依赖于一定的客观经济条件。目前我国税收分为流转税、所得税、资源税、财产税和行为目的税五大类。中国税收制度现行征收的税种共18个,分别是:增值税、消费税、企业所得税、个人所得税、资源税、城市维护建设税、房产税、印花税、城镇土地使用税、土地增值税、车船使用税、船舶吨位税、车辆购置税、关税、耕地占用税、契税、烟叶税、环境保护税。除了税收以外,国家规定由税务部门征收的非税财政收入项目有3个:教育费附加、矿区使用费和文化事业建设费。省级人民政府还可以规定由税务机关征收社会保险费。2018年社保之养老金开始全国统筹,2018年8月20日社保费交由税务部门征收,12月10日前完成社会保险费和第一批非税收入征管职责划转交接工作,2019年1月1日起由税务部门统一征收各项社会保险费和先行划转的非税收入。

表7-1　2019年中国税收制度中主要税种构成

分类(5)	税种(18)
流转税类	增值税、消费税、关税、烟叶税
所得税类	企业所得税、个人所得税
资源税类	资源税、城镇土地使用税、耕地占用税、环境保护税
财产税类	房产税、契税、车船使用税、船舶吨位税
行为目的税类	印花税、车辆购置税、城市维护建设税、土地增值税

我国税收立法及税收政策制定的国家机关主要有:全国人民代表大会及其常务委员会、国务院、财政部、国家税务总局、海关总署、国务院关税税则委员会等。全国人民代表大会及其常务委员会制定税收法律,如《中华人民共和国个人所得税法》《中华人民共和国税收征收管理法》等。全国人民代表大会授权国务院制定税收行政法规,如《中华人民共和国增值税暂行条例》,或国务院根据有关法律的规定制定,如《中华人民共和国税收征收管理法实施细则》。有关税收的部门规章由财政部、国家税务总局、海关总署、国务院关税税则委员会等部门根据有关法律、行政法规的规定制定,如《中华人民共和国增值税暂行条例实施细则》《个人所得税自行申报纳税暂行办法》等。另外,根据我国法律的规定,省、自治区、直辖市人民

代表大会及其常务委员会、民族自治地方人民代表大会和省级人民政府,在不与国家的税收法律、法规相抵触的前提下,可以制定某些地方性的税收法规和规章。目前我国18个现行税种中,只有个人所得税、企业所得税、车船税、环境保护税、烟叶税、船舶吨位税、车辆购置税和耕地占用税这8个税种通过全国人大立法,其他绝大多数税收事项都是依靠行政法规、规章及规范性文件来规定。

第二节　流转税类

流转税又称流转课税,指以纳税人商品生产、流通环节的流转额或者数量以及非商品交易的营业额为征税对象的一类税收。我国也称为商品税类或商品劳务税类。流转税是商品生产和商品交换的产物,各种流转税是政府财政收入的重要来源。

一、流转税类的特点

流转税主要是对商品与劳务的交易额所课征的税。由于商品劳务课税的主要对象是消费品或劳务,而且是在流通过程中征收的,所以通常又称为流转课税。我国现行的增值税、消费税、营业税、关税、烟叶税等都属于商品劳务税。其特点主要概括如下:

(一)税源广泛稳定

流转税以商品生产、交换和提供商业性劳务为征税前提,征税范围较为广泛,既包括第一产业和第二产业的产品销售收入,也包括第三产业的营业收入;既对国内商品征税,也对进出口的商品征税,税源比较充足。与所得税比较,流转税税收收入稳定,以商品、劳务的销售额和营业收入作为计税依据,一般不受生产、经营成本和费用变化的影响,可以保证国家能够及时、稳定、可靠地取得财政收入。这是大部分发展中国家包括中国将流转税作为主体税种的主要原因。

(二)课税对象灵活多样

流转税课税对象主要是对商品与劳务的交易额(流转额)。在具体税制设计时,可以全部或部分选择商品与劳务进行征税;可以选择所有或个别环节进行征税;计税依据可以选择商品与劳务流转总额进行征税,也可以选择课税对象增值额进行征税等。课税对象的灵活多样,有利于国家运用流转税政策对经济运行进行有效调节。

(三)税负容易转嫁

流转税课税一般具有间接税的性质,特别是在从价征税的情况下,税收与价格的密切相关,便于国家通过征税体现产业政策和消费政策。间接税容易实现税负转嫁,纳税人与负税人往往不一致,容易实现分离。纳税人往往是税收活动所有环节中的中介者,负税人一般不会直接感受到自己是税收的实际缴纳者(如价内税),对于税负增减变化的敏感程度弱于所得税负税人。在许多国家的税收历史上,流转税推行时遭遇的反对程度相对较低。

（四）具有累退性

流转税一般按照比例税率征收，不同收入的纳税人按照同样的税率纳税。因此，随着纳税人收入的提高，相应的税收负担就会下降，具有累退性质。当一国侧重社会公平原则时，则必须降低流转税类比重或其在税制结构中的地位，或者对高收入人群消费的商品或劳务课以重税，对低收入人群消费的商品或劳务课以低税或不征税。

（五）征收简单

同有些税类相比，流转税主要对从事生产经营的企业课征，相对于个人而言，企业规模大，税源集中，征收管理比较便利，加上在计算征收上较为简便易行，也容易为纳税人所接受。

流转税类也具有一些缺点，如一定程度上存在重复征税，每经过一次市场流通环节，就要就其流转额课征一次税，因而形成重复课税（增值税除外）；具有不符合纳税能力原则、不符合税收的公平原则、缺乏弹性等弊端。

二、我国现行流转税的主要税种

我国的流转税有多个税种，这里只简单介绍具有代表性的主要税种及其基本制度规定，即增值税、消费税、关税，目的在于说明流转税的课税对象、纳税人、税率及计征方法等税制中的主要问题。

（一）增值税

1. 增值税概述

增值税是以商品生产流通和劳务服务各个环节的增值额为征税对象的一种税。从理论上讲，增值额相当于商品价值（$C+V+M$）的（$V+M$）部分。就是商品价值扣除在商品生产过程中所消耗掉的生产资料的转移价值（C）后的余额，即由企业劳动者所创造的新价值（$V+M$）。增值额从内容上讲可以称之为净产值，即工资、利息、租金、利润之和。就商品生产和流通的全过程而言，一件商品最终实现消费时的最后销售额，相当于该商品从生产至流通各个经营环节的增值额之和。就各个生产单位而言，增值额是这个单位的商品销售额或经营收入额扣除规定的非增值性项目后的余额。非增值性项目主要是转移到商品价值中去的原材料、辅助材料、燃料、动力和固定资产折旧等。从效率的角度看，规范化的增值税制度对经济运行呈中性影响，但增值税的直接征税成本高于传统的全值流转税。此外，增值税单一或接近单一的税率制，难以按国家社会经济政策和产业政策发挥调节作用。从公平的角度看，增值税与普遍性消费税一样，不符合按能力负担的税收公平原则。因此，靠增值税本身并不可能彻底改变其不公平性。

增值税最早始于1954年的法国。1962年欧共体的财政金融委员会建议所有成员国都采用增值税作为统一的销售税形式。20世纪70年代初期，以拉美国家为主的许多发展中国家都实行了增值税。截至2014年，全球共有160多个国家实行了增值税制，所征税款约占全球税收的20%、全球GDP的4.5%；34个OECD成员国已经有33个开征增值税，唯独美国仍未开征。增值税的快速推广是过去半个世纪内国际税收领域中最为重要的发展成果，被誉为

20 世纪最重大的"财政发明"。

2.增值税的计算方法

理论上增值税的计算主要有直接计算法和间接计算法两种。世界各国普遍采用间接法（扣税法），我国的增值税计算也统一采用扣税法。

1）直接计算法

直接计算法是指按照产品销售额扣除法定扣除项目（外购的原材料、固定资产、燃料动力、包装物等）后的余额作为增值额，再乘以相应的税率来计算应纳税额的方法。

在直接计算法下，增值税的计算方法又可分为加法和减法两种。

（1）加法。加法是将纳税单位在纳税期内新创造的价值（如工资、利息、租金、利润等）逐项加总求和来计算增值额。其计算公式为：

增值额＝本月发生的工资＋利润＋租金＋其他属于增值税项目的数额

应纳税额＝增值额×增值税率

这种方法在理论上可行，而在实际业务中却存在很多问题，比如要准确计算和详细核实这些增值项目，一是工作量大，二是非常复杂，因此在国际上没有一个国家采用。

（2）减法。减法（又称扣除法）是以产品销售额扣除法定扣除额后的余额作为增值额，扣除项目一般包括外购的原材料、固定资产、燃料动力、包装物等金额。其计算公式为：

增值额＝本期销售额－规定扣除的非增值额

应纳税额＝增值额×增值税率

这种方法在实际业务中也同样存在着增值项目难以划分等问题，所以该方法一般也不被采用。

2）间接计算法

间接计算法也叫扣税法，是不直接计算增值额而是采用抵扣税款的方式计算应纳税额的方法。其计算公式为：

应纳税额＝销售额×增值税率－本期购进中已纳税额

实行扣税法计算应纳税额时，理论上可行，实务中便于操作，是以购货发票所列已纳税款为依据进行进项税款扣除的。目前，世界各国普遍采用扣税法，我国增值税也统一采用扣税法。

3.增值税的优点

增值税具有以下优点：①避免重复征税。增值税主要针对增值额征税，避免了一种商品多次流转中的重复征税和道道征税，有利于贯彻公平税负原则。②有利于促进分工。增值税针对增值额征税，没有针对分工环节多少征收，有利于社会分工的发展和生产经营结构的合理化。③征收广泛。纳税人在生产经营过程中只要有增值额产生，不论是商品还是劳务，均要缴税。税源广泛，有利于国家普遍、及时、稳定地取得财政收入。④鼓励外向型经济发展。增值税一般实施出口商品"零税率"并进行出口退税，往往鼓励外向型经济发展。

4.增值税类型

根据计算增值额的扣除范围的大小不同，增值税可以分为三种类型，即生产型增值税、收入型增值税和消费型增值税。

（1）生产型。生产型增值税不允许纳税人从本期销项税额中抵扣购入固定资产的进项税额。就整个社会来说，由于增值税允许抵扣的范围只限于原材料等劳动对象的进项税额，所以实际征税对象相当于国民生产总值，故称生产型增值税。

（2）收入型。收入型增值税只允许纳税人从本期销项税额中抵扣用于生产经营固定资产的当期折旧价值额的进项税额。就整个社会来说，实际征税对象相当于全部社会产品扣除补偿消耗的生产资料以后的余额，即国民收入，所以称为收入型增值税。

（3）消费型。消费型增值税是指允许纳税人从本期销项税额中抵扣用于生产经营的固定资产的全部进项税额。纳税人当期购入的固定资产，虽然在以前的经营环节已经缴纳税金，但购入时其缴纳的税金允许全部扣除，实际上这部分商品是不征税的。就整个社会来说，对生产资料不征税，只对消费资料征税，所以称为消费型增值税。

收入型增值税税基小于生产型增值税，消费型增值税税基比收入型增值税税基更小，由于该类型的增值税允许对固定资产的购进额进行抵扣，可彻底避免重复征税，降低资本密集型产业的生产成本，是世界上大多数国家实行的一种增值税类型。经济发达的国家为了鼓励投资，加速固定资产更新，一般采用消费型增值税或收入型增值税。发展中国家一般采用生产型增值税。我国是发展中的社会主义国家，根据当前产业发展政策、技术进步水平以及企业经济效益现状，为稳定国家财政收入，主要采用生产型增值税，并于2009年正式实行消费型增值税。不同类型增值税的比较分析参见，表7-2。

表7-2　不同类型增值税比较分析

增值税类型	特点	优点	缺点
生产型	课税基数大体相当于国民的统计口径，不允许扣除任何外购固定资产的价款 法定增值额 > 理论增值额	税源广泛，财政收入稳定	对固定资产存在重复征税；不利于鼓励投资
收入型	课税基数相当于国民收入部分，外购固定资产价款只允许扣当期计入产品价值的折旧费部分 法定增值额 = 理论增值	一种标准的增值税	给凭发票扣税的计算方法带来困难
消费型	课税基数仅限于消费资料价值的部分，允许将当期购入的固定资产价款一次全部扣除	凭票扣税，便于操作管理，最能体现增值税优越性	购进固定资产的当期因扣除额大大增加而减少财政收入

5. 我国现行增值税制度

1979年我国开始增值税制试点工作，1984年正式颁布增值税暂行条例开征。之后，不断扩大增值税征税范围，统一并规范计税办法。1994年深化税制改革，重新修订并颁布了增值税条例，对中国境内的所有从事增值税征税范围的纳税人统一征收增值税，不论是内资还是外资企业，不论是企业还是行政事业单位或社会团体，不论是企业单位还是个人，我国增值税的征收管理从此走上了规范化的道路。2004年开始，在东北三省的部分行业实行消费型增值税改革试点，随后在全国范围的部分城市开始试点。2009年1月1日开始，正式在全国范围内实施消费型增值税。2016年5月完成了营改增，取消了营业税，在全国范围内推广增值税。增值税是我国主体税种和最大税种，在我国税收收入中比例最高。

1）增值税纳税人

我国现行增值税条例规定，在中华人民共和国境内销售货物、劳务、服务、无形资产、不动产（以下统称应税销售行为）以及进口货物的单位和个人，为增值税的纳税人，应当依照本条例缴纳增值税。根据我国增值税条例和实施规定，增值税纳税人分为一般纳税人和小规模纳税人。自2018年5月1日起执行的《财政部税务总局〈关于统一增值税小规模纳税人标准的通知〉》（财税〔2018〕33号）规定：增值税小规模纳税人标准为年应征增值税销售额500万元及以下，按照《中华人民共和国增值税暂行条例实施细则》第二十八条规定已登记为增值税一般纳税人的单位和个人，在2018年12月31日前（2019年继续延长），可转登记为小规模纳税人。小规模纳税人包括会计核算不健全、年销售额在规定标准以下、年应税销售额超过小规模纳税人标准的其他个人按小规模纳税人纳税、非企业性单位、不经常发生应税行为的企业可选择按照小规模纳税人纳税等。小规模纳税人以外，为一般纳税人。

2）增值税税率

一般纳税人的增值税税率主要分为13%和17%两档；小规模纳税人的税率为6%，从1998年7月1日起至今，多次下调。2019年4月1日起，国家再次实施减税降费，对增值税税率进行较大幅度下调。具体税率如下：

①纳税人销售货物、劳务、有形动产租赁服务或者进口货物，除本条第二项、第四项、第五项另有规定外，税率为13%。

②纳税人销售交通运输、邮政、基础电信、建筑、不动产租赁服务，销售不动产，转让土地使用权，销售或者进口下列货物，税率为9%：粮食等农产品、食用植物油、食用盐；自来水、暖气、冷气、热水、煤气、石油液化气、天然气、二甲醚、沼气、居民用煤炭制品；图书、报纸、杂志、音像制品、电子出版物；饲料、化肥、农药、农机、农膜；国务院规定的其他货物。

③纳税人销售服务、无形资产，除本条第一项、第二项、第五项另有规定外，税率为6%。

另外，纳税人出口货物，税率为零；境内单位和个人跨境销售国务院规定范围内的服务、无形资产，税率为零。国务院另有规定的除外。参见表7-3。

表7-3　增值税税率表新旧比较

序号	项目	原	新
1	增值税一般纳税人（税率）	16%	13%
		10%	9%
2	购进农产品（扣除率）	10%	9%
3	出口退税（税率且出口退税率）	16%	13%
		10%	9%
4	适用13%税率的境外旅客购物离境退税物品，退税率为11%；适用9%税率的境外旅客购物离境退税物品，退税率为8%。		
5	取得不动产或者不动产在建工程的进项税额	分2年抵扣	1次性全额抵扣

序号	项目	原	新
6	购进国内旅客服务进项税额	不得抵扣	允许抵扣
	注：未取得增值税专用发票的： 1. 取得增值税电子普通发票的，为发票上注明的税额； 2. 取得注明旅客身份信息的航空运输电子客票行程单的，按照下列公式计算进项税额： 航空旅客运输进项税额 = (票价 + 燃油附加费) ÷ (1 + 9%) × 9% 3. 取得注明旅客身份信息的铁路车票的，按照下列公式计算的进项税额： 铁路旅客运输进项税额 = 票面金额 ÷ (1 + 9%) × 9% 4. 取得注明旅客身份信息的公路、水路等其他客票的，按照下列公式计算进项税额： 公路、水路等其他旅客运输进项税额 = 票面金额 ÷ (1 + 3%) × 3%		
7	自 2019 年 4 月 1 日至 2021 年 12 月 31 日，允许生产、生活性服务业纳税人按照当期可抵扣进项税额加计 10%，抵减应纳税额(以下称加计抵减政策)。		
	注：1. 生产、生活性服务业纳税人，是指提供邮政服务、电信服务、现代服务、生活服务(以下称四项服务)取得的销售额占全部销售额的比重超过 50% 的纳税人。 2. 现代服务，是指围绕制造业、文化产业、现代物流产业等提供技术性、知识性服务的业务活动。包括研发和技术服务、信息技术服务、文化创意服务、物流辅助服务、租赁服务、鉴证咨询服务、广播影视服务、商务辅助服务和其他现代服务。 3. 生活服务，是指为满足城乡居民日常生活需求提供的各类服务活动。包括文化体育服务、教育医疗服务、旅游娱乐服务、餐饮住宿服务、居民日常服务和其他生活服务。		
8	自 2019 年 4 月 1 日起，试行增值税期末留抵税额退税制度——针对增量留抵税额		

资料来源：在那旮旯里. 2019 年 4 月 1 日起增值税率调整简表 [EB/OL]. http://blog.sina.com.cn/s/blog_a2e94e950102yurv.html；财政部、税务总局、海关总署公告 2019 年第 39 号。

3）我国增值税的计算方法

一般纳税人可以实行规范化的征税办法——购进扣税法，享有抵扣税款和使用专用发票等权限；对小规模纳税人实行的是简易征税办法，不得抵扣进项税额，不得使用增值税专用发票，但销售货物或应税劳务可由税务机关代开专用发票。现行增值税计税方法参见表 7 – 4。

表 7 – 4 现行增值税计税方法

方法	计算公式	适用范围
一般计算方法	应纳税额 = 当期销项税额 – 当期进项税额	一般纳税人销售货物和提供应税劳务
简易计算方法	应纳税额 = 销售额 × 税率	①小规模纳税人销售货物和提供应税劳务 ②一般纳税人销售的特定货物
扣缴义务人适用计税方法	应扣缴税额 = 接收方支付的价款 ÷ (1 + 税率) × 税率	境外单位或个人在境内发生应税行为，在境内未设经营机构的

不同纳税人计算公式如下：

（1）一般纳税人：

$$应纳税额 = 当期销项税额 - 当期进项税额$$

$$销项税额 = 销售额 \times 税率$$

$$组成计税价格 = 成本 \times (1 + 成本利润率)$$

$$组成计税价格 = 成本 \times (1 + 成本利润率) \div (1 - 消费税税率)$$

（2）进口货物：

$$应纳税额 = 组成计税价格 \times 税率$$

$$组成计税价格 = 关税完税价格 + 关税(+ 消费税)$$

（3）小规模纳税人：

$$应纳税额 = 销售额 \times 征收率$$

$$销售额 = 含税销售额 \div (1 + 征收率)$$

（二）消费税

1. 消费税概述

消费税是以消费品销售额或消费支出额作为课税对象的各种税收的统称。在对商品普遍征收增值税的基础上，再选择少数消费品征收一道消费税，主要是为了调节消费结构、引导消费方向、保证财政收入。各国税收实践中，对烟、酒、汽油、奢侈品等实行高税率或单独设置税种课以重税，这是国际通行做法。从效率的角度看，在消费品市场处于均衡状态下，差别消费税将因干扰消费者对消费品的自由选择而导致经济效率损失；而无差别消费税或统一消费税因不干扰消费者对不同消费品的选择，将不产生替代效应，没有经济效率损失。消费税对资源配置的影响是客观存在的，它可能有助于效率的提高，也可能妨碍效率的改进，在市场被扭曲的情况下，征收选择性消费税可能有助于经济效率的提高。从公平的角度看，传统的观点认为，一般消费税具有累退性。因为，当对消费品征收统一税时，相同消费的高收入者和低收入者负担相同的税收，而只对奢侈品等选择性地征收消费税不仅没有这种缺陷，反而有利于提高整个税制的公平性。

消费税是国际上广泛采用的一个税种，也是一个古老的税种，是以特定的消费品、消费行为作为课税对象而征收的一种流转税。英国1653年开始实施货物税（消费税），开始主要限于啤酒等嗜好品，后来扩大到包括生活必需品的全部商品。世界上已有120多个国家和地区开征了消费税，如美国、日本、英国、德国、荷兰、瑞典、丹麦、挪威、韩国等。我国台湾和香港地区也开征了具有消费税性质和特征的税种。虽然各国对消费税的课征税目不一样，但有一个共同点即对烟、酒等非必需品及稀有资源产品课税，如：美国联邦消费税的应税消费品主要是小卧车、载重汽车及零配件、汽车轮胎、煤炭、火器等，日本对烟、酒、化妆品、丝料、珠宝等多种产品征收消费税，我国台湾地区对烟、酒等29个品种征收消费税。

2. 消费税的特点

消费税具有如下特征：①征收范围具有选择性，往往选择烟酒等特定消费品为征税对象，有目的、有重点地选择征收，征税体系体现国家消费政策，调节和引导消费。②税率比较高，税率、税额具有差别性，有利于增加国家财政收入。③消费税寓禁于征，对嗜好品上瘾品课税，限制了一些特殊消费品生产，如对烟酒类商品课以重税等，有利于资源合理配置，有利于社会道德。④消费税征税环节具有单一性，且是价内税。⑤税负具有明显的转嫁性，容易转嫁给消费者。⑥消费税大部分采用比例税率，具有强烈累退性。

3.消费税的类型

根据缴纳方式，消费税分为直接消费税和间接消费税。直接消费税是指直接由商品或劳务的消费者或使用者缴纳的税收。间接消费税是指以消费品的交易数额或数量作为计税依据，由消费品的销售者或提供者作为纳税人缴纳的税收。根据课税范围大小，消费税可分为无选择消费税和有选择消费税（表7-5）。无选择消费税称为一般消费税，即对各种消费品都征税。有选择消费税称为选择性消费税，只对被选择的特殊消费品征税。选择性消费税按其所选择的商品性质，又分为普通消费税和特种消费税，普通消费税主要是对奢侈品征税。

表 7-5　消费税的类型

税种	征收范围	政策意图	征收目的
一般消费税	对普遍的或一般的消费品课征的税收	通常并不用来实现某种特殊的政策目标	取得财政收入
选择性消费税	对部分消费品课征的税收，课征对象是有选择和有限制的	常作为政府的政策工具加以运用	实现特定的政策目标

4.我国现行消费税制度

1950年，我国就开征过消费税——特种消费税，主要对筵席、娱乐、冷饮、旅店等行业征收，1953年简化税制时取消。1989年又开征过特别消费税，对彩电、小轿车等在消费环节征收。1993年12月我国颁布了《中华人民共和国消费税条例》，并于1994年1月日起开始实施。之后，不断调整消费税的征税范围和税率，其中，调整幅度较大的是2006年，为适应资源节约型、环境友好型社会建设，适当调节收入分配，将木制一次性筷子、实木地板、高尔夫球及球具、高档手表等纳入征税范围，并调整了税率档次。2008年9月1日起，再次调整消费税税率，调整乘用车消费税政策，并修改消费税条例，主要是对小汽车根据排量大小实行差别税率。2009年1月1日起，实施成品油税费改革，调整烟产品消费税政策。开始实施修订后的新的消费税条例及其实施细则。除上述重大改革外，1994年至今，根据经济社会发展的需要以及国家产业政策的要求，对消费税的征税范围、税率结构和征收环节都在不断地进行完善和调整。

1）纳税人

消费税的纳税人是我国境内生产、委托加工、零售和进口《中华人民共和国消费税暂行条例》规定的应税消费品的单位和个人。具体包括：在我国境内生产、委托加工、零售和进口应税消费品的国有企业、集体企业、私有企业、股份制企业、其他企业、行政单位、事业单位、军事单位、社会团体和其他单位、个体经营者及其他个人。根据《国务院关于外商投资企业和外国企业适用增值税、消费税、营业税等税收暂行条例有关问题的通知》规定，在我国境内生产、委托加工、零售和进口应税消费品的外商投资企业和外国企业，也是消费税的纳税人。

2）征税对象

我国现行消费税的征税对象主要是高能耗及高档消费品，一些过度消费会对人类健康、社会秩序、生态环境等方面造成危害的特殊消费品，不可再生和替代的石油消费品等。具体征收范围主要包括：烟，酒，鞭炮，焰火，化妆品，成品油，贵重首饰及珠宝玉石，高尔夫球及球具，高档手表，游艇，木制一次性筷子，实木地板，摩托车，小汽车，电池，涂料等税目，有的税目还进一步划分若干子目。

3）税率

消费税共设置了 15 个税目，在其中的 6 个税目下又设置了 21 个子目，列举了 30 个征税项目。实行比例税率的有 21 个，实行定额税率的有 9 个。共有 13 个档次的税率，最低 3%，最高 56%。2008 年 9 月 1 日起排气量在 1.0 升（含 1.0 升）以下的乘用车，税率由 3% 下调至 1%。经国务院批准，财政部、香烟国家税务总局对烟产品消费税政策做了重大调整，甲类香烟的消费税从价税率由原来的 45% 调整至 56%。另外，卷烟批发环节还加征了一道从价税。消费税税率见表 7-6。

表 7-6　消费税税目税率表

税目	税率
一、烟	
1. 卷烟	
（1）甲类卷烟（调拨价 70 元（不含增值税）/条以上（含 70 元））	56% + 0.003 元/支
（2）乙类卷烟（调拨价 70 元（不含增值税）/条以下）	36% + 0.003 元/支
（3）商业批发	11% + 0.005 元/支
2. 雪茄烟	36%
3. 烟丝	30%
二、酒及酒精	
1. 白酒	20% 加 0.5 元/500 克（或者 500 毫升）
2. 黄酒	240 元/吨
3. 啤酒	
（1）甲类啤酒	250 元/吨
（2）乙类啤酒	220 元/吨
4. 其他酒	10%
三、高档化妆品	15%
四、贵重首饰及珠宝玉石	
1. 金银首饰、铂金首饰和钻石及钻石饰品	5%
2. 其他贵重首饰和珠宝玉石	10%
五、鞭炮、焰火	15%
六、成品油	
1. 汽油	
（1）含铅汽油	1.52 元/升
（2）无铅汽油	1.52 元/升
2. 柴油	1.20 元/升
3. 航空煤油	1.20 元/升
4. 石脑油	1.52 元/升
5. 溶剂油	1.52 元/升
6. 润滑油	1.52 元/升
7. 燃料油	1.20 元/升

续表 7 - 6

税目	税率
七、摩托车	
1.气缸容量(排气量,下同)在 250 毫升(含 250 毫升)以下的	3%
2.气缸容量在 250 毫升以上的	10%
八、小汽车	
1.乘用车	
(1)气缸容量(排气量,下同)在 1.0 升(含 1.0 升)以下的	1%
(2)气缸容量在 1.0 升以上至 1.5 升(含 1.5 升)的	3%
(3)气缸容量在 1.5 升以上至 2.0 升(含 2.0 升)的	5%
(4)气缸容量在 2.0 升以上至 2.5 升(含 2.5 升)的	9%
(5)气缸容量在 2.5 升以上至 3.0 升(含 3.0 升)的	12%
(6)气缸容量在 3.0 升以上至 4.0 升(含 4.0 升)的	25%
(7)气缸容量在 4.0 升以上的	40%
2.中轻型商用客车	5%
3.超豪华小汽车	按子税目1和子税目2的规定征收,零售环节10%
九、高尔夫球及球具	10%
十、高档手表	20%
十一、游艇	10%
十二、木制一次性筷子	5%
十三、实木地板	5%
十四、铅蓄电池	4%
十五、涂料	4%

资料来源:国家税务总局网站。http://www.chinatax.gov.cn/chinatax/n360/c4423/content.html.

4)消费税计算方法

目前,我国消费税采用从价定率计征、从量定额计征和从价与从量复合计征三种方法。

(1)从价定率计征方法下,应纳税额的计算公式为:

应纳税额 = 应税消费品的销售额 × 消费税税率

不含税销售额 = 含税销售额 ÷ (1 + 增值税税率或征收率)

组成计税价格 = (成本 + 利润) ÷ (1 - 消费税率)

组成计税价格 = 成本 × (1 + 成本利润率) ÷ (1 - 消费税税率)

组成计税价格 = (材料成本 + 加工费) ÷ (1 - 消费税税率)

组成计税价格 = (关税完税价格 + 关税) ÷ (1 - 消费税税率)

此种方法主要适用从价计征的商品,包括高档化妆品、贵重首饰及珠宝玉石、鞭炮、焰火、摩托车、小汽车、高尔夫球及球具、高档手表、游艇、木制一次性筷子、实木地板、铅蓄电池、涂料,另外还有部分细分税目。

(2)从量定额计征方法下,应纳税额的计算公式为:

应纳税额 = 应税消费品数量 × 单位税额

此种方法主要适用从量计征的商品,包括烟酒类从量计征的部分和成品油。

(3)从价定率和从量定额复合计征方式下,消费税应纳税额的计算公式为:

应纳税额＝应税消费品的销售额×消费税税率＋应税消费品数量×单位税额

复合计征主要适用卷烟和白酒两类商品，采用从价和从量结合方式计征，整体税负偏高。

随着我国经济的快速发展，现行消费税制也存在一些问题：一是征税范围偏窄，不利于在更大范围内发挥消费税的调节作用；二是原来确定的某些属于高档消费品的产品，这些年已经逐渐具有大众消费的特征；三是有些应税品目的税率结构与国内产业结构、消费水平和消费结构的变化不相适应；四是消费税促进节约资源和环境保护的作用有待加强。

（三）关税

1.关税概述

关税是世界各国普遍征收的一个税种，是指一国海关对进出境的货物或者物品征收的一种税。关税是一国国家主权的重要方面，是一个独立性、政策性较强的税种，在各国一般属于国家最高行政单位指定税率的高级税种。对于对外贸易发达的国家而言，关税往往是国家税收乃至国家财政的主要收入。政府对进出口商品都可征收关税，但进口关税最为重要，是主要的贸易措施。通常，关税和非关税措施是衡量一个国家市场开放的主要标志，也是世界各国普遍征收的一个税种。

2.关税的类型

关税有很多种分类方法。主要有按关税政策分类、按征收方法分类和按商品流向分类等。

按关税政策分类，可分为财政关税和保护关税。财政关税是主要为了发挥关税的财政职能，以取得一部分财政收入为目的而开征的关税。财政关税一般把进口商品中数量多、消费量大的商品列入征税对象范围，从而使收入充足可靠。保护关税主要是为了发挥关税的经济职能，以保护本国幼稚产业为目的的一类关税。保护关税一般把那些本国需要发展但尚不具备国际竞争力的产品列为征税范围。不同的商品需要保护的程度不同，往往要采用差别税率。

按征收方法划分，包括从价关税、从量关税、混合关税和滑准关税等。从价关税指依照进出口货物的价格作为标准征收关税，相对比较公平，也有利于经济稳定。从量关税指依照进出口货物数量的计量单位（如"吨""箱"等）征收定量关税，征收便利，征税时不涉及价格估定问题。混合关税指依各种需要对进出口货物进行从价、从量的混合征税，在物价上下波动时，可以减少对税负和财政收入的影响。滑准关税是对某种进口货物规定其价格的上下限，按国内货价涨落情况，分别采用几种高低不同税率的一种关税。

按照商品流向分类，可以分为进口关税和出口关税。进口关税是对从国外运入的货物或物品征收的一种关税。进口关税是最基本的关税类型，也是国家实行保护关税或财政关税政策的基本手段。出口关税是对本国出口的货物或物品征收的一种关税。征收出口关税要遵循两项原则，一是征税货物具有垄断性，二是出于保护目的。

3.关税的作用

（1）维护国家主权和经济利益。关税已成为各国政府维护本国政治、经济权益，乃至进行国际经济斗争的一个重要武器。我国根据平等互利和对等原则，通过关税复式税则的运用等方式，争取国际间的关税互惠并反对他国对我国进行关税歧视，促进对外经济技术交往，扩大对外经济合作。

（2）保护和促进产业的发展。一个国家采取什么样的关税政策，是实行自由贸易，还是采用保护关税政策，是由该国的经济发展水平、产业结构状况、国际贸易收支状况以及参与国际经济竞争的能力等多种因素决定的。我国作为发展中国家，一直十分重视利用关税保护本国的"幼稚工业"，促进进口替代工业发展。关税在保护和促进本国工农业生产的发展方面具有重要作用。

（3）调节国民经济和对外贸易。关税是国家的重要经济杠杆，通过税率的高低和关税的减免，可以影响进出口规模，调节国民经济活动。如调节出口产品和出口产品生产企业的利润水平，有意识地引导各类产品的生产，调节进出口商品数量和结构，促进国内市场商品的供需平衡，保护国内市场的物价稳定等。

（4）筹集国家财政收入。在许多发达国家，关税收入在整个财政收入中的比重不大，并呈下降趋势。在一些发展中国家，征收进出口关税仍然是他们取得财政收入的重要渠道之一。我国关税收入是财政收入的重要组成部分，新中国成立以来，关税为经济建设提供了可观的财政资金。目前，发挥关税在筹集建设资金方面的作用，仍然是我国关税政策的一项重要内容。

4.我国现行关税制度

1985年3月7日，国务院发布《中华人民共和国进出口关税条例》。1987年1月22日，第六届全国人民代表大会常务委员会第十九次会议通过《中华人民共和国海关法》，其中第五章为"关税"。2003年11月，国务院根据海关法重新修订并发布《中华人民共和国进出口关税条例》。

1）纳税人

根据我国现行的关税法律法规规定，负有向海关缴纳关税义务的单位和个人是进出口关税的纳税义务人。即凡从事进口货物的收货人、出口货物的发货人，不论其国籍，都是关税的纳税人。"进口货物的收货人"和"出口货物的发货人"应当是依法取得对外贸易经营权，并进口或者出口货物的法人或者其他社会团体。此外，根据《中华人民共和国海关法》规定，在海关监管货物的保管期间非因不可抗力造成海关监管货物损毁或者灭失，负责保管该海关监管货物的人应当为关税纳税人。

2）征税对象

关税的征税对象是进出口国境的货物或物品。货物是指贸易性商品，物品包括入境旅客的行李物品和个人邮递物品。具体对象范围应以《中华人民共和国海关进出口税则》的规定为准。

3）税率

关税税率分为进口货物税率、进口物品税率和出口货物税率。进口税率又分普通税率和最低税率。我国自改革开放以来对关税税率进行了多次调整，2010年1月1日，在降低了鲜草莓等6个税目商品进口关税后，我国加入世界贸易组织承诺的关税减让义务全部履行完毕。2010年8月，我国关税总水平由入世前的15.3%降至目前的9.8%，2018年下降到7.5%，我国已经基本完成了入世承诺的降税义务。

4）关税计算

关税的计税依据包括：进口货物以海关审定的成交价格为基础的到岸价格为计税价格；出口货物以海关根据审价基本原则审定的成交价格为基础的售予境外的离岸价格，扣除出口关税后作为完税价格。常用计算公式如下：

从价计征：应纳税额＝应税进口货物数量×单位完税价×适用税率

从量计征：应纳税额＝应税进口货物数量×关税单位税额

复合计征：应纳税额＝应税进口货物数量×关税单位税额＋应税进口货物数量×
单位完税价格×适用税率

第三节　所得税类

一、所得税类概述

所得课税是按课税对象分类的一类税。所得税是国家对法人或个人所得课征的一类税收,以纳税人的所得额为征税对象的税。具体地说是对纳税人收入总额扣除为取得收入所支付的费用后的余额所征收的税。所得税是按纳税人的负担能力课征的,所以通常把所得税列入直接税。

所得税是随着资本主义制度和资本主义商品经济的发展,借助于战争的催生剂而首先产生于英国的。1798 年英国为筹措战争经费,创设"三级税",实为所得税的雏形。1799 年采用新的所得税法,从而奠定了英国和现代所得税制度的基础。1842 年国会通过立法再度开征,所得课税遂成为英国的经常性税收来源。美国在南北战争的第二年为筹集经费开征了联邦第一所得税,1913 年通过所得税法后将所得税作为永久性税收来源。之后,各国竞相仿效而行。法国也于 1890 年开征了所得税。为了扩充海军和筹措战费,日本于 1887 年开征了所得税。由于所得税比较符合"公平""普遍"的原则,许多资本主义国家主张积极推广。进入19 世纪以后,大多数西方国家相继开征所得税,所得税由临时税种发展成为经常税种,由次要税种发展成为主要税种。目前,所得税是世界各国普遍征收的一种税类,已成为大多数国家的主体税种。在西方发达国家,税收体系大多以各类所得税为主体进行构建,国家财政收入的大部分也来自各类所得税。

所得税是国家筹措资金的重要手段,也是促进社会公平分配和稳定经济的杠杆,是各国社会政策和经济政策的主要传导工具。我国的所得税以企业所得税为主。近年来,个人所得税的地位和作用已经受到重视,个人所得税的规模也在不断扩大。

(一)所得税的特点

所得课税是对所有以所得额为课税对象的税种的总称。所得税具有四个方面的优点:①税负相对公平;②一般不存在重复征税问题,不影响商品的相对价格;③有利于维护国家的经济权益;④课税有弹性。但所得课税也有自身的缺陷:①所得税的开征及财源受企业利润水平和人均收入的制约;②所得税的累进计税方式会在一定程度上压抑纳税人的生产和工作积极性的充分发挥;③计征管理比较麻烦,需要较高的税务管理水平,在发展中国家广泛运用比较困难。

(二)所得税的类型

(1)分类所得税。所谓分类所得税,是针对各种不同性质的所得分别规定不同的税基和税率,分别采用不同的计税方法计算应纳税额进行课征的所得税。分类所得税在个人所得税中使用较多,其计税依据的基础是法律所确定的各项所得,而不是个人的总所得,这类所得税的税率多为比例税率或较低的超额累进税率。其优点是征管简便,可以通过源泉扣缴的办法,一次性征收,减少征纳成本;可按照不同性质的所得分别课征,实行区别对待,贯彻特定的政策意图。缺点是不能按纳税人真正的纳税能力课征，无法有效地贯彻税收的公平原则要求；分类征收容易导致纳税人行为的变化，出现逃税现象和经济效率的扭曲。

(2)综合所得税。综合所得税是将纳税人一定时期内各项不同性质的所得加以合并，减去法定减免和各种扣除项目金额后，综合确定税基和税率进行计征的所得税。综合所得税通常是将纳税人的所有所得，不论其来源、渠道或形式，加总计算，再按其企业、个人或家庭不同情况准予扣除不同项目的金额，以其余额按比例税率或超额累进税率课税。这种税制量能课税，比较符合税收的公平原则，但征纳手续比较繁杂，需要纳税人有较高的依法纳税意识，征收机关有较为有效的稽征监控办法，否则容易产生逃税现象，造成税收流失。

(3)分类综合所得税。分类综合所得税，又称混合所得税，它是将分类所得税和综合所得税的优点综合在一起，实行分项课征和综合计税相结合的一种所得税制度。具体包括交叉型的分类综合所得税和并立型的分类综合所得税。

交叉型的分类综合所得税对纳税人的各项分类所得先按比例源泉扣缴，然后对其全年总所得超过规定数额以上的部分，综合加总，按累进税率计税，源泉扣缴的税款可以在结算时予以抵扣，多退少补。

并立型的分类综合所得税对某些所得分项计征，按特定的标准、税率征税，年终不再计入总所得中；而其余大部分所得项目要合计申报纳税，按累进税率计税。这种税制与分类所得税的差别在于，分类所得税往往采用源泉扣缴的办法，扣缴完后不再纳税，而并立型的分类综合所得税，除少数项目分立征收外，其他大部分所得项目仍要综合计征。

(三)所得税的课征方法

(1)源泉扣缴法。源泉扣缴法即在所得发生的当时当地征税，由支付人在支付收入时将领取者应交的所得税款扣除下来，直接缴纳到国库，即由支付人代扣代缴所得税。源泉扣缴的优点主要包括：所得一经发生即行征税，可以使税款及时入库；支付人替税务机关扣缴税款，因不是其自己负担税款，但同时负有纳税的连带责任，故较能做到据实扣缴；由于不需要纳税人直接申报和纳税，可以节省征收和申报的相关费用，减轻纳税人因纳税而产生的痛苦感。其缺点主要是只适用于部分所得，无法适用于全部所得，特别是对营利所得无法进行源泉扣缴。

(2)申报法。申报法多用于企业或个人营利所得的税款征收上，是纳税人在年度终了后的一定时期内，按税法规定的要求，自行填写所得税申报表，自行测算各项所得额、允许扣除的费用、应纳税额等，由税务机关调查审核后完税的课征方法。其优点是：按照纳税人的实际收入总额征税，采用累进税率，体现所得税量能征收的公平原则。其缺陷是：要求纳税人有较高的纳税意识，对税收政策和制度较为熟悉，能准确计算应纳税款，要求税务机关有较高的征管水平和较强的稽查能力。

(3)推定法。推定法又称估征法，是依据纳税人所表现的某些外部特征，推定纳税人的所得，再定率征收的课征方法。推定法对源泉扣缴法和申报法等征纳程序上难以掌握的所得，可以起重要的补充作用，尤其对偷逃税款严重、稽征困难的行业和纳税人，可以起约束和惩罚的作用。但从外部特征推定所得，难免出现主观臆断现象，且容易导致贪污受贿等不良行为，因此只能充当补充的征税方法。

二、我国现行所得课税的主要税种

我国现行所得课税的主要税种有企业所得税、个人所得税。

(一)企业所得税

1. 企业所得税概述

我国所得税制的改革是与国家经济制度的改革和对外开放相配套的。1978 年以后，中国实行经济体制改革，所得税制度有了比较大的变化。为了适应对外经济合作和技术交流的需要，维护国家的权益，国家先后公布了《中华人民共和国中外合资经营企业所得税法》(1980)、《中华人民共和国个人所得税法》(1980)和《中华人民共和国外国企业所得税法》(1981)，以及《中华人民共和国外商投资企业和外国企业所得税法》(1991)。为了保证国家财政收入稳定增长，正确处理国家与企业之间的分配关系，促进国营企业建立与健全经济责任制，国务院于 1983 年 4 月 12 日批准财政部《关于国营企业利改税试行办法》，决定自 1983 年起对国营企业开征所得税，即实行国营企业的第一步"利改税"，开始征收国营企业所得税。1984 年实行第二步"利改税"，为平衡不同所有制企业之间的税负，随之便对集体企业、私营企业开征所得税。同时，随着经济开放，外资在中国境内投资不断增加，从 1980 年开始便陆续开征了中外合资经营企业所得税、中外合作企业所得税和外国企业所得税，1991 年又将这三个涉外税种合并，统一为外商投资企业和外国企业所得税；1994 年开始的我国税制的深化改革过程中，又将对内资企业按不同所有制征收的国营企业所得税、集体企业所得税、私营企业所得税合并为企业所得税，统一了内资企业所得税的征税办法，平衡了内资企业所得税的税负。虽然内资企业之间、外资企业之间的税收待遇各自已基本无差别，但对内、外资企业实行两套不同的税制，使其税收政策和税收待遇存在较大的差异，不利于内外资企业之间的公平竞争，因此，必须统一内外资企业的所得税制。从 2008 年 1 月 1 日开始，我国实行了新的企业所得税法。新的企业所得税法统一了纳税人的认定标准，统一了税率，统一和规范了税前扣除办法和标准，统一税收优惠。2019 年，国家减税降费力度加大，总额将近 2 万亿元。其中，小型微利企业、普惠性企业所得税减免政策优惠力度也明显加大。自 2019 年 1 月 1 日至 2021 年 12 月 31 日，对小型微利企业年应纳税所得额不超过 100 万元的部分，减按 25% 计入应纳税所得额，按 20% 的税率缴纳企业所得税；对年应纳税所得额超过 100 万元但不超过 300 万元的部分，减按 50% 计入应纳税所得额，按 20% 的税率缴纳企业所得税。

2. 我国企业所得税制度

1) 纳税人

企业所得税纳税人是指在中华人民和国境内的企业和其他取得收入的组织(以下统称企业)。具体包括国有企业、集体企业、联营企业、私营企业、股份制企业、外投资企业和外国企业、事业单位、社会团体、民办非企业单位和从事经营活动的其他组织，以及在中国境内设立机构、场所从事生产经营或虽然未设立机构、场所而有来源中国境内所得的外国公司、企业和其他所得的组织。但不包括依照中国法律、行政法规成立的个人独资企业、合伙企业。企业分为居民企业和非居民企业。其中，居民企业是指依法在中国境内成立，或者依照外国(地区)法律成立但实际管理机构在中国境内的企业；非居民企业是指依照外国(地区)法律成立且实际管理机构不在中国境内，但在中国境内设立机构、场所的，或者在中国境内未设立机构、场所，但有来源于中国境内所得的企业。居民企业应当就其来源于中国境内、境外的所得缴纳企业所得税。非居民企业在中国境内设立机构、场所的，应当就其所设机构、场所取得的来源于中国境内的所得，以及发生在中国境外但与其所设机构、场所有实际联系的所得，缴纳企业所得税。非居民企业在中国境内未设立机构、场所的，或者虽设立机构、场所但取得的所得与其所设机构、场所没有实际联系的，应当就其来源于中国境内的所得缴纳企业所得税。

2）课税对象

企业所得税的课税对象为纳税人每一纳税年度内来源于中国境内、境外的生产、经营所得和其他所得。生产、经营所得，是指从事物质生产、交通运输、商品流通、劳务服务及经国务院财政部门确认的其他营利事业取得的所得；其他所得，是指股息、利息、租金、转让各类资产收益、特许权使用费以及营业外收益等取得。企业所得税的计税依据是应纳税所得额，为每一纳税年度的收入总额，减除不征税收入、免税收入、各项扣除以及允许弥补的以前年度亏损后的余额。其中，收入总额是指企业以货币形式和非货币形式从各种来源取得的收入，包括：销售货物收入，提供劳务收入，转让财产收入，股息、红利等权益性投资收益，利息收入，租金收入，特许权使用费收入，接受捐赠收入，其他收入。各项扣除包括成本、费用、税金、损失和其他合理支出。

3）所得来源地的确定

销售货物所得，按照交易活动发生地确定；提供劳务所得，按照劳务发生地确定；不动产转让所得，按照不动产所在地确定；股息、红利等权益性投资所得，按照分配所得的企业所在地确定；利息所得、租金所得、特许权使用费所得，按照负担、支付所得的企业或者机构、场所所在地确定，或者按照负担、支付所得的个人的住所地确定；其他所得，由国务院财政、税务主管部门确定。

4）税率

2008年以来一般执行基本税率25%，低税率20%。企业所得税的纳税人不同，适用的税率也不同。居民企业中符合条件的小型微利企业减按20%税率征税；国家重点扶持的高新技术企业减按15%税率征税。

5）计算方法

企业所得税实行按年计征、分月或分季预缴，年终汇算清缴，多退少补的征税办法。纳税人一般按照月度或者季度的实际利润额或上一纳税年度应纳税所得额的月度或者季度平均额预缴，年度终了时进行汇算清缴。

$$应纳税额 = 应纳税所得额 \times 适用税率 - 减免税额 - 抵免税额$$

式中：减免税额和抵免税额，是指依照企业所得税法和国务院的税收优惠规定减征、免征和抵免的应纳税额。

应纳税所得额 = 收入总额 - 不征税收入 - 免税收入 - 扣除项目 - 允许弥补的以前年度亏损

应纳税所得额计算的原则遵循权责发生制。

①收入总额。收入总额主要指企业以货币形式和非货币形式从各种来源取得的收入。货币形式的收入包括：现金、存款、应收账款、应收票据、准备持有至到期的债券投资、债务的豁免等。非货币形式的收入包括：固定资产、生物资产、无形资产、股权投资、存货、不准备持有至到期的债券投资、劳务以及有关权益等。企业以非货币形式取得的收入，应当按照公

允价值确定收入额，即按照市场价格确定的价值。

②不征税收入。主要包括财政拨款（针对事业单位和社团）；依法收取并纳入财政管理的行政事业性收费、政府性基金（实施公共管理过程中向特定对象收取并纳入财政管理），如民航基础设施建设基金/铁路建设基金；国务院规定的其他不征税收入（针对企业），如财政补助类，财政补贴、贷款贴息以及其他各类财政专项资金，包括直接减免的增值税和即征即退、先征后退等，但不包括企业按规定取得的出口退税税款等。

③免税收入。包括国债利息收入；符合条件的居民企业之间的股息红利等权益性收益；在中国境内设立机构场所的非居民企业从居民企业取得与该机构场所有实际联系的股息红利等权益性投资收益；非营利组织的部分收入。其中，国债利息收入免税，国债转让收入不免税。持有期间尚未兑付的国债利息收入，按以下公式计算确定：

$$国债利息收入 = 国债金额 \times (适用年利率 \div 365) \times 持有天数$$

企业转让国债收入，应作为转让财产，其取得的收入（损失）应作为企业应纳税所得额计算纳税。

④扣除原则。遵循权责发生制、配比原则、相关性原则、确定性原则、合理性原则，各项扣除范围一般指企业实际发生的与取得收入有关的、合理的支出，包括：成本、费用、税金、损失和其他合理支出，准予在计算应纳税所得额时扣除。具体如下：

成本，是指企业销售商品（产品、材料、下脚料、废料、废旧物资等）、提供劳务、转让固定资产、无形资产（包括技术转让）的成本。

费用，是指企业在生产产品及提供劳务等过程中发生的销售费用、管理费用和财务费用，已计入成本的有关费用除外。

税金按照税法规定扣除。

损失的范围指企业在生产经营活动中发生的固定资产和存货的盘亏、毁损、报废损失，转让财产损失，呆账损失，坏账损失，自然灾害等不可抗力因素造成的损失以及其他损失。损失扣除依据损失净额扣除，企业发生的损失，减除责任人赔偿和保险赔款后的余额，依照国务院财政、税务主管部门的规定扣除。

其他合理支出，是指除成本、费用、税金、损失外，企业经营活动中发生的与生产经营活动有关的、合理的支出，以及符合国务院财政、税务主管部门规定的其他支出。

⑤扣除项目及其标准。

一是工资支出。企业发生的合理的工资、薪金支出准予据实扣除。属于国有企业性质的企业，工资、薪金不能超过政府有关部门给予的限定数额。

二是职工福利费、工会经费、职工教育经费扣除标准，分别按照实发工资的14%、2%、2.5%限额扣除，其中职工教育经费2018年做了大幅度调整。财政部和国家税务总局联合下发的《关于企业职工教育经费税前扣除政策的通知》（财税〔2018〕51号）规定，为鼓励企业加大职工教育投入，企业发生的职工教育经费支出，不超过工资薪金总额8%的部分，准予在计算企业所得税应纳税所得额时扣除；超过部分，准予在以后纳税年度结转扣除，自2018年1月1日起执行。高新技术、软件产业等特殊行业，企业发生的职工教育经费支出按照实际发生额扣除。

三是社会保险费、利息费用、业务招待费、广告费和业务宣传费均按照税法规定标准扣除。纳税人为其投资者或雇员个人向商业保险机构投保的非社保类的人寿保险或财产保险，不得在企业所得税前扣除，而且在支付时应代扣代缴个人所得税。

利息费用中，非金融企业向金融企业借款的利息支出、金融企业的各项存款利息支出和同业拆借利息支出、企业经批准发行债券的利息支出，可据实扣除。非金融企业向非金融企业借款的利息支出，不超过按照金融企业同期同类贷款利率计算的数额的部分可据实扣除，超过部分不许扣除。借款费用中，企业在生产经营活动中发生的合理的不需要资本化的借款费用，准予扣除。

业务招待费规定严格，企业发生的与生产经营活动有关的业务招待费支出，按照实际发生额的60%扣除，但最高不得超过当年销售（营业）收入的5‰；对从事股权投资业务的企业（包括集团公司总部、创业投资企业等），其从被投资企业所分配的股息、红利以及股权转让收入，可以按规定的比例计算业务招待费扣除限额；企业在筹建期间，发生的与生产经营活动有关的业务招待费支出，可按实际发生额的60%计入企业筹办费，并按有关规定在税前扣除。

广告费和业务宣传费中，企业每一纳税年度发生的符合条件的广告费和业务宣传费，除国务院财政、税务主管部门另有规定外，不超过当年销售（营业）收入15%的部分，准予扣除；超过部分，准予在以后纳税年度结转扣除。特殊行业规定中，对化妆品制造与销售、医药制造和饮料制造（不含酒类制造，下同）企业发生的广告费和业务宣传费支出，不超过当年销售（营业）收入30%的部分，准予扣除；超过部分，准予在以后纳税年度结转扣除。烟草企业的烟草广告费和业务宣传费支出，一律不得在计算应纳税所得额时扣除。

最后，主要包括其他费用等。如环境保护专项资金指企业依照法律、行政法规有关规定提取的用于环境保护、生态恢复等方面的专项资金准予扣除；上述专项资金提取后改变用途的，不得扣除。公益性捐赠支出基本规定包括，企业实际发生的公益性捐赠支出，在年度利润总额12%以内的部分，准予在计算应纳税所得额时扣除。年度利润总额，是指企业按照国家统一会计制度的规定计算的年度会计利润。

⑥不得扣除的项目。在计算应纳税所得额时，有些项目不能扣除，包括：向投资者支付的股息、红利等权益性投资收益款项；企业所得税税款；税收滞纳金；罚金、罚款和被没收财物的损失；超过年度利润总额12%部分的公益性捐赠支出；企业发生与生产经营活动无关的各种非广告性质的赞助支出；未经核定的准备金支出；企业之间支付的管理费、企业内营业机构之间支付的租金和特许权使用费，以及非银行企业内营业机构之间支付的利息、与取得收入无关的其他支出。

6）缴纳方式

企业所得税按年计算，但为了保证税款及时、均衡入库，对企业所得税采取分期（按月或季）预缴、年终汇算清缴的办法。纳税人预缴所得税时，应当按纳税期限的实际数预缴，按实际数预缴有困难的，可以按上一年度应纳税所得额的1/12或1/4，或者经当地税务机关认可所得税的其他方法分期预缴所得税。预缴方法一经确定，不得随意改变。

7）纳税期限

按月份或季度预缴税款的纳税人，应在月份或季度终了后15日内向主管税务机关进行纳税申报并预缴税款。其中，第四季度的税款也应于季度终了后15日内先进行预缴，然后在年度终了后45日内进行年度申报。税务机关在5个月内进行汇算清缴，多退少补。

8）纳税地点

除国家另有规定者外，企业所得税由纳税人在其所在地主管税务机关就地缴纳。所谓

"所在地"是指纳税人的实际经营管理所在地。

（二）个人所得税

1. 个人所得税概述

新中国成立初期，我国就开征了个人所得税：存款利息所得税。随着经济的改革开放，20世纪80年代初期对外籍人士开征了个人所得税；80年代中期又对中国公民开征了个人收入调节税、工资调节税、奖金税、个体工商户所得税；1994年税制深化改革中将对中国公民和外国公民征收的各种具有所得税性质的税种合并，按照国际税收惯例，修订并统一开征了个人所得税，进一步规范了我国个人所得税制。中华人民共和国第十届全国人民代表大会常务委员会第十八次会议于2005年10月27日通过《全国人民代表大会常务委员会关于修改〈中华人民共和国个人所得税法〉的决定》，自2006年1月1日起施行。2011年9月1日起个税免征额将从2000元提高到3500元。2018年6月19日，个人所得税法修正案草案提请十三届全国人大常委会第三次会议审议，这是个税法自1980年出台以来的一次根本性变革。2019年1月1日起新个税法施行，2018年10月1日起施行最新起征点和税率。2019年1月1日，个税APP专项扣除功能上线，使用该APP即可填报相关信息。

2. 个人所得税课税原则

个人所得税的课税原则有"属地主义原则"和"属人主义原则"之分。按照属地主义原则只对来源于本国的收入征税，不论纳税人是否属于公民还是居民；按照属人主义原则只对本国的公民或居民征税，不论其收入来源于国内还是国外。

3. 个人所得税类型

个人所得税按税制设计及其征收方式可分为综合税制、分类税制以及综合与分类相结合的税制三种类型。

（1）综合税制。综合税制是就纳税人全年全部所得，在减除法定的生计扣除和成本费用扣除后的余额，适用超额累进税率或比例税率征税。综合税制充分考虑纳税人的综合收入水平和家庭负担等情况，反映纳税人的综合负税能力，体现税收公平，可以发挥调节收入分配的作用。但征管要求高，不易管控，稽征复杂，手续烦琐，税收成本高。

（2）分类税制。分类税制是将个人各种来源不同、性质各异的所得进行分类，分别扣除不同的费用，适用不同的税率课税，而不将个人不同类别的所得合并计算征税。分类税制广泛采用源泉课征方法，易于掌握特定的所得来源，征管简便，节省征收费用，但不能全面反映纳税人的综合收入水平和经济负担。

（3）综合与分类相结合的税制。综合部分项目所得，适用累进税率征税；对另外一些项目所得按不同的比例税率征收，可以较好地兼顾税收公平和效率。国际上大多数国家，如韩国、日本、澳大利亚、瑞典、法国、意大利、荷兰、墨西哥、加拿大、德国、西班牙、瑞士、土耳其、英国、南非、俄罗斯、巴西、印度、越南、印度尼西亚等，实行综合与分类相结合的税制。

4. 我国个人所得税制度

2018年8月31日，备受社会关注的关于修改个人所得税法的决定经十三届全国人大常委会第五次会议表决通过，主席令第九号公布，这是我国个人所得税法第七次修改。

1）纳税人

根据2018年新修订的个人所得税法的规定，凡在中国境内有住所，或者无住所而一个纳税年度内在中国境内居住满一百八十三天的个人，为居民个人，其从中国境内和境外取得的所得，依照本法规定缴纳个人所得税。在中国境内无住所又不居住，或者无住所而一个纳税年度内在中国境内居住不满一百八十三天的个人，为非居民个人，其从中国境内取得的所得，依照本法规定缴纳个人所得税。纳税年度，自公历一月一日起至十二月三十一日止。个人所得税以所得人为纳税人，以支付所得的单位或者个人为扣缴义务人。对扣缴义务人按照所扣缴的税款，付给百分之二的手续费。扣缴义务人领取的扣缴手续费可用于提升办税能力、奖励办税人员。扣缴义务人向个人支付应税款项时，应当依照个人所得税法规定预扣或者代扣税款，按时缴库，并专项记载备查。前款所称支付，包括现金支付、汇拨支付、转账支付和以有价证券、实物以及其他形式的支付。纳税人有中国公民身份号码的，以中国公民身份号码为纳税人识别号；纳税人没有中国公民身份号码的，由税务机关赋予其纳税人识别号。扣缴义务人扣缴税款时，纳税人应当向扣缴义务人提供纳税人识别号。

2）课税对象

个人所得税的应税所得包括：工资、薪金所得，个体工商户的生产、经营所得，对企事业单位的承包经营、承租经营所得，劳务报酬所得，稿酬所得，特许权使用费所得，利息、股息、红利所得，财产租赁所得，财产转让所得，偶然所得，经国务院财政部门确定征税的其他所得。其中，将个人经常发生的主要所得项目纳入综合征税范围，包括工资薪金、劳务报酬、稿酬和特许权使用费4项所得纳入综合征税范围，实行按月或按次分项预缴、按年汇总计算、多退少补的征管模式。

3）税率和征税办法

现行个人所得税采用的是分项（类）与综合混合课征制度，不同项目的所得计税依据、税率和计税方法不同。现行个人所得税税率有超额累进税率、比例税率，对工资、薪金所得等采用七级超额累进税率，税率为3%～45%；对个体工商户的生产、经营所得和对企事业单位的承包经营、承租经营所得采用五级超额累进税率，税率为5%～35%；其他应税项目适用比例税率，税率为20%。其中对劳务报酬所得一次收入畸高的，实行加成征税办法，对应税所得超过2万元以上至5万元的部分加5成，对应税所得超过5万元以上的部分加10成，另对稿酬所得减征30%（个人所得税税率参见国家税务局官网）。

个人所得税的应税所得的确定方式有三种：一是计算扣除。其中又分为两种：在个人收入基础上定额扣除和在个人收入基础上定率扣除，如新个人所得税法将基本减除费用标准提高到每人每月5000元，设立子女教育、继续教育、大病医疗、住房贷款利息或者住房租金、赡养老人等6项专项附加扣除。二是按实际发生数扣除。三是不得扣除任何费用，直接以全部收入作为应税所得。

4）应税所得额的计算

（1）居民个人的综合所得，以每一纳税年度的收入额减除费用6万元以及专项扣除、专项附加扣除和依法确定的其他扣除后的余额，为应纳税所得额。其中，劳务报酬所得、稿酬所得、特许权使用费所得以收入减除20%的费用后的余额为收入额；稿酬所得的收入额减按70%计算；专项扣除，包括居民个人按照国家规定的范围和标准缴纳的基本养老保险、基本医疗保险、失业保险等社会保险费和住房公积金等；专项附加扣除等支出。依法确定的其他扣除，包括个人缴付符合国家规定的企业年金、职业年金，个人购买符合国家规定的商业健康保险、税收递延型商业养老保险的支出，以及国务院规定可以扣除的其他项目。另外，个人将其所得对教育、扶贫、济困等公益慈善事业进行捐赠，捐赠额未超过纳税人申报的应纳税所得额30%的部分，可以从其应纳税所得额中扣除；国务院规定对公益慈善事业捐赠实行全额税前扣除的，从其规定。专项扣除、专项附加扣除和依法确定的其他扣除，以居民个人一个纳税年度的应纳税所得额为限额；一个纳税年度扣除不完的，不结转以后年度扣除。

（2）非居民个人的工资、薪金所得，以每月收入额减除费用5000元后的余额为应纳税所得额；劳务报酬所得、稿酬所得、特许权使用费所得，以每次收入额为应纳税所得额。

（3）个体工商户的生产、经营所得和对企事业单位的承包经营、承租经营所得，以每一纳税年度的收入总额减除成本、费用以及损失后的余额，为应纳税所得额。

$$应纳税额 = （年度收入总额 - 成本 - 费用）× 适用税率 - 速算扣除数$$

取得经营所得的个人，没有综合所得的，计算其每一纳税年度的应纳税所得额时，应当减除费用6万元、专项扣除、专项附加扣除以及依法确定的其他扣除。专项附加扣除在办理汇算清缴时减除。从事生产、经营活动，未提供完整、准确的纳税资料，不能正确计算应纳税所得额的，由主管税务机关核定应纳税所得额或者应纳税额。

（4）财产租赁所得，每次收入不超过4000元的，减除费用800元；4000元以上的，减除20%的费用，然后就其余额按比例税率20%征收。

（5）财产转让所得，适用减除财产原值和合理费用后的余额，按比例税率20%征收。

纳税人未提供完整、准确的财产原值凭证，不能按照本条第一款规定的方法确定财产原值的，由主管税务机关核定财产原值。

（6）利息、股息、红利所得，偶然所得和其他所得适用20%的比例税率。

利息、股息、红利所得和偶然所得，以每次收入额为应纳税所得额。

对个人投资者持有2019—2023年发行的铁路债券取得的利息收入，减按50%计入应纳税所得额计算征收个人所得税。税款由兑付机构在向个人投资者兑付利息时代扣代缴。

两个以上的个人共同取得同一项目收入的，应当对每个人取得的收入分别按照个人所得税法的规定计算纳税。

5）纳税申报

我国现行个人所得税以取得收入的个人作为纳税人，没有家庭申报的规定。按个人所得税法的规定，个人所得税实行源泉扣缴和自行申报相结合，以源泉扣缴为主，所有应税所得由支付人源泉扣缴，支付所得的单位或个人为扣缴义务人，扣缴义务人可获取预扣税款2%的代扣代缴手续费；在两处或两处以上取得工资薪金所得以及没有扣缴义务人的，由纳税人自行申报纳税。个体工商户的生产、经营所得，对企业事业单位的承包经营、承租经营所得，特定行业的工资、薪金所得，从中国境外取得的所得，实行按年计征应纳税额，其他所得应纳税额实行按月计征。

公安、人民银行、金融监督管理等相关部门应当协助税务机关确认纳税人的身份、金融账户信息。教育、卫生、医疗保障、民政、人力资源社会保障、住房城乡建设、公安、人民银行、金融监督管理等相关部门应当向税务机关提供纳税人子女教育等专项附加扣除信息。

个人转让不动产的，税务机关应当根据不动产登记等相关信息核验应缴的个人所得税，登记机构办理转移登记时，应当查验与该不动产转让相关的个人所得税的完税凭证。个人转让股权办理变更登记的，市场主体登记机关应当查验与该股权交易相关的个人所得税的完税凭证。有关部门依法将纳税人、扣缴义务人遵守本法的情况纳入信用信息系统，并实施联合激励或者惩戒。

新《个人所得税法》自 2019 年 1 月 1 日起全面施行。2018 年 8 月 1 日，原"金税三期个人所得税扣缴系统"正式升级为"自然人税收管理系统扣缴客户端"，扣缴义务人可以到各省税务机关门户网站免费下载使用该客户端。2018 年 9 月 20 日，国家税务总局下发了支持 2018 年四季度过渡期政策的扣缴客户端版本，新的扣缴客户端设置了在线自动升级功能，升级后的扣缴客户端新增纳税人身份验证功能，供扣缴义务人核对和修改纳税人身份信息，以便更加准确的报送相关信息、正确扣缴个人所得税。2018 年 12 月 31 日正式发布远程办税端，包括手机 APP"个人所得税"和各省电子局网站网页端。扣缴义务人应当按照国家规定办理全员全额扣缴申报，并向纳税人提供其个人所得和已扣缴税款等信息。扣缴义务人每月或者每次预扣、代扣的税款，应当在次月 15 日内缴入国库，并向税务机关报送扣缴个人所得税申报表。扣缴义务人应当按照纳税人提供的信息计算办理扣缴申报，不得擅自更改纳税人提供的信息。纳税人发现扣缴义务人提供或者扣缴申报的个人信息、所得、扣缴税款等与实际情况不符的，有权要求扣缴义务人修改。扣缴义务人拒绝修改的，纳税人应当报告税务机关，税务机关应当及时处理。

第四节 其他税类

除了流转税类、所得税类两类主体税种之外，我国还设置了其他税类，主要包括资源税类、财产税和行为目的税(详见表 7－1)。其特征是：课税比较公平，具有促进社会节约的效能，课税不普遍，弹性较差。

本节仅介绍资源税、土地增值税、环境保护税和遗产税。

一、资源税

(一)资源税概念

我国资源税的课税对象是在中华人民共和国境内开采或生产应税产品的收益，开采或生产应税产品的单位和个人为资源税的纳税人，它的作用在于促进资源的合理开发和利用，调节资源级差收入。一般资源税就是国家对国有资源，如我国宪法规定的城市土地、矿藏、水流、森林、山岭、草原、荒地、滩涂等，根据国家的需要，对使用某种自然资源的单位和个人，为取得应税资源的使用权而征收的一种税。

(二)资源税概况

1984 年，为了逐步建立和健全我国的资源税体系，我国开始征收资源税。资源税税目开始只有煤炭、石油和天然气三种，后来扩大到对铁矿石征税。国务院 1993 年 12 月重新修订颁布了《中华人民共和国资源税暂行条例》，财政部同年还发布了资源税实施细则并于 1994 年 1 月 1 日起执行。2011 年 9 月国务院公布了《国务院关于修改〈中华人民共和国资源税暂行条例〉的决定》，2011 年 10 月财政部公布了修改后的《中华人民共和国资源税暂行条例实施细则》，两个文件都于 2011 年 11 月 1 日起施行。修订后的"条例"扩大了资源税的征收范围，包括原油、天然气、煤炭、其他非金属矿原矿、黑色金属矿原矿、有色金属矿原矿和盐等七种。总体上资源税仍只囿于矿藏品，对大部分非矿藏品资源都没有征税。2017 年我国财政部、税务总局、水利部发布《扩大水资源税改革试点实施办法》。根据通知要求，我国将开展水资源税改革试点工作，并率先在河北试点，采取水资源费改税方式，将地表水和地下水纳入征税范围，实行从量定额计征，对高耗水行业、超计划用水以及在地下水超采地区取用地下水，适当提高税额标准，正常生产生活用水维持原有负担水平不变。在总结试点经验基础上，财政部、国家税务总局将选择其他地区逐步扩大试点范围，条件成熟后在全国推开。其他自然资源将逐步纳入征收范围。考虑到森林、草场、滩涂等资源在各地区的市场开发利用情况不尽相同，对其全面开征资源税条件尚不成熟，此次改革不在全国范围统一规定对森林、草场、滩涂等资源征税，但对具备征收条件的，授权省级政府可结合本地实际，根据森林、草场、滩涂等资源开发利用情况提出征收资源税的具体方案建议，报国务院批准后实施。

（三）特点

1. 征税范围较窄

自然资源是生产资料或生活资料的天然来源，它包括的范围很广，如矿产资源、土地资源、水资源、动植物资源等。我国的资源税征税范围较窄，仅选择了部分级差收入差异较大，资源较为普遍，易于征收管理的矿产品和盐列为征税范围。随着我国经济的快速发展，对自然资源的合理利用和有效保护将越来越重要，因此，资源税的征税范围应逐步扩大。中国资源税征税范围包括矿产品和盐两大类。

2. 实行差别税额从价征收

2016 年 7 月 1 日我国实行资源税改革，资源税征收方式由从量征收改为从价征收。

3. 实行源泉课征

不论采掘或生产单位是否属于独立核算，资源税均规定在采掘或生产地源泉控制征收，这样既照顾了采掘地的利益，又避免了税款的流失。这与其他税种由独立核算的单位统一缴纳不同。

（四）税率

资源税一般实行从价计征。我国的资源税是根据资源的种类、差别分别设置税率征收的，对《资源税税目税率表》规定实行从价计征的应税产品，应纳税额按照应税产品的销售额乘以具体适用的比例税率计算。

二、土地增值税

（一）概述

土地增值税是指转让国有土地使用权、地上的建筑物及其附着物并取得收入的单位和个人，以转让所取得的收入，包括货币收入、实物收入和其他收入，减除法定扣除项目金额后的增值额为计税依据，向国家缴纳的一种税赋，不包括以继承、赠与方式无偿转让房地产的行为。

在我国，土地增值税的纳税人不分经济性质，不分内外资企业及中外籍人员，不论是专营还是兼营房地产，只要是在中华人民共和国境内有偿转让房地产并取得收入的单位和个人,都是土地增值税的纳税义务人。

土地增值税的课征对象是转让国有土地使用权、地上建筑物及其附有物所取得的收入,减除相关的成本、费用及税金后的余额,即转让房地产的增值额。

我国的土地增值税制是1994年建立的,实行的是超率累进税率,即根据土地增值额占扣除项目金额的比例确定税率征收的。土地增值税实际上就是反房地产暴利税,是指房地产经营企业等单位和个人有偿转让国有土地使用权以及在房屋销售过程中获得的收入,在扣除开发成本等支出后的增值部分,要按一定比例向国家缴纳的一种税费。据专家测算,房地产项目毛利率只要达到34.63%以上,都需缴纳土地增值税。

(二)特点

与其他税种相比,土地增值税具有以下四个特点:

(1)以转让房地产的增值额为计税依据。土地增值税的增值额是以征税对象的全部销售收入额扣除与其相关的成本、费用、税金及其他项目金额后的余额,与增值税的增值额有所不同。

(2)征税面比较广。凡在我国境内转让房地产并取得收入的单位和个人,除税法规定免税的外,均应依照土地增值税条例规定缴纳土地增值税。换言之,凡发生应税行为的单位和个人,不论其经济性质,也不分内、外资企业或中、外籍人员,无论专营或兼营房地产业务,均有缴纳增值税的义务。

(3)实行超率累进税率。土地增值税的税率是以转让房地产增值率的高低为依据来确认,按照累进原则设计,实行分级计税,增值率高的,税率高,多纳税;增值率低的,税率低,少纳税。

(4)实行按次征收。土地增值税在房地产发生转让的环节,实行按次征收,每发生一次转让行为,就应根据每次取得的增值额征一次税。

(三)税率

我国土地增值税实行四级超额累进税率。具体见表7-7。

表7-7 土地增值税税率表

级数	应纳税增值额	税率/%
1	增值额未超过扣除项目金额50%的部分	30
2	增值额超过扣除项目金额50%、未超过扣除项目金额100%的部分	40
3	增值额超过扣除项目金额100%、未超过扣除项目金额200%的部分	50
4	增值额超过扣除项目金额200%的部分	60

上面所列四级超率累进税率,每级增值额未超过扣除项目金额"的比例,均包括本比例数

（四）土地增值税计算方法

1. 一般计算方法

$$应纳税总额 = \sum 各级距土地增值额 \times 适用税率$$

某级距土地增值额 × 适用税率

$$土地增值率 = 土地增值额 \times 100\% \div 扣除项目金额$$

$$土地增值额 = 转让房地产收入 - 扣除项目金额$$

2. 简便计税方法

（1）土地增值额未超过扣除项目金额金额 50% 的：

$$应纳税额 = 土地增值额 \times 30\%$$

（2）土地增值额超过扣除项目金额 50%，未超过 100% 的：

$$应纳税额 = 土地增值额 \times 40\% - 扣除项目金额 \times 0.05$$

（3）土地增值额超过扣除项目金额 100%、未超过 200% 的：

$$应纳税额 = 土地增值额 \times 50\% - 扣除项目金额 \times 0.15$$

（4）土地增值额超过项目金额 200%：

$$应纳税额 = 土地增值额 \times 60\% - 扣除项目金额 \times 0.35$$

注：公式中的 0.05、0.15、0.35 为速算扣除系数。

三、环境保护税

（一）概述

环境保护税是由英国经济学家庇古最先提出的，已经为西方发达国家普遍接受。欧美各国的环保政策逐渐减少直接干预手段的运用，越来越多地采用生态税、绿色环保税等多种特指税种来维护生态环境，针对污水、废气、噪音和废弃物等突出的"显性污染"进行强制征税。荷兰是征收环境保护税比较早的国家，为环境保护设计的税收主要包括燃料税、噪音税、水污染税等，其税收政策已为不少发达国家研究和借鉴。此外，1984 年意大利开征了废物回收费用，作为地方政府处置废物垃圾的资金来源；法国开征了森林砍伐税；欧盟开征了碳税。

（二）我国环境保护税概况

1. 重要意义

我国自 2018 年 1 月 1 日起，施行《中华人民共和国环境保护税法》。这部法律的制定和实施对国家税收治理、税收法治建设和税制改革都产生了巨大的影响。环境保护税，是在党的十九大提出要进一步加快生态文明体制改革、推动绿色发展这样一个重大的部署和安排，实行更严格的生态环境保护制度背景下推出的，对于更好地发挥税收治理在国家治理当中的支柱性作用，意义尤为重大。环境保护税法是我国第一部生态税法、绿色税制促进生态文明建设的单行税法。环境保护税是提出落实税收法定原则后首个纳入法治层面设置的税种，也是费改税改革进程中首次以法律形式确定的税种。环境保护税的开征，是新时代完成深化税制改革任务的一个首例。环境保护税是一种特定行为税，体现的是寓禁于征，通过征税遏制超标排污的蔓延，让企业承担必要的社会责任，体现外部成本的内生化。

2. 税收制度

环境保护税的纳税人为在中华人民共和国领域和中华人民共和国管辖的其他海域，直接向环境排放应税污染物的企业事业单位和其他生产经营者。该规定表明：不直接向环境排放应税污染物的，不缴纳环境保护税；居民个人不属于纳税人，不用缴纳环境保护税。

与现行排污费制度的征收对象相衔接，环境保护税的征税对象是大气污染物、水污染物、固体废物和噪声等4类应税污染物。具体应税污染物依据税法所附《环境保护税目税额表》《应税污染物和当量值表》的规定执行。这一方案的出台，标志着生态环境损害赔偿制度改革已从先行试点进入全国试行的阶段。通过全国试行，不断提高生态环境损害赔偿和修复的效率，将有效破解"企业污染、群众受害、政府买单"的困局，积极促进生态环境损害鉴定评估、生态环境修复等相关产业发展，有力保护生态环境和人民环境权益。法律规定，县级以上地方人民政府应当建立税务机关、生态环境主管部门和其他相关单位分工协作工作机制，加强环境保护税征收管理，保障税款及时足额入库。生态环境主管部门和税务机关应当建立涉税信息共享平台和工作配合机制。法律明确，生态环境主管部门应当将排污单位的排污许可、污染物排放数据、环境违法和受行政处罚情况等环境保护相关信息，定期交送税务机关。税务机关应当将纳税人的纳税申报、税款入库、减免税额、欠缴税款以及风险疑点等环境保护税涉税信息，定期交送生态环境主管部门。

有关环境保护税税率，请登录国家及地方税务局官网查询。

四、财产税

（一）财产税概述

财产税是历史最悠久的税收。财产税又称财产课税，是以法人和自然人拥有和归其支配的财产为对象，对其财产收益式财产价值所征收的一类税收。财产税的课税对象一般可分为不动产（如土地和土地上的改良物）以及动产两大类。在我国，财产税主要分为房产税、土地使用税和契税以及尚未开征的遗产税。对财产课税，对于促进纳税人加强财产管理、提高财产使用效果具有特殊的作用。其中遗产税在体现鼓励勤劳致富、反对不劳而富方面有着独特的作用，是世界各国通用的税种，我国虽然列入了立法计划，但至今也未开征。

（二）遗产税

遗产税就是对死者留下的遗产征税，在国外有时也叫"死亡税"。目前全世界大约有2/3的国家和地区开征遗产税。我国1950年发布的《全国税政实施要则》中也确定开征遗产税，之后因种种原因而未开征。改革开放后，我国公民个人拥有财产有较大的增加，开征遗产税的条件日益成熟，所以，开征遗产税已被列入税制改革的议事日程。遗产税的功能是对遗产和与财产加以调节，防止贫富悬殊。

遗产税最早产生于4000多年前的古埃及。出于筹措军费的需要，埃及法老胡夫开征了遗产税。近代遗产税始征于1598年的荷兰，其后英国、法国、德国、日本、美国等国相继开征了遗产税。据资料显示，目前世界上开征遗产税的国家和地区约有74个。大多数的经济发达国家和新兴工业化国家都征收遗产税和赠与税。世界上的遗产税制度可以分为总遗产税制（对遗产总数征税）、分遗产税制（在遗产分割后按继承人继承财产分别征税）和混合遗产税制(在遗产分割前征税并对分割后继承财产征收继承税),以前两者居多。美国实行总遗产税制,实行十七级超额累进税率,其税率从18%到50%不等。按照美国现行法律,无论是礼物还是房地产,遗产税的税率最高都达到40%。单身人士的终身免税额为549万美元,夫妻为1090万美元,特朗普减税计划中有大幅度削减遗产税的措施。德国实行分遗产税制,实行七级超额累进税率,其税率从7%到50%不等。

中国早在1940年7月1日正式开征过遗产税。新中国成立后,1950年通过的《全国税政实施要则》将遗产税作为拟开征的税种之一,但限于当时的条件未予开征。1994年的新税制改革将遗产税列为国家可能开征的税种之一。1996年全国人大批准的《国民经济和社会发展"九五"计划和2010年远景目标纲要》中提出"逐步开征遗产税和赠与税",但目前并未正式立法开征。

我国资源税类、财产税类、行为目的税类的税种还包括耕地占用税、城镇土地使用税、房产税、契税、车船税、印花税、城乡维护建设税等。

【本章小结】

1. 税收制度是国家各种税收法令和征收管理办法的总称;税收制度是国家按一定政策原则组成的税收体系,其核心是主体税种的选择和各种税种的搭配问题。大部分国家的税制模式是复合税制。我国现行税制以商品劳务税和所得税并重,同时辅之以资源税类和财产税类。

2. 增值税是我国第一大税种,与消费税、关税、企业所得税、个人所得税一起构成了我国前五大主体税种,这五大税种税收收入总额在我国税制中占据重要地位,在经济调节中也具有重要意义。这五大税种的税收制度尤其重要,包括纳税人、征税对象、税率、计税依据等均需要重点掌握。

3. 资源税、土地增值税、环境保护税、财产税等主要是我国地方性小税种,在各级地方财政收入者占据比较重要的地位。

【本章关键词】

复合税制;消费型增值税;增值额;特种消费税;资源税;土地增值税;环境保护税;财产税

【本章思考题】

1. 简述流转税类特点。

2. 简述所得税类特点。

3. 简述增值税的优缺点。

4. 简述消费税的作用。

5. 简述企业所得税特点。

6. 简述个人所得税类型。

【本章计算题】

请扫码打开本章计算题，完成该作业。

本章计算题

【拓展阅读】

请扫码阅读本章拓展阅读材料。

拓展阅读1
关于实施小微企业普惠性
税收减免政策的通知
（财税〔2019〕13号）

拓展阅读2
关于实施小型微利企业普惠性
所得税减免政策有关问题的公告
（国家税务总局公告2019年第2号）

拓展阅读3
关于铁路债券利息收入所得
税政策的公告（财政部税务
总局公告2019年第57号）

拓展阅读4
关于企业扶贫捐赠所得税税前
扣除政策的公告（财政部税务总局国
务院扶贫办公告2019年第49号）

拓展阅读5
我国现行18个税种及其纳税人定义

第八章

公 债

1. 掌握公债的内涵、特征及其主要种类。
2. 了解公债的产生与发展、期限与利率、发行与偿还以及公债市场。
3. 掌握公债的经济效应及政策功能。
4. 理解公债规模的内涵以及公债负担的评价。
5. 了解地方债的发展及我国地方债的管理机制。

第一节　公债概述

一、公债的内涵与分类

(一)公债的内涵

公债是政府凭借国家信用按照有偿原则筹集财政性资金的一种特定方式，是一种特殊的财政活动。当代各国一般在法律中规定：当政府在确实有必要时，有权以债务人的身份向社会公众、企业、社会团体、金融机构及他国政府或国际组织发行公债或借款。政府发行公债或借款所取得的收入构成了政府的公债收入或政府债务性收入。公债既是政府的一种债务，又是政府的一种收入。政府必须按借款时的约定向债权人支付利息和偿还本金。

(二)公债的特征

1.自愿性

所谓自愿性，是指公债发行或认购建立在认购者自愿承购的基础上，认购者买与不买，或购买多少，完全由认购者视其个人或单位情况自主决定。这一形式特征使公债与其他财政收入形式明显区别开来。例如，税收的课征以政府的政治权力为依托，并以国家法律、法令的形式加以规定，依法强制课征，任何个人或单位都必须依法纳税，否则就要受到法律的制裁，因而税收的形式特征之一，就是它的强制性。国有企业部分利润的上缴是以国家的资产所有权为依托的，因为国家是生产资料的所有者，自然可以占有国有企业的利润。任何国有企业都有义务按照有关规定按时、足额地上缴部分利润，因而国有企业上缴利润的形式，也可以说具有"半强制性"的特征。公债的发行则是以政府的信用为依托，政府发行公债就要以借贷双方自愿互利为基础，按一定条件与公债认购者结成债权债务关系。任何个人或单位由于都具有各自独立的经济利益，政府不可能也不应该强制他们认购公债，而只能由其自主决定买与不买或购买多少。

2. 有偿性

所谓有偿性，是指通过发行公债筹集的财政资金，政府必须作为债务而按期偿还。除此之外，还要按事先规定的条件向认购者支付一定数额的利息。相比之下，通过课税取得的财政资金，政府既不需要偿还，也不需要对纳税人付出任何代价。通过向国有企业收取利润取得的财政资金，政府亦不需要再承担偿还义务，而完全归国家所有。公债的发行既然是政府作为债务人以还本和付息为条件，而向公债认购者借取资金的暂时使用权，政府与认购者之间必然具有直接的返还关系。

3. 灵活性

所谓灵活性，是指公债发行与否以及发行多少，一般完全由政府根据财政资金的余缺状况灵活加以确定，而无须通过法律形式预先规定。这种灵活性是公债所具有的一个突出特征，它同税收的确定性特征具有明显的区别。另外，国有企业上缴的利润虽然随企业的盈亏状况而在数额上有所变动，但一般说来，实行自负盈亏、独立核算的国有企业向国家上缴利润，总要依据一个大体固定的比例进行。公债的发行则完全不同，其发行与否或发行多少，基本上由政府根据财政资金的余缺状况灵活确定。也就是说，它既不具有发行时间上的连续性，也不具有发行数额上的相对固定性，而是何时需要何时发行，需要多少发行多少。正是这一重要形式特征，使得它与其他财政收入形式互相配合，互相补充，从而具有相当重要的意义。

公债的上述三个特征是相互联系的。公债的自愿性，决定了公债的有偿性，因为如果是无偿的话，就谈不上自愿认购。公债的自愿性和有偿性，又决定和要求发行上的灵活性。如果政府不管客观经济条件和财政状况如何，按照固定的数额每年连续不断地发行公债，那么其结果，或是一部分公债推销不掉而须派购，或是通过举债筹措的资金处于闲置，不能发挥应有效益，政府也可能因此无力偿付本息，甚至可能出现公债发行额远不能满足财政需要量的窘迫情况。所以，公债是自愿性、有偿性和灵活性的统一，缺一不可。只有同时具备这三个特征才能构成公债，否则，便不能算是"真正"的公债。

（三）公债的分类

1. 以发行地域为标准，可分为国内公债与国外公债

根据公债的发行地域，可将公债分为国内公债和国外公债。国内公债（即内债）是指政府向本国境内的社会公众、企业法人、社会团体和金融机构等举借的公债。国外公债（即外债）

是指一国政府向境外社会公众、企业法人、金融机构及外国政府或国际组织举借的公债。国内公债和国外公债的区别，一方面体现为两者的发行地域不同，另一方面则体现为二者对国内资金总量的影响不同。国内公债的资金主要来源于国内，表现为资金总量在政府部门与非政府部门之间的一种再分配；而国外公债的资金主要来源于国外，所形成的债务收入将增加一定时期内本国可支配的资金总量。

2. 以发行的主体为标准，可分为中央公债与地方公债

根据公债的发行主体，可将公债分为中央公债和地方公债。中央公债是指中央政府凭借信用权力对内和对外举借的债务，通常称为国债；地方公债是指地方政府凭借信用权力举借的债务。按照"谁受益谁负担"的市场经济原则，中央公债收入往往由中央政府支配，相应的公债本息由中央政府负责偿还；地方公债收入由地方政府支配，本息由地方政府负责偿还。

3. 以偿还的期限为标准，可分为短期公债、中期公债和长期公债

所谓短期、中期、长期是比较而言的，没有绝对的标准。世界大多数国家普遍将 1 年期以下的称为短期公债，10 年期以上的称为长期公债，期限介于两者之间的称为中期公债。一般而言，公债期限越短，流动性就越大。事实上，除了上述三种期限的公债之外，还有一种永久性公债或无期公债。这种公债不规定到期时间，债权人也不能要求清偿，但可按期取得利息，公债是否偿还，什么时候偿还，完全由政府单方面决定。无期公债在一定意义上已不是信用形式，具有较大的副作用，因而有关国家除非在迫不得已的情况下不会发行这种公债。历史上，只有英、法等少数国家为了筹措备战费采用过这一形式。

到目前为止，我国的公债市场主要以中期公债为主。期限在 1 年以内的国库券和期限在 10 年以上的长期公债所占的比重很小。这种公债期限结构是世界上少见的。美国的公债期限品种同我国相比就丰富得多。短期国库券有 3 个月、6 个月和 1 年期三个品种，中长期公债的期限有 2 年、3 年、5 年、7 年、10 年和 30 年。

4. 以发行的性质为标准，可分为自愿公债和强制公债

自愿公债是指居民和团体自愿认购的公债，能够自由买卖、自由转让。承购人自愿购买公债的目的是为了获得债息或作为财富储存、分散风险等，因此，此种公债的发行量，取决于债息水平、银行利率水平、通货膨胀率等因素。强制公债是国家凭借政治权力，利用行政的强制手段，强迫居民或团体购买的公债。这种公债一般是在国家财政发生特别困难而社会各界又对认购自愿公债不积极甚至采取抵制态度时采取的方式。强制公债虽然也要还本付息，但就其方式来说已经背离了信用原则，更接近于所得税的性质。由于这种公债发行方式不但剥夺了承购人的自由意志，而且容易导致负担的不公平，因此，当今世界各国已很少采用。

5. 以公债的流动性为标准，可分为可转让公债和不可转让公债

国家的借款通常是不能转让的，只有债券才有可出售和不可出售之分。一般说来，自由转让是公债的基本属性。从世界各国的情况看，大多数国家债券都是可以进入证券市场自由买卖的，如主要发达国家可出售公债的发行量占全部公债发行量的 70% 以上。但是，也有一些公债不能进入流通，不允许公开出售，如美国的"储蓄券"和我国 1984 年以前发行的国库券。一种债券能否自由转让，对债券本身的机会成本和效益有较大影响，也是决定债券吸引力大小的重要因素。有些国家之所以限定某些债券不能出售，常常具有政治、经济方面的特定原因和目的。为了保证这类债券可以发行出去，常常必须在利率、偿还方法上给予优

6. 以发行的凭证为标准，可分为凭证式公债和记账式公债

凭证式公债是指国家采取不印刷实物券，而用填制"国库券收款凭证"的方式发行的公债。凭证式公债具有类似储蓄又优于储蓄的特点，通常称为"储蓄式公债"，是以储蓄为目的的个人投资者理想的投资方式，具有安全性好，保管、兑现方便的特点。记账式公债是利用账户通过电脑系统完成公债发行、兑付的全过程，称为"无纸化公债"，可以记名、挂失，安全性好，发行成本低，发行时间短，发行效率高，交易手续简便，已成为世界各国发行公债的主要形式。

7. 以公债的发行本位，可分为货币公债和实物公债

货币公债是以货币为债务本位发行的公债，债权债务关系以货币计值来表示。现代各国发行的公债基本上都是货币公债。实物公债是以实物作为债务本位发行的公债。其中，直接借实物还实物的公债称为直接实物本位公债，以一定的实物购买量作为依据进行货币折算的公债称为折实公债。直接实物本位公债的代表是我国解放战争时期革命根据地发行的以稻谷为本位的"胜利公债"，而折实公债的代表是我国政府在 1950 年所发行的"人民胜利折实公债"。实物公债可以避免货币贬值给债权人带来的损失，一般在通货膨胀率较高的情况下采用。

8. 以债权债务关系的自愿性为标准，可分为强制公债和自由公债

强制公债是指政府通过强迫的方式让人们认购的公债。强制公债一般以分摊方式发行。第二次世界大战时，英国政府发行的强制公债就是要求人们在交税时按一定比例认购。我国在 20 世纪 80 年代初发行国库券时，曾采用过分摊公债指标的发行方法。自由公债是指人们自愿认购的公债。现代各国的公债一般都是自由公债。

二、公债的产生与发展

（一）公债产生与发展的条件

公债作为财政范畴具有悠久的历史，是在私人信用基础上发展和演变而来的。公债的产生与发展必须具备三个基本条件：一是作为债务人的政府要有借债的需求，即政府的经常性财政收入无法抵补必不可少的财政支出，出现财政赤字，因而必须寻找新的资金来源。二是随着商品货币经济的发展以及国民财富的增长与积累，社会上存在充裕的可供政府借贷的资金，使政府借债成为可能。三是金融机构的发展和信用制度的完善。早期公债是受私人信用的启发才得以产生的，现代公债的发行、流通、偿还以及各种调节功能的发挥都与现代信用制度和信用体系密切相关。而金融机构的发展为公债发行和流通创造了很好的条件。

（二）公债的发展

1. 早期公债

公债作为一种特殊的财政范畴，其产生比税收要晚。最早的公债可以追溯到奴隶制社会末期，古希腊与古罗马出现过政府向商人、高利贷者和寺院借债的情况，而中国的周代末期则有周天子向诸侯王借债的纪录。但早期的公债活动是偶然的，规模也很小。到了封建社会，王国政府在收不抵支的情况下也曾被迫向富商和大臣借债。特别是在封建社会末期，一方面，在日渐衰落的封建经济基础条件下，政府增加税收十分困难，财政收入相对不足；另

一方面，为了维持封建统治制度，政府需要大量的财政支出，因此封建社会末期公债有了较大的发展，借债的规模有所扩大。

2. 现代公债

公债的真正发展是在人类社会进入资本主义制度之后。特别是随着古典的资本主义制度向现代资本主义制度的转变，政府的职能日益加强，公共支出的规模不断扩大，税收已很难满足日益增加的财政支出需要。为此，资本主义国家的政府越来越频繁地运用公债手段去筹资，从而使公债活动得到了迅速发展。特别是20世纪的两次世界大战之后，西方各国普遍采用国家干预政策，成为推动公债规模急剧增长的主要原因。

花旗集团援引国际金融协会数据显示，2018年全球债务规模接近250万亿美元，创历史最高水平，这几乎是20年前的三倍。而在这些债务中，全球各国政府的债务规模就已突破了63万亿美元。在这些国家和经济体中，除了美国，包括欧元区和日本都被认为是债务风险较高的地区。据统计，美国1900年的国债余额为21亿美元，1930年增加到161亿美元，1950年达到2573亿美元，1980年达到9077亿美元，2000年达到5.67万亿美元，2010年达到13.561万亿美元。而据权威智库——美国外交关系协会数据显示，美国政府的债务在过去10年中增速惊人，截至2018年，联邦政府所欠外债达15.3万亿美元，几乎是GDP的80%，而在2007年时，联邦政府所欠外债才仅仅为GDP的40%，十多年来几乎翻倍。如果算上联邦政府机构所持的美国国债，联邦政府的总债务超过20万亿美元，超过GDP的120%。据有认证欧盟统计局称，意大利的公共债务在2013年一季度已经达到GDP的1.3倍（130%）。从日本来看，2018年其政府债务占GDP比重全球最高，达到了238%，也是目前唯一债务占比超过GDP两倍的国家。

随着各国政府债务规模的扩大，西方各发达国家的公债制度日臻完善规范，形成了长、中、短期债务并存，内外债并举，以及发行、偿还、流通方式多样化，应债主体多元化的庞大公债体系，并使公债活动成为现代资本主义国家财政机制中不可缺少的重要组成部分。20世纪50年代以来，广大的发展中国家为了加速本国经济的发展，也积极运用发行公债的方式来积累资金，不仅在国内发行公债，而且还从国外借入大量外债以增加本国的资金。

3. 我国的公债

中国具有现代意义的公债始于清朝末期，而且外债先于内债。最早的外债是1865年向英格兰银行借款，最早的内债是1894年为了应付甲午战争费用，清政府发行的"息债商款"债券。辛亥革命胜利以后，南京临时政府、北洋政府和国民党政府都曾发行公债筹集资金，解决财政困难，以维持国家机器运转。

新中国成立后，我国公债的发展大体经历了三个阶段。第一阶段是新中国刚成立不久的1950年，政府为了确保解放战争最后的胜利和恢复国民经济，发行了"人民胜利折实公债"；第二阶段是1954—1958年，为国家经济建设需要连续五年发行了"国家经济建设公债"；第三阶段是改革开放以来，政府为了满足重点建设资金需求以及宏观调控的需要，从1979年开始举借外债，并于1981年开始发行国库券。近年来，公债发行规模及公债累计余额不断扩大，截至2018年末，我国政府债务余额为33.35万亿元，其中中央财政国债余额14.96万亿元（见表8-1），地方政府债务余额18.39万亿元。

表 8 - 1　2017 年中国中央政府财政国债余额　　　　　　单位：亿元人民币

项　目	预算数	决算数
一、2016 年末国债余额实际数		120066.75
内债余额		118811.24
外债余额		1255.51
二、2018 年末国债余额限额	156908.35	
三、2018 年国债发行额		37092.31
内债发行额		36775.58
外债发行额		316.76
四、2018 年国债还本额		22264.72
内债还本额		22014.39
外债还本额		250.33
五、2018 年末国债余额实际数		149607.41
内债余额		148208.62
外债余额		1398.75

注：本表国债余额包括国债、国际金融组织和外国政府贷款。除此之外，还有一部分需要政府偿还的债务，主要是偿付金融机构债务，以及部分政府部门及所属单位举借的债务等，这部分债务在规范管理后纳入国债余额。

资料来源：财政部官网。http：//www. mof. gov. cn/zhengwuxinxi/caizhengxinwen/201906/t20190627_32861；http：//www. mof. gov. cn/zhengwuxinxi/caizhengxinwen/201903/t20190313_3189339. htm

三、公债的结构与利率

（一）公债结构

公债结构是指一个国家各种性质债务的互相搭配，以及债务收入来源和发行期限的有机结合。

1. 应债主体结构

应债主体的存在是公债发行的前提，应债主体结构实际上就是社会资金或收入在社会各经济主体之间的分配格局，即各类企业和各阶层居民各自占有社会资金的比例。

2. 公债持有者结构

公债持有者结构是各应债主体即各类企业和各阶层居民实际认购和持有公债的比例，又可称为公债资金来源结构。公债持有者结构要受应债主体结构制约，若社会财富分配不均，贫富差距较大，社会资金集中在少数企业和个人手中，则公债持有者比较集中；而若社会财富分配比较平均，社会资金相对分散，则公债持有者也必然相对分散。

3. 公债期限结构

以偿还期为标准，公债可分为短期公债、中期公债、长期公债和永久公债。一般而言，短期公债指偿还在 1 年或 1 年以内的公债；偿还期为 1 ~ 10 年的公债称为中期公债；偿还期为 10 年以上的公债称为长期公债。永久公债是指没有偿还期的公债，只是按年付息，但可以上市流通，随时兑现。改进公债期限结构，对完善公债体系具有重要意义。我国国库券开始发行时期限为 10 年，1985 年调整为 5 年，后又缩短为 3 年，其他种类的公债也大多为 3 ~ 5 年。以 3 ~ 5 年的中期公债为主的公债期限结构缺乏均衡合理的分布，易导致公债偿还集中到期，且难以发挥公债的调节作用。对于投资者来说，这种单一的公债期限结构不利于其进行选择，很难满足持有者对金融资产期限多样化的需求，结果必然使公债的形象欠佳，吸引力较弱。从 1994 年起，为了使期限结构合理化，我国已经开始适量发行短期公债和长期公债。发行短期债券，主要是用于平衡国库短期收支，同时被作为中央银行进行公开市场操作的工具，而长期公债通常用于周期较长的基础设施或重点建设项目。

(二)公债利率

所谓公债利率，即政府因举债所应支付的利息额与借入本金之间的比率。国家借债或发行债券到期时不仅要还本还要付一定的利息，付息多少则取决于公债利率。

1. 公债利率的制定方式

公债利率的制定方式有：由债务人制定、由债权人制定、由债务人和债权人共同制定。由债务人制定即是政府单方面决定公债利率。这种方式一般是在市场机制不完善、资金利率受管制的情况下，政府根据市场供求情况与筹资的需求自主决定，即行政确定方式。由债权人制定通常是由公债一级自营商和大的公债投资机构以投标竞价的方式决定公债的利率，即市场确定方式。而债务人与债权人共同制定的方式在实践中比较少，主要是在私募债券中采用。1995 年，我国首次引入公债招标发行以后，我国公债利率主要采用市场确定方式。

2. 影响公债利率水平的因素

公债利率制定方式确定后，就需确定公债具体利率水平。一般来说，影响公债发行利率水平的因素，有以下几种：

(1)金融市场的利率水平。公债利率原则上必须依据金融市场的利率来决定，要与金融市场上的利率水平相一致。如果公债利率过低，则难以发行。但反过来如果过高，则会增加国家负担，而且还可能引起市场利率的上升，妨碍工商业的发展。如果社会上游资过多，供给大大超过需要量，此时的公债利率实际上将具有一定的决定市场利率的力量。因为市场利率若低于公债利率，则投资者购入公债以坐收较高利息；若市场利率高于公债利率，由于公债的发行为大量闲置资本提供了出路，投资者也不得不降低利率。不过从根本上来看，还是市场利率决定着公债利率，公债利率所引起的金融市场利率的上升或下降，实际上只能在现实经济关系所允许的市场利率波动区间内实现的，否则既不利于公债的发行，也不利于整个经济的正常运转。

(2)国家信用。国家决定公债利率时，虽然首先考虑的是金融市场上的利率，但国家信用的稳固程度也应考虑进去。如果政府信用高，公债利率即使在一定程度上低于市场利率，也不难销售。这是因为尽管应募者获得的投资收益相对低，但投资却是稳妥和可靠的，而其他方面的投资相对于公债投资，风险程度较高，发生投资损失的可能性也较大，因而投资者宁愿放弃高收益而投资于公债，以谋求收益的安全可靠。反过来，如果政府的信用程度较差，则公债利率必须高于市场利率才能顺利出售。

(3)社会资金的供给量。公债利率的高低与市场资金供给量有密切的关系。一般来说，经济越发达的国家，社会资金就越多，因而公债的利率就越低；反之，公债利率因社会资金较少而相对较高。

（4）国家的宏观调控政策。为了充分发挥公债调节经济的作用，必须根据经济的需要，相应调整公债利率。在国民经济的总需求大于总供给、货币量过多、物价上涨的时期，国家执行紧缩的货币政策和财政政策，与此适应，应该提高公债利率，扩大债券发行，以实现减少流通中的货币量，控制需求的目的；反之，则应降低公债利率。

（5）物价指数。当存在着比较严重的通货膨胀时，现有公债的利率如低于通货膨胀率，则会使公债不断贬值，使债权人蒙受经济损失，从而影响公债的信誉。为了维护公债信誉和债权人的利益，有利于公债特别是中长期公债的发行，应该采取公债保值措施，实行公债利率与物价指数挂钩的浮动利率办法。

四、公债的发行与偿还

（一）公债的发行方式

1. 直接发行

所谓直接发行是指由财政部门直接向社会公众及相关部门发售公债。直接发行比较典型的做法有三种：一是由各级财政部门直接销售公债，这在 20 世纪 80 年代我国刚恢复公债发行时常采用。二是运用行政手段向城乡居民及有关企事业单位摊派，出现在我国 20 世纪 80年代前期。三是定向私募，即向特定的机构投资者推销公债。

2. 代销发行

所谓代销发行是指财政部门委托有关金融机构代为发售公债。在经历直接销售和行政摊派之后，我国于 20 世纪 80 年代后期开始采用该方式发售公债。代销发行一方面减少了财政部门的工作量，提高了公债发行的效率，使财政部门更加专注于财政资金的安排与调度；而另一方面则提高了金融机构的参与度，为金融机构提供了一笔稳定的代销手续费。

3. 承购包销发行

所谓承购包销发行是指由大型机构投资者直接向财政部门承购一定数额的公债，再由机构投资者向普通投资者销售公债；如果机构投资者无法将其所承购的公债全部销售出去，则由其自有资金将其消化。在承购包销方式中，公债发行机构常常采用招标拍卖的发行方式。所谓招标拍卖发行是指由财政部门在公债市场上通过公开招标推销公债的发行方式。招标拍卖方式中，公债的发行条件通过招标决定，即认购者对公债的收益和价格进行投标，推销机构根据预定发行量，通过决定中标者名单，被动接受投标决定的收益和价格条件。招标拍卖发行有价格投标、利率投标和竞争性出价三种主要方式。价格投标，即发行机构按投标价格及购买数额由高到低依次出售；利率投标，即发行机构根据投标利率的高低，由低到高依次出售；竞争性出价，即发行机构按认购者自报的价格和利率，或从高价开始，或从低利率开始，依次决定中标者。

另外，按政府与应募者的联系方式，公债发行可以分为直接发行法和间接发行法。直接发行法是指政府直接向机构和居民等市场应募者发行公债的方式；间接发行法则是指政府不直接承担发行义务，而是委托他人（如金融机构）进行发行公债的方式。按公债发行的对象，公债发行可以分为公募法和私募法。公募法是指向一般社会公众募集公债的发行方法，具体可以分为直接公募法和间接公募法。前者是指财政部门或者其他代理机构作为发行者，直接向一般公众发行公债；后者指政府本身不承担发行业务，而是通过银行等机构向社会公众募集公债。西方国家大都采用间接募集的方法通过证券市场发行公债。私募法是指不向一般社会公众而是向机构(如银行等金融机构)等特定投资者募集资金的办法。私募相关法规规定，机构购买公债不能向社会公众转让，只能由机构持有。西方国家一般以商业银行作为私募发行对象，这样做可以保证中央银行有效通过利用公开市场业务的手段来调控社会货币总量。

(二)公债的发行价格

所谓公债的发行价格，就是政府债券的出售价格或购买价格。公债的发行价格不一定与其票面值相等，按照公债发行价格与其票面值的关系，可以分为平价发行、溢价发行和折价发行。

1. 平价发行

平价发行是指公债发行的价格与公债票面值相同。政府债券按照面值出售，须具备两个前提条件：一是公债利率要与市场利率相当。如市场利率高于公债利率，则按面值出售公债难以找到承购者；如市场利率低于公债利率，则平价发行将使政府遭受不应有的损失。二是政府的信用良好。只有在政府信用良好的条件下，人们才会乐于按票面值认购，公债发行任务的完成才能得到足够的保障。

2. 溢价发行

溢价发行是指公债发行价格高于公债的票面名义价值，而在以后偿还本金时，则按照债券票面额偿还。政府债券按高于票面值的价格出售，只有在下述两种情况下才能办到：一是公债利率高，高于市场利率以至于认购者认为有利可图；二是公债利率原大致相当于市场利率，但当债券出售时，市场利率出现下降，以致政府有可能提高债券出售价格。

3. 折价发行

公债的发行价格低于公债的票面名义价值，但在以后偿还本金时，仍按票面额偿还，这就是折价发行。政府债券低于票面额发行，其原因是多种多样的：一是由于市场利率上升，政府必须降低发行价格，债券才能找到认购者或承购者；二是压低行市(发行价格)比提高公债的利息率，便于掩盖财政拮据的实际状况而不致引起市场利率随之上升而影响经济的正常发展；三是在发行任务较重的情况下，为了鼓励投资者踊跃认购而用减价的方式给予额外利益。

比较以上三种发行价格，从政府财政的角度看，平价发行对政府来说最为有利。首先，采用平价发行，政府可按事先设计的票面值取得预期收入，又按此偿还本金，除按正常的利息率支付一定利息外，不会给政府带来额外负担，有利于财政收支管理和预算的顺利进行。其次，不会对市场利率带来上涨或下跌的压力，有利于政府稳定经济。而且发行价与票面额一致，还能防止债券的投机。溢价发行虽可为政府带来价差收入，但政府将为此承受高利支出，而且其收入不规则，不利于财政收支的计划管理。折价发行实质上是为解决财政困难而尽快筹集经费的一种方法。它使政府所负担的偿还本金的数额大于实收数，政府负担过重，对国家财政是不利的，而且还可能影响市场利率的稳定。

(三)公债的还本付息

公债到期之后，公债发行人要依发行时的规定，按期如数还本。公债偿还中的一项重要任务就是慎重地选择偿还方式。公债本金的偿还数额虽然是固定的，但政府在偿还方式上却有很大的选择余地。不论采取什么偿还方式，公债的还本总是财政的一种负担。同时，还本是否能如约进行，既影响到期公债券的行市，也影响其他一切债权的行市，对债券持有者和政府都是利益攸关的。这就要求公债的偿还必须有较稳定且充足的资金来源。

1. 公债还本方式

可选择使用的公债还本方式主要有以下几种：

(1)买销法。买销法是指国家政府以预算剩余资金按照市价从证券市场中收买公债而使该债务归于消失的方法。这种方法在公债市场低于票面价格的情形下运用，对财政较为有利。如英国偿还其统一公债的方法，就是买销法。政府在公债价格较低时收买公债券，似乎对债权人利益有损害，其实不然，因为在市场上的债券买卖是以自愿方式进行的，只有当债权人愿意按市价出售公债券时政府才能购入。而且，在债券价格下跌时，政府在市场上大量收进债券，还将抑制价格的进一步下跌，这反而对债券持有者有利。

买销法的优点是偿还成本较低，操作简单，并可体现政府的经济政策。缺点是背离公债偿还期限的信用契约，有提前或拖后偿还的可能。

(2)抽签法。抽签法有两类：一类是定期抽签法，另一类是一次抽签法。所谓定期抽签法，是国家根据某种公债的偿还年限及比例规定，按公债的号码定期分次抽签以确定每年偿还部分公债的方法。所谓一次抽签法，是在公债第一次偿还之前，把归还期内所有公债按债券号码一次抽签以确定每年偿还部分公债的方法。由于是在规定偿还期内，按年份一次比例轮流分次偿还，故抽签偿还法又称"比例偿还法"或"轮次偿还法"。我国20世纪50年代发行的公债和1981—1984年发行的国库券，都采用抽签法偿还。抽签法的优点是能够严格遵守信用契约，缺点是偿还期限固定，政府机动性较小。

(3)一次偿还法。国家定期发行的公债，在债券到期后一次还本付息的方法。我国1985年发行的国库券就规定发行后第6年一次还本付息。

(4)调换偿还法。国家通过发行新债券替换到期旧债券以偿还公债的方法。可以是用发新债券的收入来收回旧债券，也可以是采取新旧债券直接交换的方式。

2. 公债的付息方式

公债发行之后，除短期者外(已通过折价发行预扣利息)，在公债存在的期间内必须付息。由于公债在发行时已经规定了利息率，每年应付的利息支出是固定的，政府在公债付息方面的主要任务便是对付息方式，包括付息次数、时间及方法等做出相应的安排。公债付息方式大体可分为两类：一是按期分次支付法。即将债券应付利息，在债券存在期限内分作几次(如每一年或半年)支付，一般附有息票，债券持有者可按期剪下息票兑付息款。二是到期一次支付法。即将债券应付利息同偿还本金结合起来，在债券到期时一次支付。

由于付息方式的不同，政府在每一年的应付利息与实际支付的利息并不完全一样。通常情况下，应付额会大于实付额而形成一笔利息上的债务。因此，在公债的付息工作中，政府往往要通过恰当地选择付息方式，安排好应付额和实付额的关系，以期与财政状况和经济形势的需要保持一致。

3. 公债偿债资金来源

与公债偿还法密切相关的是国家偿债资金的来源。不论采取何种偿还方式，最终总表现为政府资金的流出，而政府资金如何取得又至关重要。与公债偿还方式相适应，国家偿债资金的取得也有预算列支、预算盈余、举借新债和设立偿债基金等多种形式。

（1）预算列支。它是指在预算中用预算收入安排当年应偿债务支出。由于税收是预算收入的主要来源，以前发行的到期公债，要用现在的税收来偿还；现在发行的公债，需用以后征收的税收来偿还。因此，公债资金的实质是变相的税收，即延期的税收。偿债资金以预算收入为来源，虽然在一定程度上确保公债按期偿还，但因各年应偿债务量不同，甚至会出现骤增骤减的情况，很有可能影响预算支出的稳定性，从而打破预算的收支平衡。这对政府的社会管理职能的稳定履行不利。

（2）预算盈余。它是指政府用上年预算收支的结余部分来偿还公债的本息。结余多，则偿债也多；结余少，则偿债也少。如果预算执行无结余只好不偿还。可见，这种偿债资金来源很难保证公债偿还计划的顺利完成。上年预算是否有盈余实现是不能确定的，且盈余数与公债偿还数也不一定一致。因此，用预算盈余偿还公债一般只适用于通过购销法偿还永久公债。况且从各国实际情况来看，由于政府职能的不断扩大，预算支出不断增加，预算有盈余者不多，即使有些盈余，也难以偿还规模不断扩大的公债数量。所以，从根本上说，预算盈余充其量只能作为偿还公债的一部分资金来源，而不能成为主要来源。

（3）举借新债。它是指政府通过发行新公债来替换旧公债。以新债收入作为偿还旧债的资金来源，往往是政府在财政拮据时使用。采用这种方法能够推迟政府的实际偿还时间，还有可能增加债务余额，延缓偿债负担，暂时度过偿债高峰。但是，它很难减轻债务，同时需要有很好的债信和比较发达的金融市场等社会经济环境。如债信不高，则要以较高的利息支付作为以新换旧的代价，从而加重未来的财政负担。

（4）偿债基金。它是指政府预算设置一种专项基金，专门用以偿还公债。每年从财政收入中拨出一笔专款设立基金，交由特定机关管理，专做偿债之用，而且在公债未还清之前，每年的预算拨款不能减少，以期逐年减少债务。设置偿债基金偿还公债，虽然操作程序复杂些，但却为偿还债务提供了一个稳定的资金来源，可以平衡各年度还债负担，使还债带有计划性和节奏性。从表面上看，设置偿债基金可能减少一定时期国家预算可以直接支配的收入，但是如果把公债发行当作一个较长时期的财政政策，从长远的角度看，偿还公债每年都会发生，偿债基金可以起到均衡偿还的作用。如果偿债基金有结余，国家可以在短期内暂时有偿使用它们而不会使之闲置，从而建立起一种以债养债的机制。

正确选择公债偿还方法和偿债资金来源，是公债制度建设的中心内容。从理论上讲，偿债方法和偿债资金的取得必须合乎信用原则，必须对政府和认购者双方都有利。而从实践上看，各国政府必须选择适应本国国情的偿还方法和偿债资金来源。发达国家由于信用制度比较发达，证券市场相对完善，偿还公债一般以买销偿还法为主；而发展中国家由于不具备发达的信用条件，往往采用抽签法、一次偿还法等直接偿还方式。许多经济发达国家长期实行公债基金偿还制度。但由于近些年经济状况不断恶化，财政赤字日益扩大，偿债基金经常被挪用，因此，除日本等少数国家仍坚持偿债基金制度外，大多数国家转而采用预算盈余、预算列支和公债调换方式。对于广大的发展中国家来说，资金匮乏和财政制度不完善始终是难以克服的困难，故大多数国家现在实行的是预算列支和预算盈余偿还制度。我国目前偿还方式主要实行一次偿还法，偿债资金采取预算列支的方法。

五、公债市场

（一）公债市场的概念和类型

1. 公债市场的概念

公债市场是指公债进行交易的场所。政府公债通过市场发行和偿还，意味着公债进入了交易过程。公债在市场中进行交易的场所即为公债市场。

公债是一种财政收入，其债券是一种有价证券。毫无疑问，公债市场是证券市场的重要组成部分，同时对证券市场具有一定的制约作用。

2. 公债市场的类型

公债市场按照公债交易的层次或阶段可分为公债发行市场和公债流通市场。

（1）公债发行市场。指公债发行场所，又称公债一级市场或初级市场，是公债交易的初始环节，一般发生在政府与证券承销机构，如银行、金融机构和证券经纪人之间的交易，通常由证券承销机构一次全部买下发行的公债。公债发行市场的职能是售出公债，筹措到所需资金。

公债发行市场实际上是一个抽象的概念，它并没有具体集中的场所，而是分散无形的。公债发行市场的市场主体有两个：一方是公债的发行者即政府；另一方是公债的投资者，即社会上众多的资金持有者。由于公债市场的特殊性，公债的发行者与公债的认购者并不直接联系，他们总是通过一些中介机构来完成公债交易过程。所以，公债的发行市场，主要是由发行者、投资者和中介机构三方组成的。

一是发行者，即政府。政府在公债发行市场上是以债务人的身份出现的，它是公债发行的主体。政府总是希望以最小的筹资成本来获取最大量的、能长期使用的资金。但政府发行公债必须依据一定的法律程序，按照预定的发行条件来进行，而不能随意进行。

二是投资者。公债的投资者在公债发行市场上是以债权人的身份出现的，他们用货币购买公债，从而持有公债并承担一定的风险。一般来说，投资收益与投资风险成正比：风险大，收益高；风险小，收益低。

三是中介机构。中介机构是公债发行市场的媒介，它们促成了公债发行和公债投资的顺利进行。公债的发行中介主要有银行、证券商和经纪人等。他们首先承购公债，然后再向投资者出售。中介机构主要以两种方式承销公债：一种方式是受政府委托，以委托筹资的方式承销公债。在这种方式下，中介机构本身不承担任何公债发行风险。另一种方式是以承包筹集的方式承销公债，如果未完成计划发行额，则中介机构有义务承购剩余部分的公债，因此也就承担相应的公债发行风险。

（2）公债流通市场。又称公债二级市场，是公债交易的第二阶段。一般是公债承销机构与认购者之间的交易，也包括公债持有者与政府或公债认购者之间的交易。

公债流通市场同整个证券市场一样，其市场组织状况可分为有组织的场内交易市场和场外交易市场。

一是场内交易市场。场内交易市场主要指证券交易所，这是公债流通市场的中心，是公债流通市场最基本、最规范的形式之一。证券交易所提供了一个公债买卖者集中进行交易的固定场所，以保证公债交易的顺利进行。证券交易所作为公债集中交易的市场，具有以下五个特征：①有集中、固定的交易场所和时间；②有证券交易所会员资格，其他公众投资者进行公债交易，必须委托经纪商进行；③交易所价格形式采取竞价制，经纪商在接到公众投资者买卖公债的委托指令后，立即去交易所内指定公债的交易柜台执行委托；④交易所有特定的交易制度和规则；⑤有完善的交易设施和较高的操作效率。

二是场外交易市场。场外交易市场又称"店头市场"。在场外交易市场中，证券经纪商和证券自营商在证券商之间或证券商与客户之间进行的证券分散买卖，不通过证券交易所。

场外交易市场是一个无形市场，它采取协商议价方式，且一般按净价基础进行交易，即不收佣金，证券商只是通过买卖证券的差价获得收益。通常场外交易有两种形式，即自营买卖和代理买卖。在自营买卖的情况下，投资者根据证券商挂牌上市公布的买卖价格，直接与证券商自由洽谈买卖公债，如果达成合约，即可成交。在代理买卖的情况下，证券公司作为经纪人，根据客户的委托，代理客户买卖公债，以赚取手续费。

国际上的场外交易市场十分发达，在场外交易的证券种类和数量很大。如美国和日本债券买卖的90%以上都是在场外交易市场进行的。我国的证券经营，除上海和深圳两大证券交易所外，大部分都是采用场外交易市场形式。

我国于20世纪80年代后期开始建设公债流通市场，早期的公债流通市场大多属于场外交易；90年代上海证券交易所和深圳证券交易所开业后，我国流通市场的场内交易开始形成。到1996年，由上海证券交易所、深圳证券交易所、武汉证券交易中心和全国证券交易自动报价中心构成的场内交易市场已经控制了整个公债交易量的90%，从而形成了我国公债流通市场以场内交易为主、以证券经营网点场外交易为辅的基本格局。

总的来说，自1981年恢复发债、1988年建立流通市场以来，我国公债市场建设取得了显著成就：一是建立健全公债集中托管及电子化发行系统，健全公债承销及市场化定价机制，为有效实施财政宏观调控奠定市场基础。二是定期发行短中长期公债，特别是10年、30年、50年固定利率公债，提前公布发行计划，发行市场透明度较高。三是建立完善公债做市及其支持机制，流通市场基本满足交易需求，初步形成期限完整、估值可靠的公债收益率曲线。我国经济正处在转变发展方式、优化经济结构的攻关期，必须坚持质量第一，效益优先，以供给侧结构性改革为主线。当前公债工作也处在转变管理方式、优化债务结构的关键时期，公债市场发展面临的问题，供求两侧的问题都有，但主要集中在供给一侧，包括产品供给和制度供给方面。适应主要市场经济国家公债市场发展新定位，在贯彻落实新发展理念，深化供给侧结构性改革，以及健全财政货币政策协调机制的时代背景下，新时代我国公债市场发展主要面临供给侧、结构性、体制性问题。

(二) 公债市场的功能

近年来，随着公债规模的扩大和调节社会资金运行能力的增强，各国都十分重视公债市场的功能，并逐步建立适应本国国情的特别公债市场。公债市场功能一般从以下两个方面分析：

1. 公债作为财政政策工具，公债市场具有顺利实现公债发行和偿还的功能

如前所述，公债通过公债市场发行，而公债市场的发展是公债顺利发行的条件，只有公债市场发展了，债券的流动性得到保证，投资者可以很容易地进入或退出市场，通过频繁的交易为债券合理地定价，公债的发行才能受到社会的认同和欢迎。我国通过组建承销团制

度，使公债发行逐步规范，提高发行的透明度，基本规范了发行主体和承销机构在公债市场的操作行为，明确了各自的权利和义务，保证了公债发行的平稳进行。从 2000 年开始推行按季公布发债计划，增强了发债的透明度，更便于认购者合理安排投资计划，并扩大了公债投资者群体。通过市场发行无纸化的记账式公债，节省了印刷、调运、保管和销毁费用，也杜绝了假券出现的源头。通过市场采取承购包销方式发行凭证式公债，彻底废除了行政摊派方式，而且通过逐步减少招标罪责的限制性条件，放大了发行人设定的利率区间，使投标人对利率水平和投标数量的选择更加灵活。

2. 公债作为金融政策工具，公债市场具有调节社会资金运行和提高社会资金效率的功能

在公债市场中，公债承销机构和公债认购者以及公债持有者与证券经纪人从事的直接交易，公债持有者和公债认购者从事的间接交易，都是社会资金的再分配过程，最终使资金与公债的需要者得到相互满足，使社会资金的配置趋向合理。若政府直接参与公债交易活动，以一定的价格售出或收回公债，就可发挥引导资金流向和活跃证券交易市场的作用。这种功能具体表现在诸多方面：

（1）公债市场是一国金融市场的重要组成部分。由于公债风险小、同质性强、规模大，是其他金融资产（如商业票据、证券化资产、企业债券等）定价的基准和众多衍生金融资产（如回购、期货、期权等）的基础资产，同时也是交易者对冲风险的重要工具。一个富于流动性的公债市场，在提高金融体系的效率、保持金融体系的稳定方面，具有重要的意义。公债市场形成的利率期限结构，能够反映市场参与者对利率变化的预期和长期利率趋势，为货币政策的实施提供信息，使货币政策的意图能够有效地传导。

（2）公债市场拓宽了居民的投资渠道。在一个活跃的市场，社会资金可以很方便地流入流出，企业和居民的富余资金可以投入债券市场获取收益，需要兑现时又能及时在市场中卖出债券，增加了投资渠道，丰富了居民的金融资产替代选择；包括公债市场在内的债券市场和股票市场相互配合产生不同类型的投资工具，为投资者提供了可供选择的收益－风险组合，投资者能根据外部环境的变化适时调整自己的投资策略，这是金融市场有效运作的基础。

（3）公债市场的发展有利于商业银行资本结构的完善，有利于降低不良资产率，使其抗风险能力大大增强。公债是微观金融机构进行风险和流动性管理的重要工具，是机构投资者在进行投资组合时减小资产风险的一种重要的资产。

（4）公债市场是连接货币市场和资本市场的渠道。一些本来不宜进行长期产权投资的短期资金，例如企业暂时不用的闲置资金，也有可能参与到资本市场的投资中来。尽管一个企业的资金可能只在这个市场上停留两三个月，但新的短期投资者会形成新的接替关系，由此就可以实现全社会投资规模的扩大。

（5）公债是中央银行在公开市场上最重要的操作工具。在不够活跃的公债市场，中央银行吞吐基础货币、调节社会信用总量的能力会受到限制，资产价格容易过度波动；而公债市场的扩大，有助于中央银行公开市场操作业务的开展，使中央银行的货币政策从直接控制为主逐步向以市场化为主的间接调控转变。

第二节　公债效应与政策功能

一、李嘉图等价定理之争

(一)李嘉图等价定理的含义

分析公债的经济效应首先要谈到李嘉图等价定理,因为李嘉图等价定理否定公债的经济效应。政府借债的经济影响一直是自亚当·斯密时代以来宏观经济学争论不休的问题。在公债效应的争论中,李嘉图等价定理处于核心地位并产生了深远影响。李嘉图等价定理(即税收和借债等价)的思想是李嘉图于19世纪提出的,1974年,美国经济学教授巴罗在《政府债券是净财富吗?》的论文中复兴了李嘉图关于借债和收税等价这一古老思想。故李嘉图等价定理又被称为李嘉图—巴罗定理。

该定理认为,政府支出是通过发行公债融资还是通过税收筹集是没有任何区别的,即举债和征税等价。其核心观点是公债仅仅是延迟的税收,当前为弥补财政赤字发行的公债本息在将来必须通过征税补偿,而且税收的现值与当前的财政赤字相等。李嘉图—巴罗等价观点的逻辑基础是消费理论中的生命周期假说和永久收入假说。即假定能预见未来的消费者知道,政府今天通过发行公债弥补财政赤字意味着未来更高的税收,通过发行公债而不是征税为政府支出筹资,并没有减少消费者生命周期内总的税收负担,唯一改变的是推迟了征税的时间。根据巴罗的观点,消费者具有完全理性,能准确地预见到无限的未来,他们的消费安排不仅依据他们现期收入,而且依据他们预期的未来收入,为了支付未来因偿还公债而增加的税收,他们会减少现时的消费,增加储蓄。从本质上说,李嘉图等价定理是一种中性原理:是选择征收一次性总量税收还是发行公债为政府支出筹措资金,对于居民消费和资本的形成没有任何影响。

(二)李嘉图等价定理争论的实质

许多学者从不同角度反驳了李嘉图等价定理。主要反对意见有:第一,李嘉图等价定理的核心假设就是理性预期。这就要求现在的父母都要通晓预期模型,从而能够运用这个模型来测算和调整当期收入和未来的收入,这显然是不现实的。第二,李嘉图等价定理假设人们总是给后代留下一定规模的遗产。事实上有些父母知道他们的孩子可能生活得比自己更好,毕竟社会在不断地进步,因此,这些父母也不会把因发债减税而增加的收入储蓄起来而不花掉。第三,政府借债没有违约风险。公债的利率在金融市场上是最低的,如果想在金融市场上借钱,支付的利率肯定会超过公债利率,而政府发债减税为这些人提供了成本更低的资金,自然愿意增加投资。第四,李嘉图等价定理隐含个人具有完全的预见能力和充分信息。实际上,未来的税负和收入都是不确定的,对于个人而言,现在不征税而增加的收入和未来为偿还公债的本息向此人征收的税收并不必然相等。第五,李嘉图等价定理假设所有的税都是一次性征收总量税。实际上,大多数税并不是一次性总量税,而非一次性总量税会产生税收的扭曲效应,所以,举债而不增税会减少税收的扭曲效应,有利于刺激经济的增长,因而举债或征税为政府筹资,对经济的影响并非等价。

李嘉图等价定理争论的实质是关于公债是否对经济发展有客观影响,从而引发了公债经济效应的讨论。

二、公债的经济效应

(一)公债的资产效应

什么是公债的资产效应?分析公债的经济效应,从短期的观点看,主要是分析公债的收入效应或流量效应。但是,如果研究公债的长期效应,则不能仅限于公债的流量效应,还必须分析公债存量对资产的影响。也就是说,公债发行量的变化,不仅影响国民收入,而且影响居民所持有资产的变化,这就是所谓的资产效应。

从前面对李嘉图等价定理的介绍中可以看出,政府运用税收和借债为支出筹集资金是否存在差别的问题,最终可以归结为这样一个问题:居民是否把自己持有的政府债券当作其财富的一部分?如果消费者将债券仅仅看作延期的税收,那么这些债券就不能作为总财富的一部分;如果消费者认为当前发债和未来的税收并没有直接的联系,或者更可能的是认为这些债券根本不需要用税收来偿还(如借新债还旧债),那么这些债券就会被看作是总消费函数中总财富的一部分。可见,只有私人部门不把政府债券当作财富时,李嘉图等价定理才成立;只要把政府债券看成是财富的一部分,则李嘉图等价定理就不能成立。我们可以通过国民收入决定分析模型来判断这个问题。在国民收入决定分析的模型中,总消费函数起着至关重要的作用,而总消费函数通常被表述为可支配的总收入和总财富的函数,也就是消费将随着收入和财富的增加而增加,当人们持有债券而增加消费时,说明公债具有资产效应。

正因为公债有资产效应,所以公债在经济增长中具有稳定功能。由于公债的增加比税收的增加能够增加居民持有的资产,一方面人们心中感到富有了而可能增加消费,另一方面人们的劳动意愿可能随之下降而减少储蓄。因而发行公债具有在经济萧条时扩大消费而在经济繁荣时抑制消费的功能。而且,人们持有资产是为了预防萧条,所以经济萧条时效应更大,经济繁荣时的效应相对较小。此外,公债利息的支付也具有稳定的作用。在萧条时期,税收收入减少,尤其是实行累进税制,税收减少的趋势更为明显,这时公债利息支付保持在一定水平上,对消费需求能起到维持作用。在繁荣时期,税收收入会比国民收入增长更快,而公债利息支付是一定的,这又会起到抑制消费需求的作用。

(二)公债的需求效应

根据凯恩斯主义的观点,公债融资,增加支付支出,并通过支出的乘数效应增加总需求,或通过将储蓄转化为投资,并通过投资的乘数效应,推动经济的增长。

公债对总需求的影响有两种不同的情形:一种情形是叠加在原有总需求之上,增加总需求;另一种情形是在原有总需求内部只改变总需求结构,而不增加总需求。至于究竟属于哪一种情形,主要取决于不同的应债主体即不同应债资金来源,需要进行具体分析,才能做出判断。

1. 中央银行购买公债

中央银行购买公债,相当于过去传统体制下的财政向银行透支或借款,也就是现在所谓的债务货币化。中央银行购买公债,银行持有公债账户增加,同时财政国库存款账户增加,财政用公债支付时，则形成企业存款和居民储蓄或手持现金，商业银行存款增加。由此推理可知，中央银行购买公债将导致银行准备金增加从而增加基础货币，对总需求发挥扩张作用，构成通货膨胀因素。所以，一般而言，中央银行购买公债是叠加在原有总需求之上扩张总需求。当然，这种扩张效应也不是绝对的。众所周知，随着经济的增长，货币需求必然增加，从而要求增加货币供给，而在每年增加的基础货币中必然有一部分是适应经济增长而增加的基础货币。如果在这个限度内购买公债，就不一定产生通货膨胀的后果，或者说，只要中央银行购买公债时又严格限制再贷款规模，就可能不会发生货币供给过量的问题。

2. 商业银行或居民个人购买公债

商业银行或居民个人购买公债则与中央银行购买公债的情形不同。一般来说，商业银行或居民个人购买公债，只是购买力的转移或替代，不会产生增加货币供给从而扩张总需求的效应。因为，购买公债时表现为商业银行在中央银行准备金的减少或居民个人在商业银行储蓄存款的减少，而当财政支用时又会表现为商业银行准备金的恢复或居民储蓄存款的恢复，货币供给规模不变；变化的只是商业银行拥有的资金暂时转为财政使用或将居民储蓄通过公债转化为投资，也就是购买力或资金使用权的转移或替代，从而不产生扩张总需求的效应。如果在经济繁荣时期，由于资金供求紧张，发行公债会带动利率上升，可能对民间投资产生"排挤"效应，不利于民间投资的增长；如果在经济萧条时期，实际上则是商业银行暂时闲置的资金转由财政使用，将居民储蓄转化为投资，弥补了储蓄与投资之间的缺口，这样不但可以推动经济的增长，而且有利于提高商业银行的效益。我国当前实施积极财政政策，向商业银行和居民个人推销公债，就属于这种情形。不过，居民个人购买公债也可能有两种情形：一种情形是居民用现金或活期存款购买公债，形成货币供给量中 M_1 的缩减，而财政用于支付时却形成准货币 M_2，则会降低货币的流动性，从而对社会需求起抑制作用。另一种情形是居民用储蓄或定期存款购买公债，形成 M_2 的缩减，而支用时却形成 M_1，则 M_2 的规模不变，M_1 的规模增加了，这样会增强货币的流动性，也可以对社会需求起扩张作用。

（三）公债的供给效应

发行公债作为一种扩张政策，当运用于治理周期性衰退时，主要注重于它的短期的需求效应，刺激需求，拉动经济增长。但实际上公债不仅具有需求效应，而且同时具有供给效应，即增加供给总量和改善供给结构。事实上需求与供给是一个问题的两个方面，二者是相互伴随不可分割的。比如，公债收入用于投资，自然增加投资需求，这是不言而喻的，但用于投资也必然提供供给，而且由于投资领域的不同，也就同时改变供给结构。至于关于需求自动创造供给或供给自动创造需求的说法，如果分开了说，都有片面之嫌。因为，在市场经济条件下，需求与供给是互动的。比如，只要存在有支付能力的有效需求，即使暂时缺乏相应的商品供给，也会很快通过市场调节来满足这种需求；当一种新科技、新产品上市时，只要是人们所需要的，就必然有它的需求。但当供求失衡时，如供给大于需求或需求大于供给，不是市场本身的原因，而是一种制度性问题，即属于"市场失灵"，这就需要政府参与解决。而政府发行公债，就是政府宏观政策中用来调节总需求与总供给平衡的一种重要手段。

上面已经说明，政府发行公债是用于投资，而且主要是用于生产性投资。同时，既然是政府投资，又是用于那些具有非排他性、非竞争性或具有"外部效应"的提供"公共物品"领域的投资，其中的首选是基础设施投资，以及高新技术投资、风险投资、农业投资、教育投资和开发大西北投资等。我国实施积极财政政策，公债投资集中力量建成大批重大基础设施项目，办了一些多年想办而没有办的事，既增加了有效供给，也基本解除了长期存在的基础设施的"瓶颈"问题，改善了供给结构，这就是公债的供给效应。

三、公债的政策功能

尽管许多经济学家对李嘉图等价定理在理论上提出了反对意见，但是，判断李嘉图等价定理是否真正成立，在很大程度上还取决于实证分析。各国实施财政政策的实践证明，公债是具有经济效应的，而且在财政政策实施中具有重要的功能。公债的政策功能主要有以下几个方面：

(一)弥补财政赤字

通过发行公债弥补财政赤字，是公债产生的主要动因，也是当今各国的普遍做法。用公债弥补财政赤字，实质是将不属于国家支配的民间资金在一定时间内让渡给国家使用，是社会资金使用权的单方面转移。政府也可以采用增税和向银行透支的方式弥补财政赤字。但比较而言，以发行公债的方式弥补财政赤字，一般不会影响经济发展，可能产生的副作用也较小。因为发行公债只是部分社会资金使用权的暂时转移，一般不会导致通货膨胀，而且公债的认购通常遵循自愿的准则，基本上是社会资金运动中游离出来的资金，一般不会对经济发展产生不利的影响。

当然，也不能把公债视为医治财政赤字的"灵丹妙药"。一是财政赤字过大形成债台高筑，最终会导致财政收支的恶性循环；二是社会的闲置资金是有限的，国家集中过多往往会侵蚀经济主体的必要资金，从而降低社会的投资和消费水平。

(二)筹集建设资金

公债既具有弥补财政赤字的功能，又具有筹集建设资金的功能，似乎无法辨别两种功能的不同。其实不然，在现实生活中仍可以从不同角度加以区分。比如，我国财政支出中经济建设资金占50%左右。由于固定资产投资支出的绝对数和比重都较大，如果不发行公债，势必要压缩固定资产投资支出，从这个角度讲，发行公债具有明显的筹集建设资金的功能。有的国家则从法律上或在发行时对两种不同功能做出明确的规定。如我国发行的国库券，没有明确规定其目的和用途，但从1987年开始发行重点建设债券和重点企业建设债券（其中包括电力债券、钢铁债券、石油化工债券和有色金属债券）。又如日本在法律上将公债明确分为两种：一是建设公债；二是赤字公债。

(三)调节经济发展

公债是对GDP的再分配，反映了社会资源的重新配置，是财政调节的一种重要手段。这部分财力用于生产建设，将扩大社会的积累规模，改变既定的积累与消费的比例关系；这部分财力用于消费，则扩大社会的消费规模，使积累和消费的比例向消费一方偏移；用于弥补财政赤字，就是政府平衡社会总供给和社会总需求关系的过程。公债不仅是财政政策手段，而且是金融政策手段。公债券是可以流通债券的主要组成部分，特别是短期公债券是中央银行进行公开市场操作从而调节货币需求与供给的重要手段。

第三节 公债负担

一、公债负担的内涵

所谓公债负担是指公债带来各经济主体的利益损失和政府因负债所承受的经济压力。发行公债既影响着社会需求结构，进而影响着资源配置和经济发展，也影响着国民收入在政府、债权人、纳税人之间的收入再分配的比例。因此，公债负担既包括国民经济的整体负担，也包括不同利益主体(即政府、认购者、纳税人和后代人)的负担。

1. 经济的公债负担

经济的公债负担是指政府负债给经济发展带来的损失。这种负担是否形成，关键是公债的使用方向和使用效益。如果公债是用于经济发展，并不减少社会积累的总规模，并且形成了良好的宏观经济环境，对经济发展产生了推动作用。

2. 政府的公债负担

政府的公债负担是指政府作为债务人因负债承受的经济压力。该负担一般体现在政府对公债还本付息的能力上。如果公债增长推动了经济增长，且产生出足够的偿还能力或具备借新债还旧债的经济条件，那么公债的增长并不会形成政府的还债压力。

3. 认购者的公债负担

认购者的公债负担是指认购者作为债权人因认购公债所承担的利益损失。一般而言，公民投资认购公债具有风险低、收益高等特点，能给投资者带来收益，不构成认购者的负担。但有两种情况除外：一是强制发行的公债，购买公债会降低认购者的福利水平或强行改变其行为偏好，从而形成认购者的公债负担；二是在公债负利率的情况下，认购者的公债投资会形成实实在在的公债负担。

4. 纳税人的公债负担

纳税人的公债负担是指因偿还公债而增加税负给纳税人造成的利益损失。公债在发行期可以增加财政财力，但在偿还期则会增加财政支出，而国家还债资金的重要来源是税收收入。如果增加公债推动了经济发展，使税源得以扩大，则偿债增加的税收本是公债效益的一部分。公债再投资所产生的还债能力是以税收形式征集的，在这种条件下，公债偿还不构成纳税人的负担。

5. 后代人的公债负担

后代人的公债负担是指国家发行的公债由后代人偿还而形成的利益损失。从长期公债和不断借新债还旧债拖延债务期限的情况来看，公债的还本负担将拖延至后代人。公债若用于消费、挤占私人部门投资，则会产生后代人负担，若用于投资则可能不产生负担。公债是否造成后代人负担主要取决于投资的效率。一般来说，若公债将资金从效率低的部门引向效率高的部门，那么后代人就会受益；反之，公债将使后代人蒙受损失。

二、公债负担的评价指标

评价公债负担程度，实际上就是讨论公债限度或规模问题。在讨论公债负担的评价指标之前，先了解一下公债规模及其制约因素。

（一）公债规模的制约因素

当代世界各国都把通过发行公债筹集资金看成是解决政府支出不足的重要手段。但是公债的发行数量不是无限的，特别是把借债收入当成组织财政收入的一项经常性的资金来源时，更要注意研究其可行性和数量界限，否则将会引起债务危机。影响公债发行规模的因素主要包括：

1. 社会应债能力

社会应债能力是指社会上个人和应债机构对公债的承受能力。一般而言，公债发行规模不能超过全社会的应债能力，否则会影响全社会的积累与消费的比例关系。个人的承受能力是指一定时期内居民个人对公债的认购能力，主要取决于居民的收入水平和社会平均消费水平。通常，居民对公债的认购能力与其收入水平成正比关系，与社会平均消费水平成反比关系。应债机构的承受能力是指一定时期内各经济实体对公债的认购能力，主要取决于各经济法人实体自有资金的数量和维持正常积累及兴办各项事业对资金的正常需要量。

2. 政府偿债能力

政府偿债能力是指政府作为债务主体对其所借债务还本付息的能力。政府偿债能力通常由财政收入和 GDP 两个增长速度所决定，前者反映一定时期财政收入规模扩大的趋势，后者反映一定时期经济发展的状况和国民经济发展对公债的承受能力。其中 GDP 增长速度是根本，财政收入增长速度则取决于财政收入政策。如果 GDP 增长速度快，则一定时期的 GDP 在满足正常投资和消费后有较大余地为政府调度，如果正常的财政收入不足以抵偿债务，政府可通过继续发行新债来还旧债。在 GDP 一定的情况下，财政收入规模越大，则财政收入在满足其他正常收支后可用于归还到期公债本息的资金越多，政府对公债的偿还能力越强。

3. 私人部门闲置资金数量

当一个社会私人部门闲置资金（储蓄）过多时，说明社会的投资需求和消费需求都不充分，其供给则必然过剩，因此，政府通过发行公债来启动这部分资金的使用是十分必要的，藉此以促使国民经济中的总供给与总需求实现平衡。从这个角度看，私人部门闲置资金的数量应是政府公债发行的最高限度。如果超过这个限度，势必将一部分原来准备用做其他投资的资金用于购买公债，虽然政府实现了筹资目的，但却会造成私人投资的萎缩或不足。这种现象被称为公债的"挤出效应"，因而公债的发行规模应以不产生"挤出效应"为度。

4. 公共物品供给

在一定社会资源条件下，公共物品的供给并非越大越好。因为在政府以税收和收费的方式为公共物品供给筹资时，人们会由于自己承担了费用而对公共物品表达出适度的需求。但增加公共物品供给即需要增加税收或费用，这在客观上会形成对公共物品供给的必要限制。当政府以公债为公共物品生产融资时，就等于减少了相当于公债发行额度的税收数额。没有购买债券的人不会感到有负担，就是购买债券的人也通常只将自己持有的公债看成是资产而不是负担。这样通过公债融资就容易扩大公共物品的供应水平，从而扩大政府资金规模，当这个规模超过合理的界限时，必然会造成资源配置效率的损失。

（二）公债负担的评价指标

衡量公债的负担，可以从各种经济指标考察。国际上通行的指标主要有公债负担率、公债依存度、公债偿债率、公债借债率等。下面分别从内债和外债两个方面加以简要分析。

1. 内债负担的评价指标

(1)赤字率。赤字率是指年度财政赤字占年度 GDP 的比重，反映了一国经济对公债的承受余地。计算公式为：

$$赤字率 = \frac{赤字额}{年度\ GDP} \times 100\%$$

当年财政赤字率越低，表明一国经济对公债的承受余地越大。欧盟国家将 3% 的赤字率作为控制国家债务规模的警戒线。

(2)公债负担率。公债负担率是指公债余额占年度 GDP 的比重，反映了一国经济对未偿付公债的总体负担程度，又称为负债率或内债负债率。计算公式为：

$$公债负担率 = \frac{公债余额}{年度\ GDP} \times 100\%$$

公债负担率越低，表明一国经济对公债的承受余地越大。欧盟国家将 60% 的公债负担率作为控制国家债务规模适度性的重要指标。但不少国家的公债负担率已经远远超过该限度，比如近年来日本的公债负担率已经远远超过 200%。

(3)公债偿债率。公债偿债率是指财政所安排的还本付息额占年度财政收入的比重，反映了财政的偿债能力。计算公式为：

$$公债偿债率 = \frac{还本付息额}{年度财政收入} \times 100\%$$

通常认为，公债偿债率越低说明财政的偿债能力也越大，反之则越小。这一指标说明，公债规模大小要受到国家财政收入水平的制约，公债规模在一般情况下，应当同当期财政收入状况相适应。但是，偿债能力不等于一国的经济发展水平与财政收入规模，而财政收入规模也不等于财政能力。在通常情况下，一个年度公债的偿还不能影响社会再生产的正常进行和人民群众的正常生活需要。从国际经验来看，公债偿债率在 20% 以下较为安全。

(4)公债借债率。公债借债率是当年公债发行额与年度国民生产总值的比例关系。其计算公式为：

$$公债借债率 = \frac{年度公债发行额}{年度国内生产总值} \times 100\%$$

借债率反映了当年 GDP 对公债增量的负担能力，发达国家借债率一般处于 5% 至 10% 的水平。

(5)公债依存度。公债依存度是指公债发行额占年度财政支出的比重，反映了年度财政支出对公债发行的依赖程度。计算公式为：

$$公债依存度 = \frac{公债发行额}{年度财政支出} \times 100\%$$

公债依存度是判断公债规模是否合理的重要指标，可分为公债依存度和地方债依存度。从实践来看，发达国家的公债依存度相对较低，而发展中国家的公债依存度相对较高。

2. 外债负担的衡量指标

通常，学界一般采用外债风险指标来衡量外债的负担，主要有偿债率、负债率和债务率三个指标。

(1)外债偿债率。外债偿债率是指一国当年还本付息额对当年商品和劳务出口收入的比

率,是衡量一国还债能力的主要参考数据。国际上一般认为外债偿债率在20%以下是安全的。公式为:

$$偿债率 = \frac{还本付息额}{商品和劳务出口收入} \times 100\%$$

(2)外债负债率。外债负债率是指年末外债余额与当年国内生产总值的比率。目前,国际上比较公认的外债负债率安全线为20%。计算公式为:

$$负债率 = \frac{外债余额}{国内生产总值} \times 100\%$$

(3)外债债务率。外债债务率是指一国外债余额与商品和劳务出口收入的比率。在债务国没有外汇储备或不考虑外汇储备时,外债债务率是一个衡量外债负担和外债风险的重要指标。国际上公认的外债负债率参考数值为100%,即超过100%为债务负担过重。计算公式为:

$$债务率 = \frac{外债余额}{商品和劳务出口收入} \times 100\%$$

从表8-2可以观察我国2001—2017年外债风险状况。

表8-2 我国外债负担情况

年份	外债偿债率/%	外债负债率/%	外债债务率/%
2001	7.5	15.3	67.9
2002	7.9	13.9	35.5
2003	6.9	13.4	45.2
2004	3.2	13.6	40.2
2005	3.1	13.1	35.4
2006	2.1	12.5	31.9
2007	2.0	11.1	29.0
2008	1.8	8.6	24.7
2009	2.9	8.6	32.2
2010	1.6	9.3	29.2
2011	1.7	9.5	33.3
2012	1.6	9.0	32.8
2013	1.6	9.4	35.6
2014	2.6	17.2	69.9
2015	5.0	13.0	58.3
2016	6.1	12.7	64.6
2017	6.9	14.0	70.6

资料来源:根据国家统计局历年《中国统计年鉴》数据整理。http://www.stats.gov.cn/tjsj/ndsj/.

第四节 地方公债

一、地方公债的概念

地方公债是指地方政府凭借信用权力按照有偿原则筹集财政性资金的一种特殊方式，是一种特殊的财政活动，简称地方债。狭义的地方公债是指地方政府以公债券的形式通过债券市场发行的债务，其收入列入地方政府预算，由地方政府安排调度。中义的地方公债则还包括地方政府作为债务人按法定条件和合同约定，向债权人筹集资金并承担偿付义务的债务。广义的地方公债进一步包括地方公共部门（包括地方政府及其相关部门等）借款、提供担保、回购等形成的债务。

关于地方公债的分类，世界银行的高级顾问汉纳·普拉科瓦（Hana Polackova）在 2002 年提出了著名的"财政风险矩阵"。她认为，按照债务的法律和道义责任，可以将地方公债分为"显性负债"和"隐性负债"；按照债务的责任确定性程度，可将地方公债分成"直接负债"和"间接负债"（或有负债）。据此可进一步将地方公债分为直接显性负债、或有显性负债、直接隐性负债和或有隐性负债。其中：直接显性负债是指特定的合同和法律规定的地方政府债务，如公债转贷、国外债务、地方政府为解决地方金融风险时的专项借款等。或有显性负债是指由政府公开承诺、担保而形成的债务，它虽然不是由地方政府举借的债务，但是当某些特定的事情发生时，却必须由地方政府来承担，如地方政府担保的银行借款等。直接隐性负债是政府没有明确承诺，但是人们预期最终会由地方政府负担的债务，如社会保障资金缺口形成的债务、基础设施建设投资形成的债务等。或有隐性负债是指法律上和合同上不由政府承担责任，但是在发生某一特定情况的条件下，地方政府迫于公众和道义的压力而接受的地方政府债务，如自然灾害、环境危机形成的债务以及地方金融机构破产形成的债务。

二、地方公债的产生与发展

（一）西方主要国家地方公债的产生与发展

美国是发行地方公债较早、规模较大的国家。19 世纪初纽约州首次采用发行债券的办法筹集开凿伊利运河所需的经费，开创了美国地方政府依靠发债进行基本建设的先河。美国地方政府主要通过发行市政债券、银行借款和融资租赁等形式进行债务融资，其中市政债券是地方政府支持基础设施项目建设的重要融资工具。随着人口的增加和城市规模的扩大，地方政府公用事业迅速发展，基础设施建设大量增加，市政债券的规模也随之扩大，到 2010 年达到历史最高点 4331 亿美元。

日本早在明治初年就开始发行地方公债，20 世纪 90 年代以后进一步发行了大量以筹集经常性经费为目的的地方赤字债。截至 2012 年年底，日本的地方公债发行余额为 185.1 万亿日元，约占当年日本 CDP 的 38.9%。日本的地方公债分为地方公债和地方公企业债两种基本类型，地方公债是真正的政府直接债务，地方企业公债兼具政府债券和企业债券双重性质，是政府的或有债务，两者比例大致为 5∶1。

德国属联邦制国家，实行联邦、州、地区三级管理，相应建立分级管理的财政体制。各级政府均有独立预算，分别对各自议会负责。联邦、州和地区政府都可发行债券，其中，州和地区政府发行的债券统称为地方公债券。原则上，德国的州和地区政府只能发行筹集投资性经费的地方公债，但经济不景气时也可以破例发行赤字债。截至2011年，德国各州政府债券存量累计达2751.27亿欧元，占政府债券存量的21%。

（二）我国地方公债的产生与发展

1.计划经济时期的地方公债(1949—1978年)

新中国成立以后，我国社会经济面临价格飞涨、战后重建等艰巨任务。为了抑制通货膨胀，充实财政实力，扩大建设资金，确保重点建设项目的投入，新中国成立初期发行了两次地方公债。一是1950年发行的东北生产建设折实公债，募集资金3000万分①。二是1958年4月中央颁布《关于发行地方公债的决定》，允许各省、自治区、直辖市在确有必要的时候，发行地方经济建设公债；同年6月5日，全国人民代表大会常务委员会通过并颁布了《中华人民共和国地方经济建设公债条例》，制定了各地发行公债的基本管理制度。该条例颁布之后，黑龙江、吉林、辽宁、江西、安徽等省区根据本地实际情况发行了一批地方经济建设公债。

2.改革开放初期的地方公债(1979—1992年)

改革开放之初，为了迅速摆脱原有经济停滞的局面，我国大幅加快基本建设，但受到国内资本严重不足的困扰。为了筹集大量经济建设资金，我国于1979年开始举借外债，并于1981年开始发行国库券，并实行规模管理。在"放权让利"和"分级管理"的体制下，多个地方政府开始尝试通过举借债务投入基础设施建设，并希望借助于未来的税收增长偿还债务。

3.市场经济建设时期的地方公债(1993—2008年)

1993年开始，我国经济体制开始向市场经济体制转轨，相关财政经济法律法规开始逐步完善。1993年4月11日国务院颁发《关于坚决制止乱集资和加强债券发行管理的通知》，要求"不得发行或变相发行地方政府债券"。1995年施行的《中华人民共和国预算法》则进一步规定：除法律和国务院另有规定外，地方政府不得发行地方政府债券。

但事实上，各地方政府自行举债或变相融资等现象十分普遍，地方公债规模随着经济社会发展逐年增长。1998年为应对东南亚金融危机，中央政府决定实施以公债投资为主的积极财政政策，并将部分公债资金转贷地方政府使用，转贷给地方的公债资金还本付息由地方政府来承担责任。此外，地方投融资平台作为地方政府举借债务的重要工具开始成立并发展起来。

4.经济建设新时期的地方公债(2009—2014年)

为应对2008年全球金融危机，加快汶川灾后重建，我国于2009年年初推出了过渡性的地方公债融资制度，由财政部以地方政府的名义发行地方公债，并由地方政府负责偿还。2011年10月财政部制定了《2011年地方政府自行发债试点办法》，在国务院的批准下，在上海市、浙江省、广东省进行地方政府自行发债试点。同时，地方融资平台得到了更为迅速的发展，由2009年的3800多家发展为2011年的10468家，平台贷款余额达到了9.1万亿元。

---

① 注：分为中华人民共和国初期旧币的货币单位，相当于后来的元。

2014 年年末，全国地方政府债务（政府负有偿还责任的债务）余额 15.4 万亿元，地方政府或有债务 8.6 万亿元（包括政府负有担保责任的债务 3.1 万亿元，政府可能承担一定救助责任的债务 5.5 万亿元）。2014 年我国修订了《预算法》，正式赋予地方政府举借债务的权利，由此开启了地方政府发行公债的新纪元。

5. 经济新常态下的地方公债（2015 年至今）

2015 年 1 月 1 日正式实施的《中华人民共和国预算法》明确规定，地方政府只能通过发行地方政府债券举借债务的方式筹借资金，地方政府及其所属部门不得以其他方式举借债务，除法律另有规定外，地方政府及其所属部门也不得为任何单位和个人的债务以任何方式提供担保。自 2015 年起，地方政府债券发行规模开始快速上升，发行方式也由一开始的代发代还、自发代还转变为全部由地方政府自发自还。截至 2018 年第三季度末，地方政府债券余额为 17.99 万亿元，在整个债券市场托管总量中的占比为 22%，已经超过了公债 17% 的比例，成为中国债券市场中重要的债券种类（如图 8 - 1）。

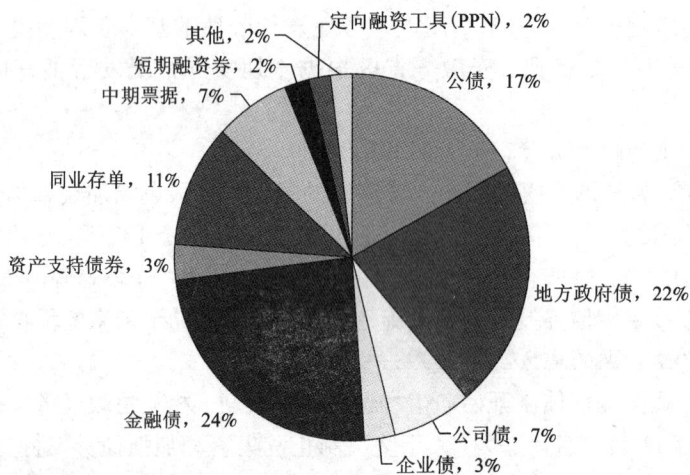

图 8 - 1　2018 年第三季度末债券市场中主要权重余额占比

资料来源：WIND 数据库

三、我国地方公债的管理框架机制

（一）地方政府举债融资机制

1. 赋予地方政府依法适度举债权限

经国务院批准，省、自治区、直辖市政府可以适度举借债务，市县级政府确需举借债务的由省、自治区、直辖市政府代为举借。

2. 建立规范的地方政府举债融资机制

地方政府举债采取政府债券方式。没有收益的公益性事业发展确需政府举借一般债务的，由地方政府发行一般债券融资，主要以一般公共预算收入偿还。有一定收益的公益性事业发展确需政府举借专项债务的，由地方政府通过发行专项债券融资，以对应的政府性基金或专项收入偿还。

3.推广使用政府与社会资本合作模式

政府对投资者或特别目的公司按约定规则依法承担特许经营权、合理定价、财政补贴等相关责任，不承担投资者或特别目的公司的偿债责任。

4.加强政府或有债务监管

剥离融资平台公司的政府融资职能，融资平台公司不得新增政府债务。地方政府新发生或有债务，要严格限定在依法担保的范围内，并根据担保合同依法承担相关责任。地方政府要加强对或有债务的统计分析和风险防控，做好相关监管工作。

(二)债务规模控制和预算管理机制

1.对地方政府债务实行规模控制

地方政府债务规模实行限额管理，地方政府举债不得突破批准的限额。地方政府一般债务和专项债务规模纳入限额管理，由国务院确定并报全国人大或其常委会批准，分地区限额由财政部在全国人大或其常委会批准的地方政府债务规模内根据各地区债务风险、财力状况等因素测算并报国务院批准。

2.严格限定地方政府举债程序和资金用途

地方政府在国务院批准的分地区限额内举借债务，必须报本级人大或其常委会批准。地方政府不得通过企事业单位等举借债务。地方政府举借债务要遵循市场化原则。建立地方政府信用评级制度，逐步完善地方政府债券市场。地方政府举借的债务，只能用于公益性资本支出和适度归还存量债务，不得用于经常性支出。

3.把地方政府债务分门别类纳入全口径预算管理

地方政府要将一般债务收支纳入一般公共预算管理，将专项债务收支纳入政府性基金预算管理，将政府与社会资本合作项目中的财政补贴等支出按性质纳入相应政府预算管理。地方政府各部门、各单位要将债务收支纳入部门和单位预算管理。或有债务确需地方政府或其部门、单位依法承担偿债责任的，偿债资金要纳入相应预算管理。

(三)地方债务风险防控机制

1.建立地方政府性债务风险预警机制

财政部根据各地区一般债务、专项债务、或有债务等情况，测算债务率、新增债务率、偿债率、逾期债务率等指标，评估各地区债务风险状况，对债务高风险地区进行风险预警。对列入风险预警范围的债务高风险地区，要积极采取措施，逐步降低风险。对债务风险相对较低的地区，要合理控制债务余额的规模和增长速度。

2.建立债务风险应急处置机制

要硬化预算约束，防范道德风险，地方政府对其举借的债务负有偿还责任，中央政府实行不救助原则。各级政府要制定应急处置预案，建立责任追究机制。地方政府出现偿债困难时，要通过控制项目规模、压缩公用经费、处置存量资产等方式，多渠道筹集资金偿还债务。地方政府难以自行偿还债务时，要及时上报，本级和上级政府要启动债务风险应急处置预案和责任追究机制，切实化解债务风险，并追究相关人员责任。

【本章小结】

1.公债是政府凭借信用权力按照有偿原则筹集财政性资金的一种特定方式,是一种特殊的财政活动,与税收相比,具有自愿性、有偿性和灵活性的特点。按照不同的标准可将公债分为国内公债与国外公债,中央公债与地方公债,短期、中期与长期公债,自愿公债与强制公债,可转让公债与不可转让公债,凭证式公债与记账公债等。

2.公债的产生与发展必须具备一定的条件。作为一种特定的财政范畴,其产生要比税收晚。

3.公债市场包括发行市场和流通市场。发行市场是交易市场的基础和前提,交易市场又是发行市场得以存在和发展的条件。根据公债发行价格与票面额的关系可将其分为折价发行、平价发行和溢价发行。公债的发行方式包括直接发行、代销发行和承购包销发行。公债流通市场可分为场内交易市场和场外交易市场。

4.公债具有弥补财政赤字、筹集建设资金和调节经济的功能,其经济效应体现在资产效应、需求效应、供给效应等三个方面。

5.公债不仅存在负担问题,如何衡量公债负担也是财政理论与实践的重要内容。公债的利用不仅会给认购者、政府和纳税人带来负担,还会出现公债负担的代际转移。因此,必须注意公债的适度规模。

6.地方公债务问题是我国当前面临的严峻挑战,如果不对地方公债务进行科学预警和适度控制,就很有可能导致政府的债务危机乃至整个经济危机。为此,应当在借鉴西方地方公债管理模式的基础上建立、健全我国地方公债管理和风险控制机制。

【本章关键词】

公债;国家信用;公债市场;李嘉图等价定理;公债效应;公债负担;地方公债

【本章思考题】

1.简述公债的内涵、特征与分类。

2.简述公债产生和发展的条件。

3.简述公债利率的影响因素。

4.简述公债发行和还本付息方式。

5.分析我国公债市场的发展现状及存在的问题,该如何进一步完善。

6.简述公债在社会经济发展中的功能。

7.简述并评价李嘉图等价定理。

8.简述公债市场的种类及其在我国的发展情况。

9.简述公债的经济效应及政策功能。

10.简述公债负担的内涵,说明衡量公债负担的不同指标并对我国公债负担的实际情况进行评价。

11.简述我国地方政府债务现状、形成机制及解决路径。

【拓展阅读】

请扫码阅读本章拓展阅读材料。

拓展阅读1
加快国债期货市场发展
促进功能进一步发挥

拓展阅读2
中国央行货币政策空间再
打开国债利率或继续下行

拓展阅读3
《预算法》（修正案）允许地方
政府发行债券

拓展阅读4
国务院关于加强地方政府性
债务管理的意见

拓展阅读5
全国首只柜台地方政府
债券顺利发行

拓展阅读6
2019年6月地方政府债券
发行和债务余额情况

第九章

政府预算

1. 掌握政府预算的概念、特征、分类。
2. 了解我国政府预算体系的基本内容。
3. 了解政府预算收支分类科目。
4. 了解我国政府预算编制、执行与决算的基本内容。
4. 掌握预算编制的基本原则。
5. 了解预算管理制度的基本组成。

第一节　政府预算概述

一、政府预算的含义及类别

（一）政府预算的含义

政府预算是指经法定程序审批的具有法律效力的政府财政收支计划,即按照一定的标准将财政收入和财政支出分门别类地列入特定的收支分类表格之中,以清楚反映政府的财政收支状况。是规范政府收支行为的工具,是提升国家治理能力、建立现代治理体系的重要依据。

从形式上看,政府预算是以年度政府财政收支计划形式存在的,包括对年度财政收支规模、结构等的预计、测算和安排,反映了一定时期内政府财政收入的具体来源渠道和使用方向。从实质上看,政府预算是具有法律效力的文件,因为政府预算不仅仅是财政收入和支出计划,而且是经过立法机关批准的。从内容上看,政府预算反映政府集中支配财力的过程。包括采用税收、利润、公债、收费等分配形式和分配手段参与国民收入的集中分配过程,通过预算支出将集中的财政资金在全社会范围内进行分配,以满足全社会公共需要的过程,反映着政府与各部门、企业、公民个人之间的分配关系。从程序上看,政府预算是通过政治程序决定的,政府预算是纳税人及其代议机构(中国由全国人民代表大会审议批准、监督执行)控制政府财政活动的机制。

随着社会经济生活和财政活动的逐步复杂化,政府预算逐步形成包括多种预算形式和预算方法的复杂系统,有单式预算、复式预算、零基预算、增量预算、项目预算、绩效预算、国民经济预算、充分就业预算等。对各种各样的预算进行科学、合理的分类,是进一步认识和研究政府预算的前提。

(二)政府预算的类别

1.单式预算与复式预算

按照预算编制形式的不同,政府预算可分为单式预算和复式预算。

(1)单式预算。单式预算也称单一预算,是指在一个预算年度内,政府全部预算收支汇总编入一个统一的预算表格内的预算形式。在政府预算产生后的相当长时期内,单式预算是世界各国普遍采用的预算形式,我国在 1992 年以前也一直采用单式预算形式。

单式预算的优点是直观性和综合功能较强,能一目了然地反映政府预算收支的全部内容,便于公众了解政府预算全貌;预算平衡关系明了,便于考察政府预算收支的总体规模和平衡状况。其缺点是各类不同性质的预算收支无对应关系,尤其是将债务收入与税收收入混同,就有将政府债务收入用于经常性开支的可能,从而就有将当代人的"幸福生活"建立在子孙后代的还债"痛苦"之上的可能性。

(2)复式预算。复式预算是指在预算年度内将全部预算收支按经济性质归类,分别汇编成两个或两个以上的预算,以特定的收入来源保证特定的支出项目,并使两者具有相对稳定的对应关系的预算形式。

复式预算分为二元复式预算与多元复式预算,典型形式是二元复式预算。二元复式预算一般分为经常预算与资本预算(也称普通预算和特别预算、经费预算和投资预算等)。虽然各国使用的复式预算名称和具体项目不尽相同,但从内容看,经常预算支出主要包括政府一般行政费用支出,经常预算的收入来源主要包括各项税收收入以及一部分非税收入。通常情况下,经常预算应保持收支平衡并有结余,结余转入资本预算。资本预算支出主要包括政府的各项投资性支出,如政府对公营企业、公共项目的投资、战略物资储备、政府贷款及偿还国债等支出。资本预算的收入来源主要包括经常预算的结余、国债收入、政府投资收益等。多元复式预算由三个或三个以上预算组成,一般包括经常预算、资本预算、社会保障基金预算等,如日本的中央预算分为:一般会计预算、特别会计预算和政府关系机关预算。

与单式预算相比,由于复式预算将政府财政收支按其性质分别编入不同的预算中,各项收支之间具有明确的对应关系,因此,可以准确地反映预算收支的平衡状况,也能清晰地反映预算结余或赤字的原因,以便区别情况,有选择地采取有效手段进行调节和控制。复式预算的特点决定了它更有利于政府加强预算管理和对政府财政收支活动的分析与控制,便于政府更加科学合理地利用财政资源。但复式预算也存在不足:由于预算由两个或两个以上预算组成，预算不再完整，也不利于公众了解和监督政府预算；经常预算的结余和赤字都将转入资本预算，增加对财政平衡的判断难度；资本预算的资金来源主要依赖于政府举债，如果债务规模控制不当，极易影响经济稳定；存在不同预算之间项目如何划分及划分标准如何确定的问题，预算编制方法复杂，工作量加大，增加了预算编制的技术难度。

从政府预算诞生到20世纪30年代以前，各国政府预算形式都是单式预算。20世纪30年代全球经济危机爆发以后，在凯恩斯主义扩大政府财政支出、增加有效需求的刺激经济增长思想的影响下，各国政府对市场的干预程度逐渐加深，由此造成政府职能和财政活动范围的扩大，政府预算活动日趋复杂，单式预算已远不能适应经济发展和政府宏观调控的需求。为加强政府预算管理和财政支出效益分析，复式预算应运而生。1927年丹麦率先创立复式预算，1938年瑞典设计了新的复式预算方案并开始实施，此后世界各国都纷纷采用复式预算。但到20世纪70年代后期，一些国家由于经济情况的变化和财政政策的调整，单列资本预算逐渐失去意义。此外，复式预算过于复杂、分类标准难以确定等因素在复杂的经济形势下日益突显。同时，国民经济核算体系已经发展成型，政府的经济活动不必仅仅通过预算反映，政府宏观调控手段也日趋完善。所以，一些成熟的市场经济国家又出现了政府预算形式简单化的趋势，多数市场经济发达国家又改为采用新型的单一预算形式。

新中国成立后，我国政府预算一直采用单式预算。1992年，中共十四大确定我国经济体制改革的目标是要建立社会主义市场经济体制，财政改革目标是建立与社会主义市场经济体制相适应的公共财政框架体系。与此相适应，从1992年起，我国的政府预算就按复式预算编制，即把全部预算收支按其性质分别编制经常性预算和建设性预算。2015年1月1日起施行的第一次修正的《预算法》和2018年12月29日第二次修正的新《预算法》均明确规定①，我国的政府预算是由一般公共预算、政府性基金预算、国有资本经营预算和社会保险基金预算组成。

2. 增量预算与零基预算

按照预算编制的依据和方法不同，政府预算可分为增量预算和零基预算。

(1)增量预算。增量预算是指预算年度财政收支计划指标的安排，是在上年度的实际数或前几年的平均数的基础上，再考虑预算年度经济社会发展的变动因素加以调整后确定的预算。增量预算又称为基数预算。因为基数预算与以前年度财政收支执行情况及新的预算年度经济社会发展需求关系密切，它比较注重过去，重视历史因素，因而原有的一些不合理、不必要的预算支出项目得以继续保留，并使其固定化。同时又要考虑新增加的因素，这就很容易导致支出项目不合理，支出规模不断膨胀，而且会造成不同部门、单位之间利益不平衡、资金使用效率低下。

(2)零基预算。零基预算是指预算年度财政收支计划指标的安排，不考虑以前年度的执行情况，而根据预算年度影响预算收支的客观因素重新核定的预算。零基预算不考虑历史因素，不受现行财政收支执行情况的约束，预算一开始就建立在科学、合理的基础之上，使政府可以根据需求确定优先安排的项目。预算指标有科学的依据，有利于合理利用财政资金，既满足需求又减少不必要的浪费，有利于提高财政资金的经济效率。零基预算的具体实施步

---

① 《中华人民共和国预算法》根据2018年12月29日第十三届全国人民代表大会常务委员会第七次会议《关于修改〈中华人民共和国产品质量法〉第五部法律的规定》第二次修正，如无特别说明，下文中《预算法》均指此最新修改版本。

骤是：高级管理层提出有关可用资源的基本目标和总原则，然后将一揽子决策责任下放给中级管理层；中级管理层对项目做出分析处理并按资金拨付的终止、缩减、最低限度、保持、增加等特征进行排序并做出上报；高级管理层汇总中级管理层裁定的一揽子计划，并从总体上做出排序，对预算按排序择优进行资金安排。

3. 投入预算与绩效预算

按照预算支出所产生的效益分类，政府预算可分为投入预算和绩效预算。

（1）投入预算。投入预算是只反映支出的用途和金额而不反映和评价支出所产生的效果的一种预算形式。投入预算主要用于不能直接产生经济效益或不便于用货币计量与测算其产出效益的预算项目，如一般公共服务支出预算等。投入预算是按支出需求安排预算，以合理和节约使用预算资金为标准。

（2）绩效预算。绩效预算也叫产出预算，是根据成本－效益等分析方法，对预算支出项目的成本和效益进行比较分析，以决定支出项目的必要性及支出规模的一种预算形式。具体做法就是政府首先制定有关的产业计划和工程计划，再依据政府职能和施政计划制定执行计划的实施方案，并在成本－效益分析的基础上，按照效益最大化的标准确定实施方案所需的支出费用，以此编制预算。

绩效预算，按预算测算成本，按成本分析效益，按效益决定预算项目。绩效预算与只注重投入而忽视产出的传统预算方式不同，它重视对预算支出项目效益的考核，是以项目产出效益作为预算支出标准的预算形式。这种方法对于科学安排预算支出项目，监督和控制预算支出规模，提高预算支出效益有积极的作用。但绩效预算的实施需要一套严格的工作程序、科学的效益考核指标体系和大量的基础工作，对预算编制和项目管理人员的素质要求也较高，因此，实施起来有一定的条件限制和工作难度，并不宜在所有的预算项目中采用。

二、政府预算体系

（一）政府预算的组织体系

从组织体系考察，我国政府预算由各级政府预算和机构预算组成。

1. 政府预算

我国实行一级政府、一级预算。目前，我国从中央到地方有五级政府，分别设立中央、省（自治区、直辖市）、设区的市（自治州）、县（自治县、不设区的市、市辖区）、乡（民族乡、镇）五级预算。

全国预算由中央预算和地方预算组成。地方预算由各省、自治区、直辖市总预算组成。地方各级总预算由本级预算和汇总的下一级总预算组成。中央预算是经过法定程序批准的中央政府的财政收支计划。中央一般公共预算由财政部代表中央政府（国务院）汇编，经全国人民代表大会审查批准。地方预算是经过法定程序批准的地方各级政府的财政收支计划的统称。我国省级及其以下的四级预算，都称为地方预算。地方各级一般公共预算由地方本级财政机关代表同级政府汇编，根据其涵盖的范围、级次，又分为本级预算和总预算。

各级政府的本级一般公共预算由同级各部门预算组成，部门预算由本部门及其所属各单位预算组成。

各级地方总预算由本级政府一般公共预算及所属的下级财政总预算汇总而成，是反映本地行政区域范围内政府财政收支的计划。如省一般总预算由省本级预算及所属市、县总预算汇总而成，县总预算由县本级预算及所属乡、镇总预算汇总而成。

2. 机构预算

机构预算是行使公共财力的机构所编制的预算，包括部门预算和单位预算。部门是指与财政直接发生预算缴拨款关系的国家行政机关、军队、政党组织、社会团体及事业单位和国有(控股)企业。部门预算是以部门为依托，由主管单位汇编的、反映本部门全部收支的年度计划。部门预算的基本单元是单位预算。单位预算是指各部门下属的机关、团体和企事业单位的年度财务收支计划。它以资金收支形式反映预算单位的各项活动，不仅反映预算单位与财政之间资金的领、拨、缴、销关系，而且反映行政事业单位活动的规模和方向，是对单位一定时期内财务收支规模、结构、资金来源和去向所做的预计。

根据财政经费领拨关系，我国将预算单位分为一级预算单位、二级预算单位和基层预算单位。一级预算单位，又称主管预算单位，是指与同级政府直接发生资金缴拨款关系，而且还有所属下级单位的单位；二级预算单位是指与主管预算单位发生资金缴拨款关系，而且还有所属下级单位的单位；基层预算单位(三级预算单位)是与二级预算单位或主管预算单位发生资金缴拨款关系，但下面没有所属下级单位的单位。

部门预算居承上启下的地位。单位预算是汇编部门预算的基础，部门预算是编制政府本级预算的基础，各级部门预算汇总后编制该级财政总预算。因此，部门预算对整个政府预算体系具有重要的作用。

(二)政府预算的构成体系

从构成体系考察，我国政府预算包括一般公共预算、政府性基金预算、国有资本经营预算、社会保险基金预算。四本预算各自保持完整和独立，政府性基金预算、国有资本经营预算、社会保险基金预算与一般公共预算相衔接。

1. 一般公共预算

一般公共预算收入以税收为主体，支出安排主要用于保障和改善民生、推动经济社会发展、维护国家安全、维持国家机构正常运转等方面。

中央一般公共预算收入包括中央本级收入和地方向中央的上解收入。中央一般公共预算支出包括中央本级支出、中央对地方的税收返还和转移支付。

地方各级一般公共预算收入包括地方本级收入、上级政府对本级政府的税收返还和转移支付、下级政府的上解收入。地方各级一般公共预算支出包括地方本级支出、对上级政府的上解支出、对下级政府的税收返还和转移支付。

2. 政府性基金预算

政府性基金预算这是对依照法律、行政法规的规定在一定期限内向特定对象征收、收取或者以其他方式筹集的资金，专项用于特定公共事业发展的收支预算。

政府性基金预算，根据基金项目收入情况和实际支出需要，按基金项目编制，以收定支。

3. 国有资本经营预算

国有资本经营预算是对国有资本收益做出支出安排的收支预算。国有资本经营预算，按照收支平衡的原则编制，不列赤字。国有资本经营预算支出与一般公共预算支出统筹使用。

国有资本经营预算支出范围除调入一般公共预算和补充社保基金外，限定用于解决国有企业历史遗留问题及相关改革成本支出、对国有企业的资本金注入及国有企业政策性补贴等方面。

4.社会保险基金预算

社会保险基金预算是对社会保险缴款、一般公共预算安排和其他方式筹集的资金专项用于社会保险的收支预算。社会保险基金预算按照统筹层次和社会保险项目分别编制，做到收支平衡。

（三）政府预算的收支体系

从收支体系角度考察，我国预算由收入预算和支出预算组成。政府的全部收入和支出都应当纳入预算。各级预算遵循统筹兼顾、勤俭节约、量力而行、讲求绩效和收支平衡的原则。新《预算法》还要求各级政府都要建立跨年度预算平衡机制。

三、政府预算收支分类科目

政府预算收支科目是政府收支的总分类，由财政部统一制定，全国统一执行。科目按层次分类、款、项、目，其关系是：前者是后者的概括和汇总；后者是前者的具体化和补充。政府预算收支科目是编制政府预决算、组织预算执行以及预算单位进行会计明细核算的重要依据，是财政预算管理的一项重要基础性工作，直接关系到财政预算管理的透明度，关系到财政预算管理的科学化与规范化，是公共财政体制建设的一个重要环节。

（一）政府收入分类科目

收入分类，主要反映政府收入的来源和性质，根据目前我国政府收入构成情况，结合国际通行的分类方法，将政府收入分为类、款、项、目四级。根据2018年修订的新《预算法》，一般公共预算收入的类级科目包括：税收收入、行政事业性收费收入、国有资源（资产）有偿使用收入、转移性收入和其他收入。

（二）支出功能分类科目

收支分类改革后设置的政府支出功能分类，既参考了国外支出的职能分类办法，也考虑了我国政府职能构成和财政管理的实际需要，主要功能支出科目分为类、款两级。一般公共预算支出类级科包括：一般公共服务支出，外交、公共安全、国防支出，农业、环境保护支出，教育、科技、文化、卫生、体育支出，社会保障及就业支出和其他支出。

（三）支出经济分类科目

支出经济分类设类、款两级，一般公共预算支出类级科目设置包括：工资福利支出、商品和服务支出、资本性支出和其他支出。

政府性基金预算、国有资本经营预算和社会保险基金预算的收支范围，按照法律、行政法规和国务院的规定执行。

第二节　政府预算的编制、执行与决算

一、政府预算的编制

(一)政府预算编制的原则

政府预算编制的原则,是指政府编制预算时必须接受的约束,是评价政府预算编制质量高低的基本标准。

1.公开性

信息充分是有效监督的前提和基础,对政府收支行为实施监督,预算信息必须公开。《中华人民共和国政府信息公开条例》(简称《政府信息公开条例》)规定,包括政府预算在内的政府信息,公开为原则,不公开为例外。《预算法》第十四条也规定,经本级人民代表大会或者本级人民代表大会常务委员会批准的预算、预算调整、决算、预算执行情况的报告及报表,应当在批准后二十日内由本级政府财政部门向社会公开,并对本级政府财政转移支付安排、执行的情况以及举借债务的情况等重要事项做出说明。经本级政府财政部门批复的部门预算、决算及报表,应当在批复后二十日内由各部门向社会公开,并对部门预算、决算中机关运行经费的安排、使用情况等重要事项做出说明。各级政府、各部门、各单位应当将政府采购的情况及时向社会公开。上述规定的公开事项,涉及国家秘密的除外。

2.完整性

信息完全是有效监督的另一个前提,对政府行为实施监督,预算信息必须完整。《预算法》第四条规定,政府预算由预算收入和预算支出组成。政府的全部收入和支出都应当纳入预算。第五条规定,预算包括一般公共预算、政府性基金预算、国有资本经营预算、社会保险基金预算。一般公共预算、政府性基金预算、国有资本经营预算、社会保险基金预算应当保持完整、独立。预算完整性原则,改变了人大只审查一般公共预算的不科学做法。同时,《预算法》在法律上构建了一般公共预算、政府性基金预算、国有资本经营预算、社会保障预算组成的预算体系。

3.一致性

在分级预算管理体制中,虽然各级政府都设有财政部门,也有相应的预算,但各级政府预算是一个完整的体系,是由各单位预算、部门预算和各级政府总预算逐级汇编而成。各级政府总预算共同构成统一的政府预算,形成一个统一的预算体系。它要求政府预算设立统一的预算科目,每个科目都要严格按照统一的口径和方法进行计算和填列,按照统一的程序编报和汇总,以便上下一致,便于统计汇总和分析。

4.可靠性

政府预算必须真实可靠,要求政府预算中每一收支项目的数字指标必须根据充分确凿的资料进行科学的计算,不得假定、估算,更不能任意编造。性质不同的预算收支项目,应严格区分,分类列出,不能随意混淆。预算中的预测指标,应有准确的依据和科学的预测分析方法,尽量准确地反映可能出现的结果。

5. 年度性

预算的年度性指政府预算必须严格按照法定的预算年度来编制，凡是属于本年度的财政收支必须全部列入政府预算，凡不属于本年度的财政收支则不能列入政府预算。

所谓预算年度，是指政府编制预算的统计时间，即政府预算收入和支出统计和计算的起止有效期限，通常为一年。各国预算年度不尽相同，大体可分成两类：第一类是历年制，即预算年度从每年的 1 月 1 日起至当年的 12 月 31 日止，以一个完整的公历年度作为预算年度。如法国、德国、意大利等实行历年制。第二类是跨年制，即预算年度跨了两个公历年度——从当年的某月某日起至次年的某月某日止。美国的预算年度即是从当年的 10 月 1 日起，到次年的 9 月 30 日止。英国、日本则是从当年的 4 月 1 日起，到次年的 3 月 31 日止。

各个国家在确定法定预算年度时，会考虑到既有的习惯、议会的会期、自然气候条件、经济及税收的均衡等因素，选择不同的预算年度。我国预算年度实行历年制。但在实际操作过程中，预算年度与全国人民代表大会会期存在矛盾，全国人大的会期为每年 3 月份，部分预算执行在前，人大审批在后。在预算审批之前由人大授权政府必要的支出，是目前我国解决这一矛盾的办法。《预算法》第五十四条规定，预算年度开始后，各级预算草案在本级人民代表大会批准前，可以安排下列支出：①上一年度结转的支出；②参照上一年同期的预算支出数额安排必须支付的本年度部门基本支出、项目支出，以及对下级政府的转移性支出；③法律规定必须履行支付义务的支出，以及用于自然灾害等突发事件处理的支出。预算经本级人民代表大会批准后，按照批准的预算执行。

6. 法律性

立法机关对政府收支行为的约束与规范，体现在人大对预算的审批上。政府预算的审批过程就是立法过程，经过立法机关审查并批准的政府预算，具备法律效力，必须严格执行。任何单位和个人，都无权随意对预算进行修改和调整。在实际工作中，人大对预算审查与监督的力度，取决于政府预算信息的对称度——政府上报的预算草案的细化程度。《预算法》第四十六条、四十八条分别对政府报送人大审批的预算草案的细化程度和重点审查内容做了明确的规定。

（二）政府预算草案的编制

1. 政府预算编制的准备阶段

第一，对本年度预算执行情况进行预计和分析。一般地说，下一年度的政府预算，要在本年度的下半年开始编制。财政部门在编制预算之前，首先根据经济发展趋势并结合历年预算收支规律，对本年度的预算收支情况进行分析，做出尽可能准确的预计。我国政府预算收支指标的测算方法，多年来主要采用"基数法"加"因素法"，即下一年的预算收支指标主要以本年预计数字为基础，并参照下年国民经济和社会发展计划草案的有关指标进行测算。当年预算收支执行情况的分析包括：分析当时的实际执行数，例如前几个月该收的是否都收上来了，该支的是否都支出去了；分析后几个月的特殊因素，如调整工资、价格，开征新税种和调整税率等重大措施出台对预算收支的影响；分析增收节支措施落实情况，主要是检查年初预算指标安排的增收节支措施贯彻落实情况和进度，及其对本年度预算收支的影响；分析预测国民经济发展情况，通过调查研究掌握工农业生产、商品流通、基本建设、市场供应和各项事业计划的完成情况，及其对当年预算收支计划的影响。

第二，拟定下年预算收支控制指标。各级财政部门根据国家的方针、政策以及国民经济及社会发展计划的主要指标，拟定下一年政府预算收支控制指标，经本级政府核定后下达，作为各地区编制总预算的依据。控制指标初步规定了预算收支的规模和增长速度，是中央和地方财政之间年度预算资金筹集和分配的一个基本框架。

第三，修订政府预算科目和制定总预算表格。政府预算收支科目是政府预算收支的总分类，是编制各级总预算在收支项目上的规范，每年由财政部修订颁发。预算表格是政府预算指标体系的表现形式，主要有收支总表、收支明细表和基本数字表三种。财政部每年根据财政预算管理的需要，在上年表格的基础上进行修订。

第四，具体组织部署。每年在政府预算编制之前，政府采取召开会议或发布通知指示等形式，对预算编制工作进行具体组织部署。内容一般包括编制预算的方针和任务，各项主要收入和支出预算编制的要求，各级预算收支的划分范围变化和机动财力使用原则、权限，预算编制的基本方法、报送程序和报送期限等。

2.政府预算的编制阶段

政府预算分为总预算和单位预算两个部分。单位预算由各主管部门及所属单位编制；总预算由财政部门在各主管部门单位预算的基础上汇总编制。为了能够较好地结合各地区、各部门的具体情况，保证政府预算收支的综合平衡，政府预算编制一般采用自下而上和自上而下相结合的方法进行。中央各部门和各省、自治区、直辖市根据中央下达的预算收支控制指标，按照统一规定的预算表格和编制预算的要求，结合本地区、本部门的经济发展情况，编制本单位、本地区的年度预算草案，上报财政部审查汇总。财政部经过审核汇总，汇编成政府预算草案，并附以简要的文字说明，上报国务院。经国务院核准后，提请全国人民代表大会审查。

中央部门预算采取自下而上的编制方式，编制程序实行"二上二下"的基本流程。一是中央部门编报部门预算建议数，简称"一上"。编报部门预算要从基层预算单位编起，层层汇总，由一级预算单位审核汇编成部门预算建议数，上报财政部。二是财政部下达部门预算控制数，简称"一下"。财政部对各中央部门上报的预算建议数审核、平衡后，汇总成中央本级预算初步方案报国务院，经批准后向各中央部门下达预算控制限额。三是中央部门上报部门预算，简称"二上"。各中央部门根据财政部下达的预算控制限额，编制部门预算草案上报财政部。四是财政部批复部门预算，简称"二下"。财政部在对各中央部门上报的预算草案审核后，汇总成中央本级预算草案和部门预算草案，报经国务院审批后，提交全国人民代表大会审议，并在人代会批准预算草案后一个月内向中央部门批复预算，各中央部门应在财政部批复本部门预算之日起15日内，批复所属各单位的预算，并负责具体执行。地方政府部门预算编制方式和编制程序与中央政府相同。

二、政府预算的审批

（一）预算的下达和上报

国务院于每年11月10日前向省、自治区、直辖市政府和中央各部门下达编制下一年度预算草案的指示，提出编制预算草案的原则和要求。财政部根据国务院编制下一年度预算草案的指示，部署编制预算草案的具体事项。中央各部门应当根据国务院的指示和财政部的部署，结合本部门的具体情况，具体布置所属各单位编制预算草案。中央各部门负责本部门所属各单位预算草案的审核，并汇总编制本部门的预算草案，于每年 12 月 10 日前报财政部审核。省、自治区、直辖市政府根据国务院的指示和财政部的部署，结合本地区的具体情况，提出本行政区域编制预算草案的要求。省、自治区、直辖市政府财政部门汇总的本级总预算草案，应当于次年 1 月 10 日前报财政部。省、自治区、直辖市政府应当按照国务院规定的时间，将本级总预算草案报国务院审核汇总。县级以上地方各级政府财政部门审核本级各部门的预算草案，编制本级政府预算草案，汇编本级总预算，经本级政府审定后，按照规定期限报上一级政府。

（二）预算的初步审查

国务院财政部门应当在每年全国人民代表大会会议举行的 1 个月前，将中央预算草案的主要内容提交全国人民代表大会财政经济委员会进行初步审查。省、自治区、直辖市、设区的市、自治州政府财政部门应当在本级人民代表大会会议举行的 1 个月前，将本级预算草案的主要内容提交本级人民代表大会有关的专门委员会或者根据本级人民代表大会常务委员会主任会议的决定提交本级人民代表大会常务委员会有关的工作委员会进行初步审查。县、自治县、不设区的市、市辖区政府财政部门应当在本级人民代表大会会议举行的 1 个月前，将本级预算草案的主要内容提交本级人民代表大会常务委员会进行初步审查。

（三）预算的审查和批准

国务院在全国人民代表大会举行会议时，向大会做关于中央和地方预算草案的报告。中央预算由全国人民代表大会审查和批准。中央预算草案经全国人民代表大会批准后，为当年中央预算。地方各级政府在本级人民代表大会举行会议时，向大会做关于本级总预算草案的报告。地方各级政府预算由本级人民代表大会审查和批准。地方各级政府预算草案经本级人民代表大会批准后，为当年本级政府预算。

（四）预算的批复

财政部应当自全国人民代表大会批准中央预算之日起 30 日内，批复中央各部门预算。中央各部门应当自财政部批复本部门预算之日起 15 日内，批复所属各单位预算。县级以上地方各级财政部门应当自本级人民代表大会批准本级政府预算之日起 30 日内，批复本级各部门预算。地方各部门应当自本级财政部门批复本部门预算之日起 15 日内，批复所属各单位预算。

（五）预算的备案

乡、民族乡、镇政府应当及时将经本级人民代表大会批准的本级预算报上一级政府备案。县级以上地方各级政府应当及时将本级人民代表大会批准的本级预算及下一级政府报送备案的预算汇总，报上一级政府备案。县级以上地方各级政府将下一级政府依照前款规定报送备案的预算汇总后，报本级人民代表大会常务委员会备案。国务院将省、自治区、直辖市政府依照前款规定报送备案的预算汇总后，报全国人民代表大会常务委员会备案。

三、政府预算的执行

预算执行是政府预算实施的重要环节，是一项经常的、细致的、复杂的工作。各级预算由本级政府组织执行，具体工作由本级政府财政部门负责。各部门、各单位是本部门、本单位的预算执行主体，负责本部门、本单位的预算执行，并对执行结果负责。

（一）预算执行的主体及其职责

预算执行是指经法定程序批准的预算进入具体实施阶段。预算一经批准，就要有具体的执行机构来组织实施。《预算法》规定，各级预算由本级政府组织执行，具体工作由本级政府财政部门负责。

1. 各级政府在预算执行中的职责

各级政府是预算执行的组织领导机关。预算年度开始后，各级政府预算草案在本级人民代表大会批准前，本级政府可以按照上一年同期的预算支出数额安排支出；预算经本级人民代表大会批准后，按照批准的预算执行。

2. 各级财政部门在预算执行中的职责

各级财政部门在本级政府的领导下具体负责预算的组织实施。

3. 预算收入征收部门的职责

各级预算收入征收部门是负责预算收入的征收管理机关。我国目前预算收入的征收部门主要包括财政部门、税务部门和海关。财政、税务、海关等部门在预算执行中，应加强对预算执行的分析；发现问题时应当及时建议本级政府采取措施予以解决。

4. 国家金库的主要职责

国家金库是具体经办预算收入的收纳及库款支拨的机关。中央国库业务由中国人民银行经理。县级以上各级预算必须设立国库，具备条件的乡（民族乡、镇）也应当设立国库。各级国库库款的支配权属于本级政府财政部门。各级政府应当加强对本级国库的管理和监督，按照国务院的规定完善国库现金管理，合理调节国库资金余额。

国家实行国库集中收缴和集中支付制度，对政府全部收入和支出实行国库集中收付管理。

5. 有关部门、单位的主要职责

有关部门和有关单位是部门预算和单位预算的执行主体。各部门、各单位应当加强对预算收入和支出的管理，不得截留或者挪用应当上缴的预算收入，也不得将不应在预算内支出的款项转为预算内支出。国务院各部门制定的规章，凡涉及减免应缴预算收入，设立和改变收费项目，罚没财物处理，企业成本、费用开支范围和标准，国有资产处置、收益分配，会计核算以及行政事业经费开支标准的，必须符合国家统一的规定。

（二）预算的收入执行

预算收入执行包括预算收入的组织征收和管理、收纳入库、划分报解和退付等各项业务工作。由财政部门统一负责组织，并按各项收入的性质和征收方法，分别由财政、税务、海关等部门负责征收和管理。预算收入征收部门和单位，必须依照法律、行政法规的规定，及时、足额征收应征的预算收入。不得违反法律、行政法规规定，多征、提前征或者减征、免征、缓征应征的预算收入，不得截留、占用或者挪用预算收入。各级政府不得向预算收入征收部门和单位下达收入指标。政府的全部收入应当上缴国家金库(简称国库)，任何部门、单位和个人不得截留、占用、挪用或者拖欠。现行预算收入的缴库方式分为就地缴库、集中缴库和自收汇缴。

(三)预算的支出执行

各级政府财政部门必须依照法律、行政法规和国务院财政部门的规定，及时、足额地拨付预算支出资金，加强对预算支出的管理和监督。各级政府、各部门、各单位的支出必须按照预算执行。各级政府、各部门、各单位应当加强对预算支出的管理，严格执行预算和财政制度，不得擅自扩大支出范围、提高开支标准；严格按照预算规定的支出用途使用资金；建立健全财务制度和会计核算体系，按照标准考核、监督，提高资金使用效益。

四、政府预算的调整

《预算法》规定，在预算执行中，各级政府一般不制定新的增加财政收入或者支出的政策和措施，也不制定减少财政收入的政策和措施。

在预算执行中，各级政府对于必须进行的预算调整，应当编制预算调整方案。预算调整方案应当说明预算调整的理由、项目和数额。中央预算的调整方案应当提请全国人民代表大会常务委员会审查和批准。县级以上地方各级预算的调整方案应当提请本级人民代表大会常务委员会审查和批准；乡(民族乡、镇)预算的调整方案应当提请本级人民代表大会审查和批准。未经批准，不得调整预算。

经人大批准的各级预算，在执行中出现需要增加或减少预算总支出、调入预算稳定调节基金、调减预算安排的重点支出数额、增加举借债务数额等情况之一的，应当进行预算调整，调整的主要方法有：

(1)设置预备费。各级一般公共预算，按照本级一般公共预算支出额的1%~3%设置预备费，用于当年预算执行中的自然灾害等事前难以预见的开支。在预算执行中，如果发生自然灾害等突发事件处理增加的支出及其他难以预见的开支，可以动用预备费；预备费不足支出的，各级政府可以先安排支出，属于预算调整的，列入预算调整方案。

(2)设置预算周转金。各级一般公共预算按照国务院的规定可以设置预算周转金，用于本级政府调剂预算年度内季节性收支差额。各级预算周转金由本级政府财政部门管理，不得挪作他用。

(3)设置预算稳定调节基金。各级一般公共预算按照国务院的规定可以设置预算稳定调节基金，用于弥补以后年度预算资金的不足。各级一般公共预算年度执行中有超收收入的，只能用于冲减赤字或者补充预算稳定调节基金。各级一般公共预算的结余资金，应当补充预算稳定调节基金。

(4)增列赤字。省、自治区、直辖市一般公共预算年度执行中出现短收，通过调入预算稳定调节基金、减少支出等方式仍不能实现收支平衡的，省、自治区、直辖市政府报本级人民代表大会或者其常务委员会批准，可以增列赤字，报国务院财政部门备案，并应当在下一年度预算中予以弥补。

五、政府决算

政府决算是政府预算执行结果的报告文件。政府决算由财政部编制并需经过全国人民代表大会常务委员会审议通过。

(一)政府决算编制的准备工作

财政部门提前拟定决算编报办法，提出年前增收节支和平衡预算的基本要求，组织年终收支清理，核实本年各项收支数字，指明决算编审重点和原则，提出决算编审工作的组织领导要求，明确决算报送的期限和份数，修订和颁发决算表格。各级财政部门和主管部门在收到决算编制通知以后，将通知按照隶属关系下达，并着手进行年终清理。各级财政部门和行政事业单位、企事业单位、基本建设单位，应在年终对预算收支、会计账目、财产物资及其有关财务活动进行全面的核对和清查。

(二)政府决算的编报程序

决算草案的编制是从执行预算的基层单位开始，自下而上，逐级编制、审核和汇总而成。国务院财政部门编制中央决算草案，经国务院审计部门审计后，报国务院审定，由国务院提请全国人民代表大会常务委员会审查和批准。县级以上地方各级政府财政部门编制本级决算草案，经本级政府审计部门审计后，报本级政府审定，由本级政府提请本级人民代表大会常务委员会审查和批准。乡(民族乡、镇)政府编制本级决算草案，提请本级人民代表大会审查和批准。

(三)政府决算的审查

国家决算的审查随着决算的逐级编制交叉进行。编制决算的基层单位先在内部进行审查，如有必要，组织本部门或本地区的预算财会人员进行面对面的集中互审。各级财政机关审查编制本级或下级决算，汇总后逐级上报，逐级审查。审查方法有就地审查、书面审查和汇报审查。其中书面审查为主要方法。审查包括政策性审查和技术性审查两个方面。政策性审查是对贯彻执行国家各项方针政策、财政制度、财经纪律等方面的审查；技术性审查则是对决算报表的数字关系方面的审查。审查的重点是：审定决算收支总数，计算其收入超收或短收，支出结余或超支的总数；根据预算体制规定，确定应上解或应补助款；考核其全部资金来源和去向，年终滚存结余及净结余数字，计算最终的平衡结果；结算中央财政与地方财政之间上解或补助款项的预算数与决算数的差额，各项借垫款的数字，轧出预算资金多退或少补的最终差额，结清全年预算资金账。

(四)政府决算的批准

财政部门根据各单位决算汇总编制本级政府决算草案，报本级人民政府审定或者审查后，提请本级人大常委会审查和批准。最终由财政部呈报国务院审查核定，国务院提请全国人民代表大会审查批准。国务院和县级以上地方各级政府对下一级政府依照《预算法》第四十条规定报送备案的预算，认为有同法律、行政法规相抵触或者有其他不适当之处，需要撤销批准预算的决议的，应当提请本级人民代表大会常务委员会审议决定。经审议决定撤销的，该下级人民代表大会常务委员会应当责成本级政府依法重新编制决算草案，提请本级人民代表大会常务委员会审查和批准。国家决算经全国人民代表大会审查批准后，由财政部代表国务院批复各省级总决算。中央各主管部门的单位决算由国务院授权财政部批复。各级政府决算经批准后，财政部门应向本级各部门批复决算。地方各级政府应当将批准的决算报上一级政府备案。

第三节　政府预算管理制度

一、部门预算制度

（一）部门预算的概念

部门预算是依据国家有关政策规定及其行使职能的需要，由政府部门及其所属基层单位编制的综合财政计划。部门预算是政府职能部门的综合预算，具有专业性和局部性的特点。根据预算资金的来源，部门预算包括一般公共预算和政府性基金预算两个部分。其中，前者的资金来源是一般公共预算拨款，用于常规性的公务活动；后者的资金来源是政府性基金收入，用于政府性基金指定的项目用途。一般而言，部门预算制度要求一个部门编制一本预算，并通过该预算全面反映其全部收支活动。

（二）部门预算制度的主要内容

1. 部门预算支出框架

我国部门预算支出包括基本支出和项目支出。其中，基本支出包括人员支出和日常公用支出两个部分，主要涉及维持行政事业单位正常运转、保证其职能正常发挥的必要经费支出，属于常规性支出，其稳定性和可预测性强；项目支出包括基本建设、事业发展专项计划、专项业务、大型修缮、大型购置和大型会议等内容，属于专项性和一次性支出，主要采用项目方式进行管理。

2. 综合预算与定额管理方式

我国部门预算实行综合预算制度，即统一编制、统一管理、统筹安排单位所有财政性资金。各级财政部门及主管部门需要将全部财政性资金统筹安排、综合平衡，将单位所有收入及各项支出，全面、完整地纳入部门预算统一管理。同时，部门预算改进预算编制方法，实行定额管理。打破传统"基数加增长"的预算方法，根据部门职能任务以及公共资源的配置情况，将各预算单位进行分类分档，分别确定支出定额，逐项重新确定支出需求。

3. 规范预算编制流程

部门预算将过去预算部门、业务部门和预算单位分别编制预算的办法改为由预算部门、业务部门和预算单位通过"两上两下"的流程共同编制。

大致分为四个阶段：第一阶段由各部门向财政部门提交本部门支出建议初步方案；第二阶段由财政部门结合财力综合平衡后核定下达部门预算控制数；第三阶段由部门根据财政部门下达的控制数，修改完善形成本部门预算建议方案报财政部门；第四阶段由财政部门汇总

各部门预算建议方案,形成部门预算草案,报全国人民代表大会批准后批复各部门

二、国库集中收付制度

(一)国库集中收付制度的概念

国库集中收付制度是指政府预算资金从收纳、储存到使用拨付、清算,直至资金到达商品、劳务供应商账户的全过程均由国库集中执行完成的一项制度安排,又称为国库单一账户制度。国库集中收付是现代市场经济国家的通行做法。我国《预算法》第六十一条规定,国家实行国库集中收缴和集中支付制度,对政府全部收入和支出实行国库集中收付管理。我国于2001年开始实施财政国库管理制度改革,经过近二十年的改革实践,国库集中收付制度已经成为我国财政财务管理的核心基础性制度,从管理制度和运行机制上保证了预算执行顺利进行,促进了财税体制改革深化和公共财政体系的完善,并成为打造阳光财政、从源头上预防和惩治腐败的重要政策措施之一。

(二)国库集中收付制度的特点

与传统的(分散型)国库收付制度相比,国库集中收付制度有以下特点:

1. 属于集权式财政管理模式

国库集中收付制度是一种集权式的财政管理模式,主要反映在两个方面:一是国库资金的集中。国库集中收付制度把所有的财政资金都直接缴入国库账户中;所有的财政支出也均从国库账户直接支付给商品供应者和劳务提供者。二是国库资金使用的集权。国库参与了从财政资金分配到资金拨付、使用、银行清算、资金到达商品供应商和劳务提供者账户的全过程,国库能够对财政资金运行的全过程进行监督和控制。

2. 国库资金支出决策者与办理者分离

即指标与资金分离,预算单位实际得到的是一个可以使用的预算资金指标,而不是资金,资金统一集中于财政的国库账户,并根据预算单位的指令直接向商品供应者和劳务提供者支付款项。

在国库集中支付制度下,支出决策者从宏观上讲是立法机关和财政预算部门,从微观上讲则是政府的支出部门,即预算单位,而支出办理者则是国库部门。在传统的国库支付制度下,支出决策者与办理者都是预算部门,虽然也有监督制度,但往往流于形式且是在事后进行的,因而难以严格控制资金的使用,容易改变资金用途,降低财政资金的使用效率。而在国库集中收付制度下,财政支出决策者与支出办理者的分离可以保证资金按预算执行,支出办理者能够对支出决策者进行严格的监督,也能对支出的使用单位进行监督,有利于提高财政资金的使用效率。

3. 以国库单一账户体系为基础

国库单一账户体系是实行国库集中收付制度的基础。国库单一账户是指包括全部政府财政资金都集中于一家银行(央行或委托的商业银行)的账户中,所有的财政支出均通过这一账户直接支付给供货商或劳务提供者。

国库单一账户体系由国库单一账户和分类账户组成。国库单一账户反映国库资金的整体收支状况和余额;分类账户是国库为所有预算单位分别开设的,用于识别持有人的预算支出

权限，反映预算单位预算执行情况。单一账户的开设使得所有的财政资金都必须通过这一账户进行收支，其他财政账户被取消，从而扩大了国库的监控范围，增强了预算的控制力度。而分类账户的设置便于国库对预算单位的预算权限和实际的资金使用情况进行监督，从而使国库对支付活动的全过程及各个环节实施全面监控成为可能。

（三）国库集中收付制度的内容

国库集中收付制度是在预算执行中实行对财政资金集中收缴和支付的制度，是市场经济国家普遍采用的国库管理制度。其主要内容有：

1. 集中收入管理

即所有政府预算收入的缴付者将各项收入直接缴入国库或其授权的代理银行，再经过银行清算将款项划入国库。这样能够对预算收入从取得到划入国库的全过程进行监控。

2. 集中支付管理

即财政部门在中央银行设立一个统一的银行账户，原则上所有预算单位的一切财政性支出都只有在实际支付行为发生时，才能由专门的财政国库支付执行机构从国库单一账户中直接支付给供应商或劳务提供者，预算资金不再拨付给各预算单位分散保存。各预算单位可以根据自身履行职能的需要，在批准的预算项目和额度内自行决定购买何种商品和劳务，但支付款项要由财政部门来进行。财政部门不再简单地按预算级次层层向下拨付经费，这样能对预算资金从分配到资金拨付、资金使用、银行清算，直至资金到达商品供应商或劳务提供者账户的全过程进行监督控制。

3. 集中账户管理

即取消预算单位自开的银行账户，按照政府预算级次，在央行及其指定的代理商业银行建立国库单一账户体系，并设置与国库单一账户配套使用的国库分类账户，从而对财政资金运行的全过程及所有环节进行监督控制。

（四）我国的国库集中收付制度

1. 我国国库集中收付制度的发展过程

我国的国库集中收付制度改革，是在国际货币基金组织、世界银行、联合国计划开发署等国际机构的帮助下进行的。1998 年年底，政府机构改革后重新组建的财政部预算司和中国人民银行国库局，共同确定了推动国库改革的方针。1999 年 2 月，由财政部预算司、中国人民银行国库局、国家税务总局联合组成国库改革工作小组，制定了工作计划并着手实施国库改革工作。2001 年 2 月，国务院通过了《财政国库管理制度改革方案》，确立了以国库单一账户为基础、资金缴拨国库集中收付为主要形式的财政国库管理制度改革目标，标志着我国国库集中收付制度改革工作正式启动。国务院财政部、人民银行结合当时财政金融的发展状况及电子化技术较为落后的条件，确定了《国库集中收付改革试点方案》（以下简称《试点方案》），选择了商业银行代理国库集中支付模式，采取了"先支付、后清算"的资金支付方式，国库集中支付改革的基础由"国库单一账户"改为"国库单一账户体系"。

经过近 20 年的发展，以国库单一账户体系为基础的国库集中收付模式在全国范围得到了普及，税收收入借助财税库银横向联网电子缴税，基本实现了直缴入库；非税收入除教育性收费外全部纳入预算管理，基本解决了财政资金大量滞留在预算单位和各征收部门的问题，政府资金分散管理的状况得到了一定的改善。

2.我国国库集中收付制度的主要特点

我国国库收付制度主要有以下特点：一是以国库单一账户体系为基础。国库单一账户体系具体指由国库单一账户、特设专户、财政零余额账户和预算单位零余额账户等四个部分构成。二是以信息流和资金流"两条线"控制。资金流主要依托大小额支付系统、商业银行业务系统、人民银行国库业务系统控制；信息流主要依靠财税库银横向联网电子缴税系统（TIPS系统）、非税收入收缴管理信息系统、财政国库集中支付信息系统控制。三是国库收支关口前移。国库支付以额度控制，实行代理银行先垫款支付，再与国库进行清算，国库的角色由"支付"变为"清算"，国库对预算支出的事中监督职能被弱化；非税收入实行商业银行代收代缴，代理银行将非税收入按科目汇总缴纳国库，国库对非税收入缴纳的事中监督职能被弱化。

总的来说，我国目前建立的国库集中收付制度对于增强财政资金运行的安全性、规范性和有效性发挥了重要作用，有力地促进了公共财政体系的建立健全和国家各项经济政策的顺利实施，对从源头治理腐败起到了积极作用。但同时，我国国库集中收付制度还存在一些问题，如国库单一账户的集中度被财政专户削弱、零余额账户实际承担国库支拨功能、非税集中收缴的及时性和完整性欠缺、财政资金监督机制不健全、国库现金管理制度有待完善、信息化建设落后于业务需求等，建议从单一账户建设、集中收支流程改造、现金管理、系统建设、预算编制等方面着手进一步深化改革，进一步加强财政监督，提高资金使用效益，更好地发挥财政在宏观调控中的作用。

三、政府采购制度

（一）政府采购制度的概念

政府采购是指政府及所属机构为开展日常政务活动或提供公共服务，以法定方式、方法和程序使用财政性资金，采购货物、工程和服务等的行为。政府采购制度是约束政府机关和公共机构运用市场竞争机制采购货物、工程和服务以实现政府职能的制度。政府采购制度是市场经济国家政府支出的基本制度，是我国市场经济条件下加强财政支出管理的重要措施，并能在一定程度上节约政府购买支出资金，防止采购中的腐败行为。特别是随着经济一体化，政府采购在国际贸易领域日益受到重视。比如，世界贸易组织的《政府采购协议》（GPA）要求成员不断开放政府采购领域，扩大政府采购范围，增加政府采购规模。2003年1月1日我国《政府采购法》正式实施，标志着我国政府采购制度建设进入规范与发展阶段，对规范政府采购行为、创造公平竞争市场环境、实现国家经济社会政策目标等方面发挥了积极作用。2014年我国修订《政府采购法》，并颁发《政府采购法实施条例》，进一步充实完善了我国政府采购制度，促进了政府采购的规范化和法制化。

2017年9月1日开始，除按规定在中国政府采购网及地方分网公开入围采购阶段信息外，还应公开具体成交记录。电子卖场、电子商城、网上超市等的具体成交记录，也应当予以公开。2018年9月30日，财政部发布统计数据显示，2017年全国政府采购规模持续快速增长，采购规模达32114.3亿元，比上年同口径增加6382.9亿元，增长24.8%，占全国财政支出和GDP的比重分别为12.2%和3.9%。

（二）政府采购的特征

1. 资金来源的公共性

政府采购的资金来源为财政拨款和需要由财政偿还的公共借款，其最终来源为纳税人的税收和政府公共服务收费。

2. 采购主体的特定性

政府采购的主体是依靠国家财政资金运作的政府机关、事业单位和社会团体等。

3. 采购活动的非商业性

政府采购不以赢利为目的，也不是为卖而买，而是通过买为政府部门提供消费品或向社会提供公共利益。

4. 政策性

使用财政性资金的政府采购的主体在采购时不能体现个人偏好，必须遵循国家政策的要求，包括最大限度地节约支出，购买本国产品等。

5. 规范性

政府采购要按照有关政府采购的法规，根据不同的采购规模、采购对象及采购时间要求等，采用不同的采购方式和采购程序，每项活动都要规范运作，体现公开、竞争的原则，接受社会监督。

（三）政府采购的原则

1. 公开透明原则

公开透明原则是政府采购必须遵循的基本原则。政府采购的资金来源于财政性资金，只有公开透明，才能为供应商参加政府采购提供公平竞争的环境，为公众有效监督政府采购资金的使用情况创造条件。公开透明要求政府采购全过程信息公开，政府采购的法律制度、采购项目信息、监管处罚信息等都要公开，使府采购活动在透明的状态下运行，接受社会监督，提升政府公信力。

2. 公平竞争原则

公平竞争原则是市场经济运行的重要法则，是政府采购的基本规则。公平竞争要求在竞争的前提下公平地开展政府采购活动。政府采购的竞争是有序竞争。公平竞争不仅有利于保证采购人获得物有所值的货物、工程和服务，而且还有利于提高企业的竞争能力和自我发展能力。

3. 公正原则

公正原则是为采购人与供应商之间在政府采购活动中处于平等地位而确立的。公正原则要求政府采购要按照事先约定的条件和程序进行，对所有供应商一视同仁，不得有歧视条件和行为，任何单位或个人无权干预采购活动的正常开展。尤其是在评审活动中，要严格按照统一的评审标准评定中标（成交）候选供应商，不能持有任何主观倾向。

4. 诚实信用原则

诚实信用原则要求政府采购当事人在政府采购活动中，本着诚实、守信的态度履行各自的权利和义务，讲究信誉、兑现承诺，不得提供虚假信息，不得有欺诈、串通、隐瞒等行为，不得伪造、变造、隐匿、销毁需要依法保存的文件，不得违反法律法规，不得损害第三人的利益。

（四）政府采购的分类

1.按采购方式的不同，分为招标性采购与非招标性采购

招标采购是指通过招标方式，邀请所有或一定范围的潜在供应商参加投标，经事先确定并公开标准，从所有投标中评选中标供应商，并与之签订合同的采购方式。在世界贸易组织的《政府采购协议》中，根据招标范围将招标性采购方式分为公开招标采购、选择性招标采购和限制性招标采购。公开招标采购是指通过公开程序，邀请所有有兴趣的供应商参加投标。选择性招标采购是指通过公开程序，邀请供应商提供资格文件，只有通过资格审查的供应商才能参加后续招标；或者通过公开程序，确定特定采购项目在一定期限内的候选供应商，作为后续采购活动的邀请对象。限制性招标是指招标采购单位依法从符合相应资格条件的供应商中随机邀请三家以上的供应商参加投标，又称邀请招标。

非招标采购是指除招标采购外的采购方式。非招标采购的竞争性相对较弱，因而相关限制条件也比较多。非招标采购的范围主要是招标限额以下的采购、需要紧急和来源单一的采购。非招标采购通常包括竞争性谈判、单一来源采购、询价和竞争性磋商采购方式。竞争性谈判是指谈判小组与符合资格条件的供应商就采购货物、工程和服务事宜进行谈判，供应商按照谈判文件的要求提交响应文件和最后报价，采购人从谈判小组提出的成交候选人中确定成交供应商的采购方式。单一来源采购是指采购人从某一特定供应商处采购货物、工程和服务的采购方式。询价是指询价小组向符合资格条件的供应商发出采购货物询价通知书，要求供应商一次报出不得更改的价格，采购人从询价小组提出的成交候选人中确定成交供应商的采购方式。竞争性磋商采购方式是指采购人、政府采购代理机构通过组建竞争性磋商小组与符合条件的供应商就采购货物、工程和服务事宜进行磋商，供应商按照磋商文件的要求提交响应文件和报价，采购人从磋商小组评审后提出的候选供应商名单中确定成交供应商的采购方式。

2.按采购对象的不同，分为货物采购、工程采购与服务采购

其中，"货物"是指各种形态和种类的物品，包括原材料、燃料、设备、产品等；"工程"是指建设工程，包括建筑物和构筑物的新建、改建、扩建、装修、拆除、修缮等；"服务"是指除货物和工程以外的其他政府采购对象，包括政府自身需要的服务和政府向社会公众提供的公共服务。

3.按采购规模的不同，分为大额采购、批量采购和小额采购

大额采购是单项采购金额达到招标采购标准的采购，主要采用招标采购、谈判采购等方式。批量采购是指小额物品集中采购，适用于招标限额以下的单一物品，主要采用询价采购、招标采购或谈判采购等方式。小额采购是对单价不高、数量不大的零散物品的采购，通常采用询价采购方式。

（五）我国的政府采购制度

我国于 1996 年开始政府采购制度改革试点，经过 20 多年的发展，从无到有，建立了一套相对完整的政府采购制度和管理体制，推动了政府采购事业的长足发展，促进了财政支出管理的科学化和财政制度建设的现代化。近年来，随着"国家治理"概念的提出，政府采购也逐步迈向现代治理，向具有中国特色的政府采购治理转变。政府采购制度设立之初，其主要目标在于"规范政府采购行为，提高政府采购资金的使用效益"，政府采购治理体系也主要围绕"程序管理"进行，但我国政府采购制度经过20多年的发展，框架已基本形成，政府采购范围和规模不断扩大，采购模式与方法体系逐步完善，全链条采购监管体系初步构建，政府采购政策功能逐渐发力并不断主动融入政府采购领域全球化。

但是，当前政府采购制度改革面临一系列挑战，从国家治理的视角看，我国政府采购的顶层设计仍然不够完善，采购治理链条仍有短板，采购治理效率、治理手段、治理环境等尚需进一步改进，政府采购制度的政策功能需要进一步发挥，监管体系需进一步健全，市场开放需进一步加强研究与应对，与相关改革的关系需进一步理顺。这些问题的存在，一定程度上阻碍了政府采购改革的进一步向前推进，影响了政府采购的治理效果。因此，需要从国家治理的视角，进一步完善我国政府采购制度。

【本章小结】

1. 政府预算是经过法定程序核准的具有法律效力的政府年度财政收支计划，是规范政府收支行为的工具，是提升国家治理能力、建立现代治理体系的重要依据。政府预算应坚持公开性、完整性、统一性、可靠性、年度性、法律性的原则。

2. 随着社会经济发展和财政活动的复杂化，政府预算形式不断改进和完善。按编制形式，政府预算可分为单式预算和复式预算；按编制方法，政府预算可分为增量预算和零基预算；按预算支出能否产生经济效益，政府预算可分为投入预算和绩效预算。

3. 政府预算体系，包括政府预算的组织体系、构成体系和收支体系。从组织体系角度考察，我国政府预算由各级政府预算和机构预算组成。从构成体系角度考量，我国政府预算由一般公共预算、政府性基金预算、国有资本经营预算、社会保险基金预算等组成。从收支体系角度考察，我国政府预算由预算收入和预算支出组成。

4. 从政府预算的运行机制上看，主要涉及政府预算的编制、审查与批准、执行与调整、决算等环节。我国政府预算管理制度主要包括部门预算制度、国库集中收付制度及政府采购制度等。

5. 部门预算是依据国家有关政策规定及其行使职能的需要，由政府部门及其所属基层单位编制的综合财政计划。一般而言，部门预算制度要求一个部门编制一本预算，并通过该预算全面反映其全部收支活动。部门预算制度包括部门预算支出框架、综合预算与定额管理方式、规范预算编制流程等。

6. 国库集中收付制度是在预算执行过程中，对财政资金实行集中收缴和支付的制度。其主要内容是集中收入管理、集中支付管理和集中账户管理。我国自2001年开始进行国库集中收付制度改革，其主要内容是建立国库单一账户体系，规范收入收缴程序和规范支出拨付程序。

7. 政府采购是指政府及所属机构为开展日常政务活动或提供公共服务，以法定方式、方法和程序使用财政性资金，采购货物、工程和服务等的行为，具有资金来源的公共性、采购主体的特定性、采购活动的非商业性、政策性以及规范性等特点。在政府采购中应遵循公开透明、公平竞争、公正、诚实信用原则。

【本章关键词】

政府预算；复式预算；零基预算；绩效预算；财政决算；部门预算；国库集中收付；政府采购；国库单一账户体系

【本章思考题】

1. 什么是政府预算？如何理解政府预算的特征？
2. 政府预算编制的原则有哪些？
3. 什么是预算年度？有几种预算年度？
4. 简述政府预算的不同形式及其特点。
5. 简述我国的政府预算体系。
6. 简述我国政府预算的编制、批准、执行、调整与决算的主要内容。
7. 什么是部门预算？其特点是什么？
8. 什么是国库集中收付制度？其主要内容和特点是什么？
9. 什么是政府采购制度？其主要特征是什么？
10. 结合实际分析我国政府预算管理制度的现状，提出进一步完善的思路。

【拓展阅读】

请扫码阅读本章拓展阅读材料。

拓展阅读1
财政部：关于2018年中央和地方
预算执行情况与2019年中央和地方
预算草案的报告

拓展阅读2
全面实施预算绩效管理
的难点与应对之策

拓展阅读3
中华人民共和国政府采购法
（2014修正）

第十章

政府间财政关系

1. 了解政府间财政关系所涉及的基本问题。
2. 理解蒂伯特模型。
3. 理解事权划分理论、财权划分理论和转移支付理论。
4. 了解我国财政体制沿革。
5. 熟悉我国现行分税制的基本情况、存在的问题和改革。

前面几章讨论财政支出和财政收入问题。在现实中，政府是分级次的，既包括中央政府，也包括地方政府。这就衍生出财政中另一个重要的问题：在财政的支出中，中央政府应该承担哪些支出？地方政府应该承担哪些支出？在财政收入中，应该将哪些收入划分给中央政府、哪些收入划分给地方政府？当中央政府的收支以及地方政府的收支不匹配时，怎样调节其中的矛盾？这一系列问题所涉及的即政府间的财政关系问题。

总体来看，政府间财政关系主要表现为两种形式。第一种表现形式是财政集权关系。所谓财政集权，是指财政收入划归中央政府所有，所有财政支出也由中央政府进行安排。在财政集权体制下，地方政府是中央的派出机构，地方政府的财政权力受到极大限制。地方政府的收入全部由中央政府下拨，地方政府财政资金的使用也由中央政府决定。第二种表现形式是财政分权关系。所谓财政分权，即把部分财政收入划归中央政府所有，部分财政收入划归地方政府所有。同时，部分财政支出由中央政府安排，部分财政支出由地方政府自主安排。在这种财政权力分配格局下，地方政府的收入权力或支出权力越大，财政分权度越高。

在现实中，市场经济国家基本实行财政分权体制。但不同的国家或不同的历史时期，财政分权的程度存在差异。例如，美国实行的是财政联邦主义制度，其联邦、州和地方三级政府各自的支出责任由宪法明确规定，同时美国的州和地方政府具有独立的税权。新中国成立后，我国长期实施的是财政高度集权体制。随着社会主义市场经济体制的建立，我国财政体制也从集权体制向分权体制过渡。现在，我国实行的是具有分权属性的分税制财政体制。

第一节　政府间财政关系的基本理论

一、蒂伯特模型

为什么财政分权会成为政府间财政关系发展的趋势呢？美国经济学家蒂伯特在1956年发表的经典论文《地方支出的纯理论》中构建了一个模型，来解释财政分权的优势。

蒂伯特模型基于一系列的假设条件，包括：①政府活动不产生外部性；②人们是完全流动的，即流动没有任何障碍和限制；③人们对每个社区的公共服务和税收状况都非常了解；④存在很多社区，每个人都能够找到自己满意的社区；⑤公共服务的单位成本不变，即如果公共服务数量翻番，则总成本也翻番；⑥公共服务用比例财产税来筹资，税率在不同社区之间可以不同；⑦社区可以颁布"排他性区域规划法"——禁止土地用于某些用途的法律。

蒂伯特认为，在以上假设条件下，由于居民具有在各社区间进行流动的能力，他们可以通过"用脚投票"的方式，选择到公共服务和税收的组合令他们满意的社区去生活。同时，各社区政府为了吸引更多居民流入，会不断改善公共服务，优化公共服务和税收的组合。在均衡状态下，人们基于对公共服务的需求而分布在不同的社区。如果每个人都得到了想要的公共服务水平，就不会通过流动来改善境况。这种均衡状态就是帕累托效率。也就是说，在财政分权下，居民"用脚投票"的能力可以导致公共物品的有效供给。

当然，蒂伯特模型也受到一些人的质疑。有人提出，人们可以在不同辖区间完全自由流动的假设成立吗？如果该假设不成立，则蒂伯特模型就不再有解释力。这一质疑似乎是有道理的。因为迁徙是有成本的。从一个社区迁徙至另一个社区，除了需要搬迁成本外，还涉及重新建立人际关系、融入社区文化等其他非货币成本。例如，在中国要享受某辖区的优质的教育资源，就必须在本辖区范围内购买学区房，而这一成本是非常高昂的。当然，也不能完全否定蒂伯特机制。因为人们确实会在很多条件下，"用脚投票"来表达自己的偏好。例如更多的年轻人创业会选择江浙和广东地区，因为这些地区创业的硬软件环境更好。

除此之外，蒂伯特模型受到的另外一个批评是，"用脚投票"可能扩大社区间的贫富差距。富裕的人有更强的纳税能力，因此他们会迁移到公共服务质量更好的社区生活，尽管这些社区的税率会更高，而贫困的人因为负担不起高税率，只能聚集在公共服务质量较差的社区生活，最终造成富人和穷人在公共服务的消费水平上的鸿沟。例如，在现实中确实存在富人区和贫民区。富人区的教育、交通、医疗、环境、公共安全都更加优良，而贫民区则可能聚集着更多的辍学、污染、疾病、犯罪等问题。

二、事权划分理论

在财政分权体制下，面临的第一个问题是事权应该如何划分。所谓事权，即一级政府应当承担的、运用财政资金提供公共服务的职责和任务。目前，事权划分的原则有以下几种观点。

（一）受益对称原则

从受益范围来看，公共物品可以区分为全国性公共物品、地方性公共物品和地区间外溢性公共物品。全国性公共物品就是一旦提供全国人民都能从中受益的公共物品。例如国防、外交等公共物品均具有这一性质。地方性公共物品是指，一旦提供，其受益范围只覆盖在某一地区的公共物品，如当地的公园、道路、市政工程等。地区间外溢性公共物品是指一旦提供其受益范围只覆盖在某几个地区的公共物品，如江河治理等。

按照受益对称原则，全国性公共物品应该由代表全国人民利益的中央政府来提供，地方性公共物品应该由地方政府来提供。而地区间外溢性公共物品则应该由地方政府联合提供，因为该类公共物品存在地区间的正外部性，如果由某一个地方政府提供的话，则可能导致供给不足。以河流治理为例。如果一条常年发生洪涝灾害的河流流经 A、B、C 三个地区。那么 A 地区会得到修建防洪大坝的激励吗？如果 A 地区修建了防洪大坝，B 和 C 地区也会因为洪涝灾害减少而受益，但他们并没有承担相应的修坝成本。所以 A 地区得不到修建大坝的激励的。因此一个合理的方案应该是 A、B、C 三个地区各自按照他们的受益比例为大坝筹资，建设大坝。当然，在这一过程中为了协调多个地区的利益，中央政府可以发挥统筹协调的作用。

（二）信息对称原则

要有效提供公共物品，首先必须了解消费者的公共物品需求信息。从信息角度来看，某些公共物品的需求在全国各地区都是相对统一的。例如，义务教育在各地的需求无论是在数量上还是在质量上都是统一的。而某些公共物品在不同地区的需求并不相同。例如，各地的地形环境、城市布局、人口数量和分布情况不尽相同，因此不同地区的居民对道路交通的需求可能各不一样。从各级政府获取信息的能力来看，地方政府因为接近本地居民，了解本地的实际情况，所以它们相对于中央政府来说更加具有了解本地公共需求信息的能力。所以，对于信息复杂的公共物品，应该是由地方政府来组织提供更具优势。

（三）统筹管理原则

政府的某些职能需要统筹各地区的利益才能实现，这时就需要中央政府发挥其统筹管理的优势。例如，收入再分配职能涉及调节各地区间的收入差距，这就要将高收入地区的部分收入转移至低收入地区。在这一过程中存在地区间利益的再分配，因此只有中央政府在其中发挥作用才能实现。再比如宏观调控需要各地区的政策和中央政府的政策保持协调配合，因此只有中央政府才有能力统一各地区的政策口径。

三、财权划分理论

在财政分权体制下，财权应该如何划分呢？在此，有必要区分一组概念：财权和财力。所谓财权，是指各级政府依法享有的筹集收入的权力，主要包括税权、收费权及发债权。所谓财力，是指各级政府在一定时期内拥有的以货币表示的财政资源。有些国家强调的是财权的划分。例如美国，中央政府有征税权，地方政府也有开征自己税种的权力。但在我国强调的是财力的划分。从税收角度来看，我国地方政府只能获得部分增值税收入、部分企业所得税收入和个人所得税收入等,而没有税种的立法权、征管权、解释权、调整权等权力。从政府收费角度来看,地方政府虽然有收费权,但近年开始实行收费清单制度,未在目录中的政府性基金收费和行政事业性收费一律不准收取,收费标准也实行中央和省两级审批制度。这极大地限制了地方政府的收费权。从政府债务的角度来看,我国 2014 年开始重新放开地方政府的发债权,但地方政府的发债规模要报中央批准。那么财权(或财力)应该如何进行划分呢?目前关于财权划分,有以下几种主流理论:

(一)税基流动性原则

不同的税种,其税基的流动性是不同的。一般而言,流转税和所得税的流动性比较强,而财产税的流动性比较弱。例如,增值税是典型的流转税,增值税的税基是增值额。一个商品既可以在 A 地生产、消费,产生增值额,也可以流动到 B 地生产、消费,产生增值额。由此可以看出增值税税基的流动性非常强。所得税也有类似性质。例如一个企业既可以在 A 地经营,产生利润,也可以流动到 B 地经营。而财产税却截然相反。房地产税是最典型的财产税。一地的房地产是固定在特定土地上的,税基无法自由流动。

从税收征管的角度来说,税基的流动性越强,地方政府的征管成本越高。因为税基会因为当地征管力度的增强而逃避到其他地区。所以从这个角度来看,应该把税基流动性强的税种划为中央税,流动性弱的税种划为地方税。

(二)税种调节性原则

税种的设置及其税权的分权,应与各级政府的财政职能密切相关。中央政府主要实现其收入再分配和经济发展的职能,所以具有收入再分配性质和经济发展性质的税种也该划归中央政府所有。而地方政府主要完成资源配置职能,所以和地方公共服务挂钩的税种也该划归地方政府所有。

一般来说,个人所得税和企业所得税具有强烈的收入再分配和经济发展性质。因此其税权应集中于中央。而房产税的税基大小往往与地方政府提供的公共服务密切相关,体现出明显的收益性质,故其税权应集中在地方政府。

四、转移支付理论

(一)事权和财权不匹配与转移支付

按照财权(或财力)和事权划分的原则,因为现实中大多数公共物品是地方性公共物品或地区间外溢性公共物品,只有少部分商品是全国性公共物品,并且地方政府具有提供公共物品的信息优势。而大多数税收的税基流动性强,税基流动性弱的财产税在税收收入中所占的比重并不高。这就可能导致中央政府的财权(或财力)较大但事权较小而地方政府财权(或财力)较小而事权大的格局,这样就会出现财权(或财力)与事权不匹配的情况。为了解决财权(或财力)与事权不匹配问题,中央政府就需要通过转移支付制度把财政资金从中央转移给地方,最终实现各级政府的收入和支出对称。

转移支付制度是上级政府与下级政府之间或同级政府之间财政资金的无偿转移的预算调节制度。转移支付包括一般转移支付和专项转移支付。

（二）一般转移支付

一般转移支付是一种一般性的预算支持，没有具体的特殊要求，允许地方政府用于不同用途。一般转移支付是政府间财政关系的重要组成部分，目的是缩小地区间财力差距，实现地区间基本公共服务能力均等化。所以，中央给某地多少一般转移支付可以通过以下公式计算获得：

$$某地区一般转移支付 = （该地区标准财政支出 + 该地区标准财政收入）×$$
$$该地区转移支付系数$$

$$该地区标准财政支出 = 该地区总人口 × 该地区人均支出标准 × 支出成本差异系数$$

$$该地区标准财政收入 = 该地区所属税种的税基 × 税率 + 中央对该地区返还及补助$$

以上公式中，该地区转移支付系数按一般转移支付总额、各地区标准财政收支差额以及各地区财政困难程度等因素确定。支出成本差异系数根据本地区海拔、人口密度、温度、地表状况、运输距离、少数民族、地方病等影响财政支出的客观因素确定。

从一般转移支付对地方政府行为的影响来看，由于一般转移支付并没有规定用途，因此只会给地方政府带来财政收入的补充，不会扭曲地方不同公共物品供给的相对成本。所以，一般转移支付并不会扭曲地方政府的公共物品供给行为。

（三）专项转移支付

专项转移支付是上级政府为实现特定的宏观政策目标，以及对委托下级政府代理的一些事务进行补偿而设立的专项补助资金。资金接受者须按规定用途使用资金。专款专用是专项转移支付最基本的特征。按照有无配套要求，专项拨款可区分为非配套拨款和配套拨款两种形式。非配套拨款不要求接受方提供配套资金，而配套拨款则要求接受方提供一定比例的配套资金。

从专项转移支付的分配来看，多数专项转移支付资金都根据客观因素进行分配，有专门的管理办法。但是，不可否认的是，在专项转移支付管理方面仍然存在着挤占和挪用现象，由于缺乏有效约束和效益评估，存在着资金使用效率不高、分配办法不尽完善等问题。

和一般转移支付一样，专项转移支付也可以增加地方政府的财政收入。但是，专项转移支付明确了使用方向。这可能会扭曲地方政府的公共物品供给行为。因为对于地方政府来说，如果某类公共物品可以获得专项转移支付，那么这类公共物品相对于其他公共物品来说，其供给的机会成本更低。所以，会对地方政府通过超额提供可获得专项转移支付的公共物品来得到政府财政支持产生激励作用。

第二节　财政体制

一、中国财政体制的历史沿革

我国财政体制的变革，从中华人民共和国成立至今，共经历了四个阶段，即统收统支阶段、统一领导分级管理阶段、"分灶吃饭"阶段和分税制阶段。具体见表10－1。

表 10 –1　中国财政管理体制改革年表

	实行时间	财政体制
统收统支阶段	1950—1952	高度集中、统收统支
统一领导 分级管理阶段	1953—1957	划分收支、分级管理
	1958	以收定支、五年不变
	1959—1970	收支下放、计划包干、地区调剂、总额分成、一年一变
	1971—1973	定支定收、收支包干、保证上缴（或差额补贴、结余留用）、一年一定
	1974—1975	收入按固定比例留成，超收另定分成比例，支出按指标包干
	1976—1979	定收定支、收支挂钩、总额分成、一年一变。部分省（市）试行"收支挂钩，增收分成"
分灶吃饭阶段	1980—1984	划分收支、分级包干
	1985—1987	划分税种、核定收支、分级包干
	1988—1993	多种形式财政包干
分税制阶段	1994 至今	分税制

1. 资料来源：吕冰洋."分灶吃饭".//陈雨露，郭庆旺.中华人民共和国财政金融制度变迁事件解读[M].北京：中国人民大学出版社，2013：195.

2. 说明："分灶吃饭阶段"中的年限划分，根据郭庆旺、吕冰洋所著《中国分税制：问题与改革》（中国人民大学出版社2014 年版，第 75 页）并进行了修订。

（一）统收统支体制

统收统支预算管理体制，也称高度集中的预算管理体制，是 1950—1952 年国民经济恢复时期实行的预算体制。其基本特征是财力、财权高度集中于中央：地方组织的一切收入全部逐级上缴中央；地方一切开支由中央核定，逐级拨款，年终地方结余全部交还中央；费用开支标准、预决算和会计制度等统一由中央制定，地方只能照章执行，财权很小。除了中华人民共和国成立初期之外，我国在三年调整时期和"文化大革命"的一些年份里也曾实行过这种体制。这种类型的体制只适应特定的历史条件，不能长期运用。

（二）统一领导，分级管理体制

在 1953—1979 年的 20 多年内，我国基本上实行这种体制。其主要特征是：①中央统一制定预算政策和预算制度，地方按预算级次实行分级管理；②主要税种的立法权、调整权、减免权集中于中央，各级收入分为固定收入和比例分成收入，由地方统一组织征收，分别入库；③由中央按照企事业行政隶属关系确定地方预算的支出范围；④由中央统一进行地区间的调剂，收大于支的地方向中央财政上解收入，支大于收的地方则由中央财政给予补助；⑤地方预算基本上是以支定收，结余可以留用；⑥由于形势的发展变化，体制的有效期通常为"一年一定"或"几年不变"，不能长期相对稳定。

（三）"分灶吃饭"体制

"分灶吃饭"体制即"划分收支，分级包干"体制，是 1980—1993 年间实行的预算管理体制。1979年我国开始进行经济体制改革，而财政是改革的突破口。为了扩大地方财权，调动地方的积极性，从1980年起实行"划分收支，分级包干"的体制，也称"分灶吃饭"体制。所谓划分收支是指将政府预算收入分为中央固定收入、地方固定收入、中央对地方的调剂收入、固定比例分成收入四种，预算支出则基本上按照企事业单位的隶属关系来确定。所谓分级包干是指按照划分的收支范围，给地方财政确定一个收支基数实行包干，包干比例或者上缴、补助数额一旦定下来几年都不变。在实行"划分收支，分级包干"体制的同时，针对一些地区的特殊情况，对部分省(直辖市)以及少数民族地区实行了几种不同的体制，如固定比例包干、定额上缴、定额补助、总额分成等。

为了进一步调动地方深化改革的积极性，从1985年起改行"划分税种，核定收支，分级包干"体制。1988年起又进一步改进，在全国实行各种形式的包干办法。具体的包干办法有六种，即：收入递增包干、总额分成、总额分成加增长分成、上解额递增包干、定额上解、定额补助。这类体制的特点是由中央统一确定地方的收支范围，地方在收支范围内有较大的财权，调动了地方理财的积极性。但这种体制由于使新增的财政收入大部分留归地方，使中央集中的财力逐年减少，导致中央财政的比重不断下降，负担过重。

(四)分税制管理体制

1. 分税制的含义

分税制是根据事权和财权相统一的原则，合理确定各级财政的支出范围，按税种划分财政收入，以确定中央和地方政府间财政分配关系的一种分级预算管理体制。分税制是按照市场经济的原则和公共财政理论确立的，是市场经济国家普遍实行的一种体制形式。实行分税制后，税种和各种税收收入分别按照立法、管理和使用支配权，形成中央税、地方税、中央地方共享税，其中：中央税是指税种的立法权、课税权和税款的使用权归属于中央政府的一类税收；地方税是指课税权和税款的使用权归属于地方政府的一类税收；中央地方共享税则是指税种的立法权归中央政府，中央地方政府各自享有一定比例使用权的一类税种，共享税的决定性划分标准不是立法权，也不是征收管理权，而是税款所有(支配)权，是按照税款归属标准进行的划分，常常以比例或按照税源划分中央、地方支配的收入。税款收入按照管理体制划分为中央税、地方税、共享税后，分别入库，分别支配，分别管理。中央税归中央政府管理和支配，地方税归地方政府管理和支配，中央与地方财政自收自支、自求平衡。

分税制的基本做法是：按照税种划分税权，分级管理。其中，税权是政府管理涉税事宜的所有权利的统称，主要包括税法立法权、司法权和执法权。其中，执法权主要包括税收组织征收管理权、税款所有权(支配权)。分税制就是将这些税权(立法权、司法权、执法权)在中央及地方政府间进行分配。因此，分税制财政管理体制的实质，就是通过对不同税种的立法权、司法权、执法权在中央和地方政府进行分配，以实现事权同财权的统一。一般来说，完善的分税制要求中央政府和地方政府根据自己的事权自主地决定所辖的税种。中央政府和地方政府有权根据自己的事权自主决定税法的立法、司法、执法事宜；划归地方政府征管的地方税税种，地方政府可以因地制宜、因时制宜地决定立法、开征、停征、减税、免税，确定税率和征收范围。

实行分税制财政管理体制，正确划分立法权是首要问题。即实行分税制，必须保证中央政府与地方政府都享有一定的、独立的税收立法权。能否独立行使立法权，是确定分税制能否成立的关键。如果作为分税制一方的政府没有税法的独立立法权限,分税制就不能确立。因为分税制要求不同级次的政府都具有立法主体地位和资格,如果不具备此种法律主体资格和地位,不能独立地进行税收立法,"分税制"就失去了真实内容,就变成了一种变相的收入分成办法和税收分级管理办法,成了一种与财政包干、超额分成和按照税种划分收入级次、分级入库的财政管理体制同类的财政管理体制,成了一种按照既定的财政管理权限分别指定有关部门(一个部门或多个部门)负责征收、管理的财政管理体制,没有实质内容的变化。尽管实行分税制,要求中央和地方都有立法权,但中央税收立法权的行使优先于地方的税收立法权,地方的税收立法权必须服从于中央的税收立法权,地方税法不能同中央税法有相悖之处。

2. 分税制的类型

由于各国政府政治体制不同,对于政治、经济和社会责任在本国各级政府间的划分方式和方法不同,分税制也存在不同类型,一般从分配级次、分税制完善程度和集权与分权程度三个方面分类。

根据分配级次的不同,分税制分为中央政府与地方政府两级分税制和中央政府、州(省、自治区、直辖市)政府、县(府、郡、自治州、盟、旗)政府三级分税制。从分税制的完善程度分类,分税制分为彻底型和不彻底型分税制。彻底分税制,亦称"完全分税制",是指彻底划分中央和地方税收管理权限、不设置中央地方共享税的一种分税制制度,其特点是:税权和事权对应密切,税收管理权限划分清楚,中央与地方税务机构分设。实行这种制度需要有良好的法制环境作为支撑,采取这种分税制的大多是联邦制国家,如美国等。不彻底分税制,亦称"不完全分税制",是指:税收管理权限交叉,设置中央税、地方税以及中央和地方共享税的一种分税制制度,既具有固定性的特点又具有灵活性的特征。采用这种分税制的,大多是管理权限比较集中的国家,如英国、日本等。

按税权分配程度分类,分税制分为集权为主的分税制、分权为主的分税制、集权和分权相结合的分税制三种类型。其中,集权型的特点是:政治集权,经济干预,税权集中,中央税收为主体。实行集权型的分税制的国家有英国、法国、瑞典等。分权为主的分税制的特点是:各级预算相对独立,共享税是主体。实行这种类型的分税制的国家以德国为典型代表。集权与分权相结合的分税制的特点是:地方政府有自己相对独立的征税制度,有健全的税收管理体系,中央财政对地方财政调控制度健全。实行集权与分权相结合的分税制的国家以美国为典型代表。

3. 我国分税制的基本内容

我国分税制是针对原财政包干体制存在的税收调节功能弱化、国家财力偏于分散、财政分配体制类型过多、中央和地方的关系缺乏规范性和稳定性等不规范性并根据事权与财权相结合的原则于1994年改革的。其基本指导思想和原则:一是正确处理中央与地方的分配关系,调动两个积极性,促进政府财政收入合理增长;二是合理调节地区之间的财力分配;三是坚持统一政策与分级管理相结合的原则;四是坚持整体设计与逐步推进相结合的原则。

根据分税制改革的基本指导思想,1993年12月15日国务院发布了《关于实行分税制财政管理体制的决定》,规定我国分税制的基本做法是:将税种统一划分为中央税、地方税、中央与地方共享税,建立了中央和地方两套税收管理制度,并分设中央与地方两套税收机构分别征管;在核定地方收支数额的基础上,实行了中央财政对地方财政的税收返还和转移支付制度等，实现了中央政府与地方政府之间税种、税权、税管的划分，真正彻底地实现了中央与地方财政的"分灶吃饭"。

第一，根据中央和地方政府的事权确定相应的财政支出范围。以我国政治体制改革和产权制度改革为依托，以政府满足公共需要、提供公共物品理论为基础，按照公共物品的层次性规范中央与地方的事权范围，在此基础上划分中央和地方财政支出范围。中央财政支出主要包括：中央统管的基本建设投资，中央直属国有企业的技术改造和新产品试制费、地质勘探费，国防费，武警经费，外交和援外支出，中央级行政管理费和文化、教育、卫生等各项事业费支出，以及应由中央负担的国内外债务的还本付息支出。地方财政支出主要包括：地方统筹的基本建设投资，地方国有企业的技术改造和新产品试制经费，支农支出，城市维护和建设经费，地方文化、教育、卫生等各项事业费和行政管理费，价格补贴支出以及其他支出。

第二，按税种划分中央财政与地方财政收入。基本原则是：将一些关系到国家大局和实施宏观调控的税种划归中央，把一些与地方经济和社会发展关系密切以及适合于地方征管的税种划归地方，同时把收入稳定、数额较大、具有中性特征的增值税等划作中央和地方共享收入。中央固定收入主要包括：关税，消费税，海关代征的消费税和增值税，中央企业所得税，铁道部门、各银行总行、各保险总公司集中缴纳的收入等。地方固定收入主要包括：营业税，地方企业所得税，个人所得税，城镇土地使用税，城市维护建设税，房产税，车船使用税，印花税屠宰税，耕地占用税，农牧业税，对农业特产收入征收的农业税，契税，国有土地有偿使用收入等。中央和地方共享收入包括：增值税（中央分享 75%，地方分享 25%）、证券交易税（中央和地方各分享 50%）和资源税（其中海洋石油资源税归中央）。按税种划分中央与地方财政收入后，相应分设中央和地方税务机构。中央税种和共享税种由中央税务机构负责征收，共享税按比例分给地方。地方税种由地方税务机构征收。

第三，实行中央对地方的税收返还制度。中央财政对地方税收返还数额，以 1993 年为基期年核定。按照 1993 年地方实际收入以及税制改革后中央和地方收入划分情况，合理确定1993 年中央从地方净上划的收入数额，并以此作为中央对地方税收返还基数，保证 1993 年地方既得财力。1994 年以后，税收返还额在 1993 年基数上逐年递增，递增率按全国增值税和消费税增长率的 1:0.3 的系数确定，即全国增值税和消费税每增长 1%，中央财政对地方的税收返还增长 0.3%。

随着我国分税制的深化改革和不断完善，其具体内容也适当地发生了变化。

一是体现在中央与地方收入的划分上，改变了部分税种的税收收入的归属和中央地方的分成比例。如所得税收入分享改革，打破了隶属关系，规定除铁路运输、国家邮政、四大国有商业银行、三家政策性银行、中石化及中海油等企业外，其他企业所得税和个人所得税收入实行中央与地方按统一比例分享。2002 年所得税收入中央与地方各分享 50%，2003 年以后中央分享 60%、地方分享 40%。中央因改革所得税收入分享办法增加的收入全部用于对地方主要是中西部地区的一般性转移支付。为了保证所得税收入分享改革的顺利实施，妥善处理地区间利益分配关系，规定了跨省市总分机构集中缴纳的企业所得税的分配办法：属于中央与地方共享收入范围的跨省市总分机构企业缴纳的企业所得税，按照统一规范、兼顾总机构和分支机构所在地利益的原则，实行"统一计算、分级管理、就地预缴、汇总清算、财政调库"的处理办法，总分机构统一计算的当期应纳税额的地方分享部分，25% 由总机构所在地分享，50% 由各分支机构所在地分享，25% 按各地企业所得税占全国地方企业所得税的比例进行分配。证券交易印花税中央与地方分享比例由1994年刚开始实行分税制时的50:50改为80:20，并从2000年起，分三年将证券交易印花税分享比例逐步调整到中央97%、地方3%。2016年"营业税改征增值税"全面推开，原本属于地方税的营业税退出历史舞台。为了保证地方政府的财力，增值税分享比例由75:25，改为50:50。表10－2反映了我国2017年中央和地方的税收划分情况。

表10－2　2017年中国中央和地方主要税种及其税收收入　　单位：亿元

项目	合计	中央	地方	项目	合计	中央	地方
国内增值税	56378.2	28166.0	28212.2	印花税	2206.4	1068.5	1137.9
国内消费税	10225.1	10225.1		#证券交易印花税	2206.4	1068.5	1137.9
进口货物增值税、消费税	15970.7	15970.7		城镇土地使用税	2360.6		2360.6
出口货物退增值税、消费税	-13870.4	-13870.4		土地增值税	4911.3		4911.3
营业税				车船税	773.6		773.6
企业所得税	32117.3	20422.8	11694.5	船舶吨税	50.40	50.40	
个人所得税	11966.3	7180.7	4785.6	车辆购置税	3280.7	3280.7	
资源税	1353.3	42.8	1310.5	关税	2997.9	2997.9	
城市维护建设税	4362.1	158.0	4204.1	耕地占用税	1651.9		1651.9
房产税	2604.3		2604.3	契税	4910.4		4910.4
				烟叶税	115.7		115.7

来源：根据财政部官方网站数据整理。http://www.mof.gov.cn/zhengwuxinxi/caizhengshuju/.

　　二是进一步明确了中央与地方的事权。2016年8月，国务院印发了《关于推进中央与地方财政事权和支出责任划分改革的指导意见》（以下简称《意见》）。根据《意见》，①适度加强中央的财政事权。坚持基本公共服务的普惠性、保基本、均等化方向，加强中央在保障国家安全、维护全国统一市场、体现社会公平正义、推动区域协调发展等方面的财政事权。强化中央的财政事权履行责任，中央的财政事权原则上由中央直接行使。中央的财政事权确需委托地方行使的，报经党中央、国务院批准后，由有关职能部门委托地方行使，并制定相应的法律法规予以明确。对中央委托地方行使的财政事权，受委托地方在委托范围内，以委托单位的名义行使职权，承担相应的法律责任，并接受委托单位的监督。要逐步将国防、外交、国家安全、出入境管理、国防公路、国界河湖治理、全国性重大传染病防治、全国性大通道、全国性战略性自然资源使用和保护等基本公共服务确定或上划为中央的财政事权。②保障地方履行财政事权。加强地方政府公共服务、社会管理等职责。将直接面向基层、量大面广、与当地居民密切相关、由地方提供更方便有效的基本公共服务确定为地方的财政事权，赋予地方政府充分自主权，依法保障地方的财政事权履行，更好地满足地方基本公共服务需求。地方的财政事权由地方行使，中央对地方的财政事权履行提出规范性要求，并通过法律法规的形式予以明确。要逐步将社会治安、市政交通、农村公路、城乡社区事务等受益范围地域性强、信息较为复杂且主要与当地居民密切相关的基本公共服务确定为地方的财政事权。

③减少并规范中央与地方共同财政事权。考虑到我国人口和民族众多、幅员辽阔、发展不平衡的国情和经济社会发展的阶段性要求，需要更多发挥中央在保障公民基本权利、提供基本公共服务方面的作用，因此应保有比成熟市场经济国家相对多一些的中央与地方共同财政事权。但在现阶段，针对中央与地方共同财政事权过多且不规范的情况，必须逐步减少并规范中央与地方共同财政事权，并根据基本公共服务的受益范围、影响程度，按事权构成要素、实施环节，分解细化各级政府承担的职责，避免由于职责不清造成互相推诿。要逐步将义务教育、高等教育、科技研发、公共文化、基本养老保险、基本医疗和公共卫生、城乡居民基本医疗保险、就业、粮食安全、跨省(区、市)重大基础设施项目建设和环境保护与治理等体现中央战略意图、跨省(区、市)且具有地域管理信息优势的基本公共服务确定为中央与地方共同财政事权，并明确各承担主体的职责。④建立财政事权划分动态调整机制。财政事权划分要根据客观条件变化进行动态调整。在条件成熟时，将全国范围内环境质量监测和对全国生态具有基础性、战略性作用的生态环境保护等基本公共服务，逐步上划为中央的财政事权。对新增及尚未明确划分的基本公共服务；要根据社会主义市场经济体制改革进展、经济社会发展需求以及各级政府财力增长情况，将应由市场或社会承担的事务交由市场主体或社会力量承担，将应由政府提供的基本公共服务统筹研究划分为中央财政事权、地方财政事权或中央与地方共同财政事权。

三是逐步建立转移支付制度，我国从 1995 年开始实施过渡期转移支付办法，2008 年颁发了《中央对地方一般性转移支付办法》，明确规定了中央对地方转移支付的具体项目和转移支付额的具体确定办法，进一步规范了中央对地方转移支付制度。目前，我国的转移支付模式主要是中央对地方的纵向转移支付。中央对地方的转移支付项目主要包括一般性转移支付、专项转移支付和税收返还，其中，一般性转移支付主要包括均衡性转移支付、重点生态功能生态区转移支付、产粮大县奖励资金、县级基本财力保证机制奖补资金、资源枯竭城市转移支付、城乡义务教育补助经费、农村综合改革转移支付、老少边穷地区转移支付、成品油税费改革转移支付、基本养老金转移支付、城乡居民医疗保险转移支付、生猪(牛羊)调出大县奖励资金等 12 个项目，专项转移支付包括国家重点档案专项资金、监狱和强制隔离戒毒补助资金、补助贫困地区法律援助办案经费、支持学前教育发展资金、农村义务教育薄弱学校改造补助资金、改善普通高中学校办学条件补助资金、中小学及幼儿园教师国家级培训计划资金、支持地方高校发展资金、现代职业教育质量提升计划专项资金、特殊教育补助经费、学生资助补助经费、地方高校生均拨款奖补资金、国家科技创新基地体系能力建设专项资金、中央财政引导地方科技发展资金、基层科普行动计划专项资金、中央补助地方公共文化服务体系建设专项资金、国家文物保护专项资金、非物质文化遗产保护专项资金、城市社区文化中心(文化活动室)设备购置专项资金、文化产业发展专项资金、就业补助资金、优抚对象补助经费、中央自然灾害生活补助资金、流浪乞讨人员救助资金、孤儿基本生活保障补助、优抚事业单位补助经费、退役安置补助经费、残疾人事业发展补助资金、困难群众基本生活救助补助、公立医院补助资金、公共卫生服务补助资金、基本药物制度补助资金、计划生育转移支付资金、优抚对象医疗保障经费、医疗救助补助资金、可再生能源发展专项资金、大气污染防治资金、水污染防治资金、节能减排补助资金、城市管网专项资金、土壤污染防治专项资金、排污费支出、工业企业结构调整专项奖补资金、天然林保护工程补助经费、退耕还林工程财政专项资金、普惠金融发展专项资金、农业保险保费补贴、目标价格补贴、江河湖库水系综合整治资金、农业综合开发补助资金、农村土地承包经营权确权登记颁证补助资金、现代农业生产发展资金、农业支持保护补贴资金、农机购置补贴资金、农业资源及生态保护补助资金、农业技术推广与服务补助资金、动物防疫等补助经费、林业补助资金、全国山洪灾害防治经费、农田水利设施建设和水土保持补助资金、特大防汛抗旱补助费、农业生产救灾资金、大中型水库移民后期扶持资金、车辆购置税收入补助地方、政府还贷二级公路取消收费后补助资金、成品油价格改革对特殊行业的补助、船舶报废拆解和船型标准化补贴、界河维护经费、战略性新兴产业发展资金、工业转型升级资金、安全生产预防及应急专项资金、中小企业发展专项资金、民族贸易和民族特需商品生产企业贷款贴息、服务业发展资金、外经贸发展资金、海岛及海域保护资金、公益性地质工作专项资金、特大型地质灾害防治经费、人工影响天气补助资金、农村危房改造补助资金、中央补助城镇保障性安居工程专项资金、重要物资储备贴息资金、粮食风险基金、粮安工程危仓老库维修专项资金、粮油市场调控专项资金、青少年校外活动场所专项补助经费、统借统还外国政府贷款和国际金融组织贷款项目、基建支出、水利发展资金、农业生产和水利救灾补助资金、农业生产发展资金、林业生态保护恢复资金、林业改革发展资金、农村环境整治资金、土地整治工作专项资金、城市公交车成品油补贴、电信普遍服务补助资金、医疗服务能力提升补救资金、困难群众救助补助资金、中央专项彩票公益金支持乡村学校少年宫项目资金、中央集中彩票公益金支持体育事业专项资金、农田建设补助资金、中央自然灾害救灾资金、自然灾害防治体系建设补助资金、雄安新区建设发展综合财力补助等，总计100多个项目。从数量上看，根据国家财政决算，2017年一般转移支付金额为35145.59亿元，专项转移支付金额为21883.36亿元。

四是省以下财政管理体制的调整和完善。1994年分税制改革后，各地按照分税制财政管理体制的要求，建立了省以下财政管理体制。但由于大多数地区的省以下财政管理体制没有触动市（地区、州）县的既得利益，运行中也没有根据经济发展情况的变化适时调整，执行中出现了一些问题。为此，2002年国务院转发了财政部《关于完善省以下财政管理体制有关问题的意见》（国发〔2002〕26号），各地结合所得税收入分享改革，不同程度地调整和完善了省以下体制。其中河北、山西、福建、山东、湖北、海南、辽宁、大连、天津、甘肃、浙江等地全面调整和完善了省以下体制，其他省区也不同程度地调整了省以下体制。调整后的体制有利于促进产业结构合理调整和资源优化配置，地区内财力分配不平衡状况有所缓解。

二、我国分税制预算管理体制及其完善

（一）我国现行分税制存在的主要问题

分税制改革以原财政包干体制为基础，初步建立了分级财政管理体制的总体框架，使财政收入稳定增长机制逐步建立，促进了资源的优化配置和产业结构的调整，促进了财政资金供给范围的合理调整和财政支出结构的优化，但分税制体制运行中也存在一些问题。

1.各级政府的事权范围和各级预算主体的支出职责还缺乏科学、合理的界定

首先，中央和地方政府的事权划分基本沿用了传统体制下的划分方法，界定不清，划分过粗，存在交叉重叠现象。体现在两级或多级政府间的共同事务，在确定分担标准等方面缺乏明确、具体的办法，且上级政府占绝对主动权，如教育支出等。其次，事权和财权脱节的

矛盾较突出，中央对地方下放的事权与下放的财力保障不匹配，而中央的转移支付又缺乏一定科学性，导致部分地方一定程度上出现财力紧张的局面。

2. 财权和收入划分不够科学

首先，税收立法权和税收政策制定权过于集中于中央，地方没有税收立法权。税收立法权是依法决定税法的构成要素的权力，中央税的税法构成要素决定权力应归属中央，而地方税的税法构成要素的决定权既可以归中央，也可以归地方，还可以部分归中央、部分归地方，地方拥有税收立法权，就拥有开征、停征、免征相应地方税收的权力，并有权通过确定税收规模、选择税制结构、设置具体的税制要素等手段实现税收的职能，而且掌握地方税收的征收权。同时，在一定意义上讲，税收立法权就是征税权，地方政府拥有税收立法权，这是地方政府依法获得稳定财政收入、保障地方政府的相对独立地位、实现地方政府职能的一种有效手段。若中央完全掌握税收立法权，就可以通过单方面立法改变原有的税收分配格局，且地方政府缺乏税收立法权，在一定程度上会使地方政府通过扩大收费或其他手段筹集财政收入，税收法定原则就起不到约束地方政府收费行为的作用。其次，个人所得税在中央与地方之间的划分不够科学。凡属税源遍及全国或具有高度调节功能的税种划分为中央税是分税制的国际通则，而我国1994年刚实行分税制时将个人所得税划为地方税种，由地方税务机关征收作为地方财政收入，因为当时个人所得税收入规模较小，税源分散、征管难度大，之后与企业所得税一并作为中央与地方共享税按一定比例在中央与地方政府之间分成。随着个人所得税收入规模的扩大和征管的现代化，其税收权限及收入归属应适当调整。同时，按目前我国分税制预算体制规定，土地增值税、城镇土地使用税、耕地占用税等收入均属于地方税收收入，导致地方政府过分积极开发土地，产生了"土地财政"现象，不利于土地资源的节约使用，也不利于国土资源和环境保护，而国土资源税收的宏观调控权应归属于中央。

3. 省级以下预算管理体制不够完善

2002年12月国务院转发了财政部《关于完善省以下财政管理体制有关问题的意见》，提出了完善省以下财政管理体制的目标和原则；要求各省、自治区和直辖市按照建立公共财政框架的基本要求，合理界定省以下各级政府的事权范围和财政支出责任；省以下各级政府间财政收入的划分，要按照完善省以下财政管理体制的原则，结合各地实际，采用按税种或按比例分享等规范办法，打破按企业隶属关系划分收入的做法，根据各级政府的财政支出责任以及收入分布结构，合理确定各级政府财政收入占全省财政收入的比重。同时，应进一步规范省以下转移支付制度，省级财政要按照有关客观因素和开支标准，合理测算所属市级、县级机关事业单位工作人员工资和政权正常运转等基本财政支出需求，对县、乡财政收入不能满足基本财政支出需求部分，省、市级财政要通过增加一般性转移支付的方式逐步加以解决。虽然省级以下预算管理体制已逐步完善，但由于我国地方政府有省、市、县、乡四个层级，层次较多的政权结构加大了分税制深化改革的难度。且按现行税制和分税制财政体制，地方税基本上属于收入规模相对较小、税源相对分散的税种。因此，每一个地方税种收入都很难作为某一级政府的主要收入来源。从各省、自治区、直辖市制定的各地省级以下分税制管理制度看，各级政府的收入划分大都依据国务院颁布的分税制实施办法，采用共享税、比例分成等办法将地方税收收入在各级政府之间逐级分成。这些做法并不是真正意义上的分税制。

4. 政府间转移支付方式和转移支付额度的确定办法需进一步科学化

规范转移支付制度是分税制建设的重要内容。我国现行政府间转移支付制度真正建立于

1995 年。1995 年我国开始实施《过渡期转移支付办法》。2002 年，随着所得税收入分享制度改革，原过渡期转移支付概念不再沿用，其资金合并到中央财政因所得税分享改革增加的收入中分配，统一称为一般性转移支付。2008 年财政部颁发并开始实行《中央对地方一般性转移支付办法》，进一步规范了中央对地方的转移支付办法，体现了公平公正、公开透明的原则，采用了统一规范的测算办法确定转移支付额度。2009 年 3 月财政部颁布并开始实施新的《边境地区专项转移支付资金管理办法》，但我国政府间转移支付制度仍然存在一些问题：一是制度建设缺乏全面性，目前规范的主要是一般转移支付，缺乏对全国范围内的专项转移支付额度和转移支付办法等内容的规定；二是相关制度的法律约束性还不够强，目前的政府间转移支付制度主要是财政部制定并颁发的规章，缺乏约束力更强、反映内容更全面、更系统的相关法律或制度规定。2015 年国务院发布转移支付制度改革路线图，按照新《预算法》要求，提高一般性转移支付的比重，严格控制专项转移支付项目和资金规模，从而提高资金使用效率和透明度。2018 年国家发布《中央财政农村综合改革转移支付资金管理办法》等具体项目文件，不断规范转移支付制度。

（二）我国分税制预算管理体制的深化改革

根据经济体制改革、财政职能转换和建立公共财政的要求，运用政府间责任和收支划分理论，借鉴各国政府间责任及收支划分实践，针对现行分税制预算管理体制存在的问题，进一步完善我国政府预算管理体制是我国目前财政管理工作的一项重要内容。

1.进一步明确政府间的事权划分和财政支出责任

中央政府的事权范围应包括：制定并组织实施国民经济和社会发展的长期战略，对经济发展的速度、方向、结构、生产力布局等重大安排进行决策，调节经济总量和宏观经济结构，保持总供求平衡并促进宏观经济结构的合理化，保证国民经济持续、稳定、健康发展；在资源配置领域，提供全国性公共物品和准公共物品，承担跨省区的重大基础设施和基础产业项目的投资；在收入分配领域，兼顾公平和效率目标，调节国民收入分配结构和组织社会保障，适当控制收入差距。据此，中央财政应承担的支出包括：全国性行政管理、国防、外交、重大公共工程、中央举办的科教文卫事业、实施宏观调控等支出，因受益范围遍及全国，或不宜由地方分头实施，均应划归中央政府承担的支出。

地方政府的事权范围包括：制定地区性经济社会发展战略，合理安排本地区的经济发展速度、方向、结构和生产力布局，稳定地方经济；根据一定经济条件下本地区居民对公共物品的需求数量与质量，合理确定地方税和非税收入的规模、结构，并通过预算方式安排支出，有效提供地方性公共物品和准公共物品；执行中央制定的各项政策法规，构建相关的法律体系，维护区域内正常的社会秩序和法律秩序。因此，地方政府应承担的支出包括：地方行政管理、区域性环保、地方公共工程等支出。

对于中央和地方共同管理的事务，要区别不同情况，明确各自的管理范围，分清主次责任，对具有跨地区"外部性"的公共物品和服务的财政支出责任，由中央与地方按照一定比例分别承担，如跨地区的铁路、公路、大江大河治理、天然林保护、高等教育、计划生育等。

2.建立财权与事权相匹配的财力分配体系

建立财权与事权相匹配的财力分配体系，主要是完善中央和地方税收体系，规范政府间的税收分配关系。在税收立法权方面，除中央税、共享税及全国普遍征收的地方税的立法权仍应由中央立法机关行使，相关的税务行政法规也由中央统一颁布外，其他地方税的税收立法权可考虑下放给省级政府，并赋予地方政府关于全国统一实施的地方税征收管理方面一定的调整权。同时，加强对地方税收体系的建设，构建新型的地方税收体系。一是加强地方税收体系中的土地财产税建设，二是大力开拓税源，开征新的税种等。

3. 推进省以下分税制预算管理体制的深化改革

省以下分税制的改革很大程度上依赖于税收体系的完善和地方政府拥有必要的税收立法权，如果中央对地方的税收立法权和地方税收体系、中央与地方收入划分不改变，则省以下分税制财政体制的改革难以推进。在我国政权级次较多的情况下，可考虑弱化市一级政府权责，建立"省直管县""乡财县管"的财政体制，实现中央、省、县三级政府财政管理构架。目前，全国已有二十多个省份试行"省直管县"财政体制，根据 2009 年财政部发布的《关于推进省直接管理县财政改革的意见》，2012 年前，全国除民族自治地区外已全面推进省直接管理县财政改革。我国大部分省份积极推动省直管县工作。如 2018 年 1 月 1 日，山西省在长治襄垣县、忻州原平市、晋中介休市、临汾侯马市、吕梁孝义市、运城永济市共 6 个县开展深化省直管县财政管理体制改革试点。

随着"省直管县"的推进，遇到了很多挑战。诸如法制滞后、职责不清、各级政府协调机制不畅、人员安置问题等。如何进一步深化省以下财政体制改革是一个有待进一步探索的命题。

4. 进一步完善转移支付制度

虽然我国初步建立了以标准收支法计算财力分配的较为规范的《一般性转移支付办法》，但以这种办法分配的转移支付财力有限，中央对地方的转移支付还包括专项转移支付和"税收返还"，适用于全国范围的专项转移支付资金的分配办法和标准还缺乏，"税收返还"作为分税制改革中对地方政府既得利益的一种临时性保护措施，是着重考虑基数的非规范性做法，因此，必须进一步调整和完善我国政府间转移支付制度，这也是完善我国分税制预算管理体制的重要内容。

【本章小·结】

---

1. 政府间财政关系包括三个基本问题：事权如何划分？财权（或财力）如何划分？如何处理事权和财权（或财力）的不匹配问题。

2. 蒂伯特模型是财政分权的理论基础。该模型认为，若人们可以在辖区内自由流动，那么人们会"用脚投票"移至最满意的"税收和公共物品组合"的辖区。最终公共资源在中央和地方间的配置是帕累托最优的。

3. 事权的划分基于受益对称、外部性、信息复杂性、统筹管理等原则。财权（或财力）划分基于税基流动性、调节性等原则。转移支付用来调节财权（或财力）和事权的不匹配问题。分为一般转移支付和专项转移支付。一般转移支付只会对地方产生收入效应。而专项转移支付会对地方产生收入效应和替代效应。

4. 中华人民共和国成立至今，我国财政体制的变革经历了四个阶段，即统收统支阶段、统一领导分级管理阶段、"分灶吃饭"阶段和分税制阶段。分税制是根据事权和财权相统一的原则，合理确定各级财政的支出范围，按税种划分财政收入，以确定中央和地方政府间财政分配关系的一种分级预算管理体制。分税制的基本做法是：按照税种划分税权，分级管理。

5.根据经济体制改革、财政职能转换和建立公共财政的要求,运用政府间责任和收支划分理论,借鉴各国政府间责任及收支划分实践,针对现行分税制预算管理体制存在的问题,进一步完善我国政府预算管理体制是我国目前财政管理工作的一项重要内容。第一,应进一步明确政府间的事权划分和财政支出责任。第二,要建立财权与事权相匹配的财力分配体系。第三,推进省以下分税制预算管理体制的深化改革。第四,进一步完善转移支付制度。具体须调整地方既得利益,扩大规范化转移支付规模;强化转移支付的均等化效果,规范转移支付资金分配;规范转移支付方式,优化转移支付结构;加强转移支付制度的法制化建设,建立政府间转移支付制度的监督约束机制。

【本章关键词】

政府间财政关系;蒂伯特模型;事权;财权;财力;一般转移支付;专项转移支付;分税制

【本章思考题】

1.简述蒂伯特模型。
2.政府间事权划分、财权(或财力)划分的理论依据是什么?
3.比较一般转移支付和专项转移支付对地方政府的公共物品供给行为的不同影响。
4.试述我国现行分税制的主要内容。
5.分析我国现行分税制存在的问题及改革措施。

【拓展阅读】

请扫码阅读本章拓展阅读材料。

拓展阅读1
国务院关于推进中央与地方财政
事权和支出责任划分改革的指导意见
(国发〔2016〕49号)

拓展阅读2
中央与地方财政关系新趋势:
从"分钱"到"分事"

拓展阅读3
转移支付改革能破"跑部钱进"吗

第十一章

财政政策

1. 正确理解财政政策的含义，掌握财政政策主体、财政政策工具和财政政策目标等政策构成要素的基本内容。

2. 能够从不同角度对财政政策进行分类，掌握不同类型财政政策的主要内容。

3. 理解财政政策的作用机制和传导机制，掌握税收乘数、购买性支出乘数、平衡预算乘数、转移性支出乘数等问题。

4. 理解财政政策与货币政策相互配合的必要性，以及两者主要的配合模式。

5. 了解不同时期国内、外财政政策的实践情况。

第一节　财政政策概述

一、财政政策的概念

财政政策是政府为了实现预定的宏观经济目标，以一定的财政经济理论为依据，综合运用各种财政工具，调整财政收支规模和收支平衡的指导原则以及采取的相应措施。

财政政策贯穿财政工作的全过程，是指导一切财政工作的基本方针和准则。要准确理解这一概念，至少要把握以下几个要点：①财政政策的主体是政府，财政政策由政府来制定和实施；②财政政策的目标与宏观经济目标密切相关，指向明确；③为了实现预定目标，财政可以运用一系列的工具，主要包括税收、公共支出、预算和公债等；④财政政策是体系化了的财政措施，其实质是政府对经济进行调控干预的手段，财政政策制定和实施的过程也就是政府实施宏观经济调控的过程。

财政政策作为政府宏观经济调控的主要手段之一，是在"国家干预主义"和"经济自由主义"这两大基本思潮交替兴衰的演变中孕育和发展的。早在15—18世纪重商主义时期，原始的国家干预主义已经孕育着财政政策思想的萌芽，在西欧，不少国家尝试运用财政手段来干预经济，但那时的干预是一种被动、零散的行为。在自由竞争的资本主义时代，经济自由主义占得上风，推崇"自由放任"思想的古典主义学派，反对政府干预经济，主张"廉价政府"，坚持年度平衡预算的财政思想，认为最小的预算也是最好的预算。新古典学派综合发展了古典经济自由主义，轻视国家干预。直至1929—1933年，资本主义国家爆发了大规模的经济危机，带来世界经济空前的大萧条和严重失业，古典经济理论束手无策。当时的美国总统罗斯福实施"新政"，运用财政政策刺激社会总需求从而实现经济回升的目标，与此同时，主张运用财政政策干预经济的凯恩斯学说悄然兴起。1936年凯恩斯在其著作《就业、利息与货币通论》中系统地阐述了单靠市场机制调节不可能使经济运行自动保持平衡，国家必须"承担起对生产过程的领导"，以公共支出、政府赤字和国家信用等财政措施为主，其他手段为辅，把经济从萧条的泥潭拯救出来。至此，现代财政政策才日臻成熟。当然，即使在凯恩斯宏观经济学流行之后，对于财政政策的认识，理论界仍有一个不断发展的过程。

回顾财政政策的发展，我们发现基于凯恩斯宏观经济理论的现代财政政策与基于传统经济思想的传统财政政策相比，主要有以下三个明显转变：①观念的转变。20世纪30年代以前，政府干预经济的行为未被完全赞同，政府参与经济管理的职能未被认可，财政政策的运用大多表现为被动、偶尔地运用财政手段对某一具体经济活动的干预；而现在人们普遍认同政府的经济调控职能，现代财政政策的实施大多表现为一种政府主动的、连续的行为。②目标的转变。传统财政政策调控目标单一，现代财政政策要根据实现经济稳定与发展、公平收入分配、提高社会福利等要求，同时实现多重目标。③作用工具的转变。在不发达的商品经济时代，政府干预的工具简单，主要是税收，且主要是为了筹集必要的公共收入；而现代财政政策除了税收，还有公共支出、预算、公债等众多工具，有时还需配合其他非财政政策工具使用。

纵观财政政策的理论与实践发展可以看出，财政政策具有以下几个明显的特征：①财政政策是财政理论指导财政实践的中间环节。人们在财政实践活动中形成了各种各样的财政理论，揭示了财政的本质和发展规律，但这些理论却不能直接规范人们的行为，一般要通过财政政策这一中介。财政政策既是财政理论的具体化和规范化，又是财政实践经验的原则化。②财政政策是客观规律与主观指导的统一。财政政策是基于经济发展规律和财政状况的实际制定的，制定的基础是客观；但制定出来的政策正确与否，取决于政府的主观认识程度。③财政政策具有明显的阶段性和相对稳定性。在经济发展的各个不同阶段，都具有不同的目标，与此相适应财政政策的目标和内容也具有一定的阶段性。然而财政政策的任何一个目标被确定之后，要实现它就要经过一个时间长短不一的过程。在这一目标实现之前，这种财政政策一般不会终止，因而使财政政策又具有相对稳定性。这种稳定性与阶段变化性的统一，正是财政政策中长期战略与短期策略的体现。

二、财政政策的构成要素

（一）财政政策主体

财政政策主体是指财政政策的制定者和执行者。财政的主体只能是国家，确切地说是各级政府。与国家政权层次的划分相适应，财政政策的主体由中央政府和地方政府构成。

政策主体的行为是否规范，对于政策功能的发挥和政策效应的大小都具有重要影响。改革开放以前，中央政府处于财政政策制定者的地位，地方政府处于财政政策执行者的地位，两者利益冲突及矛盾较小，主要是中央与地方之间"集权与分权""统一性与独立性"的问题。改革以来，由于经济体制发生了根本性变化，地方政府具有较大的自主权，不仅是政策的执行者，也是一个地区的政策制定者。在地方利益的驱动下，地方政府对中央政府的政策态度发生了微妙的变化，主要表现在：一是地方政府对部分不利于本地利益的政策进行消极抵制，所谓"上有政策，下有对策"就是最好的说明；二是地方政府之间的政策攀比，每一项优惠政策的出台，往往会在全国掀起竞相攀比的现象，导致区域优惠扩大化、普遍化，不利于整体战略目标的实现。这种政策的变化并非政策制定者的主动行为，而是被政策执行着"倒逼"的事后认账。各级政府的行为与偏好，对于政策的制定与执行，起着决定性的作用。因此，在财政政策原理研究中重视对政策主体行为规范的分析，有助于许多政策偏差现象，有利于提高政策的执行水平。

（二）财政政策目标

财政政策目标是指国家通过运用财政政策工具所要实现的目的。财政政策作为国家经济政策的有机组成部分，其目标首先要服从一定时期内的经济政策目标，经济政策目标是财政政策目标确立的基准。当然，经济政策目标的实现手段有很多，财政政策只是其载体之一。财政政策的目标只能囿于财政政策对经济运行能够产生影响的领域，超出了财政政策功能所能起作用的范围目标就无法实现。政策目标受社会、政治、经济、文化等环境与条件的限制，并且取决于民众的偏好与政府的行为，因此，不同时期的社会经济发展战略和目标不同，财政政策目标也会有所差别，但大致可归纳为以下五类一般性政策目标。

1. 充分就业

财政政策的首要目标就是调节失业率，解决就业问题。理论上，充分就业就是每一个有工作能力且有就业意愿的人都能找到工作；但现实中，失业问题无法根除，有些失业无法避免，比如劳动者换工作会造成的摩擦性失业，某些行业生产的季节性变化会造成季节性失业。因此，这里的"充分"就业并不等于全部可就业人口100%的就业，而是在考虑了无法避免的失业因素后的充分就业。各国多以将失业率控制在一定的范围之内作为政策目标。各国根据本国经济状况和民意等情况来确定可以接受的失业率，一般认为失业率低于3%～5%就可算充分就业。为了达到充分就业目标，政府可以通过直接投资来创造新的就业机会，也可以通过减税政策来鼓励和支持社会增加就业岗位。

2. 物价稳定

物价稳定是经济稳定的重要标志，是财政政策的基本目标之一。物价稳定不是冻结物价水平，只要物价的变动幅度是在社会稳定、经济持续发展可容纳的范围内，即可视为物价稳定。它包括反通货膨胀和反通货紧缩两个方面的内容。通货膨胀会促使价格上涨快的行业扩张，使价格上涨慢的行业收缩，从而扭曲产业结构和价格体系；通货膨胀还有会引起国民收入的再分配，导致低收入者的实际购买力降低，生活水平进一步下降。而通货紧缩会造成资源的闲置和浪费，导致经济衰退，失业率上升，人民生活水平进一步下降。可见，不管是通货膨胀还是通货紧缩，都会带来一系列的经济、社会和政治问题。因此，保持物价稳定就成为政府的一项重要职责，必须通过制定政策框架和政策措施把物价总水平的波动控制在经济稳定发展可接受的范围内。一般，当出现社会有效需求不足、通货紧缩时，可采取增加政府支出和减少税收的财政政策；当社会需求过度、通货膨胀时，可采取减少政府支出和增加税收的财政政策。

3. 国际收支平衡

在开放经济格局下，国际收支状况会对一国宏观经济运行产生相应的影响，一国的经济状况的变化又会影响其他国家的进出口，从而影响该国的社会总需求和总供给。因此，维持国际收支平衡，不让国际收支出现过大的逆差或顺差，也成为一国财政政策的战略目标。各国为实现国际收支平衡在制定和实施财政政策时要互相协调配合，否则效果会大打折扣，影响世界经济的稳定与发展。

4. 适度经济增长

适度经济增长是指一定时期的经济增长与资源供给条件相适应，保持持续、稳定、健康的发展状态，这是财政政策的最根本的目标。其质的规定性包括：经济实力的增强和现代化水平的提高，经济效益的不断提高，经济结构和比例日益合理化和人民生活水平不断改善与提高。因此，财政政策必须在推进经济增长的基础上保持财政收入的适度增长，优化支出结构，充分发挥财政政策工具在产业结构和地区结构调整中的作用，合理有效配置资源。

5. 公平收入分配

公平收入分配是指一国社会成员收入分配公平程度的提高或收入差距的缩小，这不是一个纯经济目标，它是经济的、道德的、社会的以及政治历史的统一。收入分配既要有利于充分调动劳动者的积极性，同时又要防止过分贫富悬殊，以免阻碍社会经济的稳定与发展。因此，在政策导向上存在着公平与效率的协调问题，当社会成员收入差距过大时，必须重视社会公平。通过税收调节缩小收入分配的差距，建立完善的社会保障体系和最低生活保障制度等，是实现公平收入分配目标的有效措施。

（三）财政政策工具

财政政策工具是财政政策主体所选择的用以达到政策目标的各种财政手段，就是在前面各章节介绍的各个财政范畴。西方经济学家一般把财政政策工具分为财政收入、财政支出和预算三大类。财政收入主要包括税收和公债，财政支出包括政府购买性支出和转移性支出。

1. 税收

税收所具有形式上的强制性、无偿性和固定性特征，使得税收调节具有很强的权威性，成为财政政策重要工具之一。税收主要通过宏观税率和具体税率的确定、税种的选择、税负分配以及税收优惠与税收处罚等具体措施来调节经济和公平收入分配。

（1）宏观税率的确定是财政政策实现调节目标的基本政策度量选择之一。政府可在经济周期的不同阶段通过调整宏观税率的高低来调节社会总需求，进而调控宏观经济的运行。

（2）宏观税率确定后，税负的分配就显得十分重要。税负分配，一方面是由政府部门来进行，主要是通过税种选择和制定不同的具体税率来实现；另一方面是通过市场活动来进行，主要是通过税负转嫁的形式体现出来。两个层次的税负分配对收入的变动和各经济主体的行为均有重大影响。比如，高额累进的个人所得税和高税率的财产税制，更有助于实现公平收入分配的目标。

（3）为实现某些特别需要可区别实行税收优惠和税收处罚措施。比如对鼓励发展的行业和地区可以实行税收优惠，对要抑制发展的行业和部门实行税收处罚，进而影响资源在产业间和地区间的配置，实现资源优化配置。

2.公债

公债作为一种政府信用工具，最初是用来弥补财政赤字的，随着信用制度的发展，现今公债已成为调节社会总供求、货币供应量以及协调财政与金融关系的重要政策手段。公债的调节作用主要体现在以下三个方面：

（1）调节社会总供求。由于公债的发行使得民间的投资或消费资金减少，从而会对民间投资或消费产生"挤出效应"，因此在社会需求膨胀、经济过热时，通过增发公债可在一定程度上抑制民间的投资和消费需求，发挥稳定经济的作用。同时，当社会需求不足时，政府也可以通过发行公债把社会闲置资金集中起来用于增加政府投资，从而刺激经济增长。

（2）调节货币供应量。公债的发行一方面可能使部分"潜在货币"变为现实流通货币，另一方面则可能把存于民间的货币转到政府部门或由于中央银行购买公债增加货币的投放。

（3）调节收入分配。发行公债为中低收入者提供了一种预期收益率稳定的理财渠道，让他们也可以凭借对资金的所有权参与收入分配；而公债本金与利息的偿还主要依靠未来年度税收，这样在一般纳税人与公债持有人之间就产生了收入的转移问题。而税收又主要来自高收入者，这就意味着发行公债可以将高收入者的一部分收入通过债息支付转移给中低收入的公债持有人。政府可以通过调整公债规模，选择购买对象，区分公债偿还期限，制定不同公债利率来实现财政政策的目标。

3.公共支出

公共支出主要指政府为满足社会公共需要的一般性支出，包括购买性支出和转移性支出两大部分。

购买性支出是政府用于购买商品和劳务方面的支出，包括政府消费和政府投资。政府消费支出的规模和结构可以直接影响总需求的规模和结构，从而引导私人生产发展方向、平抑经济周期波动。政府投资是社会投资的重要组成部分，既直接影响社会总需求的规模和结构，还是形成社会总供给的重要力量，对就业水平也会产生较大影响，因而在宏观调控中起着举足轻重的作用。特别是当宏观经济处于收缩或衰退阶段时，增加政府投资可以迅速提高总需求，进而促进就业增加和经济增长。近20年来，我国频繁使用政府投资的这一工具来调控宏观经济运行，无论是在面对1997年东南亚金融危机，还是2008年全球金融危机，抑或我国经济进入新常态以来，均启动了大规模的政府投资计划，以此带动全社会投资，增加社会总需求。

转移性支出主要指财政资金单方向、无偿地从政府向居民和企业转移，主要包括社会保障支出和财政补贴：社会保障政策是实现收入公平分配目标的主要工具；财政补贴有着与税收相反的调节效果。此外，财政贴息还可以带动庞大的社会资金转化为现实的投资需求。因此，财政补贴是促进经济稳定和优化资源配置的重要工具。财政补贴在我国占有重要位置，补贴支出数额大，名目繁多，有价格补贴、生活补贴、利息补贴、企业亏损补贴等，已成为我国经济体制运转不可或缺的润滑剂。当然，补贴的过快增长也会给经济与财政带来沉重的负担，产生一些消极的影响，在运用时必须充分考虑它的双重作用。

4.政府预算

政府预算全面反映了一国财政收支的规模和平衡状况，综合体现了其他各种财政工具的运用结果。政府预算的调节作用主要通过调整预算收支的差额来实现的，主要分为赤字预算、盈余预算和平衡预算，根据社会总需求的状况选择使用不同的预算政策。此外，还可通过预算本身的设计和编制方式来实现，比如复式预算比单式预算更能明确反映和贯彻财政政策目标。

三、财政政策的类型

（一）需求管理型财政政策和供给管理型财政政策

根据财政政策在调节社会经济活动时作用的方向不同划分，可分为需求管理型财政政策和供给管理型财政政策。

1.需求管理型财政政策

需求管理型财政政策是指通过运用各种财政政策工具调节总需求来实现既定目标的宏观经济政策。它是以凯恩斯主义为理论基础，强调通过短期内调节政府收支来影响消费需求和投资需求，进而影响社会总需求。这类财政政策侧重于通过需求侧总量调节来消除经济的周期性波动，着眼于维持经济总量的平衡，并不过多地强调经济效率和短期财政支出变化对长期经济增长的影响。逆经济风向而行事，随着经济的周期性波动政策调控的方向也要相应发生变化，这暗含了财政政策多变的特点。

2.供给管理型财政政策

供给管理型财政政策是指通过运用各种财政政策工具调节总供给来实现既定目标的宏观经济政策。它是以供给学派为理论基础，着眼于增强微观经济活力，侧重于通过调节财政收支增加经济供给能力和增强国际竞争力。这类财政政策强调财政效率，注重财政政策在优化资源配置、促进产业结构调整方面的作用。供给管理型财政政策一方面主张通过减税和精简规章制度来增强企业活力和刺激投资，增加社会有效供给；另一方面主张削减社会福利支出，降低穷人对政府的依赖心理，从而增加劳动供给。考虑到透明的、可预测的政策环境对于增强企业和个人投资信心的重要性，供给管理型财政政策强调政策的稳定性和长期性。

（二）自动稳定的财政政策和相机抉择的财政政策

根据财政政策在调节经济周期波动时的方式来划分，可分为自动稳定的财政政策和相机抉择的财政政策。

1.自动稳定的财政政策

自动稳定的财政政策是指财政制度中能够根据经济波动情况自动发挥稳定作用的财政政策，它内嵌于经济运行机制中，无需借助外力就可直接对经济产生调控效果，又称为自动稳定器。这种自动稳定性主要表现在税收的自动稳定性和政府转移性支出的自动稳定性。

（1）税收的自动稳定性。采用超额累进的个人所得税对经济活动水平的变化反应异常敏感，当经济活动进入高涨期，居民收入水平上升，累进的个人所得税制导致税收以比居民收入更快的速度增长，从而自动地抑制经济活动进一步上扬。相反，当经济进入衰退期时，居民收入水平下降，累进的个人所得税制导致税收以更快的速度下降，从而自动地促进经济的回升。

（2）转移性支出的自动稳定性。失业救济金、福利计划和济贫支出等转移性支出具有因经济状况的好坏而大幅度增减的特点，因而能对经济波动产生自动稳定的效果。当国民经济处于复苏、繁荣阶段，失业率下降，失业救济金的发放数额也就减少，同时处于贫困线下的家庭及其领取的补助额相应减少；相反，当国民经济处于萧条、衰退阶段，失业率上升、居民收入下降，政府的失业救济支出、济贫支出以及相关福利计划就会相应上升。这些制度安排能够自动地以一种反周期方式将资金抽离或注入经济，进而达到维持经济稳定的目标。

需要注意的是，自动稳定的财政政策其作用是有限的，它只能部分地减轻经济周期的波动，而不能百分之百地熨平这种波动的影响。一般来说，它只是保证经济正常运转的第一道防线，仅仅靠它本身并不足以维持经济的充分稳定。

2. 相机抉择的财政政策

相机抉择的财政政策是指政府根据当时的经济状况，主动地选择不同的财政政策工具来消除通货膨胀缺口或通货紧缩缺口，它是国家有意识干预经济运行的行为。相机抉择财政政策主要包括汲水政策和补偿政策。

（1）汲水政策。汲水政策指在经济萧条时依靠一定数额的公共投资使经济自动恢复其活力的政策，具有如下特点：第一，汲水政策是一种诱导经济复苏的政策，是以经济本身所具有的自发恢复能力为前提的萧条治理政策；第二，汲水政策的载体是公共投资，以扩大公共投资规模作为启动民间投资活跃的手段；第三，财政支出规模是有限的，无需进行超额支出，只要使民间投资恢复活力即可。20 世纪 30 年代发生世界经济危机时，美国实施的罗斯福——霍普金斯计划、日本实施的时局匡救政策以及德国实施的劳动振兴计划，都属于所谓的"汲水政策"。

（2）补偿政策。补偿政策是政府根据对经济情况的判断而主动调整财政收支、改变社会总需求以达到稳定经济目的的财政政策。一般，在经济繁荣时期，政府通过增收减支等政策以抑制和减少社会总需求；而在经济萧条时期，政府通过减收增支等政策来增加消费需求和投资需求，以谋求社会有效需求的增长。它以"逆风向行事"的办法，对总需求过旺或不足予以补偿。

（三）扩张性财政政策、紧缩性财政政策和中性财政政策

根据财政政策在调节国民经济总量方面的不同功能，财政政策可分为扩张性财政政策、紧缩性财政政策和中性财政政策。

1. 扩张性财政政策

扩张性财政政策是指通过财政收支规模的变动来增加和刺激社会的总需求的政策，简称松的财政政策，一般在社会总需求不足、供给相对过剩的条件下使用，主要手段是减税、增发公债和增加财政支出。它们分别通过乘数效应来进一步刺激总需求，以消除通货紧缩缺口，达到供求平衡。由于政府的减收增支政策一般会产生财政赤字，故又称为赤字财政政策。

2. 紧缩性财政政策

紧缩性财政政策是指通过财政收支规模的变动来减少和抑制总需求,简称紧的财政政策。一般在社会需求膨胀、经济过热的条件下使用,主要手段是通过增税和减少财政支出来抑制社会总需求的增长,以消除通货膨胀缺口,达到供求平衡。由于政府的增收减支政策一般会产生财政盈余,故又称为盈余财政政策。

3. 中性财政政策

中性财政政策是指财政收支活动对社会总需求的影响保持中性,既不产生扩张效应,也不产生紧缩效应。一般情况下,中性财政政策要求财政收支保持大体平衡,以保持社会供求的同步增长,维持社会总供求对比的既定格局。由于中性财政政策对社会总供求的关系只起维持作用不起调节作用,故又称为稳健的财政政策,一般适宜在社会总供求矛盾不突出或处于基本平衡的条件下使用。

此外,财政政策从不同视角还有其他一些分类标准:按照财政收支活动与社会经济活动之间的关系分类,还可分为宏观政策和微观政策;按照财政所规范的活动内容分类,可分为财政收入政策、财政支出政策和财政调控政策等。

第二节 财政政策的作用机制与传导机制

一、财政政策的作用机制

我们都知道,财政政策是政府利用税收、公债、公共支出、预算等工具来影响社会总供求,进而调节国民经济的均衡。然而,财政政策工具是如何影响总供求的?这就要分析财政政策的作用机制。

(一)税收调节经济的作用机制

税收作为重要的财政政策工具,通过自动稳定或相机抉择来调节社会总需求和总供给的关系以实现经济稳定和资源合理配置的目标。从需求角度看,社会总需求主要由消费需求和投资需求构成,降低税收,一方面可增加个人可支配收入,从而刺激消费水平的提高;另一方面会遏制企业资本边际效率递减的势头,提高预期利润,从而增加投资需求。相反,增加税收会导致个人消费需求和企业投资需求的下降,进而抑制总需求的上升(参见图11-1)。

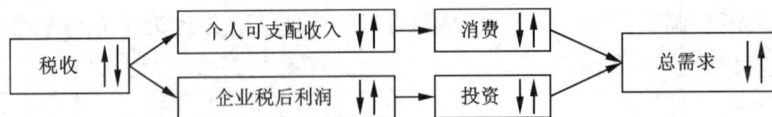

图11-1 税收调节社会总需求的作用机制

税收对总供给的影响体现在规模和结构两个方面。税负水平的高低会影响生产要素的供给总量,而税负分配会影响生产要素的供给结构,差别性的税收优惠政策会影响供给的产业结构和区域结构。如图 11 - 2 所示:首先,税负水平会影响劳动回报率(工资水平)和资本的回报率,进而影响劳动供给和资本形成,无论是劳动供给还是资本供给的规模最终都会影响社会总供给的规模。总而言之,减税会增加资本和劳动供给,进而增加总供给;相反,增税就会降低总供给。其次,税负分配是倾向于对劳动多征还是对资本多征,将影响社会生产对资本和劳动的选择,进而影响资本和劳动的产出效率,最终影响社会总供给的结构。差别性的税收政策不仅可以影响地区间资源配置,而且可以影响产业间资源配置,从而影响国民经济的区域布局和产业布局,达到优化资源配置、调整经济结构的目标。

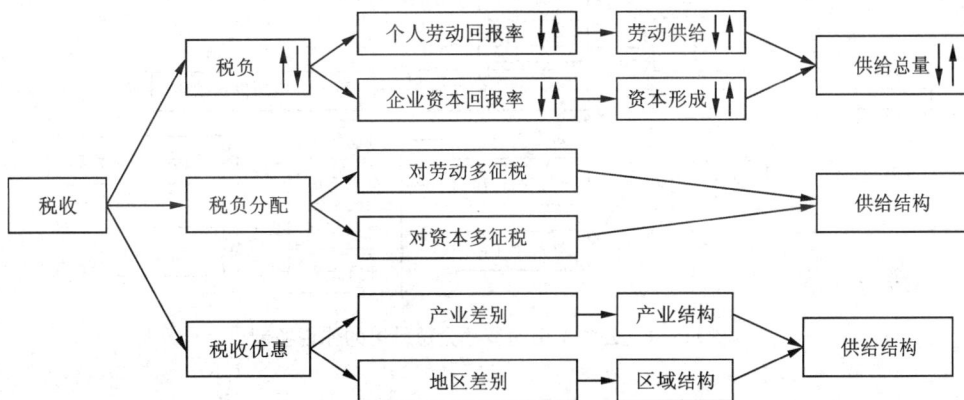

图 11 - 2   税收调节社会总供给的作用机制

(二)公共支出调节经济的作用机制

从需求角度来看,政府购买性支出中的消费支出和投资支出是社会消费需求和投资需求的重要组成部分,因此,如图 11 - 3 所示,政府购买性支出的增减会直接导致社会总需求的增减。转移性支出则有着与税收相反的调节效果,增加对居民个人的转移性支出会直接增加其可支配收入,刺激消费需求;增加对企业转移性支出可直接增加其投资需求,刺激投资需求,进而增加总需求。由此可见,不管是购买性支出还是转移性支出都会对总需求产生同向影响,只不过前者的影响更直接。

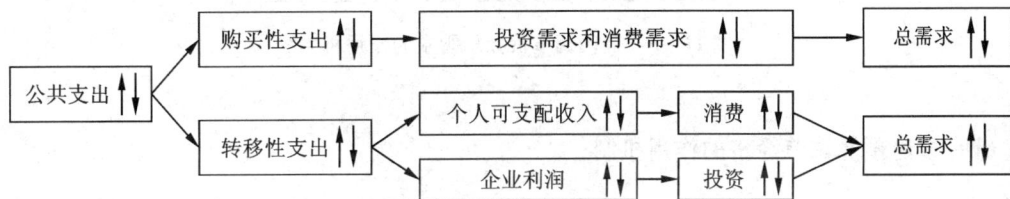

图 11 - 3   公共支出调节社会总需求的作用机制

此外，公共支出也会影响社会总供给的规模和结构。如图 11 - 4 所示，政府投资是形成社会总供给的重要力量，政府投资支出的增减会直接影响总供给规模的增减；政府投资的方向直接影响供给结构，并且对社会总供给能力的形成发挥着巨大作用。政府对关系到国计民生的基础设施投资，既为国民经济的发展奠定了基础，又为国民经济可持续发展提供了条件；政府对劳动力的投资，提高了劳动供给的素质；政府对科学、文化等方面的投资，提高了一国的科学技术水平，提高生产力，从而促进了总供给规模的增加和供给结构的优化。转移性支出通过主要社会保障支出和财政补贴影响总供给规模和结构，其作用机制和税收类似，只是作用效果相反。

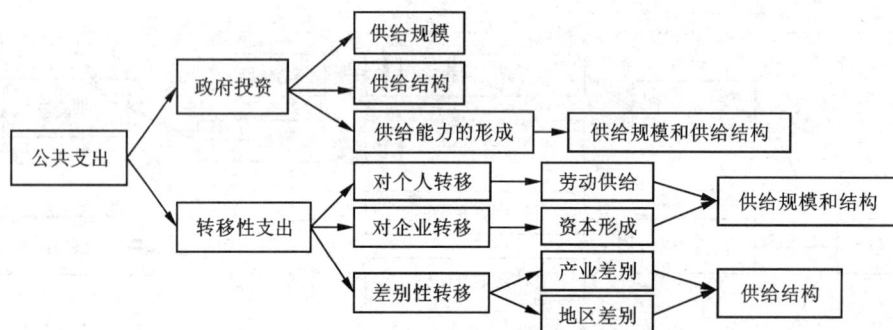

图 11 - 4　公共支出调节社会总供给的作用机制

（三）公债调节经济的作用机制

公债的发行主要影响社会总需求。如图 11 - 5 所示，一方面，发行公债会对个人消费和企业产生"挤出效应"，因此在社会需求膨胀、经济过热时，通过增发公债一定程度上可以抑制民间的投资和消费需求，发挥稳定经济的作用。另一方面，当社会需求不足时，政府也可以通过发行公债把社会闲置资金集中起来用于增加政府投资，从而刺激总需求。此外，政府还可以通过公债资金的使用来间接影响总供给水平；在政府举借外债的情况下，可以增加国内市场的供给，在这一过程中，国内市场的供给结构也可以改变。

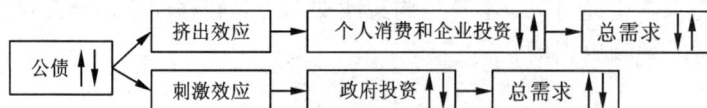

图 11 - 5　公债调节社会总需求的作用机制

（四）政府预算调节经济的作用机制

政府预算的调节作用主要通过调整预算收支的差额来实现的。如图 11 - 6 所示，在有效需求不足时，政府可以实行增支减收的赤字预算来刺激社会总需求；当需求膨胀时，政府可以实行增收减支的盈余预算政策来削减社会总需求；当社会总供求大致平衡时，可实行平衡预算政策维持经济的稳定增长。

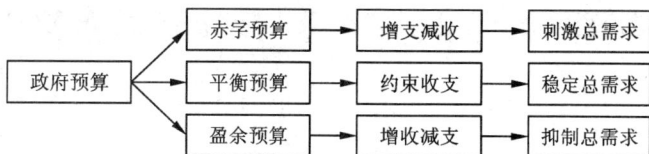

图 11-6 政府预算调节社会总需求的作用机制

二、财政政策乘数

通过上面的分析可知,政府通过税收、公共支出、公债和预算等工具来调节社会总供给和总需求,让两者大体保持平衡,以实现经济稳定增长。需要注意的是,采取紧的政策措施在影响总需求特别是压缩需求方面可以短期奏效,而采取松的政策措施在增加供给方面往往要经历一个过程才能见效。财政调节经济稳定的政策包含了需求管理政策和供给管理政策,但在经济学中,政府的宏观经济政策主要还是需求管理政策。因此,本部分重点讨论政府利用财政政策对总需求的影响。以上财政政策工具对社会总需求和产出的影响到底有多大呢?其影响程度可以通过财政政策乘数来反映。

财政政策乘数是指国家运用财政政策工具所引起的国民收入变化的倍数,可以反映财政政策效应的大小。财政政策乘数主要包括税收乘数、购买性支出乘数、平衡预算乘数和转移性支出乘数。理解了财政政策乘数,有助于更好地认识财政政策的作用机制。

国民收入决定理论是推导和理解财政政策乘数的基础。根据西方经济学的国民收入决定理论,国民收入(Y)取决于社会总需求(AD)状况。在不考虑对外收支的情况下,假如只存在家庭、企业和政府三个部门,则社会总需求是由消费需求(C)、投资需求(I)和政府购买性支出(G)三部分组成,即:

$$Y = C + I + G \tag{11-1}$$

其中,消费需求 C 是国民收入 Y 和税收 T 的函数,即:

$$C = a + bY_d \tag{11-2}$$

式(11-2)是消费者的消费方程式,a 为给定常数,表示与收入水平无关的消费,即自主消费;b 为边际消费倾向($0 < b < 1$),表示消费者每增加 1 单位的收入中有多少用于消费;Y_d 为消费者可支配收入,等于扣除政府税收 T 后的收入,即 $Y_d = Y - T$,因此消费函数变为:

$$C = a + b(Y - T) \tag{11-3}$$

将式(11-3)代入式(11-1)可得:

$$Y = a + b(Y - T) + I + G \tag{11-4}$$

对式(11-4)进一步求解即可以得出均衡国民收入水平:

$$Y = \frac{a - bT + I + G}{1 - b} \tag{11-5}$$

从上述公式可以看出,税收 T 和政府支出 G 是影响国民收入的重要变量。那么,这些不同的财政政策工具对国民收入水平的影响程度到底是多大,这就需要我们计算各财政政策乘数。

(一) 税收乘数

税收乘数指因政府税收变动而引起的国民收入变动的倍数。求式(11-5)对 T 的导数，即可得税收乘数：

$$\frac{dY}{dT} = -\frac{b}{1-b} \tag{11-6}$$

由上式可知，税收乘数是负值，说明税收增减与国民收入反方向变动，即在投资和政府支出不变的情况下，减税可以促使居民增加消费需求，从而成倍地刺激社会总需求，推动经济增长；相反，若增税则会导致社会总需求成倍地缩减。其增减的倍数为 $b/(1-b)$ 倍，即假设政府减税(增税)10 亿元，边际消费倾向为 0.6，则税收乘数为 -1.5，在其他条件不变的情况下，产出将增加(减少)15 亿元。

(二) 购买性支出乘数

购买性支出乘数是指因政府购买性支出变动而引起的国民收入变动的倍数。求式(11-5)对 G 的导数，即可得购买性支出乘数：

$$\frac{dY}{dG} = \frac{1}{1-b} \tag{11-7}$$

由上式可知，购买性支出乘数为正值，说明购买性支出与国民收入同方向变动，即政府增加(减少)购买性支出时，产出会扩大(缩小)$1/(1-b)$ 倍。假设增加政府购买性支出 10 亿元，边际消费倾向为 0.6，则购买性支出乘数 2.5，在其他条件不变的情况下，产出将增加 25 亿元。并且，购买性支出乘数的绝对值大于税收乘数的绝对值，这表明购买性支出政策效应要大于税收政策的效应。购买性支出直接影响到国民产出，而税收需要通过其对个人消费支出的影响而间接影响到产出和就业。

(三) 平衡预算乘数

平衡预算乘数是指政府在增减税收的同时，等量增减购买性支出，引起国民收入变化的倍数。不论是税收乘数还是购买性支出乘数，都是假定税收或购买性支出两者中有一个因素不变而另一个因素发生变动的政策效应。这两者只变动其中任何一个因素的话都会使财政收支的平衡状况发生变化。因此，在维持原有预算平衡格局的条件下，税收和购买性支出等量增减对国民收入水平产生的影响可用平衡预算乘数来解释，其计算公式如下：

$$\frac{dY}{dT} + \frac{dY}{dG} = \frac{-b}{1-b} + \frac{1}{1-b} = 1 \tag{11-8}$$

式(11-8)表明，平衡预算乘数等于 1，即增加税收会引起国民收入成倍地缩减，但同时等量增加购买性支出会导致国民收入以更大倍数地增加，即实行平衡预算政策仍具有一定的扩张效应，否定了"平衡预算规模变化对国民收入的影响是中性的"的传统观点。一般情况下，国民收入水平的变化等于平衡预算规模变化。假设，边际消费倾向为 0.6，增加税收 10 亿元将导致国民收入减少 15 亿元，而增加购买性支出 10 亿元将带来国民收入增加 25 亿元，二者相加为 10 亿元，即使得国民收入净增加 10 亿元。

预算平衡乘数的经济意义在于，当遇到不太严重的经济衰退时，政府可以通过适当地增税来弥补等量增加的政府支出,这样既可以一定程度地提高国民收入和就业水平,又可以避免过大的财政赤字。

(四)转移性支出乘数

财政支出按经济性质可分为购买性支出和转移性支出,故而财政支出乘数除了购买性支出乘数外还有转移性支出乘数。在公式(11-3)中的税收 T 是税收净额,即为政府事实上征收的税额 T_g 减去转移性支出 R 后的数额,即 $T = T_g - R$,将其代入(11-5)后可得:

$$Y = \frac{a - b(T_g - R) + I + G}{1 - b} = \frac{a - bT_g + bR + I + G}{1 - b} \qquad (11-9)$$

求式(11-9)对 R 的导数,即可得转移性支出乘数:

$$\frac{dY}{dR} = \frac{b}{1 - b} \qquad (11-10)$$

这表明转移性支出乘数也是正值,转移性支出的增减与国民收入同向变动,且等于边际消费倾向与边际储蓄倾向之比。而且,$b/(1-b) < 1/(1-b)$,转移性支出政策效应要小于购买性支出政策的效应。

综上所述,政府收支的变化通过以上财政政策乘数的放大作用对社会总需求产生重大影响,使得国民收入成倍地变动,能够起到四两拨千斤的作用。因此,财政政策是稳定宏观经济运行或反经济周期的重要手段。此外,财政政策的作用力度或倍数效应主要取决于边际消费倾向,所以政府在采取各种财政政策工具调节经济时还要注意非政府部门的反应。

三、财政政策的传导机制

财政政策的传导机制是指在财政政策发挥作用的过程中,各种财政政策工具通过某种媒介的相互作用形成的一个有机联系的整体。在市场经济条件下,财政政策的实施存在着从政策工具到政策目标的传导过程,该过程需要借助特定的媒介使政策系统与经济环境进行信息交流,并通过传导媒介的作用,把政策工具变量最终转化为政策目标变量(即实现期望值)。简言之,财政政策发挥作用的过程,实际上就是财政政策工具变量经由某种媒介的传导转变为政策目标变量的复杂过程。财政政策传导机制的主要媒介有货币供给、收入分配及价格,财政政策工具的变动主要是通过引起上述媒介中间变量的变动来达到预期目标。因此,政策能否达到预期目标,在很大程度上就与传导机制的作用联系在一起。通过对财政政策的传导机制的研究,可以了解财政政策在贯彻执行中的种种效应偏差,更好理解财政政策的整体作用机制。

(一)以收入分配为媒介的财政政策传导机制

收入分配是财政政策的主要传导媒介,财政政策工具可通过影响个人收入分配和企业收入分配来实现既定目标:

(1)财政政策工具变动对个人收入分配的影响,主要体现在改变货币收入者实得货币收入或使货币收入者的实际购买力发生变化。对于前者,主要是通过对居民个人征税,使其税后收入减少或通过某种形式的补贴使居民个人的实得收入增加;对于后者,主要是通过货币的升值或贬值来进行调节。居民个人收入的变化会影响其储蓄与消费的行为,并影响劳动者生产积极性，在一定的程度上还可能导致劳动者在工作与闲暇中重新做出选择。例如，开征消费税直接影响消费支出，开征利息税则可能影响储蓄行为。再如开征个人所得税，当累进税率达到一定高度时，就可能使一部分人在工作与闲暇中重新选择，产生减少工作时间增加闲暇时间的替代问题。这样，财政政策就通过收入分配这个媒介最终对总产出产生影响。

(2)财政政策工具变动对企业收入分配的影响，则主要体现在企业税后利润的分配上。调整税收，特别是企业所得税的增减直接影响企业税后利润的变化，进而影响企业的生产投资行为，最终影响总需求。此外，政府支出特别是消耗性支出和公共工程投资会增加对企业产品的需求，相对提高产品价格，进而使企业获得更多利润。

总之，在总供求波动的背后，主要是收入因素变动影响，而收入的变动是分配的结果，或者说是利益格局调整的结果。财政政策工具正是通过对利益的调整来实现政策目标值。

(二)以货币供应为媒介的财政政策传导机制

财政政策工具会通过影响货币供给量，最终对社会供求总量平衡和经济发展产生影响。首先，货币供给是社会需求的载体，任何一笔财政收支的增减都必须以货币供给量为媒介作用于社会总需求，进而对整个社会经济活动产生影响。比如，实行财政赤字政策时，不管是减税还是增加政府支出，也无论是采取货币化融资还是采取债务融资，都是先扩大货币供给量，而后才能达到扩大总需求的目的。其次，财政政策的实施往往需要跟货币政策配合才能取得更好的效果，比如，在利率市场化的条件下，如果实行扩张性财政政策，增支减税易产生财政赤字，这时如果不相应地增加货币供给量，必然迫使利率上升，对民间投资会产生挤出效应，这样就达不到扩大总需求的政策目标了。

(三)以价格为媒介的财政政策传导机制

在我国，许多财政政策工具的作用是通过价格作用体现出来的，或者是与价格相互作用共同发挥调节作用的。长期以来，我国产业部门间的利润率存在着巨大差异，这种差异是导致产业结构不合理的一个重要原因，调整产业结构从某种意义上讲就是调整利益结构。部门与行业间利润率的差别，除了受成本变动等因素影响外，主要与价格政策有关。价格市场化是我国经济体制改革的必然趋势，然而在向市场经济转变的过程中，通过经济手段适度调控价格仍然必要的。比如，在加大政府对基础产业部门投资的同时，可以运用税收、补贴等财政政策工具来调控基础产业部门的价格，达到调整、优化产业结构的政策目标。

第三节　财政政策与货币政策的配合

一、货币政策概述

货币政策是指一国政府为实现既定的经济目标，运用各种工具调节货币供给量的基本方针及其相关措施的总称。货币政策的主要制定者和直接执行者是一国中央银行，我国的中央银行是中国人民银行。货币政策作为国家经济政策的组成部分，如同财政政策一样，其最终目标是与国家宏观经济目标相一致的，即稳定物价、经济增长、充分就业和国际收支平衡。

一国究竟以哪个目标为重，直接取决于该国当时的宏观经济状况。但各国货币政策的共同点，都是通过影响利率和货币供给量的方式来实现相应最终目标。因而，利率和货币供给量等货币变量就成了货币政策的中介目标，即根据实际情况把利率和货币供应量控制在客观需要的范围内。

在计划经济体制下，我国货币政策从属于财政政策，独立的作用很小。随着社会主义市场经济体制的转变，银行的从属地位已经改变，货币政策在国民经济运行中的作用日益增强。中央银行一般借助公开市场业务、法定存款准备金率和再贴现率三大工具来实现政策目标：①公开市场业务，也称公开市场操作，指中央银行在金融市场上公开买卖政府债券，特别是短期国库券，以影响基础货币来调节货币的供给量。当经济过热时，中央银行卖出政府债券回笼货币，使货币流通量减少，导致利率提高，进而投资减少，达到紧缩社会总需求的目的；当经济萧条时，中央银行买进政府债券投放基础货币，从而促使货币流通量增加，市场利率下降，进而间接地刺激消费和投资，达到扩大社会总需的目的。②再贴现率。再贴现率就是商业银行向中央银行进行再贴现时所支付的利率。央行调整再贴现率就会改变商业银行的货款成本，相应地会改变银行的可贷放资金，导致货币供应量也相应地收缩或膨胀。③法定准备金率。各国金融法都明确规定，各专业银行都必须将吸收的存款按一定比率缴存中央银行，这个比率就是法定准备金率。提高法定准备金率，商业银行缴存中央银行的准备金多了，银行能够贷放的资金少了，会导致流通中的货币成倍地缩减；反之，如果央行调低法定准备金率，流通中的货币量会成倍地增加。

从总量调节出发可以把货币政策分为扩张性、紧缩性和中性三种类型。扩张性货币政策是指货币供应量超过经济过程对货币的实际需要量，其主要功能是刺激社会总需求的增长。紧缩性货币政策是指货币供应量小于货币的实际需要量，其主要功能是抑制社会总需求的增长。中性货币政策是指货币供应量大体上等于货币需要量，对社会总需求与总供给的对比状况不产生影响。至于具体采用何种类型的货币政策，需要根据社会总需求与总供给的对比状况审慎地做出抉择。

二、财政政策与货币政策配合的必要性

财政政策和货币政策是国家最主要的两项宏观经济政策，是政府进行宏观调控的重要手段，两者都以调节总需求为基点，但各有其自身的优势和局限性，二者配合使用更有助于实现多元政策目标。特别是当一国社会经济问题突出时，只实施财政政策或仅实施货币政策其效果都有限，需要两者协调配合。

（一）两者作用机制和调节领域不同

财政政策和货币政策是借助不同的政策工具来调节社会总供求，因而其作用的机制和途径是不同。财政政策通过税收、公债、政府支出等工具来调节社会总需求，调节的范围主要在分配领域。财政直接参与国民收入分配，并对集中起来的国民收入在全社会范围内进行再分配。因此，财政可以从收入和支出两个方向上影响社会需求的形成，对总需求的控制相对是比较直接和容易的。货币政策须由中央银行借助公开市场业务、法定存款准备金率和再贴现率这三大工具通过影响商业银行的行为来调节流通中的货币供给量和利率水平，进而影响社会总需求。它调节的范围主要是在流通领域，对总需求的影响相对间接。也正是由于财政

政策的直接性强，导致灵活性相对较弱，实施阻力较大，特别是在实施紧缩性财政政策时；而货币政策的间接性，使其具有较强的灵活性，实施阻力较小，市场经济色彩更浓厚。

(二)两者调节的侧重点不同

财政政策与货币政策都能够对总量和结构进行调节，但调节的侧重点不同：货币政策侧重调节总量，而财政政策除了调节总量，其结构性调节功能也比较突出。货币政策具有典型的总量特征，重点是调节社会需求总量，而在改善社会供求结构与国民经济比例关系方面的作用相对较弱一些。这是因为中央银行运用各种货币工具来增加或减少货币供应量，利率一般是统一，很难对相关产业制定差异性的金融政策；再者，商业银行在资金运动规律的制约下，不可能将大量的货款直接投入经济发展的滞后产业上。相比而言，财政政策的结构性调节功能更强烈。比如，可以通过差别税负设计、财政补贴和政府投资等手段，来实现资源配置的优化和经济结构的调整。当然，财政政策也是重要的总量调节工具，在某些时期财政政策对经济总量波动发挥了主导性调节作用。只是由于税收负担及财政支出规模的调整涉及面大且政策性强，直接关系国家的财政分配关系，并受实现国家职能所需财力数量的限制，导致财政政策对需求总量调节具有一定的局限性。二者配合使用能更好地兼顾总量和结构。

(三)两者在扩张和紧缩总需求方面的作用不同

财政与信贷在扩张和紧缩社会总需求方面的作用是有区别的：财政赤字可以扩张需求，财政盈余可以紧缩需求，但财政本身并不具有直接创造需求即"创造"货币的能力，唯一能创造需求、创造货币的是中央银行。因此，财政的扩张和紧缩效应一定要通过货币政策机制的传导才能发生。比如财政发生赤字或盈余时，如果银行相应压缩或扩大信贷规模，完全可以抵消财政的扩张或紧缩效应；只有财政产生赤字或盈余，银行相应地扩大或收缩货币供给量，财政的扩张或紧缩效应才能真正发生。问题不仅在此，银行自身还可以直接通过信贷规模的扩张和收缩来起到扩张和紧缩需求的作用。从这个意义上说，中央银行的货币政策是扩张或紧缩需求的"总闸"。正是由于财政政策与货币政策在消费需求与投资需求的形成中有不同的作用，才要求财政政策与货币政策必须配合运用。如果财政政策与货币政策各行其是，就必然会产生碰撞与摩擦，彼此抵消力量，从而减弱宏观调控的效应和力度，也难以实现预期的调控目标。

(四)两者政策效应的时滞不同

所谓政策时滞是指政策从制定、实施到产生效应，中间都会有或长或短的时间间隔。政策时滞一般包括内在决策时滞和外在反应时滞。内在决策时滞是指从经济现象发生变化到决策者认识到这种变化并制定与实施某种政策所经历的时间。一般来说，财政政策的内在决策时滞较长，货币政策的内在决策时滞较短。因为，税收与预算支出等财政政策工具都是具有法律效力的调节手段，要调整和变动税收(包括税种、税率、税目等)或预算支出(包括支出规模和支出结构调整等)都需要经过一定的法律程序，再交付给有关执行单位具体实施，比较费时。按照我国现行规定，财政政策的制定和实施都需要经过财政部提出、国务院审批、报全国人大常委会通过一整套的法律程序，这一过程往往需要相当长的时间，有时甚至要到下一财政年度才可做出调整。而货币政策一般可由中央银行根据经济形势自行决定实施，因此内在决策时滞比较短。

外在反应时滞是指从政策正式实施到对社会经济产生影响所需要的时间。一般来说，财政政策的外在反应时滞较短，货币政策的外在反应时滞较长。因为财政政策工具可以直接影响社会的有效需求，尤其是政府购买性支出的变动会很快地对需求产生效应，实施过程中没有任何中介环节，因此外部反应时滞较短。而货币政策需要借助金融市场或商业银行等中介环节去影响生产者和消费者，最终影响社会总需求，因此货币政策外在反应时滞上要比财政政策长。

就时滞方面来看，很难比较财政政策与货币政策的优劣。但正是由于这些不同的特点，在许多情况下财政政策与货币政策不能相互替代，政府要根据不同的客观经济环境和不同政策的各种时滞加以比较，做出正确判断，选择最有效的政策措施。在两者配合使用时，除了政策的配合，还要考虑到时滞问题，把握好运用政策的时机。

三、财政政策与货币政策配合的模式

所谓财政政策和货币政策的配合，是指政府将财政政策和货币政策按某种形式搭配组合起来，以调节总需求，最终实现宏观经济的内外平衡。财政政策与货币政策的配合使用，一般有四种模式，可以根据具体的情况和不同目标选择不同的配合模式。

（一）扩张性的财政政策和扩张性的货币政策，即"双松"政策

所谓"双松"政策是指松的财政政策和松的货币政策相配合。松的财政政策是指通过减少税收或扩大支出规模等来刺激社会总需求，增加国民收入，但这可能会引起利率水平提高；松的货币政策是指通过降低法定准备金率与再贴现率、买进政府债券等来增加货币供给量、抑制利率的上升，来刺激企业的投资需求和以消费信贷为基础的消费需求。这两种类型的政策配合使用可以在利率不变的情况下，快速地提高社会总需求，刺激经济增长和扩大就业，比单独使用其中一种松的政策效果要猛烈，易造成通货膨胀。因此，只能在合适的经济形势下谨慎使用，把握好度。这种"双松"的配合模式一般适合在社会总需求严重不足、存在较高的失业率、企业开工不足、资源设备闲置、市场疲软的经济萧条或金融危机时期使用。比如，为了应对东南亚金融危机和美国次贷危机造成的冲击，我国政府分别于1998年和2008年实行了"双松"的政策，以扩大内需，确保经济稳定增长。

（二）紧缩性的财政政策和紧缩性的货币政策，即"双紧"政策

紧的财政政策是指通过增加税收和减少政府支出规模来抑制消费与投资，进而降低社会总需求，但有可能使利率下降；紧的货币政策是指通过提高法定准备金率、再贴现率和公开市场业务来减少货币供给量，提高利率水平，进而抑制企业投资和个人消费。这种类型的政策配合使用，可以在不改变利率的情况下有效地遏制通货膨胀和经济过度繁荣，但运用不当可能会带来通货紧缩和经济停滞的后果。这种"双紧"的配合模式一般适合在高通货膨胀、经济过热时使用。

（三）扩张性的财政政策和紧缩性的货币政策

扩张性的财政政策可以有效刺激总需求，对克服经济萧条较为有效；紧缩性的货币政策

可以避免过高的通货膨胀率。因此，这种"一松一紧"的政策配合模式能够在保持经济适度增长的同时尽可能地避免通货膨胀，一般适合在经济处于从高涨时期向衰退时期运行时使用。此时高通货膨胀还没有得到完全有效的控制，但社会的消费需求和投资需求已明显下滑，经济停滞不前甚至衰退，社会闲置资源没有得到充分利用。财政政策放得过松并长期运用这种政策组合，会出现巨额的财政赤字。因此，适度宽松的财政政策与适度从紧的货币政策无疑也是一种较好的配合选择。

（四）紧缩性的财政政策和扩张性的货币政策

紧缩性的财政政策可以抑制社会总需求，防止经济过旺和通货膨胀；松的货币政策可以发挥货币资金对经济的推动力，保持经济的适度增长，因此，这种"一紧一松"的政策配合可以在控制通货膨胀的同时保持适度的经济增长。但货币政策过松，也难以遏制通货膨胀。这种配合模式一般适合在经济从萧条转入高涨时期使用。此时，经济过热，通货膨胀已有较明显信号，经济结构性矛盾较突出，但经济增长还有潜力。

由此可见，"双松""双紧"政策配合模式主要调控的是社会总需求，解决的是总量问题。总量失衡突出地表现在经济萧条时期的总需求严重不足和经济繁荣时期的总需求过旺，针对这两种情况必须方向一致地同时使用财政政策与货币政策。松紧搭配的政策配合模式主要调控社会总需求的结构性问题，需要根据结构性问题的具体类型选择适当的松紧搭配政策。除了以上四种模式，还可以将中性财政政策与松的或紧的货币政策搭配，中性货币政策与松的或紧的财政政策搭配，产生多种配合模式。我们应当结合宏观经济运行状况和所要达到的政策目标灵活、审慎地选择合适的模式。

第四节　国内外财政政策实践

一、国外财政政策实践及借鉴

（一）国外财政政策的实践

自 20 世纪 30 年代凯恩斯经济学创建以来，财政政策成为各国政府干预宏观经济运行的重要手段，比如美国和日本先后实行了多种类型的财政政策，积累了大量的经验与教训，值得我国学习借鉴。依据政策调控对象和思路不同，可以把这些财政政策实践归纳为三种类型：

1. 需求管理型政策实践

扩大财政支出、举债投资、赤字预算是需求管理型政策的核心内容。针对 20 世纪 30 年代在整个资本主义世界爆发的大危机，1936 年英国经济学家凯恩斯在的著作《就业、利息和货币通论》中详细阐述了政府运用财政政策对经济活动进行干预的政策主张。他认为，危机产生的主要原因在于"有效需求"不足，由于市场调节无法实现总供求的一致，因此政府有必要通过扩大财政支出、增加社会投资的方式对经济总量进行干预。凯恩斯理论提出以后，很快被西方发达资本主义国家所采用，纷纷以凯恩斯的经济理论作为制定本国经济政策的依据，典型代表是美国和日本。

汲水政策是美国"罗斯福新政"应对大萧条的主要措施，通过增加财政支出，特别是扩大公共投资和公共工程建设，达到启动市场、刺激投资，进而促进经济增长的目标。美国在1929年的财政支出为31亿美元，1933年上升到46亿美元，1936年扩大到84亿美元。在公共工程支出方面，1933年美国建立了公共工程局，拨款33亿美元，举办公共工程；1935年美国建立工程振兴局及其联合机构，1935—1936年，该局得到政府拨款近50亿美元。汲水性财政政策有力地促进了就业增加和经济增长，1934—1936年美国实际GDP增长率连续3年达到10%。但是，这项政策也直接导致政府财政赤字规模上升，赤字问题开始逐渐成为美国此后数十年挥之不去的梦魇。

汲水政策具有短期性和临时性特点，随着经济的复苏而退出。美国杜鲁门和艾森豪威尔两届政府实施了补偿性财政政策，强调周期性预算平衡，使预算能够依据宏观经济中总需求和总供给关系的变化而灵活调整，成为传统需求管理工具的重要组成部分。然而，这种政策实践的结果虽然没有带来严重的财政赤字与通货膨胀，但经济增长的速度非常缓慢，特别是1953—1960年间美国实际GDP年均增长只有2.5%。为了摆脱经济停滞状态，新古典综合派认为应该把凯恩斯主义的短期扩张政策长期化，不但在萧条时期实行，即使经济回升，只要实际产出低于充分就业的水平，也要实行扩张性财政政策。因此从肯尼迪政府开始，长期扩张性财政政策就成为美国在20世纪60年代刺激经济增长的重要手段。增长性赤字财政政策和连续不断的刺激性减税政策取得了显著成效，失业率从1963年的5.7%下降到1969年3.5%，国民经济持续增长106个月，带来了美国战后经济发展的黄金时代，但与此同时，美国财政赤字更加膨胀。

20世纪90年代日本经济危机中，日本政府连续运用扩张性财政政策应对经济危机，并且规模不断加大。在政府大规模财政支出的刺激下，日本经济于1995年和1996年出现了较明显的增长，且持续了从第二次世界大战后到20世纪60年代末70年代初20多年的时间。

2. 供给管理型政策实践

20世纪70年代以后，凯恩斯经济政策陷入了"两难"境地：继续扩大财政支出会导致通货膨胀，而紧缩开支又使经济增长停滞。"滞胀"的产生实际上宣布了凯恩斯经济理论的失灵以及需求管理政策的失效。治理"滞胀"的多种经济理论因此而产生，其中在财政政策方面最有影响的当属供应学派。供应学派理论的核心是减税和简化税制，增加供给。他们认为"经济滞胀"问题的关键不在于需求，而在于供给的不足，过高的税率增加了资本家的投资成本，降低了劳动者的实际收入，进而导致社会总供给的减少。供应学派的政策主张很快为美国政府所采纳，里根在1981年抛出了经济复兴的四点计划，减税居首，主要落脚点是公司所得税和个人所得税。20世纪80年代至90年代初期由共和党执政的12年间，美国政府曾多次进行减税，特别是《1986年税制改革》，使个人所得税最高税率从50%降至28%，档次由14级简化为2级；公司所得税最高税率从46%将至34%。供给管理政策的执行对增加社会的总供给所起的作用是十分明显的，促成了20世纪80年代美国经济的复苏和繁荣；只是由于在进行减税的同时，政府用于国防、社会保障等方面的支出大幅增加，最终导致财政赤字与国债规模的大幅增长。

2001年美国经济增长开始放缓，结束了长达10年的增长周期，失业率上升，消费和投资持续低迷，小布什高举着减税大旗，重拾里根经济学，奉行供给主义政策，出台多个减税法案，还大幅度提高国防支出。2001 年 5 月国会通过十年期减税计划，减税总规模达到 1.35 万亿美元后又新增 1000 亿美元减税，2003 年再通过总额为 3500 亿美元的减税法案，2008 年实施总额达 1450 亿美元的第四个减税方案，措施主要有简化个税档次和降低个税税率、取消遗产税和对个人股票红利的税收。从政策效果来看，小布什第一任期内的经济表现欠佳，实际 GDP 虽有增长但速度缓慢，到 2004 年年均增长 2.5%，但通货膨胀率年均只有 2%。第二任期，美国经济回升且出现过热趋势，政策调控开始转而防止经济过热，同时实行紧缩的货币政策，2004 年开始连续 17 次提高利率。

3. 混合型政策实践

进入 20 世纪 90 年代以后，由于国际经济环境的变化频繁以及国内经济、社会形势的变化，运用财政政策干预经济活动呈扩散之势。当一国因各种原因导致经济出现增长缓慢的迹象时，无论是发达国家还是发展中国家几乎无一例外都采用财政政策刺激经济。但大部分国家采取的是财政支出与税收"双管齐下"且有增有减的混合型财政政策，典型代表有美国、德国和东亚部分国家。

20 世纪 90 年代克林顿政府的结构性财政政策在美国财政政策实践中具有浓墨重彩的一笔。克林顿担任总统初期，美国经济复苏缓慢，失业率居高不下，巨额财政赤字几乎增长失控。克林顿政府在新凯恩斯主义和内生增长理论的影响下，于 1993 年提出了振兴经济计划，实施了一系列短期内削减财政赤字、长期内刺激经济增长的结构性财政政策。结构性财政政策实践可以概括为：增中有减的税收结构调整和减中有增的支出结构调整。在税收结构调整方面，克林顿政府对高收入者提高税率，而对中低收入家庭和小企业实行减税，实现 5 年内增税 2410 亿美元的总体目标；同时，为了促进新技术发展，对创建新企业进行风险投资的个人和企业实行税收减免。在支出结构调整方面，通过减中有增的结构改革，计划减支 2550 亿美元：大幅精简政府机构、压缩行政开支、削减军事等非生产性支出，同时大规模增加基础设施建设等生产性支出和教育、职业培训、研发等科技投入，鼓励企业开展技术创新。这种总体紧缩性财政政策伴有明显的结构性特征，使具体的财政政策微观化，发挥了财政政策的供给管理作用，优化了产业结构，促进了经济的内生增长，造就了美国从 1991 年到 2000 年近十年的战后经济真正的"黄金时代"，呈现出"两低一高"（低失业率、低通货膨胀率和高速经济增长）的良好态势。

与以往有所不同的是，20 世纪 90 年代以来各国在运行财政政策干预经济的时候，比较注重不同宏观经济政策的配合与协调。尽管货币政策对克服经济衰退作用并不大，但如果将其与财政政策进行配合，财政政策的效果将更明显。因此，宏观经济政策的配合与协调是各国十分重视的问题。如日本 10 年来基本上执行的是零利率政策；再如东亚各国在实施扩张性财政政策的同时，也实行放松银根的货币政策。

（二）国外财政政策实践经验借鉴

通过对 20 世纪 30 年代以来国外财政政策实践进行分析与思考，我们可以发现各国在执行财政政策时所共同具有的以下特征，值得我们学习借鉴。

1. 各国政府都以相关的理论作为制定财政政策的基础

自 20 世纪 30 年代以来，就经济活动是否需要政府干预的问题在理论上一直存在着激烈的争论，但实际上，不管是早期的凯恩斯主义，还是不主张政府干预的新自由主义（如供给学派提出了政府应该运用减税政策来增加供给、刺激经济的政策主张），以及后期进一步完善的凯恩斯主义经济学说，都是各国制定财政政策的理论基础。从各种理论的本质上看，尽管他们研究的出发点以及方法论上存在着较大的差距，但政策目标以及不同政策手段的作用方向却是一致的。在实践方面，无论是早期及中期的美国还是20世纪90年代后其他的发达国家或发展中国家，在制定和执行本国的财政政策的时候，都是以已有的理论作为政策的指导：或是需求管理理论，或是供给管理理论，或者是两者的综合运用。

2. 财政政策大都是在一国经济不景气的形势下实施

当一国经济处于平稳发展状态时，已有的财政制度安排会自动地发挥调节作用，即财政的自动稳定作用。当经济出现较大波动而市场本身又不能调节时，政府可能通过宏观经济政策进行调节。财政政策更多是在经济增长缓慢、通货紧缩、失业率提高等经济不景气的状况下才被政府所采用。经济不景气的表现形式不同，采取的对策也存在差异，要正确判断经济形势，选择适宜财政政策。一般在生产下降、失业增加、通货紧缩的情况下，采取的应对措施是以扩张性财政政策为主导；但在"滞胀"状况下，政府主要通过减税、缩减财政支出等措施鼓励投资、扩大需求，带动经济增长。

3. 税收和政府支出是各国财政政策的重要工具

减税或增加支出或两者同时采用，这是各国通常的做法。需求管理型政策以政府支出、税收和国债三项主要政策工具为载体，倾向于短期运作，通过影响消费需求和投资需求，使实际产出水平达到潜在产出水平；供给管理型政策着眼于促进长期经济增长而不是平滑经济周期性波动，利用减税政策和税制改革刺激生产要素的供给的，同时，更加注重调整政府支出结构、带动产业升级、改善经济结构，从而在长期内提高经济的潜在产出水平；混合型政策是两者的结合使用。从执行政策的效果看，同时采用减税和增加支出，只要两种手段的执行力度适中，往往可以取得较理想的效果。当然这两者手段双向配合的力度和政策使用时间要严加控制，若力度过大、时间过长，既会扩大财政赤字，使政府债务负担加重，也容易导致通货膨胀（如20世纪七八十年代的美国）。但如果两种手段反向配合，即减税与减少支出或增加支出与增税并举，政策效果往往会相互抵消，刺激经济效果不明显（如20世纪四五十年代的美国）。另外，政府支出总量要与支出结构相配合。历次经济危机中，各国政府在大规模扩张财政支出的同时，在财政支出方向的选择上都非常谨慎的，要从立足解决当前危机与国家长远发展两方面来选择。

4. 财政政策要与货币政策等其他宏观经济政策配合使用

尽管一些知名的经济学家如克鲁格曼对治理经济不景气而采取的扩张性的财政政策持反对态度，认为通过增发货币可以解决这一问题（克鲁格曼，1998），但很多国家的实践证明，为了使经济降温，货币政策的作用更明显；为了启动经济，财政政策所起的作用往往更大；如果两种宏观经济政策能够相互配合与协调，则政策效果会更大。这一点已为越来越多的国家所认识。如前述的德国以及东亚国家在刺激经济增长所执行的政策中，就非常重视两种宏观经济政策的相互搭配，日本也同样如此。需要强调的是，一国政府采用"双松"或"双紧"的财政政策和货币政策时，一定要注意"度"的把握，否则很容易使经济陷入各种危机之中。比如，美国在小布什第二任期时为了防止经济过热实行"双紧"的财政政策和货币政策，经济虽然得以降温，但是利率的频繁上升最终导致了次贷危机的爆发。

二、我国财政政策实践

现代意义的财政政策是与市场经济和宏观调控联系在一起的概念。改革开放之前，我国主要通过计划手段对经济活动进行调节和控制，没有主动运用财政政策进行宏观调控。1978年改革开放后，我国开始了从计划经济体制向市场经济体制转型，现代财政政策实践伴随着改革开放而产生。在不断总结自身不足和学习国外经验的基础上，我国财政政策经历了探索、发展和走向成熟的历程，大致可分为以下几个阶段：

（一）1978—1997 年的财政政策

1978 年实行改革开放以来，市场化改革成为大趋势和主旋律，由此取得的成绩是有目共睹的，带来的影响是全方位和多层次的。受凯恩斯主义思潮的影响，这一时期基本上采取的是"相机抉择"的财政政策，随着宏观经济形势的变化，政策变化快、调整频繁，缺乏连续性和稳定性。加之市场经济体制改革仍处于起步阶段，政策协调的外部环境不完善，政府调控的市场经济机制的经验不丰富，这一时期的宏观调控基本处于"一放就乱，一乱就收，一收就死，一死再放"的状态。根据调控的目标不同，这一时期的财政政策大体可分为两个阶段：

1. 1978—1987 年以解决国民经济比例不协调为目标

该阶段财政政策是在扩张与紧缩之间不断调整，但基本趋向是以减税让利为代表的放松政策。随着一系列分权型财政体制改革举措的推行，政府赋予地方和企业更多的自主权，国家与企业分配实行利改税，中央与地方财政实行分灶吃饭。这些措施为医治十年动乱创伤、支持国民经济发展特别是经济结构调整、促进农村经济体制改革、改善人民生活水平发挥了积极作用；但财政支出连续大幅度的增长和长期的减税让利，也造成了该阶段连年高额的财政赤字。

2. 1988—1997 年以治理通货膨胀为目标

改革开放极大激发了市场活力，但这一时期还是短缺经济，商品供不应求，物价不断上涨，到 1988 年通货膨胀率已达到 18.5%。此时，国家宏观调控的中心任务之一就是治理通货膨胀。1988 年十三届三中全会提出了"治理经济环境、整顿经济秩序、全面深化改革"的方针，大力压缩固定资产投资、紧缩中央财政开支、进行税利分流试点和税制改革。政策实施后需求膨胀得到了化解，物价回落到正常水平；但经济增长短期下降过多，市场不同程度地出现疲软。1992 年邓小平南行讲话之后，1993 年党中央提出建设中国特色社会主义市场经济体制，中国经济开始进入活跃期，各项指标不断攀升，投资增长过猛，银行信贷规模一再突破计划，物价迅速上升，经济形势再度严峻。为抑制严重的通货膨胀，从 1993 年下半年开始实行适度从紧的"双紧"政策。其中财政政策的主要手段是：实行财政支出总量从紧，严格控制投资规模；进行大规模的税制改革，建立了以增值税为主的新流转税制度；实行分税制改革，调整中央与地方的财政分配关系。分税制按照税种划分中央和地方收入来源，将税源稳定、税基广、易征收的税种大部分划归中央，极大提高了中央政府财政收入和宏观调控的能力。分税制执行第一年，中央政府的财政收入比上一年猛增 200%，在全国财政总收入中所占的比重由上年的 22% 急升至 56%。经过大约三年的整顿治理，成功抑制了通货膨胀，实现了经济软着陆。

由于改革开放以来经济转轨中的财政困难和多种制约因素，近 20 年间中国财政政策总体而言是"低调"的，主要表现是财力安排捉襟见肘，赤字连年、职能范围收缩，同时"错位"（越位与缺位）严重，维持"吃饭财政"在许多情况下都成为问题，就更谈不上十分积极的调控举措。

（二）1998—2004 年积极的财政政策

1. 政策出台背景

20 年的改革开放释放了大量改革红利，市场供给大量增加，从 1997 年开始我国经济增长的基础发生了根本性变化，从卖方市场转变为买方市场，逐渐进入过剩经济时代。与此同时，从 1997 年夏季开始，亚洲金融风暴在泰国爆发，迅速席卷东南亚诸国，使周边多国经济濒临崩溃。我国虽然幸免于难，但是对外贸易受到严重冲击，出口锐减，1998 年 5 月出口开始出现负增长；同时，沪深两市受金融危机影响，股票狂跌；居民消费意愿低迷，造成银根紧缩，实体经济萧条，出现大规模的民营企业倒闭浪潮。这一时期经济形势严峻，GDP 增长率逐年下降，1996 年为 9.6%，1997 年为 8.8%，1998 年上半年下滑至 7%。投资需求增长乏力，企业亏损严重，银行坏账风险加剧，GDP 增长率、出口、投资的下降，说明我国已经出现通货紧缩现象，政府决定从 1998 年 8 月开始实施积极的财政政策和稳健的货币政策。

2. 政策主要内容

该阶段积极财政政策的主要内容有：①发行长期建设国债，加强基础设施建设。1998 年到 2004 年间，政府共发行长期建设国债 9100 亿元，四大国有商业银行的"配套资金"与财政拨款总额也大致相等，主要投资于基础设施建设，如修建高速公路、铁路、发电、大型水利工程等，启动城市化建设。②调整税收政策，加强税收征管，增强税收调控功能。此次没有实行扩张性财政政策惯用的减税政策，而是制定了一系列支持西部大开发、刺激出口、促进高科技和基础产业发展的税收优惠政策，以拉动投资和出口需求。③优化支出结构，调整收入分配，培育和扩大消费需求。一方面取消福利性分房，鼓励按揭贷款购买商品房，房地产成为启动内需的最大杠杆；另一方面增加社会保障、教育等重点领域的支出，不断完善社会保障体系。④实行适度宽松的货币政策与"松中有紧"的积极财政政策相配合。稳健的货币政策在实际操作中是适度扩张，中央银行先后 7 次降低存贷款利率，增加流通中的货币供应。

3. 政策实施效果

积极的财政政策在解决通货紧缩问题是及时有效的：①增发国债，有效扩大了投资需求，遏制了经济下滑。1998—2003 年 GDP 年均增速为 7.8%，2004 年 GDP 比上年增长 10.1%。②物价保持基本稳定，通货紧缩得到明显遏制。2004 年全国居民消费价格总水平比上年上涨 3.9%，商品零售价格上涨 2.8%。③集中力量建成了一批重大基础设施项目，办成了一些多年想办而未办成的大事。在国债资金支持下，对大江、大河、大湖进行了大规模的堤防工程建设和水毁工程修复，加快改善了交通运输条件和粮食仓储状况。④促进了地区生产力布局调整和优化，推动西部大开发迈出实质性步伐。2000 年以来，中西部地区投资的增长速度明显高于东部地区。⑤促进了居民收入和消费增长，改善了人民生产、生活条件，促进了社会事业发展。从 1999 年开始的三次调资，使机关事业单位人员工资水平和城镇低收入者的保障标准得到大幅提高；社会保障投入的不断增加，使得我国社会保障体系得以建立和完善，也提高了城镇低收入群体的收入，拉动了消费。

与此同时，也加剧了经济的结构性矛盾，如加快钢铁、水泥、煤炭等产业的发展，一旦压缩投资,必然造成这些领域的产能过剩;加大政府投资不可避免会挤出民间投资,打击民营经济和企业家群体发展。这一时期增发的国债从长远来看需要居民的税收来偿还。

(三)2005—2008 年上半年稳健的财政政策

1.政策出台背景

从 2003 年下半年开始,我国经济持续升温,过快的投资增长速度和信贷扩张引发了部分经济过热的现象。在投资增速方面,据统计,2003—2007 年间全国固定资产投资年平均增长 25% 以上,其中 2004 年第一季度更是高达 43%,比上年同期高出 15.2%,钢铁、水泥和电解铝三大行业在 2003 年接近翻番的基础上,2004 年分别增长 107.2%、101.4% 和 39.3%。在信贷扩张方面,1994 年开始全面实施的出口导向政策在促进经济增长的同时,导致外汇储备大量增加。2001 年国家外汇储备增幅达 28%,此后几年增速一直保持在 30% 以上,特别是在 2004 年增速达到 51%。外汇储备的迅速增加促使中央银行为收购外汇投放的基本货币被动增加,造成物价开始上涨,通货膨胀压力加大。面对这种经济形势,政府要求按照突出重点、把握力度、区别对待、分类指导的原则,完善宏观调控,从 2005 年开始实行稳健的财政政策。

2.政策主要内容

从积极财政政策转向稳健财政政策主要表现在:①控制赤字,适当减少财政赤字和长期建设国债的发行规模。2005—2007 年,中央财政赤字分别比上年减少 192.2 亿元、242.5 亿元、749 亿元和 200 亿元。②调整结构,优化财政支出结构和国债资金投向结构。资金安排有保有压,有促有控:一方面退出和减少与经济过热有关的、直接用于一般竞争性领域的投入;另一方面加大对属于公共财政范畴的投入和支持力度,比如向农业、社会保障、科教、文化、卫生、环境和生态建设等社会经济发展的薄弱环节倾斜。特别是加大财政支农力度,2008 年中央安排"三农"投入 5955 亿元,比上一年增长 37.9%,出台了十项新的支农惠农政策。③推进改革,转变主要靠国债项目拉动经济增长的方式,腾出部分财力用于推进体制和制度的改革和创新。④增收节支,在总体税负不增或略减的基础上,确保财政收入的稳定增长,同时严控支出增长,切实提高财政资金的使用效益。

3.政策实施效果

此轮稳健的财政政策更加着眼于解决经济发展中的结构不合理问题,对于推进我国经济结构优化升级和增长方式转变,加强经济社会发展薄弱环节,促进城乡协调发展、区域协调发展、经济社会协调发展发挥了重要作用,大力促进了各项社会事业的发展。但是,由于财政政策的紧缩力度不大,宏观经济不仅没有出现回落迹象,反而 2007 年 GDP 增速高达 14.2%,这是自 1992 年以来的最快增长,通货膨胀形势严峻。

(四)2008 年下半年—2012 年重启积极财政政策

1.政策出台背景

2008 年下半年,美国次贷危机引发的华尔街风暴快速席卷了欧洲、日本等世界主要金融市场,最终演变成一场自 20 世纪 30 年代以来最严重的世界金融危机。这场危机导致全球经济骤然降温,部分主要发达国家或地区经济陷入衰退;主要金融市场急剧恶化,全球股市遭遇重创;许多国家财政赤字急剧增加,全球通货膨胀压力加大;世界贸易环境恶化,新兴市场国家经济贸易面临下滑。这也给中国经济造成巨大冲击：①导致我国出口企业的订单减少，市场需求急剧萎缩，外贸产业严重下滑，国内经济也出现衰退和萧条迹象。2008 年经济经历了一次"过山车"式的剧烈波动，从年初 GDP 和物价的快速增长反转为快速下降。2008 年 GDP 增速同比下降 4.5%，降至 9.7%，其中第一季度到第四季度增速分别为 10.6%、10.3%、9.9% 和 6.8%。②金融危机引发了中国某些高杠杆率的企业发生局部性的资产负债表危机。这些企业或多或少出现资金链断裂危险，在金融体系产生连锁反应，引起资本市场上的价格跌落，从 2007 年 10 月开始，不到一年，上证指数从 6124 点的历史高位跌至 1664 点，跌幅达 2/3 以上。面对这样的经济形势，为最大限度减少危机造成的冲击，扭转经济下滑趋势，我国宏观经济政策在 2008 年第四季度发生明显转变，从前三季度的防止经济增长由偏快转为过热转变为第四季度的实现积极的财政政策和适度宽松的货币政策，出台更加有力的扩大国内需求的方针措施。自 2008 年下半年重启的积极财政政策一直持续至 2012 年。

2. 政策主要内容

这一时期积极的财政政策主要内容是：①扩大政府公共投资，着力加强重点建设。按照"扩内需，保增长"的方针，中央政府出台了 2009—2010 年两年中投资 4 万亿元的经济刺激计划，地方政府在"软预算"约束下申报了 18 万亿元配套项目的投资计划，全面加大铁路、公路、城市轨道交通等基础设施建设。②增加对农民和城市中低收入群体的各种补贴支出，大力刺激消费需求。2009 年中央财政安排的对农民的各种补贴支出合计达 1480.8 亿元，中央财政"三农"总支出达 7253 亿元，增长 21.8%；2010 年在此基础上又增长 12.8%；中央财政预算安排城乡低保、基本养老保险和优抚对象等人员抚恤及生活补助 2208 亿元；支持企业退休人员基本养老金增长 10% 的专项补助资金 195 亿元；实施家电下乡、汽车摩托车下乡、以及汽车家电以旧换新政策年中央财政预算安排 320 亿元。③进一步优化财政支出结构，推进社会事业加快发展，保障和改善民生。2009 年中央财政用于教育、医疗卫生、社会保障、就业、保障性住房、文化与人民群众直接相关的民生支出安排 7284.63 亿元，同比增长 29.4%。2011 年 4 月起，中央财政投入超过 180 亿元人民币用来增加建设廉租房和经济适用房。与此同时，严格控制一般性支出，进一步降低行政成本。④推进税费改革，实行结构性减税。2009 年减税总额达 5500 亿元：全面推行消费型增值税，减轻企业税负，促进企业增加自主创新和技术改造投入；实施成品油税费改革，降低住房交易税、调高部分出口产品退税率，取消和停征 100 项行政事业性收费等税费减免举措。2011 年国务院批准"营改增"试点，2012 年开始陆续在上海等 10 个省市推行。提升个人所得税免征额，在 2008 年 2000 元的基础上，2011 年又提升到了 3500 元。⑤货币政策也从适度从紧转变为适度宽松，央行连续多次下调存款准备金率和利率，同时增加货币发行，加大对企业的信贷支持，刺激消费和民间投资的增长。

3. 政策实施效果

这一揽子政策的逐步落实，我国有效地应对了国际金融危机冲击的影响，稳定了经济金融大局，国民经济开始企稳回升，实现 V 形见底反弹。如图 11-7 所示，自 2009 年 GDP 增长率降至历史新低 9.4% 之后，2010 年迅速回升至 10.6%，2011 年为 9.6%，实现了保八的目标。此外，有效地促进了"住有所居、病有所医、学有所助"的民生工程，使人民群众充分享受到经济发展带来的成果，抑制经济增长与社会发展相背离，既改善了群众的生活和居住条件同时也是拉动了需求。再者，推动了一大批基础设施和公共服务项目上马或加快建设，支持科技创新和节能减排，推动经济结构调整和发展方式转变，加快实现经济发展由主要依靠增加资源等要素投入向主要依靠科技进步、劳动者素质提高和管理创新转变，既有效地刺激了需求、支持经济可持续增长，又为未来我国经济发展新的机遇期打下了更为扎实的基础。但从 2012 年开始国民经济又有所回落，GDP 增长率降至 7.9%，且经济结构性矛盾变得日益突出，出现了供需错配的问题。

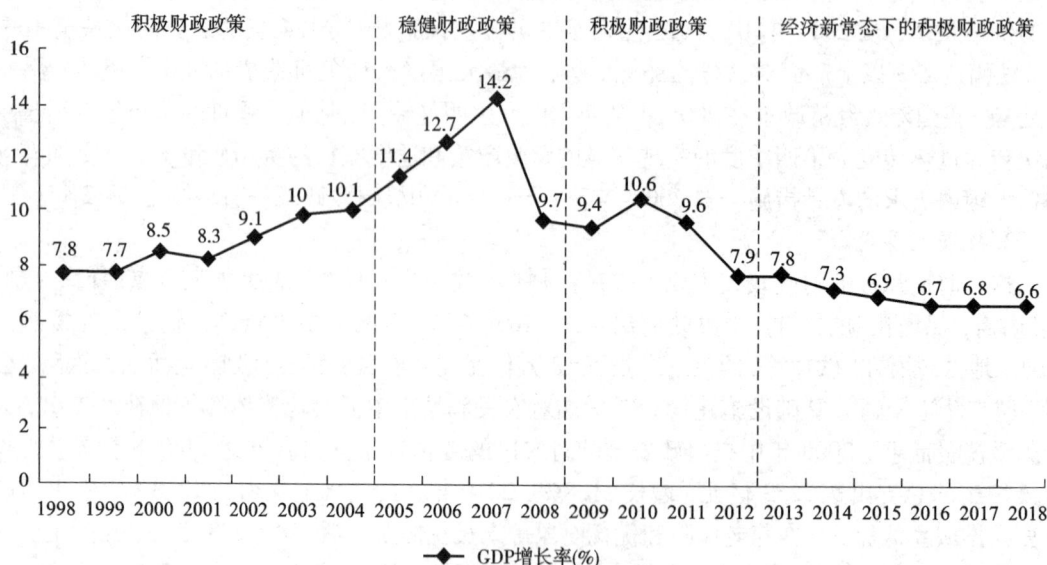

图 11 - 7　1998—2018 年中国 GDP 增长率与财政政策阶段划分
数据来源：国家统计局官网。http://www.stats.gov.cn/tjsj/ndsj/

（五）2013 年以来经济新常态下的积极财政政策

1. 政策出台背景

2014 年 5 月习近平总书记在河南考察，他说："中国发展仍处于重要战略机遇期，我们要增强信心，从当前中国经济发展的阶段性特征出发，适应新常态，保持战略上的平常心。"经济新常态意味着我国经济已从原来的状态向一种新的相对稳定状态转变，主要表现为：①经济增速放缓，由高速增长转为中高速增长，但实际增量依然可观。如图 11 - 7 所示，从 2012 年开始至今我国 GDP 增长率一直没有突破 8%，从 2015 年开始更是跌至 7% 以下，2018 年为 6.6%，创 1990 年以来新低。经济增速的明显放缓表明传统经济增长动力不足，经济增长质量愈发重要。经过三十多年的高速增长，中国经济体量已经今非昔比，即使是 7% 左右的增长，无论是速度还是体量在全球也是名列前茅。②物价增幅放缓，就业总体平稳。自 2012 年来我国 CPI 增幅不断下降，2013—2015 年全年 CPI 增幅分别为 2.6%、2.0% 和 1.4%，2018 年全年 CPI 同比上涨 2.1%，四年来首次突破 2%。2013—2018 年失业率一直在 4% 左右波动，就业局势相对平稳。2018 年全国城镇登记失业率为 3.8%，降至近年来低位。③国际国内需求侧发生重大变化。越南、泰国、马来西亚等国利用较低的劳动力成本和不断提高的制造业水平吸引了越来越多的劳动密集型产业；发达国家纷纷去债务化，提出推进

"再工业化"，促使部分早已转移到国外尤其是发展中国家的制造业回归本土，多种因素综合作用导致我们原有的增长、贸易及投资等发展机遇发生明显的变化。随着我国居民收入水平的提高，对于高端产品和品牌的需求不断上升；随着网络购物的发展，进口商品的购买更加方便，国内产品的空间被进一步压缩。④供给侧结构性失衡，产业结构急需优化升级。长期针对需求侧进行宏观调控的后遗症越来越大，产生了一系列负面效应：如导致钢铁、电解铝、水泥、建材、汽车、煤炭等重工业存在着严重的产能过剩，中小城市房地产库存积压，大中城市高房价，抑制民众消费能力，以及地方债和企业债持续上升。而高科技行业发展缓慢，高端商品供应不足。另外，长期粗放型的经济增长模式造成了我国资源的过度浪费和环境的严重污染。⑤经济从要素与投资驱动为主转向为创新驱动为主。经济增长速度由高速向中高速转变，实质上是经济增长动力的转换，即从高耗能、高污染、低产出的生产技术的应用逐渐转向科学技术的创新和应用。

2. 政策主要内容

2015年，中央提出"着力加强供给侧结构性改革"，随后《中华人民共和国国民经济和社会发展第十三个五年规划纲要》明确为"以供给侧结构性改革为主线，扩大有效供给，满足有效需求，加快形成引领经济发展新常态的体制机制和发展方式"，由此标志着我国经济发展与宏观政策调控进入供给侧管理的重要历史阶段。即为适应和引领经济新常态，中央没有继续采取短期刺激措施，而是创新宏观调控思路和方法，在正视传统需求管理的同时，从供给侧出发实施财政政策调控，用改革的方法推进结构调整，激发生产要素的活力，通过产品、技术、市场等领域的创新带动有效供给，化解供需错位矛盾，促进我国经济长期、稳定、健康发展。经济新常态下，坚持供给侧结构性改革，继续实行积极的财政政策，并辅以稳健的货币政策：

(1)改革国有企业，化解过剩产能。"三去一降一补"的首要任务便是化解过剩产能，作为去产能的重点对象，国有企业改革势在必行，实现国有企业发展由量到质的转变。为提高企业化解过剩产能的积极性，各地政府要通过多渠道筹措所需资金，制定完善的实施细则，加强资金使用监管；此外，政府需要加强实施稳岗补贴政策，切实做好企业兼并重组中失业职工的安置工作，有效发挥社会保障的积极作用。

(2)实施大规模减税降费，减轻企业负担，增强企业创新能力，激发市场活力。每年政府减税降费规模超万亿，2018年全年减税降费规模超1.3万亿元，2019年减税降费规模更是高达近2万亿元，力求通过税收政策的转变促进要素的自由流动和资源的合理配置，达到降低企业生产经营成本，增强企业创新能力，提高企业竞争力和环保意识，激发市场活力的目标。①全面实施营改增，并大幅度降低增值税等税率，以降低企业的成本，用政府收入的"－"，换取企业效益的"＋"和市场活力的"×"。从2016年5月1日起，我国全面推开"营改增"试点，不断简化税制和降低税率。增值税税率由原来的四档并为三档，基本税率从原来的17%逐步下降至2018年的16%和2019年的13%，原来分别实行13%和11%税率的行业从2019年4月1日起统一降至9%，确保制造业等主要行业税负明显降低；保持6%一档的税率不变，但通过采取对生产、生活性服务业增加税收抵扣等配套措施，确保所有行业税负只减不增，并继续向推进税制简化方向迈进。②加强对小微企业的税收扶持，2017年小微企业的应纳税所得额上限由30万元提高到50万元，减小了小微企业的生存压力。2019年1月份出台实施的小微企业普惠性税收减免政策，放宽了小微企业认定标准，涉及企业1798万户，占全部纳税企业总数的95%以上，其中98%是民营企业；加大所得税优惠力度、提高增值税小规模纳税人起征点、对部分地方税种实行减半征收等措施，都是直接提高标准、放宽范围，增强小微企业享受优惠的确定性和便捷度。③调整个人所得税，2019 年全面实施修改后的个人所得税法及其实施条例，落实好提高免征额和 6 项专项附加扣除政策，减轻工薪阶层税负，提升消费能力。④愈加重视科学技术的创新，完善科技创新企业的税收优惠政策。2017 年把科技型中小企业研发费用加计扣除比例由 50% 提高到 75%。⑤重视绿色生产，全面推进资源税和环保税。2016 年推行了钢铁企业利用余压余热发电资源综合利用税收优惠政策，以激励钢铁企业提高资源利用率。2018 年开征环境保护税，将环境污染和资源浪费纳入企业生产效率的考虑因素之中。⑥推进更为明显的降费。主要是下调城镇职工基本养老保险单位缴费比例，各地可降至 16%；继续执行阶段性降低失业和工伤保险费率政策；继续清理规范涉企收费，2017 年取消和停征中央涉企行政事业性收费 35 项；2019 年着力加强收费项目清单"一张网"建设，健全乱收费投诉举报查处机制。2019 年普惠性减税与结构性减税并举，着眼"放水养鱼"、增强发展后劲并考虑财政可持续，既是减轻企业负担、激发市场活力的重大举措，也是完善税制、优化收入分配格局的重要改革，是宏观政策支持稳增长、保就业、调结构的重大抉择。

(3) 优化支出结构，有保有压，全面实施预算绩效管理，提高资金配置效率。①大力压减一般性支出，严控和压缩"三公"经费预算，取消低效无效支出。2018 年中央本级"三公"经费财政拨款支出合计 39.92 亿元(包括基本支出和项目支出安排的经费)，比预算数减少 17.14 亿元。②增加对脱贫攻坚、"三农"、结构调整、科技创新、生态环保、民生等领域的投入。2018 年全国财政支出 21 万亿元，支出规模进一步加大，中央对地方一般性转移支付增长 10.9%，加大了对中西部农村基础设施、公用设施方面的投入，补齐道路、水利、环保、生态交通等方面的短板，切实做好基本民生支出保障工作，落实财政资金保障公共文化服务体系建设和运行，打赢脱贫攻坚战，加大资金统筹力度，盘活财政存量资金，提高资金使用效率，充分释放积极财政政策的有效作用。首先，在支持脱贫攻坚方面，2018 年中央财政补助地方专项扶贫资金 1060.95 亿元，比上年度增长 23.2%，增加的资金重点用于"三区三州"等深度贫困地区；其次，在支持污染防治方面，2018 年中央财政支持污染防治攻坚战相关资金约 2555 亿元，增长 13.9%，其中大气、水、土壤污染防治投入力度为近年来最大；再者，在支持"三农"方面，加快推进农业供给侧结构性改革，实施乡村振兴战略，坚持把农业、农村作为各级财政支出的优先保障领域，完善农业补贴政策，提高资金使用效率，促进农业创新。在经济呈下行趋势的背景下，财政拨款收入中科学技术支出的比重却从 2013 年的 17.29% 持续增加到 2016 年的 24.92%，其中 2016 年的增幅最为明显。这表明，政府越来越意识到科技创新可以促进农业发展，提升经济效益。

(4) 加强地方政府性债务管理，积极防范和化解地方政府性债务风险。2014 年上海等 10 个省市试点地方政府债券自发自还，这意味着地方政府举借债务合法化。出台了《国务院关于加强地方政府性债务管理的意见》，要求坚持"疏堵结合、分清责任、规范管理、防范风险、稳步推进"的基本原则，建立"借、用、还"相统一的地方政府性债务管理机制，有效发挥地方政府规范举债的积极作用，切实防范化解财政金融风险，促进国民经济持续健康发展。2018 年，进一步严格落实地方政府债务限额管理和预算管理，基本完成存量政府债务置换目标，加强专项债券管理，推进地方政府债务信息公开。2018 年地方政府发行专项债券 1.35 万亿元，2019 年继续大幅增加地方政府专项债券。

3. 与以往积极财政政策的比较

通过上文的介绍可知,我国不同时期实施的财政政策,其主要内容随着国内外经济背景的不同而有明显的差异(如表 11-1 所示),即使同为积极的财政政策,其政策工具和措施也有区别,主要可分为以增加政府支出为主的积极财政政策和以减税降费为主的积极财政政策。1998 年主要是实行以增加财政赤字、扩大财政支出为主的财政政策;2008 年为了应对全球金融危机带来的不利影响,我国政府更是安排了一揽子计划扩大政府公共投资,加强重点项目建设;当我国经济进入新常态以后,实施以减税降费为主要特征的积极财政政策,配合供给侧结构性改革,普惠性减税和结构性减税并举。这两种积极的财政政策区别在于,增加政府支出的扩张效应是直接的,而减税降费的扩张效应是间接的。因此,在面对经济危机时,政府一般采取更为直接的积极财政政策。进入经济新常态以后,面对经济增长速度回落,经济增长质量回升,我国政府积极转变财政政策实施思路:以供给管理为主,需求管理为辅;财政政策以微调为主,不再大起大落;经济发展更着眼于改革和创新,更重视经济的中长期绿色发展。这一切足以说明我国财政政策的运用已日益成熟。

表 11-1　我国不同时期的财政政策选择

时期	政策类型	主要内容
1998—2004 年　东南亚金融危机	积极财政政策	以增发国债、增加赤字、扩大财政支出为主
2005—2008(上)经济过热	稳健财政政策	以减国债、减赤字、调结构为主
2008(下)—2012 国际金融危机	积极财政政策	以增加政府支出为主
2013—至今　经济新常态	积极财政政策	以减税降费为主

具体来说,与以往的积极财政相比,经济新常态下的积极财政政策思路主要有以下转变:①从关注经济总量到关注经济结构。目前的财政政策更关注调整经济结构,在以往的大多数分析框架中,财政政策都与投资、消费、出口三驾马车相结合,作为一个总量性变量来分析,政策目标以通过强刺激推动经济发展为主;如今经济发展中的主要矛盾是结构性问题,因此政策目标更有定向性,财政政策的实施以减税降费为主,配合推进供给侧结构性改革,助力解决经济发展结构性失衡的问题。②从解决经济问题到综合解决社会问题。经济新常态以前实施的财政政策,大多从宏观经济问题出发,或拉增速,或稳增速,而财政需要关注和解决的问题并不仅是经济问题,还包括更广泛的政治、教育、生态和社会等多方面的问题,因此财政政策不能仅仅为解决经济问题服务。经济新常态以后的财政政策多为定向性投资,加大重点领域投入,改善基本公共服务的供给侧,综合解决社会问题。③从倚重国债和支出到多种工具并用,以往的积极财政政策往往通过提高财政赤字率、扩大政府投资来扩大社会总需求,但这一思路并不适合解决结构性问题,而且事实证明较高的赤字率和债务会加剧财政风险;在经济新常态以后,我国使用的积极财政政策选择减少扩张性赤字,适度安排减税性赤字,通过减税降费、合理安排中央与地方财政预算、优化财政支出结构等方法,确保重点支出强度不减,财政政策更积极有效。④从应急宏观调控到公共风险管理。以往的财政政策偏重应急式的宏观调控,主要在市场失灵时发挥短期的效用,化解已经产生的公共风险,政策效果在短期内有效,长期来看可能出现问题。在经济新常态背景下,财政政策除了

要求短期效果，及时化解公共风险，还要考虑长期效果，完善公共风险管理，做好公共风险的长期防范工作。目前国家公共风险管理体系将财政政策纳入其中，在解决短期性问题的同时防范长期性风险和战略性风险。

4.政策实施效果

目前来看，新一轮积极财政政策宏观调控更加精准，初显成效，我国社会经济呈现出新的发展态势：一方面，财政支出和税收结构的改变，有效推动了中国国有企业改革和农业发展，激发了企业科学技术创新能力，提高了经济发展活力，实现了绿色可持续发展；另一方面，政府民生支出的持续上升，乡村振兴战略的实施，缓解了中国城乡和区域发展的结构性矛盾，提升了保障水平，实现了协调发展。未来效果如何，让我们拭目以待。

【本章小结】

1.财政政策是政府为了实现预定的宏观经济目标，以一定的财政经济理论为依据，综合运用各种财政工具调整财政收支规模和收支平衡的指导原则及其相应的措施。财政政策的三大构成要素是政策主体、政策工具和政策目标。财政政策的主体是各级政府，特别是中央政府；财政政策工具主要有税收、公债、公共支出和预算；财政政策的目标主要包括充分就业、物价稳定、国际收支平衡、经济适度增长和公平收入分配。财政政策按不同标准可划分成不同类型：按调节经济周期的方式分类，可分为自动稳定的财政政策和相机抉择的财政政策；按财政政策调节国民经济总量的功能分类，可分为扩张性财政政策、紧缩性财政政策和中性财政政策。

2.政府收支是影响社会总供求的重要因素，分析财政政策的作用机制可以帮助我们更好地理解税收、公共支出、国债和政府预算等财政政策工具是如何影响社会总供求进而调节国民经济的。其影响程度可以通过财政政策乘数来反映。财政政策乘数是指国家运用财政政策工具所引起的国民收入变化的倍数，主要包括税收乘数、购买性支出乘数、平衡预算乘数和转移性支出乘数。财政政策的传导机制是指在财政政策发挥作用的过程中，各种财政政策工具通过某种媒介的相互作用形成的一个有机联系的整体。财政政策作用的发挥，主要通过收入分配、货币供应与价格等媒介进行。

3.因为财政政策与货币政策在作用机制和调节领域、调节侧重点以及政策时滞方面存在明显差异，作为国家宏观调控的两大主要手段，财政政策的调整会影响市场利率水平及货币供给量的变化，而货币政策的实施则会影响财政政策的效果，因而需要密切配合。通常，财政政策与货币政策配合的模式主要有"双松"政策、"双紧"政策、"一松一紧"政策和"一紧一松"政策。

4.自20世纪30年代以来，美、日本等国先后实行了需求管理型、供给管理型和混合型等多种类型的财政政策，积累了大量的经验与教训，值得我国学习借鉴。我国现代财政政策实践伴随着改革开放而产生，从1978年至今大概经历了五个发展阶段，目前经济新常态下财政政策的转型，说明了我国财政政策经历了由探索、发展到日益走向成熟的过程。

【本章关键词】

财政政策；自动稳定的财政政策；相机抉择的财政政策；汲水政策；补偿政策；扩张性财政政策；紧缩性财政政策；中性财政政策；财政政策乘数；税收乘数；政府支出乘数；平衡预算乘数；货币政策；经济新常态；供给侧结构性改革

【本章思考题】

1. 什么是财政政策？财政政策具有什么特征？

2. 与传统财政政策相比，现代财政政策出现了什么样的转变？

3. 财政政策的主要目标有哪些？

4. 为了实现既定的财政政策目标可以借助哪些财政政策工具？

5. 财政政策可以分为哪些类型？

6. 什么是财政政策乘数？具体包括哪些内容？

7. 如何理解财政政策的传导机制？

8. 假设消费函数为 $C = 120 + 0.6Y$，投资 $I = 450$ 万元，政府购买性支出 $G = 350$ 万元，税收 $T = 200$ 万元。

(1) 在政府实施财政政策之前，社会产出的初始水平是多少？

(2) 政府购买性支出乘数是多少？如果政府购买性支出增加 100 万元，社会产出会发生什么样的变化？

(3) 税收乘数是多少？如果政府减税 100 万元，社会产出会发生什么样的变化？

(4) 如果政府增加购买性支出的资金完全通过增加税收的方式来筹集，社会产出会发生什么样的变化？

9. 为什么财政政策和货币政策要相互配合？

10. 财政政策与货币政策有哪些配合模式？

11. 改革开放以来，我国财政政策可分为几个阶段？每个阶段的特点是什么？

12. 试分析美、日等国财政政策实践给我们带来的启示。

【拓展阅读】

请扫码阅读本章拓展阅读材料。

拓展阅读1
2019年积极的财政政策如何
加力提效？——解读全国财政
工作会议释放的积极信号

拓展阅读2
积极财政政策为
高质量发展"护航"

拓展阅读3
积极财政政策新举措——
刘昆部长在中国发展高层
论坛2019年年会上的演讲

拓展阅读4
加力提效实施积极
的财政政策

参考文献

[1] 戴罗仙. 财政学[M]. 3 版. 长沙：中南大学出版社，2015.

[2] 陈共. 财政学[M]. 9 版. 北京：中国人民大学出版社，2017.

[3] 邓子基. 财政学[M]. 3 版. 北京：中国人民大学，2014.

[4] 邓子基，陈工，林致远，等. 财政学[M]. 4 版. 北京：高等教育出版社，2014.

[5] 马骁，周克清. 财政学[M]. 3 版. 北京：高等教育出版社，2017.

[6] 刘怡. 财政学[M]. 3 版. 北京：北京大学出版社，2016.

[7] 钟晓敏. 财政学[M]. 2 版. 北京：高等教育出版社，2015.

[8] 哈维·罗森. 财政学[M]. 10 版. 北京：人民大学出版社，2015.

[9] 大卫·海曼，张进昌. 财政学理论在当代美国和中国的实践应用[M]. 北京：北京大学出版社，2011.

[10] 许缦，朱玮玮. 财政学[M]. 成都：西南交通大学出版社，2015.

[11] 付志宇，陈龙. 现代财政学[M]. 北京：机械工业出版社，2016.

[12] 付传明. 中国地方公债发展研究[M]. 武汉：武汉大学出版社，2016.

[13] 李扬，王芳. 中国债券市场：2018[M]. 北京：社会科学文献出版社，2019.

[14] 张秉国. 公债基础知识与实务[M]. 经济科学出版社，2015.

[15] 张雷宝. 公债经济学：理论·政策·实践[M]. 杭州：浙江大学出版社，2018.

[16] 李燕. 政府预算理论与实务[M]. 3 版. 北京：中国人民大学出版社，2018.

[17] 马蔡琛. 政府预算[M]. 2 版. 大连：东北财经大学出版社，2018.

[18] 倪志良. 政府预算管理[M]. 天津：南开大学出版社，2013.

[19] 王金秀，陈志勇. 国家预算与预算管理[M]. 2 版. 北京：中国人民大学出版社，2007.

[20] 姜爱华，马海涛. 迈上现代治理新台阶的中国政府采购制度——回顾与展望[J]. 中国政府采购，2019(1).

[21] 郭庆旺，赵志耘. 公共经济学[M]. 2 版. 北京：高等教育出版社，2010.

[22] 储敏伟，杨君昌. 财政学[M]. 3 版. 北京：高等教育出版社，2010.

[23] 梁朋. 公共财政学[M]. 3 版. 北京：首都经济贸易大学出版社，2012.

[24] 李红，陈杰，龚恩华. 财政学[M]. 南京：南京大学出版社，2010.

[25] 武彦民. 财政学[M]. 北京：中国财政经济出版社，2011.

[26] 胡庆康，杜莉. 现代公共财政学[M]. 上海：复旦大学出版社，2007.

[27] 项怀诚. 中国财政 50 年[M]. 北京：中国财政经济出版社，1999.

[28] 蒋洪. 财政学[M]. 上海：上海社会科学出版社，2000.

[29] 蒋洪. 公共经济学[M]. 上海：上海财经大学出版社，2011.

[30] 张馨. 公共财政论纲[M]. 北京：经济科学出版社，1999.

[31] 蒙丽珍，古炳玮. 财政学[M]. 4版. 大连：东北财经大学出版社，2016.

[32] 尚可文. 财政学. 财政学[M]. 北京：科学出版社，2013.

[33] 王雍君. 公共财政学[M]. 北京：北京师范大学出版社，2008.

[34] 宋来，朱保华. 美国财政政策历史实践及其对我国供给管理的若干启示[J]. 世界经济研究，2016 (9).

[35] 尚长风. 国外财政政策实践及其启示[J]. 世界经济与政治论坛，2001(4).

[36] 何平. 国外经济危机中财政政策的实践及启示[J]. 中国财政，2010(15).

[37] 贾康. 1998年以来中国的积极财政政策及其效果评析[J]. 上海社会科学院学术季刊，2002 (1).

[38] 贾康. 新常态下的财政政策思路与方向[J]. 中国财政，2014(21).

[39] 郭勇永. 新常态下积极财政政策转型研究[J]. 财政研究，2016(6).

[40] 湘菡，戴晓鹏. 经济新常态前后财政政策比较研究[J]. 河南牧业经济学院学报，2018(6)

[41] 陈媛媛，刘倩，王静. 经济新常态以来中国财政政策变化分析[J]. 广西财经学院学报，2018(5).

[42] 卢洪友. 公共部门经济学[M]. 北京，高等教育出版社，2015.

[43] 刘小兵，蒋洪. 公共经济学（财政学）[M]. 3版. 北京，高等教育出版社，2012.

[44] 中国财政学会. 新时代财政理论创新探索：廊坊会议纪实[M]. 北京，中国财政经济出版社，2018

[45] 刘尚希. 公共风险论[M]. 北京，人民出版社，2018

[46] 亚当·斯密. 国民财富的性质和原因的研究[M]. 北京，商务印书馆，2004.

[47] 马斯格雷夫，等. 财政理论与实践[M]. 北京，中国财政经济出版社，2003.

[48] Samuelson, Paul A. The Pure Theory of Public Expenditure[J]. Review of Economics and Statistics, 1954, 36(4): 387 – 389.

[49] Samuelson, Paul A. Diagrammatic Exposition of a Theory of Public Expenditure [J]. Review of [50] Economics and Statistics, 1955, 37(4): 350 – 356.

[50] 杨志勇. 新中国财政学70年发展的基本脉络[J]. 财政研究，2019(6).

[51] 吴俊培. 公共经济学[M]. 武汉：武汉大学出版社，2009.

[52] 吴俊培，张晏. 中国式分权与财政支出结构偏向：为增长而竞争的代价[J]. 管理世界，2007(3).

[53] 李永友，沈坤荣. 财政支出结构、相对贫困与经济增长[J]. 管理世界，2007(11).

[54] 尹恒，朱虹. 县级财政生产性支出偏向研究[J]. 中国社会科学，2011(1).

[55] 财政部：投融资工作是PPP改革的关键[EB/OL]. 科技世界网，（2016 – 08 – 15）http://www. twwtn. com/.

[56] 郑功成. 社会保障概论[M]. 上海：复旦大学出版社，2018.

[57] 郑功成. 中国社会保障发展报告2018[M]. 北京：中国劳动社会保障出版社，2019.

[58] 仇雨林. 社会保障国际比较[M]. 北京：中国人民大学出版社，2019.

[59] 贺飞跃. 新编税收理论与实务[M]. 成都：西南财经大学出版社，2016.

[60] 贺飞跃. 全面营改增与纳税筹划十二讲[M]. 成都：西南财经大学出版社，2016.

[61] 马海涛. 中国税制[M]. 9版. 北京：中国人民大学出版社，2017.

[62] 中国注册会计师协会，2019年注册会计师《税法》官方教材[M]. 北京，中国财政经济出版社，2019

[63] Tibout. A Pure Theory of Local Expenditures [J]. Journal of Political Economy, 1956(5).

[64] 王勇钦，张晏，章元等. 中国的大国发展道路——论分权式改革的得失[J]. 经济研究，2007(1).

[65] 梁文涛，苏杉马. 税法：[M]. 大连：东北财经大学出版社，2017.

[66] 朱为群. 中国税制[M]. 北京：高等教育出版社，2016.

[67] 全国税务师职业资格考试教材编写组. 税法(1)[M]. 北京：中国税务出版社，2016.

[68] William Easterly. The Middle Class Consensus and Economic Development[J]. Journal of Economic Growth, 2001 (6) : 317 – 335.

[69] Jenkins S P. Did the Middle Class Shrink during the 1980s? UK Evidence from Kernel Density Estimates[J]. Economics Letters, 1995(49) : 407 – 413.

[70] 李实, 罗楚亮. 中国收入差距究竟有多大? ——对修正样本结构偏差的尝试 [J]. 经济研究, 2011 (4).

[71] 杨森平, 周敏. 调节城乡收入差距的税收政策研究——基于我国间接税视角[J]. 财政研究, 2011 (7).

[72] 孙智勇, 刘星. 结构性减税政策的路径选择[J]. 改革, 2012(2).

[73] 王玺, 何帅. 结构性减税政策对居民消费的影响[J]. 中国软科学, 2016(3).

[74] 岳树民, 刘方. 新形势下我国结构性减税政策的取向[J]. 地方财政研究, 2012(5).

[75] 庞凤喜, 张丽微. 我国结构性减税的总体规模、方向选择与效果评价思考[J]. 河北经贸大学学报, 2015(5).

[76] 许生, 张霞. 建立与税制改革相适应的税收调控政策机制[J]. 财政研究, 2016(9).

[77] 纪玉山, 代栓平, 何催催. 中等收入者比重的扩大及橄榄型财富结构的达致[J]. 社会科学研究, 2005 (2).

[78] 龙莹. 中国中等收入群体规模动态变迁与收入两极分化: 统计描述与测算[J]. 财贸研究, 2012(2).

[79] 龙莹. 中等收入群体比重变动的因素分解——基于收入极化指数的经验数据[J]. 统计研究, 2015 (2).

[80] 吴青荣. 中国中等收入群体发展困境及突破路径[J]. 云南社会科学, 2015(5).

[81] 上海研究院社会调查和数据中心课题组. 扩大中等收入群体, 促进消费拉动经济[J]. 江苏社会科学, 2016(5).

[82] 中华人民共和国国家统计局官网. http://www.stats.gov.cn/tjsj/ndsj/

[83] 中华人民共和国财政部官网. http://www.mof.gov.cn/zhengwuxinxi/caizhengshuju/